雪克 注譯
周鳳五 校閱

新譯公羊傳

三民書局

國家圖書館出版品預行編目資料

新譯公羊傳／雪克注譯;周鳳五校閱.——二版四刷.
——臺北市：三民，2022
面；　公分.——(古籍今注新譯叢書)

ISBN 978-957-14-2755-3 （平裝）
1. 公羊傳—注釋

621.712

古籍今注新譯叢書

新譯公羊傳

注譯者　雪　克
校閱者　周鳳五

發行人　劉振強
出版者　三民書局股份有限公司
地　址　臺北市復興北路 386 號 (復北門市)
　　　　臺北市重慶南路一段 61 號 (重南門市)
電　話　(02)25006600
網　址　三民網路書店 https://www.sanmin.com.tw

出版日期　初版一刷 1998 年 4 月
　　　　　二版一刷 2008 年 7 月
　　　　　二版四刷 2022 年 10 月
書籍編號　S031510
ISBN　978-957-14-2755-3

刊印古籍今注新譯叢書緣起

劉振強

人類歷史發展，每至偏執一端，往而不返的關頭，總有一股新興的反本運動繼起，要求回顧過往的源頭，從中汲取新生的創造力量。孔子所謂的述而不作，溫故知新，以及西方文藝復興所強調的再生精神，都體現了創造源頭這股日新不竭的力量。古典之所以重要，古籍之所以不可不讀，正在這層尋本與啟示的意義上。處於現代世界而倡言讀古書，並不是迷信傳統，更不是故步自封；而是當我們愈懂得聆聽來自根源的聲音，我們就愈懂得如何向歷史追問，也就愈能夠清醒正對當世的苦厄。要擴大心量，冥契古今心靈，會通宇宙精神，不能不由學會讀古書這一層根本的工夫做起。

基於這樣的想法，本局自草創以來，即懷著注譯傳統重要典籍的理想，由第一部的四書做起，希望藉由文字障礙的掃除，幫助有心的讀者，打開禁錮於古老話語中的豐沛寶藏。我們工作的原則是「兼取諸家，直注明解」。一方面熔鑄眾說，擇善而從；一方面也力求明白可喻，達到學術普及化的要求。叢書自陸續出刊以來，頗受各界的喜愛，使我們得到很大的鼓勵，也有信心繼續推廣這項工作。隨著海峽兩岸的交流，我們注譯的成員，也由臺灣各大學的教授，擴及大陸各有專長的學者。陣容的充實，使我們有更多的資源，整理更多樣化的古籍。兼採經、史、子、集四部的要典，重拾對通才器識的重視，將是我們進一步工作的目標。

古籍的注譯，固然是一件繁難的工作，但其實也只是整個工作的開端而已，最後的完成與意義的賦予，全賴讀者的閱讀與自得自證。我們期望這項工作能有助於為世界文化的未來匯流，注入一股源頭活水；也希望各界博雅君子不吝指正，讓我們的步伐能夠更堅穩地走下去。

新譯公羊傳　目次

刊印古籍今注新譯叢書緣起

導　讀

卷一　隱公上

隱公元年（西元前七二二年）……一

卷二　隱公中

隱公二年（西元前七二一年）……七

隱公三年（西元前七二〇年）……一〇

隱公四年（西元前七一九年）……一四

卷三　隱公下

隱公五年（西元前七一八年）……一七

隱公六年（西元前七一七年）……二〇

隱公七年（西元前七一六年）……二二

隱公八年（西元前七一五年）……二四

隱公九年（西元前七一四年）……二六

隱公十年（西元前七一三年）……二八

隱公十有一年（西元前七一二年）……三〇

卷四　桓公上

桓公元年（西元前七一一年）……三三

桓公二年（西元前七一〇年）……三五
桓公三年（西元前七〇九年）……三八
桓公四年（西元前七〇八年）……四一
桓公五年（西元前七〇七年）……四二
桓公六年（西元前七〇六年）……四四

卷五　桓公下

桓公七年（西元前七〇五年）……四七
桓公八年（西元前七〇四年）……四八
桓公九年（西元前七〇三年）……五〇
桓公十年（西元前七〇二年）……五二
桓公十有一年（西元前七〇一年）……五三
桓公十有二年（西元前七〇〇年）……五六
桓公十有三年（西元前六九九年）……五八
桓公十有四年（西元前六九八年）……六〇
桓公十有五年（西元前六九七年）……六二
桓公十有六年（西元前六九六年）……六四
桓公十有七年（西元前六九五年）……六六
桓公十有八年（西元前六九四年）……六七

卷六　莊公一

莊公元年（西元前六九三年）……六九
莊公二年（西元前六九二年）……七二
莊公三年（西元前六九一年）……七四
莊公四年（西元前六九〇年）……七五
莊公五年（西元前六八九年）……七九
莊公六年（西元前六八八年）……八一
莊公七年（西元前六八七年）……八三

卷七　莊公二

莊公八年（西元前六八六年）……八五
莊公九年（西元前六八五年）……八七
莊公十年（西元前六八四年）……九〇
莊公十有一年（西元前六八三年）……九二

莊公十有二年（西元前六八二年）……九三
莊公十有三年（西元前六八一年）……九五
莊公十有四年（西元前六八〇年）……九七
莊公十有五年（西元前六七九年）……九八
莊公十有六年（西元前六七八年）……九九
莊公十有七年（西元前六七七年）……一〇〇

卷八 莊公三

莊公十有八年（西元前六七六年）……一〇三
莊公十有九年（西元前六七五年）……一〇四
莊公二十年（西元前六七四年）……一〇六
莊公二十有一年（西元前六七三年）……一〇七
莊公二十有二年（西元前六七二年）……一〇八
莊公二十有三年（西元前六七一年）……一一〇
莊公二十有四年（西元前六七〇年）……一一二
莊公二十有五年（西元前六六九年）……一一五
莊公二十有六年（西元前六六八年）……一一七
莊公二十有七年（西元前六六七年）……一一八

卷九 莊公四

莊公二十有八年（西元前六六六年）……一二一
莊公二十有九年（西元前六六五年）……一二三
莊公三十年（西元前六六四年）……一二四
莊公三十有一年（西元前六六三年）……一二六
莊公三十有二年（西元前六六二年）……一二八
閔公元年（西元前六六一年）……一三一
閔公二年（西元前六六〇年）……一三三

卷一〇 僖公上

僖公元年（西元前六五九年）……一三七
僖公二年（西元前六五八年）……一四二
僖公三年（西元前六五七年）……一四六
僖公四年（西元前六五六年）……一四八
僖公五年（西元前六五五年）……一五一

僖公六年（西元前六五四年）……一五四
僖公七年（西元前六五三年）……一五五

卷一一 僖公中

僖公八年（西元前六五二年）……一五七
僖公九年（西元前六五一年）……一五九
僖公十年（西元前六五〇年）……一六一
僖公十有一年（西元前六四九年）……一六四
僖公十有二年（西元前六四八年）……一六五
僖公十有三年（西元前六四七年）……一六六
僖公十有四年（西元前六四六年）……一六七
僖公十有五年（西元前六四五年）……一六九
僖公十有六年（西元前六四四年）……一七二
僖公十有七年（西元前六四三年）……一七四
僖公十有八年（西元前六四二年）……一七五
僖公十有九年（西元前六四一年）……一七七
僖公二十年（西元前六四〇年）……一七九
僖公二十有一年（西元前六三九年）……一八一

卷一二 僖公下

僖公二十有二年（西元前六三八年）……一八五
僖公二十有三年（西元前六三七年）……一八七
僖公二十有四年（西元前六三六年）……一八八
僖公二十有五年（西元前六三五年）……一八九
僖公二十有六年（西元前六三四年）……一九一
僖公二十有七年（西元前六三三年）……一九三
僖公二十有八年（西元前六三二年）……一九五
僖公二十有九年（西元前六三一年）……二〇一
僖公三十年（西元前六三〇年）……二〇二
僖公三十有一年（西元前六二九年）……二〇四
僖公三十有二年（西元前六二八年）……二〇七
僖公三十有三年（西元前六二七年）……二〇八

卷一三 文公上

文公元年（西元前六二六年）……二一三
文公二年（西元前六二五年）……二一五
文公三年（西元前六二四年）……二一八
文公四年（西元前六二三年）……二二〇
文公五年（西元前六二二年）……二二二
文公六年（西元前六二一年）……二二三
文公七年（西元前六二〇年）……二二五
文公八年（西元前六一九年）……二二八
文公九年（西元前六一八年）……二三〇

卷一四　文公下

文公十年（西元前六一七年）……二三五
文公十有一年（西元前六一六年）……二三六
文公十有二年（西元前六一五年）……二三八
文公十有三年（西元前六一四年）……二四〇
文公十有四年（西元前六一三年）……二四四
文公十有五年（西元前六一二年）……二四八
文公十有六年（西元前六一一年）……二五〇
文公十有七年（西元前六一〇年）……二五三
文公十有八年（西元前六〇九年）……二五四

卷一五　宣公上

宣公元年（西元前六〇八年）……二五七
宣公二年（西元前六〇七年）……二六一
宣公三年（西元前六〇六年）……二六二
宣公四年（西元前六〇五年）……二六四
宣公五年（西元前六〇四年）……二六六
宣公六年（西元前六〇三年）……二六七
宣公七年（西元前六〇二年）……二七一
宣公八年（西元前六〇一年）……二七二
宣公九年（西元前六〇〇年）……二七五

卷一六　宣公下

宣公十年（西元前五九九年）……二七九

宣公十有一年（西元前五九八年）……二八二
宣公十有二年（西元前五九七年）……二八四
宣公十有三年（西元前五九六年）……二八八
宣公十有四年（西元前五九五年）……二八九
宣公十有五年（西元前五九四年）……二九〇
宣公十有六年（西元前五九三年）……二九五
宣公十有七年（西元前五九二年）……二九六
宣公十有八年（西元前五九一年）……二九八

卷一七 成公上

成公元年（西元前五九〇年）……三〇一
成公二年（西元前五八九年）……三〇二
成公三年（西元前五八八年）……三〇七
成公四年（西元前五八七年）……三一〇
成公五年（西元前五八六年）……三一一
成公六年（西元前五八五年）……三一三
成公七年（西元前五八四年）……三一五
成公八年（西元前五八三年）……三一七
成公九年（西元前五八二年）……三一九
成公十年（西元前五八一年）……三二二

卷一八 成公下

成公十有一年（西元前五八〇年）……三二五
成公十有二年（西元前五七九年）……三二六
成公十有三年（西元前五七八年）……三二七
成公十有四年（西元前五七七年）……三二八
成公十有五年（西元前五七六年）……三二九
成公十有六年（西元前五七五年）……三三四
成公十有七年（西元前五七四年）……三三八
成公十有八年（西元前五七三年）……三四一

卷一九 襄公上

襄公元年（西元前五七二年）……三四五
襄公二年（西元前五七一年）……三四七

襄公三年（西元前五七〇年）……三四九
襄公四年（西元前五六九年）……三五一
襄公五年（西元前五六八年）……三五二
襄公六年（西元前五六七年）……三五五
襄公七年（西元前五六六年）……三五七
襄公八年（西元前五六五年）……三五九
襄公九年（西元前五六四年）……三六一
襄公十年（西元前五六三年）……三六三
襄公十有一年（西元前五六二年）……三六五

卷二〇 襄公中

襄公十有二年（西元前五六一年）……三六九
襄公十有三年（西元前五六〇年）……三七〇
襄公十有四年（西元前五五九年）……三七一
襄公十有五年（西元前五五八年）……三七三
襄公十有六年（西元前五五七年）……三七四
襄公十有七年（西元前五五六年）……三七七
襄公十有八年（西元前五五五年）……三七八
襄公十有九年（西元前五五四年）……三七九
襄公二十年（西元前五五三年）……三八三
襄公二十有一年（西元前五五二年）……三八四
襄公二十有二年（西元前五五一年）……三八六
襄公二十有三年（西元前五五〇年）……三八七
襄公二十有四年（西元前五四九年）……三九〇

卷二一 襄公下

襄公二十有五年（西元前五四八年）……三九三
襄公二十有六年（西元前五四七年）……三九五
襄公二十有七年（西元前五四六年）……三九七
襄公二十有八年（西元前五四五年）……四〇〇
襄公二十有九年（西元前五四四年）……四〇二
襄公三十年（西元前五四三年）……四〇六
襄公三十有一年（西元前五四二年）……四〇九

卷二二 昭公上

昭公元年（西元前五四一年）……四一一
昭公二年（西元前五四〇年）……四一五
昭公三年（西元前五三九年）……四一六
昭公四年（西元前五三八年）……四一七
昭公五年（西元前五三七年）……四一九
昭公六年（西元前五三六年）……四二一
昭公七年（西元前五三五年）……四二三
昭公八年（西元前五三四年）……四二四
昭公九年（西元前五三三年）……四二六
昭公十年（西元前五三二年）……四二七
昭公十有一年（西元前五三一年）……四二九
昭公十有二年（西元前五三〇年）……四三二

卷二三 昭公中

昭公十有三年（西元前五二九年）……四三五
昭公十有四年（西元前五二八年）……四三八
昭公十有五年（西元前五二七年）……四三九
昭公十有六年（西元前五二六年）……四四一
昭公十有七年（西元前五二五年）……四四二
昭公十有八年（西元前五二四年）……四四四
昭公十有九年（西元前五二三年）……四四五
昭公二十年（西元前五二二年）……四四七
昭公二十有一年（西元前五二一年）……四四九
昭公二十有二年（西元前五二〇年）……四五〇

卷二四 昭公下

昭公二十有三年（西元前五一九年）……四五三
昭公二十有四年（西元前五一八年）……四五六
昭公二十有五年（西元前五一七年）……四五七
昭公二十有六年（西元前五一六年）……四六二
昭公二十有七年（西元前五一五年）……四六三
昭公二十有八年（西元前五一四年）……四六五

昭公二十有九年（西元前五一三年）……四六六
昭公三十年（西元前五一二年）……四六七
昭公三十有一年（西元前五一一年）……四六八
昭公三十有二年（西元前五一〇年）……四七二

卷二五　定公上

定公元年（西元前五〇九年）……四七五
定公二年（西元前五〇八年）……四七八
定公三年（西元前五〇七年）……四七九
定公四年（西元前五〇六年）……四八〇
定公五年（西元前五〇五年）……四八五

卷二六　定公下

定公六年（西元前五〇四年）……四八七
定公七年（西元前五〇三年）……四八八
定公八年（西元前五〇二年）……四九〇
定公九年（西元前五〇一年）……四九四
定公十年（西元前五〇〇年）……四九五
定公十有一年（西元前四九九年）……四九八
定公十有二年（西元前四九八年）……四九九
定公十有三年（西元前四九七年）……五〇一
定公十有四年（西元前四九六年）……五〇三
定公十有五年（西元前四九五年）……五〇五

卷二七　哀公上

哀公元年（西元前四九四年）……五〇九
哀公二年（西元前四九三年）……五一〇
哀公三年（西元前四九二年）……五一二
哀公四年（西元前四九一年）……五一四
哀公五年（西元前四九〇年）……五一七
哀公六年（西元前四八九年）……五一八
哀公七年（西元前四八八年）……五二二
哀公八年（西元前四八七年）……五二三
哀公九年（西元前四八六年）……五二五

哀公十年（西元前四八五年）……………………五二六

卷二八　哀公下

哀公十有一年（西元前四八四年）………五二九
哀公十有二年（西元前四八三年）………五三〇
哀公十有三年（西元前四八二年）………五三二
哀公十有四年（西元前四八一年）………五三四

導讀

《春秋公羊傳》，又稱《公羊春秋》，簡稱《公羊傳》，是為解釋《春秋》而作的一部重要典籍，在漢景帝時就立為學官，受到官方的推重，漢代學者徵引《公羊傳》文，往往逕稱《春秋》，幾乎春秋學就是公羊學。到了唐代，《公羊傳》被列為《九經》之一，入宋後併列為《十三經》之一，奠定了它在中國歷史上經書正典的地位。

一

先從《春秋》和《三傳》談起。《春秋》，本來是春秋時代各國史書的通稱，《墨子・名鬼》篇就提到過周之《春秋》、燕之《春秋》、宋之《春秋》、齊之《春秋》。同時它又是魯國史書的專名，相傳是孔子周遊列國，終不見用，閔王路廢而邪道興，據魯史刪削修訂而成的。它記載了從魯隱公元年到哀公十四年，十二公、二百四十二年的史事。其記事體例是以事繫日，以日繫月，以月繫時。一年有春、夏、秋、冬四時，所以錯舉春、秋二字以括夏、冬，作為書的名稱。本書和本文中所說的《春秋》，都是指魯史《春秋》而言的。

《春秋》，在西漢就和相傳經過孔子和儒家學派刪定、整理的《易》、《書》、《詩》、《禮》等幾部古書並尊為經。孔子所定、所述尊為經，解釋各經的著作，則稱為傳。《漢書・藝文志》《春秋》類著錄《春秋古經》十二篇，指的是用先秦六國文字寫的古文本《春秋》經，即《左傳》所根據的本子。又有「《經》

十一卷」，即用漢代隸書寫的今文本《春秋》經，是《公羊傳》和《穀梁傳》所根據的本子。班固在分別著錄古、今文《春秋》經後，接著依次著錄《左氏傳》三十卷、《公羊傳》十一卷、《穀梁傳》十一篇，這表明，在漢代，《春秋》和《三傳》都是經、傳別行，各自為書的。經傳合一，是漢以後的事，以《公羊傳》來說，經、傳的配合，大概始於唐徐彥的《春秋公羊傳疏》。《三傳》而外，《漢志》還有《鄒氏傳》、《夾氏傳》各十一卷，但是鄒氏的書沒有老師傳授，夾氏之學有錄無書，僅限於口說授受，在東漢建武年間就都已亡佚不傳。可見，在漢代《春秋》雖然有五家的傳，實際上只有左氏、公羊、穀梁三家，這就是人們習稱的《春秋三傳》。

在西漢，立於學官的《五經》，基本上是秦博士所傳由秦小篆改用漢隸寫成的官方今文經本，至於《尚書》、《禮》、《春秋》等古文經，都沒有立學官。《左氏傳》為古文學，相傳作者是與孔子同時的左丘明，先於公羊等四家之傳，在西漢微而不顯，《公羊》、《穀梁》是今文，《公羊》早在景帝時就立為學官，置博士教授，尤其受到武帝的青睞，學者稱盛。以後《穀梁》也繼立為學官，其聲威和地位，遠非左氏之書所能抗衡。穀梁學者為了爭國學的地位，曾於西漢中葉，兩度在殿前與公羊學者辯論，第一次不敵《公羊》，第二次，在甘露三年召開的石渠會議上再作較量，靠著宣帝的支持、太子的喜愛、大臣蕭望之等人的附和，辯論三十餘事，評斷多從《穀梁》，算是獲得了勝利，由是繼《公羊》而一度盛行。西漢末年，社會動亂，典文殘落，建武初復立《五經》十四博士，各以家法教授，《春秋》立的是《公羊》嚴氏、顏氏二家。在這期間，雖然招高才生受《穀梁春秋》，以博存眾家，但並沒能立為博士。可以說終漢之世，《穀梁傳》始終不及《公羊傳》的興盛。至於《左傳》，在西漢哀帝時，劉歆頂著今文學家的非難，力爭立《左氏》為學官，終因勢薄而未成。直到東漢以後，隨著古文學的興起，《左傳》才逐漸盛行，魏晉以後，更是壓倒《公羊》、《穀梁》，歷代傳行而不衰。

二

再談談《公羊傳》的作者和成書年代。《六經》舊典，是歷經春秋末、戰國直到漢代的學者傳承下來的，諸經都有一個流傳過程。以《三傳》而言，劉向《別錄》就記載過《左傳》的傳授系統，說丘明授曾申，申授吳起，以後四代傳至荀卿。《公羊傳》和《穀梁傳》也不例外。這裡說傳承，應該把西漢初年以前和漢初以後加以區分。從西漢初年起，終漢之世，諸經的傳承，《史記》、《漢書》、《後漢書》等史籍多有記述，確然有據。而漢初以前的傳承情況，由於記載的闕略，則多不可考，像《易》學傳承，雖然見於《史》、《漢》的〈仲尼弟子列傳〉和〈儒林傳〉，但兩史所言次第未能盡合；《毛詩》的傳承次第，更是晚出於三國徐整和陸璣，而兩家所言互異，都難以置信。至於《公羊傳》的傳授與成學，也是歷來聚訟，沒有定論。《公羊》學者強調，《春秋》經的微言大義，是由孔子親自口授，經過公羊學者代代口耳相傳下來的。至於從孔子到公羊壽之間的傳授次第，史書則未見記載，只有《公羊傳》何休序徐彥疏引戴宏〈公羊序〉說過「子夏傳與公羊高，高傳與其子平，平傳與其子地，地傳與其子敢，敢傳與其子壽。至漢景帝時，壽乃共弟子齊人胡毋子都著於竹帛。」這裡說的《公羊傳》在景帝時寫定的情形，與何休在《公羊解詁》隱公二年「紀子伯、莒子盟于密」傳「紀子伯者何？無聞焉耳」下注「至漢公羊氏及弟子胡毋生等乃始記於竹帛」的說法相同，是可信的。而戴宏說的從子夏到公羊壽五世傳承，則疑點甚多，歷來就受到學者的懷疑。首先，關於子夏傳公羊學。子夏博學於文，在東漢曾有人說過「《詩》、《書》、《禮》、《樂》定自孔子，發明章句始於子夏」（《後漢書・徐防傳》）的話，但戴宏說他傳公羊學，就不知道有什麼根據了。至於時代更晚的宋洪邁認為「《三傳》則《公羊》、《穀梁》皆受之子夏」，連洪氏自己也說「未可盡信」，就更是臆測之辭，不足憑信了。其他疑點，大致說來：戴宏是東漢時人，時代較晚，為什麼前人不知、不說，而後人知道，這是一疑。子夏是孔子的學生，少孔子四十四歲，生於魯定公二年，到景帝初已歷三百四十多年，從子夏到公羊壽，其間只有五傳，每代相隔六十餘年，正如崔適《春秋復始》所言：「必父享耄年，子皆夙慧，乃能及之，其可信乎！」這是二疑。至於說公羊氏傳《春秋》，是世世父子口耳相傳，考傳中屢引子沈子、魯子、子司馬子、子女子、高子、子北宮子的話，這些人應當都是公羊先師；同時，還兩次引用子公羊子的話，也明顯是公羊氏以外的公羊學者稱引先師的做法；《四庫提要》還舉例指出，即使一些沒有說明來源的傳文，也並非全出於公羊氏，像《春秋》定公元年「戊辰，公即位」條，《公羊傳》釋曰「正棺于兩楹之間，然後即位」，這句傳文，根據《穀梁傳》是沈子說的。這都可以證明，五世傳承既不可信，而說公羊氏之傳全出於公羊氏父子也不可從，它包括了子沈子等一批公羊先師的釋經之言，是漢前從公羊高開始歷代公羊學家的集體著作，最後由景帝時的公羊壽和胡毋子都等寫定而成書的。這裡涉及到舊本作者署名的問題。關於《公羊傳》的作者，史書沒有明確的記載，《漢書・藝文志》著錄「《公羊傳》十一卷」，班固自注：「公羊子，齊人。」公羊子是什麼人？唐人顏師古注說：「名高。」指的就是戴宏說的首傳公羊學的公羊高，所以舊本首署高名。《四庫提要》不贊成戴宏五世傳承的說法，因認為「舊署高名，蓋未審也。」其實，把它看成署其名以表示公羊學始傳於高就可以了，不必當成是公羊高手撰。這是周秦以來經、子古書題署撰作者名氏習見的做法，不只《公羊傳》一書如此。

《公羊傳》的寫定成書，結束了口耳相傳的局面，從此，走向了師弟、父子各以師法、家法相繼傳承的道路。一師傳授之學稱師法，其學數傳以後或又形成了不同的派別則稱家法。公羊壽，事蹟不詳。胡毋生，字子都，以治公羊學為景帝博士，與另一位公羊學大師董仲舒同業，傳授公羊學。董仲舒，精心治學，三年不窺園，他下帷講誦，新學弟子多就舊弟子受業，往往不能親見其面。弟子中名位顯達者，有蘭陵褚大、廣川殷（段）忠、溫呂步舒（此據《史記》，《漢書》以此三人為子都弟子）。胡毋生的弟子，據《漢書・儒林傳》，除褚大等三人外，尚有東平嬴公。嬴公授東海孟卿、魯眭孟。眭孟有弟子百餘人，以東海嚴彭祖和魯顏安樂最為著稱，因有《公羊春秋》顏、嚴之學。嚴、顏二氏又各有所授，彭祖授琅邪王中，中授同郡公孫文、東門雲，徒眾尤盛。安樂是眭孟的姊子，授淮陽泠豐、淄川任公，由是顏家有泠、任之學。孟卿授疏廣，廣授琅邪筦路。禹貢師事嬴公，又受學於眭孟，授潁川堂谿惠，惠授泰山冥都。冥都與筦路又師事顏安樂，所以顏氏復有筦、冥之學。路授孫寶，豐授馬宮和琅邪左咸，咸為郡守九卿，徒眾尤盛。到了東漢，春秋公羊學形成了嚴、顏之學的一統局面。顏氏學不及嚴氏，雖與嚴氏之學同立為博士，但習其學者少，以嚴氏之學最為盛行，根據史傳及各家碑文記述，傳習者不下五十家，著名的有東緡丁恭、北海甄宇、北海周澤等人。太常樓望、侍中承宮、長水校尉樊儵，皆受業於丁恭，世稱大儒。甄宇傳業子普，普傳子承，承尤篤學，三世傳業，學者歸服。

三

前面提到過，《春秋》是經，《三傳》是解經之作。《三傳》中，《公羊傳》和《穀梁傳》的性質相同，解經的形式也都是自設問自作解，與《左傳》存在著明顯的差異。《三傳》的異同，從傳經的本子和學派來說，《公羊》、《穀梁》是今文，《左傳》是古文；從性質來說，《公羊》、《穀梁》重在釋經，《公羊傳》雖然也有一些記事、記言的文字，但多出於解經的需要，不以記事為宗旨，這與雖然也有解釋經義、經例的文字，但重在記事的《左傳》顯然不同。從與《春秋》經的配合來說，《公羊》和《穀梁》的起止年代傳都與經相合；《左傳》經則止於哀公十六年，比《公羊》、《穀梁》經多出兩年，傳文又延續到哀公二十七年，比《左傳》經多出十一年，比《公羊》、《穀梁》經多了十三年。《公羊》和《穀梁》依經而立說，不能脫離經文，只有有經無傳，未見有傳無經；《左傳》則主記事，不僅有無經之傳，還有經後之傳，所以前兩者屬於經學，而後者，早在漢代，今文學家就說它不傳《春秋》，後世學者學《春秋》，如果沒有《左傳》，就無從知道事情的本末，從總體來看，它是傳記，屬於史學。

暫且拋開《左傳》不談，同為解經之作而形式又類同的《公羊傳》和《穀梁傳》，通過解經反映出來的思想，有些什麼異同呢？說異同，要在逐年、逐條的對比中，才能見其全貌，這裡只能從總體來說，兩者都屬儒家思想體系，但在側重點上卻有相當大的差異。《公羊傳》強調始元、大一統、尊王行法，進而誅討亂臣賊子以撥亂反正，《穀梁傳》則注重宣揚儒家宗法等級觀念，突出禮教的規範作用，把尊尊親親作為禮的主要內容，強調君臣、父子、兄弟、夫婦之間的倫常。譬如《春秋》首書「元年，春，王正月」，只不過六個字，《公羊傳》著眼於經先說王而後說正月，認為經用這樣的辭序，是表示周王朝的大一統，而《穀梁傳》則以為經書年月是修史的體例，說：「雖無事，必舉正月，謹始也。」意思是其他月份，如果無事，可以不必書月，但元年正月，即使無事，也要標明，因為它是一年的開端，必須鄭重。對待隱公欲讓位而桓公反而殺害了他的事，《穀梁傳》通過下面的傳文「孝子揚父之美，不揚父之惡」、「己廢天倫，而忘君父」，以及「兄弟，天倫也」云云，既斥責了桓公廢倫殺兄的邪惡，又認為隱公欲讓位的做法雖然善良卻不合正道，原因是他既張揚了父親的邪惡之心，又廢棄了父子、兄弟之間天然的倫常。這和同年夏五月「鄭伯克段于鄢」條，兩傳在解釋經稱段不稱弟的問題時，《公羊傳》謂「當國也」，意思是段謀圖君位，實為亂臣，當誅。而《穀梁傳》卻從「段失子弟之道也」的封建倫理角度，解釋經不稱弟的原因。

四

《公羊傳》是為解經而作的，它怎樣解經，或者說它解經有什麼特點，這是由作傳者對《春秋》的認識決定的。前面說過，《春秋》是一部簡略的編年體魯史，宋代的王安石甚至說它是毫無義例的「斷爛朝報」，可是《公羊傳》和以董仲舒、何休為代表的公羊學家不這樣看，他們認為孔子作《春秋》是為萬世作經，不是為一代寫史。以為孔子處亂世，天子已名存實亡，不能行權，為了正名分，所以才作

《春秋》，把《春秋》當成代行天子褒貶進退、存亡繼絕之權的新興之王。因為書是孔子作的，所以以《春秋》為新王，也就是以孔子為王，這就是所謂的《春秋》新王說和孔子素王說，與此有聯繫的是黜周王魯說，還有孔子改制說，通三統、張三世說等等，所有這些說法不僅在《春秋》中難尋端倪，即便在《公羊傳》中有的也無明文述及，而是通過董、何的書、注闡釋出來的，據說這都是在孔子作經時，親自口授的微言大義，代代口耳相傳，到漢代才由公羊學家宣著於世。

《公羊傳》釋經雖有文字的訓詁，但重在經義、經例，今天，我們要想通讀《公羊傳》，尋繹《公羊傳》如何上通《春秋》經，藉以明瞭《公羊》之義，離不開董仲舒的《春秋繁露》和何休的《解詁》。今傳《春秋繁露》十七卷八十二篇，並非完本，其中直接闡發《春秋》經傳義的文字，佔全書半數以上。東漢何休，字邵公，《後漢書》本傳說他「精研《六經》，世儒無及者」，為了撰作《春秋公羊解詁》，「覃思不闚門，十有七年」。因為何氏之學出於胡毋子都與董子，所以《解詁》解說經傳義例，十有八九與董子之說相合。董書是理論闡述，便於系統領悟，何詁是隨文為注，便於逐句理解，相互參考印證，自可相得益彰。

胡毋子都是參與寫定《公羊傳》的人，他除了以《春秋》經傳傳授董子外，還撰有《條例》，可惜沒有流傳下來。根據何休〈解詁序〉所言，我們知道，何氏作《解詁》多取子都的《條例》用以通解《公羊傳》，這些條例，應當就是何休《文謚例》中所說的「五始」、「三科九旨」、「七等」、「六輔」、「二類」、「七缺」等。《文謚例》已佚，幸有徐彥疏的徵引，才能知道它的概要。五始，指的是《春秋》記事，始以元年、春、王、正月、公即位等五事。顏師古說：「元者，氣之始；春者，四時之始；王者，受命之始；正月者，正教之始；公即位者，一國之始。」這是《公羊傳》重始元之義的所在。三科九旨，按照何休的意思是一回事，總言之是三科，析而言之有九旨，也就是有九意。「新周，故宋，以《春秋》當新王」是一科三旨，這是存三統以《春秋》為新王說。「所見異辭，所聞異辭，所傳聞異辭」是二科六旨，這是《公羊傳》的張三世說。又，「內其國而外諸夏，內諸夏而外夷狄」是三科九旨，這是《公羊傳》的異內外思想。而宋衷說的三科九旨，與何氏頗異其趣，他將三科九旨分為兩事，以張三世、存三統、異內外為三科，把時、月、日、王、天王、天子、譏、貶、絕說成是九旨，這表明講經的綱領，公羊各家略同，至於具體解釋則因派別而有異。所謂七等，指的是《春秋》寓褒貶的七個等級，指州、國、氏、人、名、字、子。這裡說的是《春秋》書法。其他，六輔，指公輔天子，卿輔公，大夫輔卿，士輔大夫，京師輔君，諸夏輔京師。二類，指人事與災異。至於七缺，則指夫、婦、君、臣、父、子和周公之禮缺等七道有缺。按照何休的解釋：「七缺者，惠公妃匹不正，隱、桓之禍生，是為夫之道缺也。文姜淫而害夫，為婦之道缺也。晉侯殺其世子申生，宋公殺其世子痤，是為父之道缺也。楚世子商臣弒其君髡，蔡世子般弒其君固，是為子之道缺也。桓八年正月己卯烝，桓十四年八月乙亥嘗，僖三十一年夏四月四卜郊不從，乃免牲，猶三望，郊祀不修，周公之禮缺，是為七缺也矣。」這就把春秋二百四十二年間，臣弒君、子弒父、君殺無罪之臣、父殺無惡之子，以及夫婦相殘、禮崩樂潰、郊祀不修的亂世醜行和違禮之舉，歸納在七缺的書例中。

五

何休怎樣運用這些條例闡發《春秋》經的微言大義以通解《公羊傳》，像一科三旨的「新周，故宋，以《春秋》當新王」，實際上就是宋衷說的「存三統」，它和孔子為王說、王魯說以及改制說既有聯繫，又各有其義。所謂存三統，是從三正上說的，即夏以建寅之月、殷以建丑之月、周以建子之月為正。王者受命而王，頭等大事即是「制正月」以統天下，所以三正就有了三統之義。它把夏、商、周三代帝王，組成一個統治架構，說成是春秋以前的舊統，並且各有其制度，《春秋》則退夏、存殷而進春秋，組成了商、周、春秋新的架構，就這樣，董子、何氏把《春秋》一書抵作一統，託王於魯，用孔子所改之制來統天下。凡此種種，內容繁多，不能盡述，下面只能提出幾點來，作些概略的說明，以見《公羊》解經以及董、何釋經傳義的情形。

始元說。《公羊傳》釋經注重始元，傳的始元說是和「大一統」聯繫在一起的。「大一統」是《公羊傳》的宗旨，它作為傳的一個重要思想，經董仲舒的宣揚，說它是「天地之常經，古今之通誼」（〈賢良三策〉第三策釋《春秋》大一統語），成了放之四海而皆準的準則，不僅在漢代受到武帝的青睞，成為顯學，對整個中國歷史都產生了深遠的影響。董仲舒在許多篇章中，反覆強調《春秋》貴元重始的思想，他認為元就是始，是萬物之所本，只有聖人才能「屬萬物于一而繫之元」（《春秋繁露．重政》篇語），而《春秋》之道，就是「以元之深正天之端，以天之端正王之政，以王之政正諸侯之即位，以諸侯之即位正竟內之治，五者俱正而化大行。」（〈二端〉篇語）在董子看來，「王道之端，得之于正。正次王，王次春。春者，天之所為也；正者，王之所為也。」（〈賢良三策〉第一策）所以他在解釋《春秋》辭序置王於春、正之間的經義時，指出這是表示「上奉天施而下正人，然後可以為王也。」（〈竹林〉篇語）董子闡釋《春秋》「元年春王正月」義，散見於多處，不能具引，何休的《解詁》則隨文作解，不妨看看他是怎樣逐句解傳的。傳曰：「元年者何？君之始年也。」何注說：「變一為元，元者，氣也。無形以起，有形以分，造起天地，天地之始也。故上無所繫，而使春繫之也。不言公，言君之始年者，王者諸侯皆稱君；所以通其義於王者，唯王然後改元立號。《春秋》托新王受命於魯，故因以錄即位，明王者當繼天奉元，養成萬物。」傳又提出「春者何」、「王者孰謂」的問題，分別自答曰：「歲之始也」、「謂文王也」。春為一歲之始，容易理解，何休無說，而注「文王」時，則說：「文王周始受命之王，天之所命，故上繫天端。方陳受命，制正月，故假以為王法。不言謚者，法其生，不法其死，與後王共之，人道之始也。」傳曰：「曷為先言王而後言正月？王正月也。」何注說：「以上繫於王，知王者受命，布政施教，所制月也。王者受命，必徙居處，改正朔，易服色，殊徽號，變犧牲，異器械，明受之於天，不受之於人。」至於傳的「何言乎王正月？大一統也。」何注說：「統者，始也，總繫之辭。夫王者始受命改制，布政施教於天下，自公侯至於庶人，自山川至於草木昆蟲，莫不一一繫於正月，故云政教之始。」這就是說周王朝所謂的「大一統」，無一不是上承於天，而下及天下萬事萬物的。接著，何休在解說傳的「公何以不言即位」時，指出：「即位者，一國之始。政莫大於正始，故《春秋》以元之氣正天之端，以天之端正王之政，以王之政正諸侯之即位，以諸侯之即位正竟內之治。諸侯不上奉王之政，則不得即位，故先言正月而後言即位。政不由王出，則不得為政，故先言王而後言正月也。王者不承天以制號令，則無法，故先言春而後言王。天不深正其元，則不能成其化，故先言元而後言春。五者同日並見，相須成體，乃天人之大本，萬物之所繫，不可不察也。」綜上引述，不難看出，何休釋始元大一統義全本董子，而其例則又本於胡毋生所創立的「五始」之例說。但是這中間卻有一個問題，即《公羊傳》說《春秋》所書的「王」是指周文王。何休釋傳，把文王說成是周的受命之王，而王者受命必改正朔、易服色、殊徽號等等，說得很像真有這麼一回事，但周代建國始於周武王，文王終生為西伯侯，孔子稱頌文王之德是「三分天下有其二，以服事殷」（《論語・泰伯》語），他生前既未稱王，又怎能改正朔呢？這可能是公羊家只見周廟昭穆從文、武開始而產生的誤解，由此也可以看出公羊的闇於史事。這不是《公羊傳》的偶然失誤，因為作傳者未見國史，所以釋經往往有不合史實，甚至曲解歷史而就己意的地方。這也是《公羊傳》常受到責難的原因之一。

張三世說，即「所見異辭，所聞異辭，所傳聞異辭」。這三句話，一見於隱公元年傳，再見於桓公二年傳，三見於哀公十四年傳。何休注隱公元年傳說：「所見者，謂昭、定、哀，己與父時事也；所聞者，謂文、宣、成、襄，王父時事也；所傳聞，謂隱、桓、莊、閔、僖，高祖、曾祖時事也。」在這裡，何休以孔子誕生為基點，把春秋二百四十二年間的十二世概分為三世，即相當於孔子高祖、曾祖時代的五世為所傳聞世，相當於孔子祖父時代的四世為所聞世，把孔子和他父親時代三世為所見世，並以所傳聞世為據亂世，所聞世為升平世，所見世為太平世。儘管整個春秋時代都是亂世，而且每況愈下，衰亂日甚，但公羊學者，卻把整部《春秋》說成是由隱、桓、莊、閔、僖的亂世，升進於平世，最後演進到昭、定、哀的太平之世。這當然是違背歷史事實的，但公羊學者從來不以《春秋》為魯史，他們作這樣的劃分，不過是借託魯國十二世的歷史，來表達孔子作為一代新興之王的治世之心罷了。所謂異辭，指的是治亂世、平世、太平世要用不同的方法，和有不同的書法之義。具體說來，治理亂世，用心不能過細，法制不能過嚴，而且應有內外，要把推行王道的魯國，和諸夏之國區別開來，由近及遠，先治己而後治人。這就是何休在注中說的「於所傳聞之世，見治起於衰亂之中，用心尚麤觕，故內其國而外諸夏，先詳內而後治外。錄大略小，內小惡書，外小惡不書；大國有大夫，小國略稱人；內離會書，外離會不書」的意思。所謂錄大略小、內小惡書外則不書等等，同樣都是詳內而略外。為什麼要詳內略外，按照何休注隱公二年「公會戎于潛」的說法，在所傳聞之世，內離會書、外離會不書者，是因為「《春秋》王魯，明當先自詳正，躬自厚而薄責於人」的原故。升進到平世，魯國與諸夏之國已經不再有區別，這是因為王化已推行到周圍許多國家，只有夷狄之國還沒有開化，所以何休說：「於所聞之世，見治升平，內諸夏而外夷狄。」這表明，作為三科九旨的異內外說，內其國而外諸夏，是就所傳聞世而言的，內諸夏而外夷狄，則是就所聞世而立例。在所聞世時期，和亂世不同，已經像何注說的「書外離會，小國有大夫，宣十一年秋晉侯會狄於欑函、襄二十三年邾婁鼻我來奔是也。」在成公十五年冬《春秋》「叔孫僑如會晉士燮等」條中，經序列諸大夫後，又書「會吳于鍾離」，傳在解釋經為什麼「殊會吳」時，認為這是「外吳也」，何休注「殊會吳」說「據楚不殊」，意思是傳言「殊會吳」，是根據不以楚國為外而說的。楚和吳都是夷狄之國，為什麼外吳不外楚呢？何休的解釋是「不殊楚者，楚始見所傳聞世，尚外諸夏，未得殊也。至於所聞世，可得殊，又卓然有君子之行，吳似夷狄差醇，而適見於可殊之時，故獨殊吳。」表示楚國已始見於所傳聞世（指莊公十年秋九月「荊敗蔡師于莘」），那時稱楚為荊已經輕外了，在這個時期，像僖公二十一年經書宋公、楚子以下會於霍，已不再殊楚，到了所聞世中，楚於宣公十一年又有會諸侯討伐夏徵舒的君子之行，不像吳國，到這時才通中國，又有夷狄之行，所以在此獨輕外於吳。這裡何休強調的也是不同世代，有不同的書法之義，不能一例對待。至於演進到太平世，何休認為：「至所見之世，著治太平，夷狄進至於爵，天下遠近、大小若一，用心尤深而詳，故崇仁義，譏二名，晉魏曼多、仲孫何忌是也。」這是說，在這個歷史階段中，夷狄已與諸侯之國同化，王道大行，前兩世的治世方法已不適用，社會上沒有惡行可以譏，連一人取用兩個字為名的小事，也在譏諷之列了。何休用張三世之說貫通《春秋》經傳之義，其說散見於多處，在這裡，就不再具體引述了。

七等，說的是《春秋》寓褒貶的七個等級。七等外，還有書族、書伐、書侵、書滅、書入，以及書日、月、時等用字，據公羊學者看來都體現著褒貶之義。《春秋》的用字，究竟有沒有褒貶，歷史上就有三種不同的見解。一派主張無褒貶，一派認為有貶無褒，而由漢至清最有影響力的則是有褒有貶說。這派學者，強調孔子修《春秋》，目的在於「正名」，或褒或貶，在於一字棄取之間，而《公羊傳》（包括成書稍後的《穀梁傳》）就是褒貶說派的創始之作。《公羊傳》釋經，說褒、說大、說貶、說疾、說絕，尤其是書譏的文字，從隱公元年三月經稱「邾婁儀父」傳以為褒、二年夏書「無駭」以為貶、同年九月書「紀履緰來逆女」以為譏、四年二月書「取牟婁」以為疾、七年冬書「戎伐凡伯」言伐而不言執以為大、桓公六年秋書「蔡人殺陳佗」以為絕起，隨處可見，無煩舉例，僅就七等之說而言，則見於《春秋》莊公十年「秋，九月，荊敗蔡師于莘」條的傳文，傳以荊為楚，而荊是州名，傳釋《春秋》書法之例時說：「州不若國，國不若氏，氏不若人，人不若名，名不若字，字不若子。」按照徐彥疏的解釋：「州不若國，言荊不如言楚；國不若氏，言楚不如言潞氏、甲氏；氏不若人，言潞氏不如言楚人；人不若名，言楚人不如言介葛盧；名不若字，言介葛盧不如言邾婁儀父；字不若子，言邾婁儀父不如言吳子、楚子。」凡此七等之說，子是爵稱，何休以為稱「爵最尊」，依次而下，稱楚為荊是最輕賤的用辭，在公羊學家看來，這些不同稱謂的用辭，寄寓著進退四夷、黜陟小國的用心，體現了《春秋》所託的王者之法。褒是揚善，貶是譏惡。《公羊傳》認為《春秋》既有貶惡的書法，又有諱惡的曲筆。《傳》釋《春秋》書法，每有諱、隱的提法，譬如魯隱公和閔公都是被弒而死的，《春秋》於隱公書薨而不書葬，於閔公書薨而不書地，《傳》都認為是「隱之也」，而隱的原因是「弒之也」。這就是說，經分別用不書葬和不書地的書法，諱去兩公被弒的史實。經有諱書，概括起來，就是《傳》說的「《春秋》為尊者諱，為親者諱，為賢者諱」（閔公元年傳），以及內大惡諱（隱公二年、十年，桓公二年傳等）和為中國諱（襄公二年、七年、八年傳）。為賢者諱，不僅要為諸如齊桓公、公子喜時、晉文公、宋襄公、公子季友等賢者本人諱其惡，甚至還包括了賢者的子孫，像昭公二十年傳說的為公子喜時後人公孫會諱其叛曹就是一個例證。至於諱及賢者後人的理由，據傳的解釋，是因為「君子之善善也長，惡惡也短，惡惡止其身，善善及子孫」的原故。

至於《公羊傳》的災異說，也就是《條例》所稱的「二類」。按：《春秋》多書災異，二百四十二年間，書災異一百數十事，涉及到日食、星孛、大雩、不雨、無冰、大雪、雹、地震、山崩、大水、大旱、蝝生、螟、螽、宮室災等諸多方面，連多麋、六鷁退飛、霜不殺草一類的小事也不放過，在公羊學者看來，這其中正寄寓著孔子以天異來警戒人事的深意。董仲舒推尋《春秋》中天意（災異）與人事的直接聯繫，說明災異所應為何事，這就是後來公羊學家明確提出的天人感應說。《公羊傳》釋經所書災異事，明文與人事相關相應者，一見於僖公十五年秋，又見於宣公十五年冬。前條經書「己卯晦，震夷伯之廟」，傳以夷伯為受到季氏信任的地位低微的陪臣，稱他為夷伯是「大之」，因為「天戒之，故大之」。董仲舒以為：「夷伯，季氏之孚也，不當有廟。震者，雷也。晦冥雷擊其廟，明當絕去僭差之類也。」（見《漢書・五行志》。以下引董說皆同。）何休注《傳》，同樣強調：「僖公蔽於季氏，季氏蔽於陪臣，陪臣見信得權，僭立大夫廟。天意若曰：『蔽公室者是人也，當去之。』」董、何都以為作為陪臣的夷伯竟僭立大夫廟，上天因用雷擊毀其廟以示戒，意在絕去蔽公室的夷伯其人。後條經書「蝝生」，傳以為這是僥倖，幸的是「上變古易常，應是而有天災」。董仲舒指出：「宣是時初稅畝。稅畝，就民田畝擇美者稅其什一，亂先王制而為貪利，故應是而蝝生，屬蠃蟲之蘖。」何休注「上變古易常」說：「上謂宣公，變易公田古常舊制而稅畝」，指的是同年秋天宣公改變自古以來施行的什一而藉，開始改用稅畝制。「應是而有天災」，何休說：「應是變古易常而有天災，眾民用饑」，意思是上天用發生蝗蟲幼蟲的災異之事作為回應，以告戒宣公，促使他恢復稅收舊制。

《春秋》書日食三十六次，首見於隱公三年二月己巳；書「螟」三次，首見於隱公五年九月；書「大雩」十九次、書「螺」十次，均首見於桓公五年秋，凡經所書災異事，《公羊傳》都是只在首見處出解，或曰「何以書？記災也」，或曰「何以書？記異也」。其餘，除外災、外異和內災、內異別有說者，則例不重釋，均沒有再見到明言與人事相感應的傳文。把經所書災異事與人事相感應，大都出於董、何的闡釋，下面分別災、異，各舉一例以見一斑。《春秋》桓公十四年：「秋，八月壬申，御廩災。」傳曰：「御廩者何？粢盛委之所藏也。御廩災何以書？記災也。」董仲舒以為：「先是四國共伐魯，大破之於龍門。百姓傷者未瘳，怨咎未復，而君臣俱惰，內怠政事，外侮四鄰，非能保守宗廟終其天年者也，故天災御廩以戒之。」何休略本董子之義，也說：「先是龍門之戰，死傷者眾，桓無惻痛於民之心，不重宗廟之尊，逆天危先祖，鬼神不饗，故天應以災御廩。」文公十四年，經書：「七月，有星孛入于北斗。」傳曰：「孛者何？彗星也。其言入于北斗何？北斗有中也。何以書？記異也。」董仲舒以為：「孛者，惡氣之所生也。謂之孛者，言其孛孛有所防蔽，闇亂不明之貌也。北斗，大國象。後齊、宋、魯、莒、晉皆弒君。」何休注也說：「孛者，邪亂之氣，彗者埽故置新之象也。北斗，天之樞機、玉衡，七政所出。是時桓、文迹息，王者不能統政，自是之後，齊、晉並爭，吳、楚更謀競行天子之事，齊、宋、莒、魯弒其君而立之應。」如上所述，無論《公羊傳》的偶見天人感應之說，還是董、何二家習以天人感應說闡發傳意，它作為一種思想盛行於漢世，是適應當時的政治需要，有它的時代根源的。到了今天，自然不會再有人相信這些荒誕無稽之言了。這裡作些簡略的介紹，只是為了使初學者理解《公羊傳》如何解釋《春秋》所書災異之事，以及董、何二家又是如何發揮其義的。

六

下面談談歷代研治公羊學的情況和重要著作。西漢時期，公羊已成為專門之學，它所闡述的《春秋》之義，對戰國以來的思想文化，以及漢代的社會政治乃至法律制度產生了深遠的影響，成為人們的行為規範。在當時還以公羊說斷獄決事，像武帝時的治淮南王謀反大獄，就是以《春秋》公羊義作為裁斷評判的依據。《漢書・藝文志》《春秋》類著錄的《公羊董仲舒治獄》十六篇（即《後漢書・應劭傳》說的《春秋決獄》二百三十二事），就是董子以《春秋》公羊義的斷獄之作。原書已佚，清王謨、馬國翰、洪頤煊並有輯本。

西漢治公羊學者，以胡毋子都和董仲舒最為著稱。子都有《條例》之作，《漢書・藝文志》未見著錄，見於著錄者，《公羊傳》十一卷與《董仲舒》百二十三篇外，還有《公羊外傳》五十篇、《公羊章句》三十八篇、《公羊雜記》八十三篇（均已亡佚）。嚴彭祖與顏安樂俱師事眭孟，顏氏有《公羊顏氏記》十一篇（已佚。馬國翰有輯佚一卷），嚴氏亦有書，《漢志》未著錄，《隋書・經籍志》著錄「《春秋公羊傳》十二卷，嚴彭祖撰」，並云嚴氏有「《春秋左氏圖》十卷、《古今春秋盟會地圖》一卷，已佚。」（嚴傳，馬國翰有輯本，《盟會圖》，王謨有輯本。）

東漢中興以來，隨著古文學派的逐漸興起，公羊學的地位不斷受到挑戰。鄭興好古學，尤明《左氏》及《周官》，其子眾承其學，作《春秋難記條例》，又受詔作《春秋刪》十九篇。賈逵亦傳父業，精研《左氏》，有《解詁》三十篇。賈作《長義》四十一條，鄭作《長義》十一條，專論《公羊》之短，李育以

《左氏》「不得聖人深意，以為前世陳元、范升之徒更相非折，而多引圖讖，不據理體」（《後漢書·儒林傳》語），作《難左氏義》四十一事，往返論難，在建初四年的白虎觀會議上，育又以公羊義難賈逵。以公羊學而言，中興初，鍾興奉詔刪定《嚴氏春秋章句》，樊儵又刪之，張霸再減儵定為二十萬言，更名張氏學，至馮君（或即馮緄）乃刪定為八萬言，書到魏時尚存。何休是東漢末年人，與鄭玄同時，他所處的時代，正是今古文學派論爭相當激烈的時候，他鑒於往昔傳《春秋》者非一，「其中多非常異義可怪之論，至有倍經任意反傳違戾者，是以講誦師言至于百萬猶有不解」，而先師戴宏《解疑論》等之說又「觀聽不決，多隨二創」（以上引文均見何氏《解詁》自序），不能得《左氏》之理以駁其義，因本子都《條例》作《解詁》，又以《春秋》駁漢事六百餘條（《隋志》著錄為《春秋漢議》十三卷，又有《何休公羊義》十卷，疑為《漢議》別本），復與其師博士羊弼追述李育意以難《左氏》、《穀梁》二傳，作《公羊墨守》、《左氏膏肓》、《穀梁廢疾》，還有翼《解詁》而作的《春秋公羊諡例》一卷，見於《隋書·經籍志》，其書兩《唐志》雖已不載，但徐彥疏尚有徵引，可見當亡於唐後。今何氏各書均佚（清馬國翰、王謨、王仁俊等多有輯佚本），惟《解詁》僅存，成為解釋《春秋公羊傳》最古、最精的注本。

三國之世，治公羊學者，有唐固《春秋公羊傳注》、徐欽《春秋公羊答問》五卷、麋信注《何氏漢議》十一卷等三家之書。晉承魏緒，習《春秋》的學者，如劉兆作《春秋公羊穀梁左氏集解》十一卷、氾毓作《春秋三傳集解》、胡訥作《春秋三傳經解》十卷，往往兼治《三傳》，專屬《公羊》之作者，有為《公羊傳》作注的王接、王愆期（王接之子）和高龍三家之書，孔衍的《春秋公羊傳集解》十四卷，據〈春秋左傳序〉孔疏所引「十有四年春西狩獲麟」條孔氏本傳文與何休《解詁》本不同，可惜未能廣引，今則難以見其概貌。此外，還有庾翼問、王愆期答的《春秋公羊論》二卷，劉寔撰、劉晏作注的《春秋公羊達義》三卷，以及張靖的《穀梁廢疾箋》三卷，和李軌、江淳兩家的《春秋公羊音》各一卷。六朝時期，《三傳》並立於國學，《公羊》立何氏，惟通其義者少，所以日漸浸微，今知者不過周續之《公羊傳注》之作。在唐代，憲宗時人陸淳與趙匡同師啖助，淳撰《春秋集解纂例》、《春秋微旨》、《春秋集解辨疑》三書（今並存），其說本於啖、趙。啖、趙、陸三家解《春秋》不守舊說，往往援經駁傳、《三傳》並攻，同時的盧同撰《春秋摘微》，也是棄傳解經，嗣後陳岳作《春秋折衷論》，參求《三傳》之長以通《春秋》之義。《公羊傳》雖被列為《九經》之一，立於學官，並以《九經》取士，但專習其學者少，玄宗時國子司業李元瓘上疏時就說過「《公羊》、《穀梁》殆絕」的話，終唐之世，除徐彥作《春秋公羊傳疏》外，兩《唐志》均未見著錄有唐人研治《公羊》的著作。宋人解《春秋》，亦多不守舊義而喜自創新說，甚至有以己意改動經文者。孫復的《春秋尊王發微》，略本於陸淳而時增新意，劉敞撰作《春秋權衡》以評《三傳》的得失，又集眾說、斷以己意而撰《春秋傳》，《傳》有未盡者，復作《春秋意林》以明之。葉夢得的《春秋讞》，亦沿啖助、孫復的餘緒，信經不信傳，於《公羊》、《穀梁》更是多有駁詰。胡安國的《春秋傳》，書作於南渡之後，同樣棄傳從經，勇於攻擊《三傳》，因為其學出於程氏，所以《傳》中廣採邵雍、程顥、程頤、張載之說。胡《傳》外，張洽有《春秋集注》十一卷。明初官學，《春秋》主《左氏》、《公羊》、《穀梁》三傳及胡、張二家之書。永樂年間胡廣等人奉敕撰《春秋大全》七十卷，所採諸家之說，全本胡安國之論以定是非，從此，科場試士，奉以為準則，胡書遂風行一世，張洽之書因廢而不行。在明代，《春秋》之學最為低劣，專守公羊家說的著作，今存世者，僅見周拱辰的《公羊墨史》二卷書。

有清一代，經學昌明，治公羊學者，始於武進莊存與。存與為乾隆進士，他博通六藝，諸經皆有撰述，所著《春秋正辭》，兼採眾家，雜取今文，而以公羊為主。他的從子述祖也是遍治群經，述祖的外甥劉逢祿和長州宋翔鳳皆傳其學。逢祿探源董子，發揮何氏，尋其條貫，正其統紀，作《公羊何氏釋例》三十篇；又摘《公羊傳》文及《解詁》，以析其疑滯，明其大義，為《解詁箋》一卷，凡九十三條；復推求《穀梁》、《左氏》的得失，申何難鄭，而作《論語述何》。翔鳳作《漢學今文古文考》，用公羊義遍說群經，又以公羊義通《論語》，撰《論語說義》和《論語發微》。劉氏弟子仁和龔自珍、宋氏弟子德清戴望，並治公羊學，各有著述。邵陽魏源亦從劉氏受公羊學，撰有《董子春秋發微》。道光間，江都凌曙，以《春秋》之義存於《公羊》，而事之切實，無過於禮，因作《公羊禮疏》十一卷、《公羊禮說》一卷，以及《公羊答問》二卷。長州陳奐亦撰《公羊逸禮考徵》一卷，以論朝制、門制、廟制、城制以及禘祫、歸寧之禮。此外，包慎言作《春秋公羊傳曆譜》十一卷、楊國楨有《春秋公羊傳音訓》、寶應劉寶楠之子恭冕有《何休論語注訓述》等。湘潭王闓運箋注群經，於《春秋》有《公羊傳箋》十一卷、《春秋例表》一卷，其弟子井研廖平有《公羊補證》十一卷、《何氏公羊解詁三十論》三卷。南海康有為承其緒，作《新學偽經考》、《孔子改制考》、《春秋筆削大義微言考》，又按題摘錄《春秋繁露》，離析章句，以類相從，成《春秋董氏學》八卷，作為闡發《春秋公羊》學微言大義、論證孔子改制理論的依據。近代以來，崔適撰有《春秋復始》三十八卷，也是專為闡揚公羊氏之學的著述。

清代學者治公羊學，有兩部書要著重說一說。梁啟超說過：「清學自當以經學為中堅，其最有功於經學者，則諸經殆皆有新疏也。」並謂「其在《公羊傳》，有孔廣森的《公羊通義》，陳立的《公羊義疏》。」（《清代學術概論》語）孔廣森，字顨軒，曲阜人，乾隆辛卯進士，少受經於休寧戴震，治《三禮》及《公羊春秋》，以為「《解詁》體大思精，詞義奧衍，亦時有承譌率臆，未能醇會傳意」（《通義》自敘），於是綜覽諸家，凡經籍之義有可通於《公羊》者著錄之，兼採《左氏》、《穀梁》之說，作《通義》十一卷、序一卷，阮元稱讀其書始知聖志之所在。像何休取董子王魯、黜夏、新周、故宋之說，以解宣公十六年「成周宣謝災」傳曰「新周也」之義，孔氏謂周之東遷本在王城，及敬王遷成周，作傳號為新周，猶晉徙於新田，謂之新絳，鄭居郭、鄶之間，謂之新鄭，實非如注解。論者以為「新周」二字，自董子以來將二千年，至顨軒乃大明，可謂公羊功臣。陳立，字卓人，句容人，道光辛丑進士，少從凌曙、劉文淇受《公羊》、許氏《說文》及鄭氏《禮》，於《公羊》用力尤深。他博求群籍，凡唐前《公羊》古義以及清代諸儒說《公羊》者，廣為採獲，鉤稽貫串，析其滯疑，通其結轄，成《公羊義疏》七十六卷，其著深明家法，亦不過為穿鑿，與孔氏之《通義》均收入《清經解續編》中，成為今天通解《公羊傳》的必讀之作。

七

最後，對本書的譯注作些說明。

《公羊傳》何休注徐彥疏，是《十三經注疏》中的一種。清阮元校勘《十三經注疏》，於《公羊傳疏》則據唐石經、《釋文公羊音義》、惠棟校注疏本、監本、閩本、毛本以及浦堂的《春秋公羊傳注疏正誤》等，臚其異文遺字，訂其是非，大都論斷精當，向稱善本。本書因採用中華書局影印的阮氏校刻本為原本，分卷亦仍阮本之舊。原文外，說明、注釋和語譯，是本書的三個組成部份。說明是每年傳義的分條概述。語譯採用直譯的方法，遇有不容易直譯的地方，則酌用意譯。對於只靠譯文不能明其義、明其所以的，諸如某些史事、制度、名物，以及有關國名、人名、地名等，則在首次出現時略加簡要的注釋；至於經傳中的許多詞語，凡是通過譯文已能明瞭的，除有必要者外，一般不再出注。三者相輔相成，希望對讀者理解原文能夠有所幫助。

本書不是公羊學著作，也不是評論《公羊傳》得失的著作，它是為初學者讀懂《公羊傳》而作的，所以重在對原文的理解，對於公羊義，則盡量不作深究，只是在「說明」中偶有示例性的評析，和在〈導讀〉中作過一些概略的介紹。這當然是不夠的。讀者如果想進一步了解董仲舒、何休以及歷代，特別是清代公羊學者是怎樣闡發傳義的，歷代學者又是怎樣駁難《公羊傳》和公羊學的，那就要直接閱讀各家之書，而不是本書所能解決的了。

在本書的譯注過程中，參考過若干前人和時賢的成果，限於體例要求，為避免繁複，所用各家之說，未能一一注明，這是需要加以說明的。由於水平的限制，無論語譯、注釋，還是說明，難免有失當甚至錯誤的地方，敬希讀者不吝指正。

雪 克

一九九七年三月識於杭州寓所

卷一　隱公上

隱公元年

【說　明】《春秋》在魯隱公元年這一年中，簡要地記載了隱公和邾婁儀父在眜地會盟、鄭伯在鄢地打敗胞弟共叔段等六件事情。為「經」而作的《公羊傳》，重在釋經，分別對每件事情，從解釋經文的詞義和用法著手，用自問自答的方式，加以引申，進而闡發《春秋》的微言大義。譬如開頭第一條「元年，春，王正月」，《春秋》僅有記時，沒有記事。《公羊傳》在解釋這句經文時，首先提出了「元年者何」，以下依次提出「春者何」、「王者孰謂」等共十一個問題。前面五個問題的回答，是針對經文而作的解釋，涉及到《春秋》記時中諸詞的含義、從詞序先後的角度解釋說「王正月」的原因以及這樣說的用意等。後面六個問題，從「不言即位」到「母貴則子何以貴」的發問，都不能說有經文的依據。這些問題是從前面的問題中、從整部《春秋》書法之例中，逐次引申出來的，回答涉及到解說不書即位的原因、對隱公準備讓位的贊揚，以及隱公之所以不適宜立為國君等，並揭示出繼立子嗣等兩條禮法原則。從這裡，可以看出《公羊傳》解經的特點。

元年，春，王正月❶。

元年者何？君之始年也。春者何？歲之始也。王者孰謂？謂文王也。曷為先言王而後言正月？王正月也。何言乎王正月？大一統❷也。

公何以不言即位？成❸公意也。何成乎公之意？公將平國而反之桓。曷為反之桓？桓幼而貴，隱長而卑。其為尊卑也微，國人❹莫知。隱長又賢，諸大夫扳❺隱而立之。隱於是焉而辭立，則未知桓之將必得立也。且如❻桓立，則恐諸大夫之不能相幼君也，故凡隱之立為桓立也。隱長又賢，何以不宜立？立適❼以長不以賢，立子以貴不以長。桓何以貴？母貴也。母貴則子何以貴？子以母貴，母以子貴。

三月，公及邾婁儀父❽盟于眛❾。及者何？與也。會、及、暨皆與也，曷為或言會，或言及，或言暨？會猶最❿也；及猶汲汲⓫也；暨猶暨暨⓬也。及，我欲之；暨，不得已也。儀父者何？邾婁之君也。何以名？字也。曷為稱字？褒之也。曷為褒之？為其與公盟也。與公盟者眾矣，曷為獨褒乎此？因其可⓭褒而褒之。此其為可褒奈何？漸進⓮也。眛者何？地期也。

夏，五月，鄭伯⓯克段于鄢⓰。克之者何？殺之也。殺之則曷為謂之克？大⓱鄭伯之惡也。曷為大鄭伯之惡？母欲立之，己殺之，如⓲勿與而已矣。段者何？鄭伯之弟也。何以不稱弟？當國⓳也。其地何？當國也。齊人殺無知⓴何以不地？在內也。在內雖當國不地也，不當國雖在外亦不地也。

秋，七月，天王㉑使宰咺來歸㉒惠公仲子㉓之賵㉔。宰者何？官也。咺者何？名也。曷為以官氏？宰士也。惠公者何？隱之考㉕也。仲子者何？桓之母也。何以不稱夫人？桓未君也。賵者何？喪事有賵。賵者，蓋以馬以乘馬束帛。車馬曰賵，貨財曰賻，衣被曰襚。桓未君則諸侯曷為來賵之？隱為桓立，故以桓母之喪告于諸侯。然則何言爾？成公意也。其言來何？不及事也。其言惠公仲子何？兼之。兼之，非禮也。何以不言及仲子？仲子微也。

九月，及宋人盟于宿㉖。孰及之？內之微者也。

冬，十有二月，祭伯㉗來。祭伯者何？天子之大夫也。何以不稱使？奔也。奔則曷為不言奔？王者無外，言奔則有外之辭也。

公子益師㉘卒。何以不日？遠也。所見異辭，所聞異辭，所傳聞異辭㉙。

【注釋】❶王正月　魯國從隱公到哀公歷十二公，都用周曆，所以稱王正月。❷大一統　大，推重；尊重。一統，謂天下諸侯、萬事萬物皆統一於周天子。❸成　成全；實現。❹國人　指國內貴族。一說指凡人。❺扳　同「攀」。攀援；攀引。❻且如　假如。❼適　通「嫡」。指嫡子，嫡夫人生的兒子。下句「立子」之子，指庶子，媵及姪娣生的兒子。❽邾婁儀父　邾婁，國名。即《左傳》和《穀梁傳》的邾。儀父，邾婁國君的號，名克。❾眛　地名。《左傳》和《穀梁傳》作「蔑」，在今山東省泗水縣東約二十公里。❿最　聚；聚會。⓫汲汲　急切的樣子。⓬暨暨　猶幾幾。不及。⓭可　應該；值得。⓮漸進　倡始；首倡。漸，事物的開端。進，去惡就善，進於德性。⓯鄭伯　指鄭莊公。鄭，國名，姬姓。⓰鄢　本是妘姓之國，為鄭所滅。地在今河南省鄢陵縣北。⑰大　擴大；張揚。⑱如　即不如。齊人的話。一說如上脫不字。⑲當國　執政為君。⑳齊人殺無知　事見《春秋》莊公九年。無知，齊君公孫無知。《左傳》說他被雍廩所殺。㉑天王　指周平王。《春秋》對周王，有時稱天王，有時稱天子，有時稱王。㉒歸　同「饋」。饋贈。㉓惠公仲子　惠公，魯惠公，隱公的父親。仲子，惠公夫人，桓公的母親。㉔賵　助生送死的財物，用車馬束帛。㉕考　稱已死的父親。㉖宿　國名，風姓。地在今山東省東平縣東南。㉗祭伯　周王朝卿大夫。祭是他的食邑。㉘公子益師　魯孝公的兒子，字眾父。㉙所見異辭三句　這是《公羊傳》張三世的說法。所見，指昭、定、哀時代。所聞，指文、宣、成、襄時代。所傳聞，指隱、桓、莊、閔時代。

【語譯】 元年，春，王正月。元年是什麼意思？是人君的開端第一年。春是什麼意思？是一年四季的開端。所說的王是誰呢？是周文王。為什麼先說王以後再說正月呢？因為是周王的正月。為什麼要說王正月呢？是為了表示重視周王朝的一統。魯隱公為什麼不稱即位呢？是為了成全隱公的意願。怎麼樣成全隱公的意願呢？隱公準備將國家平定治理好以後，再把君位歸還給桓公。為什麼要歸還給桓公呢？因為桓公雖然年幼卻尊貴，隱公雖然年長卻卑下。他們兩人之間的尊卑關係隱匿不顯，魯國人都不知曉。由於隱公年長又賢明，魯國的大夫們就攀援擁戴他，把隱公立為國君。隱公在當時如果辭讓，又不知道桓公將來能不能必定得立。這時假如立了桓公，又恐怕眾大夫不能一心輔佐幼君。所以說立隱公，是為了將來的立桓公。隱公年長又賢明，為什麼不適宜立為國君呢？是因為立嫡子論年紀大小，不論賢明不賢明；立庶子論尊卑，不論年紀大不大。桓公為什麼尊貴呢？因為他母親尊貴。母親尊貴兒子為什麼就尊貴呢？兒子因為母親尊貴而尊貴，母親因為兒子尊貴而尊貴。

三月，隱公及邾婁儀父在眛地會盟。及是什麼意思？是與的意思。會、及和暨都是與的意思，為什麼有時候說會，有時候說及，有時候說暨呢？會，是聚會；及，是急切召集；暨，是隨從參加。及是我自願，暨是迫不得已。儀父是什麼人呢？是邾婁國的國君。為什麼叫他的名字？這不是名而是他的號。為什麼稱呼他的號？是為了稱贊他。為什麼要稱贊他呢？為了他和隱公盟會。和隱公盟會的人相當多，為什麼單獨稱贊他呢？因為他應該稱贊，所以就稱贊他。這裡說他應該稱贊是為什麼呢？因為這次盟會是首倡，創了個好開端。

眛是什麼意思？是約定的會盟地點。

夏天，五月間，鄭莊公克共叔段在鄢這個地方。叫做克是為什麼呢？是把共叔段殺掉了。殺掉他為什麼叫做克呢？是為了張揚鄭莊公的罪過。為什麼要張揚鄭莊公的罪過呢？因為他的母親想立共叔段為國君，自己卻把共叔段殺掉了，不如不讓他當國君就算了。共叔段是什麼人呢？他是鄭莊公的弟弟。為什麼不稱呼他弟弟呢？因為他圖謀奪取君位。寫上地名是為什麼？同樣因為他圖謀奪取君位。齊人殺掉公孫無知為什麼不寫上地名？因為事情發生在齊國國內。發生在國內，雖然被殺的人有奪取君位的圖謀，因為禍亂已除，就不記載地名。被殺的人沒有奪取君位的圖謀，雖然事情發生在國外，則視為殺大夫，也不記載地名。

秋天，七月間，周王派遣宰咺來饋送惠公仲子的賵。宰是什麼？是官職。咺是什麼？是人的名字。為什麼以官職作為姓氏？因為宰是周天子的士。惠公是什麼人呢？是隱公的父親。惠公仲子是什麼人呢？是魯桓公的母親。為什麼不稱呼她夫人呢？因為這時候桓公還沒有立為國君。賵是什麼？助辦喪事有賵。賵，用的是馬，用四匹馬和綑成束的絲帛。車馬叫賵，財貨叫賻，衣被叫襚。這時桓公還沒即位為君，諸侯為什麼要來饋送助喪的車馬絲帛呢？這是為了隱公最終要立桓公，所以才把桓公母親的喪事通知了諸侯。那麼為什麼要這樣記載呢？是為了成全隱公的意願。說「來」是什麼意思呢？是因為沒趕上葬事。稱呼惠公仲子是什麼意思？是把惠公和仲子兩人合在一起來說。兩人合在一起說是不符合禮數的。為什麼不說惠公和仲子呢？因為仲子地位低微。

九月間，魯國人和宋國人在宿這個地方會盟。誰參加了這次會盟？是魯國地位低微的官員。

冬天，十二月間，祭伯來到魯國。祭伯是什麼人呢？是周天子的大夫。為什麼不說差遣呢？因為他是逃亡到魯國。既然是逃亡，為什麼不說逃亡呢？因為周天子一統天下，沒有國外，說逃亡就是有國外的言辭了。

公子益師死了。為什麼不記載死亡的日期？因為距離《春秋》作者孔子的時代過於久遠了。在孔子時代，人們眼見的事說法不同；在孔子以前的幾代，人們聽說到的事說法不同；比這更久遠的幾代，人們聽到的傳說說法不同。

卷二　隱公中

隱公二年

【說明】在這一年中，經文記載了隱公和戎狄在潛地會盟、莒人侵入向邑等九件事情。其中三件事情《公羊傳》無傳，另外「冬，十月」條僅指出子伯是人名，而不知是什麼人。可以勿論。從有傳的各條來看，有詞義的解釋，像「入向」、「入極」之入，前者釋為「得而不居」，後者則表示入人之國是「內大惡」，用「入」不用「滅」是為了避魯諱。《公羊傳》解釋詞義，注意到同義詞的細微差別，像前一年「三月」條對及、會、暨三詞的析辨；也注意到特定環境中詞的用法，像本年「九月」條對稱女、稱婦、稱夫人的解說。有對人物的交代，從其稱謂中推尋《春秋》作者的褒貶用意和譏諷態度。像「五月」條的貶展無駭，指出貶他是因他開了滅國之例。並提出了以《春秋》之始為譏之義。在以後的「紀履緰來逆女」條中，提出了外逆女不書，書則表示譏諷，同樣歸結為託始為譏。所謂「外逆女不書」，是《公羊傳》歸納出來的《春秋》書例，連同託始為譏之義，都是站不住腳的，在這裡就不作具體評說了。

二年，春，公會戎于潛❶。

夏，五月，莒❷人入向❸。入者何？得而不居也。

無駭❹帥師入極❺。無駭者何？展無駭也。何以不氏？貶。曷為貶？疾始滅也。始滅昉❻於此乎？前此矣。前此則曷為始乎此？託始焉爾。曷為託始焉爾？《春秋》之始也。此滅也，其言入何？內大惡，諱也。

秋，八月庚辰❼，公及戎盟于唐❽。

九月，紀履緰❾來逆女。紀履緰者何？紀大夫也。何以不稱使？婚禮不稱主人。然則曷稱？稱諸父兄師友。宋公使公孫壽來納幣❿，則其稱主人何？辭窮也。辭窮者何？無母也。然則紀有母乎？曰有。有則何以不稱母？母不通也。外逆女不書，此何以書？譏。何譏爾？譏始不親迎也。始不親迎昉於此乎？前此矣。前此則曷為始乎？此託始焉爾。曷為託始焉爾？《春秋》之始也。女，曷為或稱女，或稱婦，或稱夫人？女在其國稱女，在塗稱婦，入國稱夫人。

冬，十月，伯姬⓫歸于紀。伯姬者何？內女也。其言歸何？婦人謂嫁曰歸。

紀子伯⓬、莒子盟于密⓭。紀子伯者何？無聞焉爾。

十有二月乙卯，夫人子氏薨。夫人子氏者何？隱公之母也。何以不書葬？成公意也。何成乎公之意？子將不終為君，故母亦不終為夫人也。

鄭人伐衛⓮。

【注　釋】❶潛　魯地名。在今山東省濟寧市西南。❷莒　國名，己姓。在今山東省莒縣縣治。❸向　國名，姜姓。在今山東省莒縣南。❹無駭　展無駭。魯國之卿，官為司空。展禽（柳下惠）的父親。❺極　國名。在今山東省金鄉縣南。為魯國所佔有。❻昉　開始。❼八月庚辰　按：這年八月無庚辰，可能是《春秋》誤記。以後類似情況，不一一注明。❽唐　魯邑名。在今山東省金鄉縣東。❾紀履緰　《左傳》作「紀裂繻」。紀，國名，姜姓。在今山東省壽光縣南。後為齊所滅。履緰是名字。❿宋公使公孫壽來納幣　事見《春秋》成公八年。公孫壽，宋國司城蕩的兒子。⓫伯姬　魯惠公的長女。⓬紀子伯　《左傳》伯作「帛」。杜預以為就是紀裂繻。⓭密　莒國邑名。在今山東省昌邑縣東南。⓮衛　國名，與鄭同為姬姓。春秋初都曹，在今河南省滑縣東。

【語　譯】二年，春天，隱公和戎狄在潛這個地方會盟。

夏天，五月間，莒國派兵侵入了向國。入是什麼意思呢？是說得到了而不能居住在那裡。

魯國的無駭統領軍隊侵入極國。無駭是什麼人呢？是展無駭。為什麼不稱他的姓氏呢？是為了貶低他。為什麼要貶低他呢？憎惡他開始滅人的國家。滅人的國家是這時開始的嗎？在這以前就有了。既然以前就有過，為什麼說從這時開始呢？不過是假託從這時開始罷了。為什麼假託從這時開始呢？因為是《春秋》書的開始。這是滅人的國家，說成「入」是為什麼？因為是魯國的大壞事，為了避諱。

秋天，八月庚辰這天，隱公和戎狄在唐邑會盟。

九月間，紀履緰來迎娶魯國女子。紀履緰是什麼人呢？是紀國的大夫。為什麼不說差遣呢？因為婚禮是不用結婚人的名義的。那麼用什麼人的名義呢？用結婚人父親、哥哥、老師或朋友的名義。宋公差遣公孫壽來納幣下聘，為什麼又用結婚人的名義呢？是因為無話可說。不得已，只好違禮而行了。無話可說是為什麼呢？為的是宋公沒有母親。那麼紀君有母親嗎？回答說有。既然有，為什麼不用他母親的名義呢？因為女人無外事，母命是不能通於國外的。外國來魯國迎娶女子不記載，這裡為什麼要記載呢？是譏諷。為什麼要譏諷呢？是譏諷從紀君開始不親自迎娶。不親自迎娶是從紀君開始的嗎？在這以前就有了。既然在這以前就有過，為什麼說是從他開始呢？不過是假託從這時開始罷了。為什麼假託從這時開始呢？因為這是《春秋》

書的開始。女子，為什麼有時候稱呼女，有時候稱呼婦，有時候稱呼夫人呢？待嫁的女子，在自己國家時稱為女，在往男方的路途上稱為婦，進入出嫁的國家就稱為夫人了。

冬天，十月間，伯姬嫁給紀國。伯姬是什麼人呢？是魯國的女子。為什麼說「歸」呢？女子出嫁叫歸。

紀國子伯和莒子在密邑會盟。紀子伯是什麼人呢？沒有聽說過。

十二月乙卯這天，夫人子氏死了。夫人子氏是什麼人呢？是隱公的母親。為什麼不記載喪葬的事呢？為了成全隱公的意願。為什麼要成全隱公的意願？因為隱公終將不做國君，所以他母親也終將不做夫人。

鄭國人討伐衛國。

隱公三年

【說　明】本年中，《春秋》所記有兩件事《公羊》無傳。有傳者，如《春秋》記日食，認為是記異，並對有時記日、有時不記作出解釋。又如解說《春秋》記周王死而不記葬時，指出天子葬有定期，不必記載，與諸侯不同等。在解釋「尹氏卒」和「武氏子來求賻」兩事時，認為兩人都是天子的大夫，用這樣的稱呼是貶譏。前者譏其世代為卿，權大位尊；後者譏其父親新死喪事未畢，還沒受命為大夫就出使。至於記「來求賻」事，同樣是譏諷。既譏周室違禮求賻，而魯侯對天子之喪，理當致賻而不致，要等王人來求，也是失臣禮的。本年八月間宋繆公死，《公羊》無傳。可是對三個月後的葬繆公事，卻闡述特別詳細。在解說記葬事寫不寫明時日的問題時，重點放在「當時而日，危不得葬也」，下面的一段文字，是為解釋「危不得葬」之義而發的，最後歸罪於宋宣公的傳弟不傳子。

三年，春，王二月己巳，日有食之。何以書？記異也。日食則曷為或日或不日；或言朔❶或不言朔？曰某月某日朔日有食之者，食正朔也。其或日或不日，或失之前，或失之後。失之前者，朔在前也。失之後者，朔在後也。

三月庚戌，天王❷崩。何以不書葬？天子記崩不記葬，必其時也❸。諸侯記卒記葬，有天子存，不得必其時也。曷為或言崩或言薨？天子曰崩，諸侯曰薨，大夫曰卒，士曰不祿。

夏，四月辛卯，尹氏❹卒。尹氏者何？天子之大夫也。其稱尹氏何？貶。曷為貶？譏世卿❺。世卿非禮也。外大夫不卒，此何以卒？天王崩，諸侯之主也。

秋，武氏子來求賻。武氏子者何？天子之大夫也。其稱武氏子何？譏。何譏爾？父卒子未命也。何以不稱使？當喪未君也。武氏子來求賻何以書？譏。何譏爾？喪事無求，求賻非禮也，蓋通于下❻。

八月庚辰，宋公和❼卒。

冬，十有二月，齊侯❽、鄭伯盟于石門❾。

癸未，葬宋繆公❿。葬者曷為或日或不日？不及時⓫而日，渴⓬葬也。不及時而不日，慢⓭葬也。過時而日，隱⓮之也。過時而不日，謂之不能葬也。當時而不日，正也。當時而日，危不得葬也。此當時何危爾？宣公⓯謂繆公：「以吾愛與夷⑯則不若愛女⑰。以為社稷宗廟主，則與夷不若女，盍終為君矣。」宣公死，繆公立。繆公逐其二子莊公馮與左師勃，曰：「爾為吾子，生毋相見，死毋相哭。」與夷復曰：「先君之所為⑱不與臣國而納國乎君者，以君可以為社稷宗廟主也。今君逐君之二子而將致國乎與夷，此非先君⑲之意也，且使子而可逐，則先君其逐臣矣。」繆公曰：「先君之不爾逐可知矣。吾立乎此，攝⑳也，終致國乎與夷。」莊公馮弒與夷。故君子大居正㉑，宋之禍宣公為之也。

【注　釋】❶朔　陰曆每月初一日。❷天王　指周平王。❸必其時也　指葬事有定期，按照禮制，天子死後七個月下葬，所以說必其時。❹尹氏　《左傳》作「君氏」，認為是隱公的母親聲子，與《公羊》、《穀梁》異。❺世卿　父死子繼，世代承襲為卿大夫。❻蓋通于下　求賻非禮，不致賵而等待來求也非禮，這事是上下一理，都一樣。蓋，皆。一說蓋是疑詞，大概。❼宋公和　宋繆公，名字叫和。❽齊侯　齊國國君。齊，姜姓。國於營丘，在今山東臨淄。❾石門　齊地名。在今山東省長清縣西北。❿宋繆公　《左傳》繆作「穆」。繆、穆字通。⓫不及時　指不到五個月。按照禮制，諸侯死後五個月下葬。⓬渴　急切。⓭慢　慢薄；怠慢。⓮隱　憂傷；哀痛。⓯宣公　繆公的哥哥。繆公繼宣公立為國君。⓰與夷　宣公的兒子。⓱女　汝。下「若女」同。⓲所為　所以。⓳先君　前代君主。此指宣公。⓴攝　假代；代理。㉑大居正　意謂遵守禮法是最大的事。按：《公羊傳》認為宋宣公不傳子而傳弟，讓國於穆公，違背了君位繼承的禮法，是造成宋國禍亂的根源。

【語　譯】三年，春天，周王二月己巳這天，魯國發生日食。為什麼記載這件事呢？這是記載奇異的事情。發生日食為什麼有的記上日期，有的不記上日期；有的寫明初一，有的不寫明初一呢？說某月某日初一發生日食，是指日食正好發生在初一這天。至於有的寫明日期，有的不寫明日期，是因為初一有時在前，有時在後。在前的初一在日食以前，在後的初一在日食以後。

三月庚戌這天，周天子平王死了。為什麼不記載他的葬事呢？天子只記載死不記載葬，是因為天子的葬期有一定的時限，諸侯則記載死也記葬，是因為天子在，不能按一定的時限。為什麼有時說崩，有時說薨呢？天子死叫做崩，諸侯死叫做薨，大夫死叫做卒，士人死叫做不祿。

夏天，四月辛卯這天，尹氏死了。尹氏是什麼人呢？是周天子的大夫。稱尹氏而不稱名字是為什麼？是貶低他。為什麼要貶低他呢？為的是譏諷他世代為卿大夫。世代為卿大夫是不符合禮法的。《春秋》魯國以外的大夫死了不作記載，這裡為什麼要記載呢？因為周平王死的時候，尹氏曾經以主人身份接待過到京師悼喪的諸侯的緣故。

秋天，武氏子到魯國來求取助喪的財物。武氏子是什麼人呢？是周天子的大夫。為什麼不稱他的名字而叫他武氏的兒子呢？是譏諷他。為什要譏諷他呢？因為他父親已經死了，他還沒受命為大夫。為什麼不稱差遣呢？因為這時正當周平王的喪事，嗣王還沒有即位為天子。武氏子到魯國來求取助喪的財物為什麼要記載呢？是譏諷。為什麼要譏諷呢？因為辦理喪事是不能向旁人求取資助的，求取資助是不符合禮法的。這件事從周天子一直通到下面，都是一樣的。

八月庚辰這天，宋繆公死了。

冬天，十二月間，齊君和鄭君在石門這個地方會盟。

癸未這天，安葬了宋繆公。下葬這件事，為什麼有時記載日子，有時不記載呢？不到應該下葬的日子就下葬並且記上了日子，這是急切下葬。不到應該下葬的日子就下葬而不記上日子，這表示對葬事的慢薄。超過了下葬的日子才下葬，而且記上了日子，這表示哀痛死者，沒能按時下葬。超過了下葬的日子才下葬而不記上日子，這是說不能按時下葬。如期下葬而不記上日子，這是正規的葬禮。按時下葬而記上日子，這表示有潛在的危險不得下葬。在繆公下葬時有什麼潛在危險呢？宋宣公曾對弟弟繆公說過：「我喜愛兒子與夷比不上喜愛你；要做社稷宗廟的主人主理國政，與夷也不如你。為什麼你不就做國君呢！」宣公死後，繆公遂立為國君。繆公把兩個兒子莊公馮和左師勃驅逐出國境，並且說：「你們雖然是我的兒子，但活著不要見面，死了也不要哭我！」對於這件事，與夷回答說：「先君所以不把國家交給我而交給您，是認為您可以做社稷宗廟的主人治理好國家。現在您驅逐了自己的兩個兒子，而準備將國家交還給我，這不是先君的心意。況且，如果兒子可以驅逐，那麼先君恐怕早就把我驅逐走了。」繆公說：「先君之所以不把你驅逐走，他的心意是可以知曉的。我現在立為國君，只是代理罷了，最終要把國家交還給你的。」後來，莊公馮殺掉了與夷。所以君子做事，最重要的是遵法守正。宋國的禍亂是宣公造成的。

隱公四年

【說　明】本年《春秋》記載七事，六事有傳。有關於書例的，認為外取邑不書，今書「莒人伐杞，取牟婁」者，是因為《春秋》疾惡諸侯間的奪佔城邑從此開始。《春秋》於二月「戊申，衛州吁弒君」、「九月，衛人殺州吁」二條中，稱衛州吁，以國為氏；稱殺州吁者為人，而不書其名；「秋，翬帥師會宋公等伐鄭」條，書「翬」而不稱公子等，《公羊傳》對此分別作出解釋。認為州吁前冠以國名，是貶他以國君自命。而殺州吁者稱「人」，是因為亂臣賊子，人人得而誅之。至於翬的所以不稱公子，是貶他參與了弒殺隱公。另外，「夏，公及宋公遇于清」和「冬，十有二月，衛人立晉」兩條，則從解釋字義的角度立義，前者說魯公與宋公之「遇」是不期而遇；後者說「立者不宜立也」。意思是雖然眾人都擁立公子晉，可是立晉是不對的。至於為什麼不對，傳沒有交代。

四年，春，王二月，莒人伐杞❶，取牟婁❷。牟婁者何？杞之邑也。外取邑不書，此何以書？疾始取邑也。

戊申，衛州吁❸弒其君完❹。曷為以國氏？當國也。

夏，公及宋公❺遇于清❻。遇者何？不期也。一君出，一君要之也。

宋公、陳侯❼、蔡❽人、衛人伐鄭。

秋，翬❾帥師會宋公、陳侯、蔡人、衛人伐鄭。翬者何？公子翬也。何以不稱公子？貶。曷為貶？與弒公也。其與弒公奈何？公子翬諂❿乎隱公，謂隱公曰：「百姓安子，諸侯說子，盍終為君矣？」隱曰：「吾否。吾使脩塗裘⓫，吾將老焉。」公子翬恐若其言聞乎桓，於是謂桓曰：「吾為子口隱矣。隱曰：『吾不反也。』」桓曰：「然則奈何？」曰：「請作難，弒隱公。」於鍾巫⓬之祭焉弒隱公也。

九月，衛人殺州吁于濮⓭。其稱人何？討賊之辭也。

冬，十有二月，衛人立晉⓮。晉者何？公子晉也。立者何？立者不宜立也。其稱人何？眾立之之辭也。然則孰立之？石碏⓯立之。石碏立之，則其稱人何？眾之所欲立也。眾雖欲立之，其立之非也。

【注釋】❶杞　姒姓國。國都屢遷。春秋初在今山東省新泰市，後遷至今山東省安丘市東北的杞城。滅於楚。❷牟婁　杞國邑名。即今山東省諸城市西的婁鄉。❸州吁　衛國公子。衛莊公的兒子。嬖人之子。《穀梁傳》州作「祝」，字通。❹完衛桓公，名完。衛莊公的太子。在位十六年。❺宋公　指宋殤公。名與夷。宋穆公的姪子，在位九年。❻清　衛邑。在今山東省東阿縣南。❼陳侯　指陳桓公。陳，西周封國，嬀姓，都宛丘。在今河南省淮陽縣。❽蔡　姬姓國，當時都上蔡。在今河南省上蔡縣西南。❾翬　魯國大夫公子翬，字羽父。❿諂　巴結奉承；諂媚。⓫涂裘　即菟裘。魯邑。在今山東省泰安市東南。⓬鍾巫　祭名。《史記·魯周公世家》說：「隱公祭鍾巫，齊于社圃，館于蔿氏。」一說，鍾巫為神名。春秋時諸侯及大夫立以為祭主。⓭濮　陳地。即夷濮。在今安徽省亳州市東南。⓮晉　即衛宣公。名晉，桓公的弟弟。立於本年。⓯石碏　衛國大夫。亦稱石子。他大義滅親，殺了自己的兒子石厚。

【語　譯】四年，春天，周王二月間，莒國派軍隊討伐杞國，奪取了牟婁。牟婁是什麼地方呢？是杞國的城邑。魯國以外的國家奪取城邑照例不作記載，這裡為什麼要記載呢？是因為憎惡莒侯開始奪取別國的城邑。

〔三月〕戊申這天，衛州吁殺了衛桓公完。為什麼用國名為姓氏呢？因為州吁圖謀篡奪君位。

夏天，隱公和宋公相遇在清這個地方。遇是什麼意思呢？是事先沒有約定的相會。一國的國君出境，另一國的國君邀請和他相見。

宋公、陳侯、蔡人、衛人討伐鄭國。

秋天，翬統領軍隊會同宋公、陳侯、蔡人、衛人討伐鄭國。翬是什麼人呢？是公子翬。為什麼不稱呼公子呢？是貶低他。為什麼要貶低他呢？因為他參與弒殺了隱公。他參與弒殺隱公的事是怎樣的呢？最初公子翬諂媚隱公，對隱公說：「百姓們對您安服，諸侯也喜歡您，您為什麼不一直做國君呢？」隱公回答說：「我不做。我派人修築涂裘這地方的房子，我將在那裡養老。」公子翬害怕這些話被桓公知道，就對桓公說：「我已經替您探聽過隱公的口氣，隱公說：『我不會歸還政權給桓公。』」桓公說：「那怎麼辦呢？」翬說：「請您發難起事，殺掉隱公。」於是就在隱公祭祀鍾巫的時候，弒殺了他。

九月間，衛國人殺掉州吁在濮這個地方。這裡為什麼稱人呢？這是誅討國賊的文辭。

冬天，十二月間，衛人立晉為國君。晉是什麼人呢？是公子晉。立是什麼意思呢？說立就表示不應該立。稱人是為什麼呢？這是眾人擁立他的文辭。那麼他是誰立的呢？是石碏立的。既然是石碏立的，為什麼要稱人呢？因為眾人都想擁立他。雖然眾人都想擁立他，但立他是不對的。

卷三　隱公下

隱公五年

【說　明】在本年中，《春秋》記載九事。從五條有傳的文字來看，有的比較簡略，如說九月間經書「螟」，是記災害，未及義例。有的認為經義在於譏諷，以經書「春，公觀魚于棠」，是譏諷隱公為了貪圖百金之利，遠涉齊境觀看捕魚。說「九月，考仲子之宮」條，是始祭仲子，以成全隱公的意願。而同月「初獻六羽」條，是譏諷僭用諸公樂舞。並以僭諸公之禮罪小，所以《春秋》書此事表示譏諷，至於魯國前此皆用八佾，僭用天子之禮，就更要避諱，不可明示了。有關於書例的，像「秋，衛師入盛」和十二月「宋人伐鄭，圍長葛」兩條，就是從解釋「師」字、「圍」字立言，前者在解說了稱率師、稱將、稱師、稱人的不同書法後，歸結為書「衛師」而不言某率者，是表示衛君親自率軍，所以書「國」以示推重。後條則指出，言「圍」，是表示長葛強大。其實，長葛何嘗強大，《公羊傳》發此例，是說不通的。

五年，春，公觀魚❶于棠❷。何以書？譏。何譏爾？遠也。公曷為遠而觀魚？

登來❸之也。百金之魚公張之。登來之者何？美大之之辭也。棠者何？濟上之邑也。

夏，四月，葬衛桓公❹。

秋，衛師入盛❺。曷為或言率師，或不言率師？將尊師眾稱某率師，將尊師少稱將，將卑師眾稱師，將卑師少稱人。君將不言率師，書其重者也。

九月，考❻仲子之宮❼。考宮者何？考猶入室也，始祭仲子也。桓未君則曷為祭仲子？隱為桓立，故為桓祭其母也。然則何言爾？成公意也。

初獻六羽❽。初者何？始也。六羽者何？舞也。初獻六羽何以書？譏。何譏爾？譏始僭諸公也。六羽之為僭奈何？天子八佾，諸公六，諸侯四。諸公者何？諸侯者何？天子三公稱公，王者之後稱公，其餘大國稱侯，小國稱伯、子、男。天子三公者何？天子之相也。天子之相則何以三？自陝而東者，周公主之；自陝而西者，召公主之；一相處乎內。始僭諸公昉於此乎？前此矣。前此則曷為始乎？此僭諸公猶可言也，僭天子不可言也。

邾婁人、鄭人伐宋。

螟❾。何以書？記災也。

冬，十有二月辛巳，公子彄❿卒。

宋人伐鄭，圍長葛⓫。邑不言圍，此其言圍何？彊也。

【注　釋】❶觀魚　觀看捕魚。《史記・魯周公世家》作「觀漁」，以魚為漁。❷棠　地名。今山東省魚臺縣有觀魚臺址。❸登來　猶言得來。齊人的口語。❹衛桓公　見隱公四年注。❺盛　國名，姬姓。始封之君為周文王子叔武。或作「郕」。故城當在今山東省寧陽縣北。❻考　古時宗廟宮室等初成，皆舉行釁祭之禮，或曰考，或曰成，或曰釁。❼宮　這裡指宗廟，不是生人的居室。❽六羽　周代諸侯用的一種樂舞。亦作「六佾」。羽，舞列，縱橫都是六人，共三十六人。魯公雖為諸侯，但特用天子的禮樂，故沿用八羽。今祭仲子改用六羽，所以說「初獻」。❾螟　一種蛀食稻莖的害蟲。❿公子彄　魯孝公的兒子，隱公的叔父。字子臧，謚僖伯。⓫長葛　鄭邑。在今河南省長葛市東北。

【語　譯】五年，春天，隱公觀看捕魚在棠這個地方。為什麼記載這件事呢？為了譏諷。為什麼要譏諷呢？因為棠地很遠。隱公為什麼到很遠的地方去觀看捕魚呢？因為可以登來之。價值百金的魚，隱公可以張網捕撈到。登來之是什麼意思呢？就是大得來，這是贊美誇耀的文辭。棠是什麼地方？是濟水上的一個城邑。

夏天，四月間，葬了衛桓公。

秋天，衛國軍隊侵入盛國。為什麼有時說率師，有時不說率呢？主帥地位尊貴、軍隊人數多說率師；主帥地位尊貴、軍隊人數少說將；主帥地位卑下、軍隊人數多說師；主帥地位卑下、軍隊人數少說人。國君親率軍隊不說率師，是因為要記載他重要的事情。

九月間，釁祭新落成的仲子的廟。什麼叫做釁祭新落成的廟呢？考祭就如同說進入了她的廟，從此開始祭祀仲子了。桓公這時還沒有即位為君，為什麼要祭祀仲子呢？隱公是為桓公才即位的，所以為了桓公而祭祀他的母親。那又為什麼要這樣說呢？是為成全隱公的意願。

初獻六羽。初是什麼意思？是開始。六羽是什麼意思？是一種樂舞。在仲子神主入廟時，開始獻上六羽樂舞這件事為什麼要記載呢？為了譏諷。為什麼譏諷呢？譏諷隱公開始僭越仿效公的地位。用六羽樂舞就說僭越是為什麼呢？因為按照禮法，天子享用八佾，諸公用六佾，諸侯用四佾。諸公是什麼？諸侯是什麼？天子的三公稱作公，王的後人稱作公，其餘的大國稱作侯，小國稱作伯、子、男。天子的三公是什麼？是輔佐天子的宰相。天子的宰相為什麼有三人呢？從陝縣往東的範圍內，由周公主持；從陝縣往西的範圍內，由召公主持；另有一位宰相居於朝內輔佐天子。僭越仿效公的地位是這時開始的嗎？以前就有過。既然以前就有過，為什麼說從這時開始呢？這次僭越用諸公的禮還可以說，僭越用天子的禮是不可以說的。

邾婁人和鄭人討伐宋國。

魯國發生螟害。為什麼記載這件事？為的是記災害。

冬天，十二月辛巳這天，公子彄死了。

宋人討伐鄭國，包圍了長葛。邑照例不說圍，這裡說圍是為什麼呢？因為長葛很強固。

隱公六年

【說明】本年《春秋》記載三事，另書「秋，七月」，未記事。《公羊傳》一釋「春，鄭人來輸平」，訓輸為墮。認為輸平就是墮成，而墮成的原因，是隱公為太子時，曾被鄭人俘獲，與鄭有宿怨。另外兩條，都有關書例。一條是《春秋》僅書「秋，七月」，下並未記事。《左傳》和《穀梁傳》均無說解，只有《公羊傳》發此書法之例，指出《春秋》是編年體，雖然無事可記，四季的頭一個月過去了，就要書時以明之，這樣才能四時完備成為一年。至於「冬，宋人取長葛」條，作傳者提出「外取邑不書」，這裡書記者，是因為圍邑的時間長久。這和上年的「圍長葛」之說，同樣是不顧史實，不成義例。

六年，春，鄭人來輸平❶。輸平者何？輸平猶墮成也。何言乎墮成？敗其成也。曰「吾成敗矣」，吾與鄭人未有成也。吾與鄭人則曷為未有成？狐壤之戰❷，隱公獲焉。然則何以不言戰？諱獲也。

夏，五月辛酉，公會齊侯❸盟于艾❹。

秋，七月。此無事，何以書？《春秋》雖無事，首時過則書。首時過則何以書？《春秋》編年，四時具然後為年。

冬，宋人取長葛。外取邑不書，此何以書？久也。

【注釋】❶輸平　《公羊傳》認為輸平是墮成，意思是廢掉和約。《左傳》輸作「渝」，字通。以渝平為更成，是棄舊怨而修新好的意思。《左傳》義為是。❷狐壤之戰　隱公為公子時，曾與鄭人戰於狐壤，被鄭人俘獲，賂尹氏而逃歸。狐壤，鄭地，在今河南省長葛市西南。❸齊侯　指齊僖公。名祿父。❹艾　地名。在今山東省新泰市西北。

【語譯】六年，春天，鄭國人來魯國輸平。輸平是什麼意思？輸平猶如墮成。為什麼要說墮成呢？是把和約取消掉了。魯國人說「我們把和約取消掉了」，我與鄭國人已經沒有了和約。我與鄭國人為什麼沒有了和約呢？因為過去魯、鄭在狐壤戰役中，隱公曾被俘虜。那麼為什麼不說兩國打過仗呢？是為了避諱隱公被俘虜的事。

夏天，五月辛酉這天，隱公和齊侯在艾這個地方盟會。

秋天，七月。這個月沒有事，為什麼要這樣記寫呢？按照《春秋》書例，雖然沒有事，一年四季的第一個月過去，就記上。一年四季第一個月過去為什麼要記上呢？因為《春秋》是編年的，四季完備了才成為一年。

冬天，宋國人攻佔了長葛。魯國以外攻佔城邑依例不記載，這裡為什麼記載呢？因為圍邑的時間很久了。

【說　明】本年《春秋》記載七事，五事有傳。一釋春三月「滕侯卒」條滕侯為什麼不稱名，是因為國微。而微國仍稱侯者，是因為稱呼不分大小。歸納為：貴賤不嫌同號，美惡不嫌同辭。一釋「夏，城中丘」，說中丘是內邑，經所以記載城內邑之事者，因為這是勞民的大事。在解說「齊侯使其弟年來聘」條稱弟而不稱公子時，指出「母弟稱弟，母兄稱兄」，依禮例當稱弟。對於「冬，天王使凡伯來聘」和「戎伐凡伯于楚丘以歸」兩事，作傳者認為，凡伯是周大夫，來聘問卻言伐者，是因他被執捉，而被執言伐者，則是推重凡伯，不贊成夷狄人執捉中土之人。至於書記「楚丘」地名，同樣也是為了推重凡伯。其實，凡伯在楚丘被執捉，經記上地名，只不過是記事的需要罷了，談不上什麼推重凡伯。

隱公七年

七年，春，王三月，叔姬❶歸于紀。

滕侯❷卒。何以不名？微國也。微國則其稱侯何？不嫌也。《春秋》貴賤不嫌同號，美惡不嫌同辭。

夏，城中丘❸。中丘者何？內之邑也。城中丘何以書？以重書也。

齊侯使其弟年❹來聘❺。其稱弟何？母弟稱弟，母兄稱兄。

秋，公伐邾婁。

冬，天王使凡伯❻來聘。戎伐凡伯于楚丘❼以歸。凡伯者何？天子之大夫也。

此聘也，其言伐之何？執之也。執之則其言伐之何？大之也。曷為大之？不與夷狄之執中國也。其地何？大之也。

【注釋】❶叔姬　當指伯姬的妹妹而為媵者。❷滕侯　此滕侯的名、謚不詳。滕，西周封國，姬姓。今山東省滕州市西南有古滕城。❸中丘　魯邑。故城在今山東省臨沂市東北。❹年　夷仲年。齊僖公的弟弟，公孫無知的父親。❺聘　天子與諸侯、或諸侯與諸侯間的遺使互訪、通問。❻凡伯　周王室卿士，食邑於凡。凡城在今河南省輝縣市西南。❼楚丘　當在曹國與宋國之間。故城在今山東省成武縣西南。

【語譯】七年，春天，周王三月間，叔姬嫁到紀國。

滕侯死了。為什麼不記上他的名字？因為滕是個小國。小國為什麼也稱侯呢？因為稱呼不分大小。照《春秋》的體例，尊貴者和卑賤者可以用同一稱號，美好者和醜惡者可以用同樣的文辭。

夏天，修築中丘城邑。中丘是什麼地方？是魯國境內的一個城邑。修築中丘城邑為什麼要記載呢？因為工程量大役重，所以作了記載。

齊侯差遣他的弟弟夷仲年來魯國聘問。稱年為「弟」是為什麼呢？同母的弟弟稱為弟，同母的哥哥稱為兄。

秋天，魯隱公討伐邾婁國。

冬天，周天子差遣凡伯來魯國聘問。戎狄人在楚丘討伐凡伯，並把他抓了回去。凡伯是什麼人呢？他是周天子的大夫。這是聘問，說討伐是為什麼呢？是把他抓住了。既然是抓住了，說討伐是為什麼呢？是為了尊重他。為什麼要尊重他？不贊同夷狄人抓住中國人。為什麼記上地名呢？也是為了尊重他。

隱公八年

【說　明】本年《春秋》記載十事，五事有傳。「三月，鄭伯使宛來歸邴」條，傳鑒於經書宛而不稱其氏，因謂宛是鄭之微者。並以邴為鄭湯沐之邑。以下則就湯沐之邑而為說，無關義例。下「庚寅，我入邴」條，與上「歸邴」前後相連。傳說書日言「入」者，為難入；言「我」者，非獨我入，齊國也想入。於「八月，葬蔡宣公」條，傳首先就「六月己亥，蔡侯考父卒」時稱名而葬時稱宣公不稱名的問題立義。認為諸侯死後赴告天子，君前臣名，所以用名。這是按照禮法行事，故言「卒從正」。而葬時不必赴告，所以可從喪主之便。至於死書日而葬不書日者，同樣也是因為死時赴告、葬不赴告的原故。在解說「九月辛卯，公及莒人盟于包來」條時，認為莒人實為莒子，經稱「人」者，表示其人微卑，這自然是莒人從公為盟了。說到「冬，十有二月，無駭卒」條，傳以無駭為展無駭，今經稱名而不書其氏者，是為了貶責他始滅人之國。但是，據《左傳》的記載，無駭死後才「始命以字為展氏」的。如果左氏之說屬實，《公羊傳》的因貶而不書氏之義，就不足信了。

八年，春，宋公、衛侯❶遇于垂❷。

三月，鄭伯❸使宛來歸邴❹。宛者何？鄭之微者也。邴者何？鄭湯沐之邑❺也。天子有事于泰山，諸侯皆從。泰山之下，諸侯皆有湯沐之邑焉。

庚寅，我入邴。其言入何？難也。其日何？難也。其言我何？言我者非獨我也，齊亦欲之。

夏，六月己亥，蔡侯考父❻卒。

辛亥，宿男❼卒。

秋，七月庚午，宋公、齊侯、衛侯盟于瓦屋❽。

八月，葬蔡宣公。卒何以名而葬不名？卒從正，而葬從主人。卒何以日而葬不日？卒赴而葬不告。

九月辛卯，公及莒人盟于包來❾。公曷為與微者盟？稱人則從不疑也。

螟。

冬，十有二月，無駭卒。此展無駭也，何以不氏？疾始滅也，故終其身不氏。

【注釋】❶衛侯　指衛宣公。❷垂　衛地。即今山東省曹縣北的句陽店。一說在今鄄城縣東南。❸鄭伯　指鄭莊公。❹邴　鄭祭泰山的封邑。在今山東省費縣東。《左傳》作「祊」，字通。❺湯沐之邑　周天子賜封給諸侯的住宿和沐浴齋戒的邑地。在京師者為朝宿之邑，在泰山之下者為湯沐之邑。❻蔡侯考父　蔡宣公。即《史記》的宣侯措父。戴侯的兒子，在位三十五年。❼宿男　宿國國君。宿，西周封國，風姓。在今山東省東平縣東南。❽瓦屋　周地。在今河南省溫縣西北。❾包來　莒邑。在今山東省莒縣西。一說在今沂源縣東南。《左傳》包作「浮」，當時音近字通。

【語譯】八年，春天，宋公和衛侯在垂這個地方相遇。

三月間，鄭伯差遣宛來魯國歸還邴邑。宛是什麼人？是鄭國地位低微的小官員。邴是什麼地方？是鄭國祭泰山時沐浴齋戒的邑地。周天子每次祭祀泰山的時候，諸侯都跟隨著。在泰山腳下，諸侯都有休息沐浴齋戒的邑地。

庚寅這天，我魯國進入邴邑。這裡說「入」是為什麼呢？因為很難入。為什麼要記上日子呢？也是因為很困難。這裡說「我」是為什麼呢？說我就表示並不只有我國，齊國也想得到邴邑。

夏天，六月己亥這天，蔡侯考父死了。

辛亥這天，宿國國君死了。

秋天，七月庚午這天，宋公、齊侯和衛侯在瓦屋這個地方會盟。

八月間，葬了蔡宣公。為什麼死的時候稱他的名字而落葬的時候不稱名字呢？因為死的時候要赴告天子，用臣下的名字才合禮法；而落葬的時候無須赴告天子，全由本國自主安排，就不必用名字了。為什麼死的時候要記上日子，而落葬的時候不記日子呢？因為死的時候要報告天子，而落葬的時候不必報告天子。

九月辛卯這天，魯隱公和莒人在包來這個地方會盟。隱公為什麼要與地位低微的人會盟呢？稱呼人是表示莒子隨從隱公會盟，人們就不會懷疑隱公隨從莒子會盟了。

魯國發生螟害。

冬天，十二月間，無駭死了。這人就是展無駭，為什麼不稱呼他的姓氏呢？因為憎惡他開始滅人的國家，所以到死不稱呼他的姓氏。

隱公九年

【說　明】本年《春秋》記載六事，另書「秋，七月」表明時序，未記事。有傳者三事。「三月癸酉」和同月「庚辰」兩條，一記「大雨震電」，一記「大雨雪」，作傳者以為兩者都是記異。前者異在雷雨失時；後者異在雪甚深厚。另外，在解說「俠卒」條時，認為書俠而不稱其氏者，因為他是魯國尚未受到君命的大夫。

九年，春，天王使南季❶來聘。

三月癸酉，大雨震電。何以書？記異也。何異爾？不時也。

庚辰，大雨❷雪。何以書？記異也。何異爾？俶❸甚也。

俠❹卒。俠者何？吾大夫之未命者也。

夏，城郎❺。

秋，七月。

冬，公會齊侯于邴❻。

【注釋】❶南季　周天子大夫。有人認為他是文王之子南季載的後人。❷雨　降落。❸俶　厚貌。這裡形容雪下得非常深厚，世所罕見，故傳言俶甚也。❹俠　魯大夫。《左傳》作「挾」，字通。❺郎　魯邑。在今山東省曲阜市近郊。❻邴　魯邑。在今山東省費縣東北，靠近齊國。與上年「宛來歸邴」之邴不是一地。《左傳》作「防」，字通。

【語譯】九年，春天，周天子差遣南季來魯國聘問。

三月癸酉這天，下大雨，雷電交加。為什麼記載這件事呢？這是記載奇異的事情。有什麼奇異呢？因為不合時令。

庚辰這天，下了大雪。為什麼記載這件事呢？這是記載奇異的事情。有什麼奇異呢？雪下得非常深厚，世所罕見。

俠死了。俠是什麼人呢？是魯國一位還沒有正式任命的大夫。

夏天，修築郎邑城。

秋天，七月。

冬天，魯隱公和齊侯在邴邑會見。

隱公十年

【說明】本年《春秋》記載六事，從《公羊傳》解經的各條來看，「夏，翬帥師會齊人、鄭人伐宋」，傳就翬不稱公子立義，認為經意在貶他是隱公的罪人，與隱公四年說翬「與弒公」義同。於六月「辛未取郜，辛巳取防」條，傳認為取邑例不書日，書日是因為魯在一月之內連取二邑，實屬過份。此是內惡，大者當諱，此因惡小，故於取上書日以表示隱公的過錯。傳於「秋，宋人、衛人入鄭」條無解，下「宋人、蔡人、衛人伐載，鄭伯伐取之」條，則就「鄭伯伐取之」而立義。以為言「伐取之」，是表示載國易取，原因是憑藉了宋、蔡、衛三國的力量。按：載是鄭的屬國，無論宋、衛入鄭，還是宋、蔡、衛伐載，都是與鄭為敵的軍事行動，鄭國如何能夠憑藉三個敵對國家的力量？至於鄭國為什麼要討伐自己的屬國，傳也未作交代。看來傳的解說是有問題的。

十年，春，王二月，公會齊侯、鄭伯于中丘❶。

夏，翬帥師會齊人、鄭人伐宋。此公子翬也，何以不稱公子？貶。曷為貶？隱之罪人也，故終隱之篇貶也。

六月壬戌，公敗宋師于菅❷。辛未取郜❸，辛巳取防❹。取邑不日，此何以日？

一月而再取也。何言乎一月而再取？甚之也。內大惡諱，此其言甚之何？《春秋》錄內而略外，於外大惡書，小惡不書，於內大惡諱，小惡書。

秋，宋人、衛人入鄭。

宋人、蔡人、衛人伐載❺，鄭伯伐取之。其言伐取之何？易也。其易奈何？因其力也。因誰之力？因宋人、蔡人、衛人之力也。

冬，十月壬午，齊人、鄭人入盛❻。

【注　釋】❶中丘　見隱公七年注。❷菅　宋地。在今山東省單縣北。❸郜　西周封國，姬姓。在今山東省成武縣東南。❹防　魯有東西二防邑，此為西防。在今山東省金鄉縣西南。上年「公會齊侯于邴」的邴，即東防。參見該注。❺載　西周封國，姬姓。今河南省民權縣東四十五里即古載國之地。《左傳》作「戴」。❻盛　見隱公五年注。

【語　譯】十年，春天，周王二月間，魯隱公和齊侯、鄭伯在中丘這個地方會見。

夏天，翬率領軍隊會合齊國人和鄭國人討伐宋國。這個人就是公子翬，為什麼不稱呼公子呢？是貶低他。為什麼貶低他呢？因為他是魯隱公的罪人，所以在整個隱公這一代都貶低他。

六月壬戌這天，魯隱公戰敗宋國軍隊在菅這個地方。辛未這天，攻佔了郜國城邑；辛巳這天，攻佔了防邑。攻佔城邑照例不記上日子，這裡為什麼記上日子呢？因為一個月內兩次攻佔城邑。為什麼要說一月兩次攻佔呢？是表示魯國打仗太多了，過份了。對於魯國的大壞事要避諱，這裡為什麼說打仗太多呢？《春秋》著重記錄魯國的事，而簡略記錄別國的事。對於魯國以外的國家，大壞事記載，小壞事則不記載；對於魯國的大壞事避諱，小壞事則加以記載。

秋天，宋國人和衛國人侵入鄭國。

宋國人、蔡國人和衛國人討伐載國。鄭伯趁機攻佔了載國領地。這裡說伐取之是什麼意思呢？是表示容易。為什麼容易呢？是憑藉著別人的力量。憑藉著什麼人的力量呢？憑藉著宋國人、蔡國人和衛國人的力量。

冬天，十月壬午這天，齊國人和鄭國人侵入盛國。

隱公十有一年

【說明】本年《春秋》記載四事，《公羊傳》釋經二條。一釋「春，滕侯、薛侯來朝」，以諸侯來曰朝，大夫來曰聘。指出經書兩君來朝，是兼言，所以兼言者，因為滕、薛均為小國。一釋「冬十有一月壬辰，公薨」，認為《春秋》僅書「公薨」，不書葬，不書地，無正月。作傳者依次發問，隨問作解。指出：不書葬，是表示沒有為君復仇討賊的臣下；不書地，是為隱公諱弒不忍言；無正月，是說隱公將讓位與桓公，以代理國政自居。如此三義，稱得上言簡意賅了。

十有一年，春，滕侯、薛侯❶來朝。其言朝何？諸侯來曰朝❷，大夫來曰聘。其兼言之何？微國也。

夏，五月，公會鄭伯于祁黎❸。

秋，七月壬午，公及齊侯、鄭伯入許❹。

冬，十有一月壬辰，公❺薨。何以不書葬？隱之也。何隱爾？弒也。弒則何以不書葬？《春秋》君弒，賊不討，不書葬，以為無臣子也。子沈子❻曰：「君弒，臣不討賊，非臣也。不復讎，非子也。葬，生者之事也。《春秋》君弒，賊不討，不書葬，以為不繫乎臣子也。」公薨何以不地？不忍言也。隱何以無正月？隱將讓乎桓，故不有其正月也。

【注　釋】❶薛侯　薛國國君。薛，西周封國，任姓。在今山東省滕州市東南。後滅於齊。❷朝　臣和諸侯見天子、諸侯和諸侯相見均曰朝。❸祁黎　鄭邑。在今河南省鄭州市西北。《左傳》、《穀梁傳》作「時來」。❹許　西周封國，姜姓。故城在今河南省許昌市東。後滅於魏。❺公　指魯隱公。名息姑，伯禽七世孫。惠公的兒子，母聲子。在位十一年，被弒殺而死。❻子沈子　傳公羊學的一位先師。

【語　譯】十一年，春天，滕侯和薛侯來魯國朝見。說朝是什麼意思？各國諸侯來魯國叫做朝，大夫來叫做聘。同時說兩個國家來朝是為什麼呢？因為都是小國。

夏天，五月間，魯隱公和鄭伯在祁黎這個地方會見。

秋天，七月壬午這天，魯隱公和齊侯、鄭伯侵入許國。

冬天，十一月壬辰這天，魯隱公死了。為什麼不記載舉行葬禮呢？為了隱諱這件事。為什麼隱諱呢？因為他是被弒殺的。既然被弒殺了，為什麼不記載葬禮呢？按照《春秋》義例，國君被弒殺，國賊未誅討，就不記載葬事，如同沒有臣子一樣。子沈子說過：「國君被弒殺，臣子不討伐國賊，就不能算是臣子。不為父親報仇，就不能算是兒子。舉行葬禮是活著的人的事情。《春秋》義例，國君被弒殺，國賊未誅討，就不記載葬事，認為已經和臣子沒有關聯了。」隱公死為什麼不記上地點呢？因為不忍心寫上。隱公為什麼沒有正月呢？隱公準備將來讓位給桓公，所以沒有正月。

卷四 桓公上

桓公元年

【說明】本年《春秋》書記五事，另書「冬，十月」表明時序，未記事。傳釋經三事。「春，王正月，公即位」條，傳認為繼被弒之君而立，依例不書即位，今書即位者，是遂了桓公的心願。意思是《春秋》用書「公即位」來彰顯桓公的罪惡用心。於三月「鄭伯以璧假許田」條，一解「璧假」實為易地，因為地是天子所賜，不得明言交換。二解許田即周田，因諱取周田，以其地近許，所以改繫其地於許下。三因釋許田釋田，進而說到田和邑的區別。認為田多邑少稱田，邑多田少稱邑。其實，田是土地，邑是城邑，傳將兩者混言多少，讓人感到有些概念不清。至於「秋，大水」條，傳以為是記災害，與《左傳》、《穀梁傳》辭異而義同。

元年，春，王正月，公❶即位。繼弒君不言即位，此其言即位何？如其意也。

三月，公會鄭伯于垂❷。

鄭伯以璧假❸許田❹。其言以璧假之何？易之也。易之則其言假之何？為恭也。曷為為恭？有天子存，則諸侯不得專地也。許田者何？魯朝宿之邑也。諸侯時朝乎天子，天子之郊，諸侯皆有朝宿之邑焉。此魯朝宿之邑也，則曷為謂之許田？諱取周田也。諱取周田則曷為謂之許田？繫之許也。曷為繫之許？近許也。此邑也，其稱田何？田多邑少稱田，邑多田少稱邑。

夏，四月丁未，公及鄭伯盟于越❺。

秋，大水。何以書？記災也。

冬，十月。

【注釋】❶公　指魯桓公。名允，惠公的太子，母仲子。在位十八年。❷垂　見隱公八年注。❸假　假借。這裡實指交換，說假借是當時的一種辭令。❹許田　魯國朝宿的邑地。桓公為對鄭國重修友好，答應了鄭莊公以祊邑並加玉璧與魯交換許田的要求。❺越　接近垂邑的地名。當在今山東省曹縣附近。

【語譯】元年，春天，周王正月，魯桓公即位為君。按照《春秋》書例，承繼被弒殺國君的君位是不稱即位的，這裡說即位是為什麼呢？是為了滿足桓公的心願。

三月間，魯桓公和鄭伯在垂這個地方會見。

鄭伯拿玉璧來借用許田。說拿玉璧來借用是什麼意思？就是交換。既然是交換，說借用是為什麼呢？為的是恭敬謙遜。為什麼要恭敬謙遜呢？因為周天子在，諸侯是不能夠專有土地的。許田是什麼呢？是魯侯上朝時住宿的邑地。諸侯按時去朝見天子，在王畿的近郊，諸侯都有上朝住宿的邑地。這是魯侯上朝時住宿的邑地，為什麼稱作許田呢？為了避諱佔取周天子的田地。既然避諱佔取周天子的田地，為什麼稱作許田呢？因為把它繫連在許國了。為什麼要繫連在許國？因為它靠近許國。這是封邑，為什麼叫田呢？田地多而城邑面積少，就稱田；城邑面積多而田地少，就稱邑。

夏天，四月丁未這天，魯桓公和鄭伯在越這個地方會盟。

秋天，魯國發生大水。為什麼記載這件事？這是記載災害。

冬天，十月。

桓公二年

【說明】 本年《春秋》記載十事，五事有傳。「春，王正月戊申」條，傳從「及」字立義，以及為累及。認為經記「宋督弒君及孔父」者，是因孔父正色立朝，人不敢越過他而傷害殤公。督如果不先殺孔父，就不能弒君。書「及孔父」，是褒贊孔父的賢德。「三月，公會齊侯等于稷，以成宋亂」條，傳認為魯桓公會三國之君於宋邑以成宋亂的做法，使華督的罪行成為合法，實為桓公的大惡事。依照《春秋》義例，內大惡當諱，此則明書「以成宋亂」而不諱，是因桓公之世距修《春秋》時已久遠，所以無須避諱。鑒於隱公之世同樣久遠，卻有為其避諱的事例，隨即設問作答，點明所以要為隱公避諱的道理。於「夏，四月，取郜大鼎于宋」條，作傳者從器從名、地從主人之義而立說，講了一番道理，意在說明鼎既取於宋而稱郜的原因。下經記戊申日納此鼎於大廟者，傳認為是譏諷，譏桓公因亂受賄是違禮的行為。至於七月「蔡侯、鄭伯會于鄧」，傳就「會」義為說，認為兩國相會，意見分歧，不能稱為會。此會因有鄧君參與調協，實為三君會議，故經書會。

二年，春，王正月戊申，宋督❶弒其君與夷❷及其大夫孔父❸。及者何？累也。弒君多矣，舍此無累者乎？曰：「有。仇牧❹、荀息❺皆累也。」舍仇牧、荀息無累者乎？曰：「有。」有則此何以書？賢也。何賢乎孔父？孔父可謂義形於色矣。其義形於色奈何？督將弒殤公，孔父生而存，則殤公不可得而弒也，故於是先攻孔父之家。殤公知孔父死，己必死，趨而救之，皆死焉。孔父正色而立於朝，則人莫敢過而致難於其君者，孔父可謂義形於色矣。

滕子來朝。

三月，公會齊侯、陳侯、鄭伯于稷⑥，以成⑦宋亂。內大惡諱，此其目言之何？遠也。所見異辭，所聞異辭，所傳聞異辭。隱亦遠矣，曷為為隱諱？隱賢而桓賤也。

夏，四月，取郜⑧大鼎于宋。此取之宋，其謂之郜鼎何？器從名、地從主人。器何以從名？地何以從主人？器之與人非有即爾⑨。宋始以不義取之，故謂之郜鼎。至乎地之與人則不然，俄而可以為其有矣。然則為取可以為其有乎？曰：「否。」何者？若楚王之妻媦⑩，無時焉可也。

戊申，納于大廟⑪。何以書？譏。何譏爾？遂亂受賂納于大廟，非禮也。

秋，七月，紀侯⑫來朝。

蔡侯⑬、鄭伯會于鄧⑭。離不言會，此其言會何？蓋鄧與會爾。

九月，入杞。

公及戎盟于唐⓯。

冬，公至自唐。

【注　釋】❶宋督　宋國太宰華督。❷與夷　宋殤公。宣公之子，被華督弒殺。在位十年。❸孔父　即孔父嘉，宋大司馬。正考父的兒子，孔子的先祖。❹仇牧　宋萬殺宋君及宋大夫仇牧事，見莊公十二年。❺荀息　晉里克殺晉君及晉大夫荀息事，見僖公十年。❻稷　宋邑。在今河南省商邱市境內。❼成　《公羊傳》認為成是成就的意思。杜預注《春秋》說：「成，平也。宋有弒君之亂，故為會欲平之。」❽郜　見隱公十年注。郜國這時已滅於宋。❾非有即爾　疑當作「非即有爾」。即，就。❿媢　楚人稱妹為媢。⓫大廟　天子與諸侯的祖廟。即太廟。⓬紀侯　紀國國君。紀，西周封國。在今山東省壽光市南紀臺村。《左傳》作「杞」，與紀為兩國。⓭蔡侯　指蔡桓侯封人。⓮鄧　據傳意，此當指鄧國都城。鄧為楚旁小國，後滅於楚。在今湖北省襄樊市西北。⓯唐　見隱公二年注。

【語　譯】二年，春天，周王正月戊申這天，宋國華督弒殺了宋君與夷及宋大夫孔父嘉。「及」是什麼意思？是累及。弒殺君主的事很多，除此以外就沒有累及的嗎？回答說：「有。仇牧和荀息都是被牽連累及的。」除了仇牧和荀息就沒有累及的嗎？回答說：「有。」既然有，那為什麼這裡要記載孔父嘉呢？因為他的德行好。為什麼說他德行好呢？因為孔父嘉稱得上把仗義不平之氣表露在臉上了。他把仗義不平之氣表露在臉上是怎樣的呢？華督將要弒殺宋殤公，如果孔父嘉在位活著，那麼殤公就不可能被弒殺。所以華督就先攻打孔父嘉的家。殤公知道孔父嘉死了，自己一定也要死，於是急忙去救孔父嘉，兩人全都死了。孔父嘉神色莊重地站立在朝廷上，就沒有人敢越過他而把禍難加在君主的身上，孔父嘉稱得上把仗義不平之氣表露在臉上了。

滕子到魯國來朝見。

三月間，魯桓公和齊侯、陳侯、鄭伯在稷這個地方會見，為的是促成宋國變亂。按照《春秋》義例，魯國內的大壞事要避諱，這裡為什麼明言呢？因為時代過於久遠了。在孔子時代，人們親眼見到的事說法不同；在孔子以前的幾代，人們聽說到的事說法不同；比這更久遠的幾代，人們聽到的傳說說法不同。隱公的時代也很久遠了，為什麼為隱公避諱呢？因為隱公賢仁而桓公卑賤。

夏天，四月間，把郜國的大鼎從宋國取來。這鼎從宋國取來，卻稱它郜鼎是為什麼呢？因為器物沿用原定的名稱，土地名稱隨從它的主人。器物為什麼沿用原定的本名？土地名稱為什麼隨從它的主人呢？因為器物不是誰佔有就改用誰的名稱。宋國從前用不正當的手段取得了大鼎，所以仍稱它為郜鼎。至於土地與人就不一樣了，土地須與之間就變成佔有者所有。那麼恣意佔取就可以成為佔有者所有了嗎？回答說：「不是。」為什麼呢？譬如楚王以他妹妹為妻，妻是無論經過多少時間也改不了妹的名稱的。

戊申這天，把郜鼎放到魯國太廟中。為什麼記載這件事？為了譏諷。為什麼要譏諷？因為趁宋國發生變亂，接受賄賂來的郜鼎，並放到太廟中，這是不合禮數的。

秋天，七月間，紀侯到魯國來朝見。

蔡侯、鄭伯在鄧國都城會見。兩君相會，意見各異，是不能稱會的，這裡說會是為什麼呢？因為鄧君也參加了會見。

九月間，魯國侵入杞國。

魯桓公和戎狄在唐邑會盟。

冬天，魯桓公從唐邑回到魯國都城。

桓公三年

【說　明】本年《春秋》記載九事，有傳者五事。「夏，齊侯、衛侯胥命于蒲」條，傳以「胥命」為相互約定。意思是像古代一樣不必歃血盟誓，結言即可。並說此舉「近正」，意含褒贊。「秋，七月壬辰朔，日有食之，既」條，傳釋「既」為盡，未及義例。「九月，齊侯送姜氏于讙」條，認為經記此事，意含譏諷，譏齊侯越境送女為非禮。從作傳者對入國不稱夫人的解說中，可以知道諸侯嫁女時，父母對子女稱呼的用法。至於冬「有年」條，傳就有年與大有年之別作解，謂有年是普通豐收，大有年是大豐收。指出兩者都是因為喜事而書記。

三年，春，正月，公會齊侯于嬴❶。

夏，齊侯、衛侯胥命❷于蒲❸。胥命者何？相命也。何言乎相命？近正也。此其為近正奈何？古者不盟，結言❹而退。

六月，公會紀侯于盛❺。

秋，七月壬辰朔，日有食之，既。既者何？盡也。

公子翬如齊逆女。

九月，齊侯送姜氏于讙❻。何以書？譏。何譏爾？諸侯越竟送女，非禮也。此入國矣，何以不稱夫人？自我言齊，父母之於子，雖為鄰國夫人，猶曰吾姜氏。

公會齊侯于讙。夫人姜氏至自齊。翬何以不致？得見乎公矣。

冬，齊侯使其弟年❼來聘。

有年。有年何以書？以喜書也。大有年何以書？亦以喜書也。此其曰有年何？僅有年也。彼其曰大有年何？大豐年也。僅有年亦足以當喜乎？恃❽有年也。

【注　釋】❶嬴　齊邑。在今山東省萊蕪市西北。❷胥命　諸侯相會，用言辭約定，而不歃血盟誓。❸蒲　衛邑。在今河南省長桓縣東。❹結言　用言辭約定。❺盛　見隱公五年注。《左傳》、《穀梁傳》作「郕」，字通。❻讙　魯邑。在今山東省肥城市南。❼年　即夷仲年。見隱公七年注。❽恃　憑藉；依賴。

【語　譯】三年，春天，正月間，魯桓公和齊侯在嬴這個地方會見。

夏天，齊侯、衛侯在蒲這個地方胥命。胥命是什麼意思呢？就是相互約定。為什麼說相互約定呢？因為這種做法接近正道。認為它接近正道是為什麼呢？因為古代不歃血盟誓，只口頭上相互約定，就各自返回國去了。

六月間，魯桓公和紀侯在盛這個地方會見。

秋天，七月壬辰這天，初一，發生日全食，既。既是什麼意思？是太陽完全看不見了。

公子翬到齊國去迎接齊國的嫁女。

九月間，齊侯送他的女兒文姜到讙這個地方。為什麼記載這事呢？為了譏諷。譏諷什麼呢？諸侯越出國境送女兒出嫁，是不合禮數的。這時文姜已進入魯國，出嫁的女子到了她嫁的國家應當稱夫人，這裡為什麼不稱她為夫人呢？從魯國的角度代齊國來說，父母對於女兒，雖然已經成為鄰國的夫人，仍然要說我的姜氏。

魯桓公和齊侯在讙這個地方會見。夫人文姜從齊國來到魯國。為什麼不說翬以夫人至呢？因為桓公已經見過夫人，姜氏隨桓公入魯，就無須書記翬致了。

冬天，齊侯派他弟弟夷仲年來魯國聘問。

魯國糧食豐收。豐收為什麼記載呢？因為是喜事，所以記載。大豐收為什麼記載呢？也是因為喜事而記載。這裡說豐收是什麼意思呢？是僅僅有點好收成。那種記說的大豐收是什麼意思呢？是五穀豐登收成特別好。僅僅有點好收成也值得當作喜事嗎？魯國的安定全依賴好收成啊！

桓公四年

【說　明】本年《春秋》書記二事，傳均有說解。於「春，正月，公狩于郎」條，一釋「狩」，二解「何以書」，三述必狩之義。這裡要注意的是：一、作傳者所說的「春曰苗」等田獵名稱，與其他古書互有異同，並不一致。二、本年的郎，與後桓公十年（包括前隱公九年）的郎不是一地。本年的郎離魯都遠，所以傳認為是譏魯公遠狩；桓，十年的郎離魯都近，所以傳說「近也」。於「夏，天王使宰渠伯糾來聘」條，傳就宰渠伯糾其人和他的稱謂作解，未及其他。

四年，春，正月，公狩于郎❶。狩者何？田狩也。春曰苗，秋曰蒐，冬曰狩。常事不書，此何以書？譏。何譏爾？遠也。諸侯曷為必田狩？一曰乾豆❷，二曰賓客，三曰充君之庖。

夏，天王使宰渠伯糾❸來聘。宰渠伯糾者何？天子之大夫也。其稱宰渠伯糾何？下大夫也。

【注　釋】❶郎　魯邑。魯有二郎邑，此郎在今山東省魚臺縣東北。與隱公九年的郎不是一地。❷乾豆　盛在祭器中供祭祀用的乾肉。乾，乾肉。豆，古代食器。此指祭祀用器。❸宰渠伯糾　周王室臣。名糾，宰是他的官職，渠是周室地名，伯是排行次第。

【語　譯】四年，春天，正月間，魯桓公到郎這個地方打獵。狩是什麼意思？就是到田裡去打獵。春天打獵稱作苗，秋天打獵稱作蒐，冬天打獵稱作狩。按照《春秋》書例，常有的事是不記載的，這件事為什麼記載呢？為了譏諷。為什麼要譏諷呢？因為郎地離魯都過遠。諸侯為什麼必定要打獵呢？這是為了把獲得的獵物，第一等的曬乾用作祭品；第二等的招待宴請賓客；第三等的補充國君的庖廚。

夏天，周天子差遣宰渠伯糾到魯國來聘問。宰渠伯糾是什麼人呢？是周天子的大夫。稱他宰渠伯糾是為什麼呢？因為他是下大夫。

桓公五年

【說　明】 本年《春秋》記載九事，七事有傳。「正月，甲戌、己丑，陳侯鮑卒」條，傳就陳侯鮑死於甲戌和己丑二日的事作解。「夏，齊侯、鄭伯如紀」和「冬，州公如曹」條，傳認為這兩條都是「外相如」，外相如依例不書，這裡書記者，前條是因為紀國沒參加這次會盟；後條是因為州公途經魯國。夏「天王使仍叔之子來聘」條，傳以仍叔之子為天子之大夫，認為經用這樣的稱呼，是譏諷仍叔年老讓兒子代他處理政事。於「秋，蔡人等從王伐鄭」條，指出經言「從王」，意在褒贊這一舉動是正當的。其餘秋「大雩」與「螺」兩條，傳皆以為記災害。至於傳說雩是旱祭，「言雩則旱見，言旱則雩不見」，乃從語言用詞的角度析說經書「大雩」的用意。問題是雩為祈雨之祭，《左傳》說「龍見而雩」，意思是夏正四月蒼龍、角亢二宿出現即舉行雩祭，並不是等發生了旱災後才舉行。兩傳義異，當以《左氏》為長。

五年，春，正月甲戌、己丑❶，陳侯鮑❷卒。曷為以二日？卒之怴❸也。甲戌之日亡，己丑之日死而得，君子❹疑焉，故以二日卒之也。

夏，齊侯、鄭伯如紀。外相如不書，此何以書？離不言會。

天王使仍叔❺之子來聘。仍叔之子者何？天子之大夫也。其稱仍叔之子何？譏。何譏爾？譏父老子代從政也。

葬陳桓公。

城祝丘❻。

秋，蔡人、衛人、陳人從王伐鄭。其言從王伐鄭何？從王，正也。

大雩❼。大雩者何？旱祭也。然則何以不言旱？言雩則旱見，言旱則雩不見。何以書？記災也。

螺❽。何以書？記災也。

冬，州公❾如曹。外相如不書，此何以書？過我也。

【注釋】❶甲戌己丑　甲戌謂桓公四年十二月二十一日。己丑，為本年正月六日。兩者相距十六日。❷陳侯鮑　陳桓公，名鮑。文公的兒子，在位三十八年。❸悈　同「怴」。顛狂。即精神病。❹君子　指孔子。其實《春秋》是根據各國赴告而記載的，孔子只是加以修訂，並不是孔子所作的。❺仍叔　世為周大夫。《穀梁傳》作「任叔」。❻祝丘　魯邑。在今山東省郯城縣東北。❼大雩　為求雨而舉行的祭祀。❽螺　此指蝗蟲。❾州公　州國國君。州，西周封國，姜姓。都淳于，在今山東省安丘市東北。後為杞國所滅。

【語譯】五年，春天，正月甲戌和己丑這兩天，陳侯鮑死了。為什麼記寫他兩天死的呢？因為他死於精神病。

甲戌這天跑出去，直到己丑這天，才見到了屍體，孔子對死期有疑惑，所以用兩天來記載他死亡的日期。

夏天，齊侯和鄭伯到紀國去。按照《春秋》書例，魯國以外的人互相來往不作記載，這裡為什麼記載呢？因為沒有紀國的參加，齊、鄭兩國的會見不說會見。

周天子差遣仍叔的兒子來魯國聘問。仍叔的兒子是什麼人呢？是周天子的大夫。稱呼他仍叔的兒子是為什麼呢？是譏諷。為什麼譏諷呢？譏諷他父親年老讓兒子替代自己辦理政事。

葬了陳桓公。

魯國修築祝丘城。

秋天，蔡人、衛人和陳人隨從周王討伐鄭國。說隨從周王討伐鄭國是什麼意思呢？這是合於正道的。

魯國舉行盛大的求雨祭祀。大雩是什麼意思？是為了發生旱災而舉行的祭祀。那為什麼不說旱災呢？因為說求雨的祭祀，就知道發生了旱災；如果說旱災並不能知道舉行求雨的祭祀。這件事為什麼要記載呢？為的是記災害。

魯國發現大量蝗蟲。為什麼記載這件事？為的是記災害。

冬天，州公到曹國去。按照《春秋》書例，魯國以外的人互相往來不作記載，這裡為什麼記載呢？因為他去曹經過魯國。

【說　明】本年《春秋》記載六事，有傳者四事。「春，正月，寔來」條，傳解「寔來」為是人來。認為是人指州公。說經不書州公而用這樣的稱呼，是表示怠慢他。原因是他途經魯境而不行朝聘之禮。於「秋，八月壬午，大閱」條，傳以「大閱」為簡閱車徒。指出經記此事，是為了大閱罕見舉行的原故。秋「蔡人殺陳佗」條，則就陳佗其人為說，認為陳佗即陳君。經稱其名而不稱侯者，是因為他行為卑鄙，應該廢絕其爵位。說

桓公六年

他卑鄙，是因他到蔡國去淫亂，被蔡人殺掉了。於「九月丁卯，子同生」條，傳指明子同即魯莊公後，即言經記此事，意在歡慶魯國有了嫡長子。因為隱公和桓公都是妾生，魯國已經很久沒有嫡長子了。並引用公羊先師的話，表達憎惡桓公的非正，並隱刺他的篡弒行為。

六年，春，正月，寔來❶。寔來者何？猶曰是人來也。孰謂？謂州公也。曷為謂之寔來？慢之也。曷為慢之？化❷我也。

夏，四月，公會紀侯于成❸。

秋，八月壬午，大閱。大閱者何？簡車徒也。何以書？蓋以罕書也。

蔡人殺陳佗❹。陳佗者何？陳君也。陳君則曷為謂之陳佗？絕也。曷為絕之？賤也。其賤奈何？外淫也。惡乎淫？淫于蔡，蔡人殺之。

九月丁卯，子同❺生。子同生者孰謂？謂莊公也。何言乎子同生？喜有正也。未有言喜有正者，此其言喜有正何？久無正也。子公羊子❻曰：「其諸以病桓與？」

冬，紀侯來朝。

【注釋】❶寔來　是人來。寔，通「是」。這句經文緊接上年「冬，州公如曹」後，《公羊傳》言其過魯，因知這裡說的是人指州公。❷化　諸侯過境入都，有一定的禮節。過境而不行禮叫化。這是齊人的用語。❸成　魯國北境接近齊國的城邑名。

後為孟氏邑。在今山東省寧陽縣北。《穀梁傳》作「郕」，字通。❹陳佗　即五父。陳桓公的弟弟。立未踰年即被殺。❺子同　即魯莊公。名同。桓公嫡夫人文姜生的長子。❻子公羊子　傳公羊學的一位先師。

【語譯】六年，春天，正月間，州公來到魯國。寔來是什麼意思呢？就如同說這個人來了。這個人是指誰呢？指州公。為什麼說寔來呢？這是輕慢他。為什麼輕慢他呢？因為他經過魯境不按禮節行禮。

夏天，四月間，魯桓公和紀侯在成這個地方會見。

秋天，八月壬午這天，魯國檢閱軍隊。檢閱軍隊是怎麼回事呢？就是檢閱兵車和兵士。這件事為什麼要記載呢？因為很少見所以作了記載。

蔡國人殺了陳佗。陳佗是什麼人呢？是陳國君主。既然是陳國君主為什麼叫他陳佗呢？因為他的爵位應當廢絕。為什麼應當廢絕呢？因為他卑鄙。他怎樣卑鄙呢？他跑到外國去淫亂。如何淫亂呢？他到蔡國去淫亂，蔡國人把他殺掉了。

九月丁卯這天，魯桓公的兒子同出生了。子同出生是指誰呢？指魯莊公。為什麼要說兒子同生呢？因為慶喜魯國有了正嗣嫡長子。《春秋》從來沒有說過慶喜魯國有了正嗣嫡長子的話，這裡說慶喜魯國有了正嗣嫡長子是為什麼呢？因為魯國長久沒有正嗣嫡長子了。先師公羊子說：「這大概是以此來指責桓公吧？」

冬天，紀侯到魯國來朝見。

卷五　桓公下

桓公七年

【說明】本年《春秋》書記二事，均有傳。「春，二月己亥，焚咸丘」條。傳就焚和咸丘立義，認為焚是點燃薪柴用火攻。說古時沒有用火攻城的戰法，經因為疾惡火攻自此開始，所以書記此事。傳以咸丘為邾婁國城邑，《春秋》不繫以國名者，是把咸丘當作國家看待，因為邾婁國君正在此邑。於「夏，穀伯綏來朝；鄧侯吾離來朝」事，傳的解說是：兩君所以皆稱名者，是以原初的爵位來對待他們，不因為失國而改變稱謂。其實，鄧這時尚未滅國，傳以鄧侯為失地之君，是不合史實的。

七年，春，二月己亥，焚咸丘❶。焚之者何？樵之❷也。樵之者何？以火攻也。何言乎以火攻？疾始以火攻也。咸丘者何？邾婁之邑也。曷為不繫乎邾婁？國之也。曷為國之？君存焉爾。

夏，穀伯綏❸來朝；鄧侯吾離❹來朝。皆何以名？失地之君也。其稱侯朝何？

貴者無後，待之以初也。

【注釋】❶咸丘　魯地。在今山東省嘉祥縣西南。❷樵之　用木柴焚燒它。樵，薪柴。這是齊人的用語。❸穀伯綏　穀國國君，名綏。穀，國名。在今湖北省穀城縣西。滅於楚。❹鄧侯吾離　鄧國國君，名吾離。鄧，國名，曼姓。在今湖北省襄樊市西北。西元前六七八年為楚所滅。

【語譯】七年，春天，二月己亥這天，焚燒了咸丘城邑。焚燒它用的是什麼呢？是用薪柴焚燒它。為什麼用薪柴焚燒它呢？這是用火攻城。為什麼說用火攻城呢？因為厭惡開始用火攻。咸丘是什麼地方呢？是邾婁國的城邑。為什麼不繫連在邾婁國下呢？因為把它當作國家。為什麼把它當作國家呢？因為邾婁國的君主在這裡。

夏天，穀伯綏到魯國來朝見；鄧侯吾離到魯國來朝見。這兩個人為什麼都叫名字呢？因為他們是失掉國土的國君。為什麼仍稱侯朝呢？高貴的人雖然失掉了後世的基業，仍然應當以他原初的爵位來對待他。

桓公八年

【說明】本年《春秋》記載六事，四事有傳。「春，正月己卯」和「夏，五月丁丑」條兩次書記烝祭。傳於前條首先解釋烝為冬祭，因及四時的祭名。隨即指出經一年內連記兩烝是表示譏諷，譏其屢祭不恭。在我們看來，第二次烝祭說屢還過得去，第一次就譏其屢，是難以成立的。於「冬，十月，雨雪」條，傳認為周曆十月間就下雪，不合時令，經書此事是記異。「祭公來，遂逆王后于紀」條，傳先說祭公其人，再釋書「來」而不稱「使來」的原因，認為這是天子請婚，若書「使來」，就意味著天子是主人，這是不符合婚禮不稱主人的要求的。以下解釋「遂」是從一事另生出一事，指出「大夫無遂事」，事事都要依命而行不能自專，這裡說

「遂」，是因魯君做媒已成，紀國已經允婚，隨即就受魯君之命迎接王后，所以祭公此舉並不是專行。最後，說明出嫁的女子在其本國應稱女，這裡為什麼稱王后的原因。統觀這條釋文，可稱層次清晰，詳盡得體。

八年，春，正月己卯，烝。烝者何？冬祭也。春曰祠，夏曰礿，秋曰嘗，冬曰烝。常事不書，此何以書？譏。何譏爾？譏亟也。亟則黷，黷則不敬。君子之祭也，敬而不黷。疏則怠，怠則忘。士不及茲四者，則冬不裘，夏不葛。

夏，五月丁丑，烝。何以書？譏亟也。

天王使家父❶來聘。

秋，伐邾婁。

冬，十月，雨❷雪。何以書？記異也。何異爾？不時也。

祭公❸來，遂逆王后于紀。祭公者何？天子之三公也。何以不稱使？婚禮不稱主人。遂者何？生事也。大夫無遂事，此其言遂何？成使乎我也。其成使乎我奈何？使我為媒，可則因用是往逆矣。女在其國稱女，此其稱王后何？王者無外，其辭成矣。

【注釋】❶家父　周天子大夫。家，采邑名，因以為氏。❷雨　降落。此是動詞用法。❸祭公　可能是隱公元年的祭伯。

因當時為天子三公，所以稱祭公。

【語　譯】八年，春天，正月己卯這天，舉行烝祭。烝是什麼呢？是冬天的祭祀。春天的祭祀叫祠，夏天的祭祀叫礿，秋天的祭祀叫嘗，冬天的祭祀叫烝。按照《春秋》書例，常有的事情是不記載的，這件事為什麼記載呢？為了譏諷。為什麼譏諷呢？這是譏諷祭祀的次數過多。次數過多就會輕慢，輕慢就會不恭敬。君子的祭祀，恭敬而不輕慢。自然，次數也不能過於稀疏，過於稀疏就顯得懈怠。懈怠就會忘記祭祀。士人如果趕不上參加這一年四季的祭祀，冬天就不穿皮襖，夏天不穿葛布衣裳。

周天子差遣家父到魯國來聘問。

夏天五月丁丑這天，舉行烝祭。為什麼記載這件事呢？是譏諷祭祀的次數過多。

秋天，魯國討伐邾婁國。

冬天，十月間，降了雪。為什麼記載這件事呢？這是記奇異的事情。降雪有什麼奇異呢？因為不是降雪的時令。

祭公來到魯國，緊接著就到紀國去迎接周王后。祭公是什麼人呢？他是周天子的三公之一。為什麼不說差遣呢？按照婚禮的規矩是不能用結婚人的名義的。遂是什麼意思？是在一件事情中又生出一件事情來。大夫因公出使在外，不能自生事端，這裡說在一件事情中又生出一件事情是為什麼呢？因為是魯君使他完成這一使命的。魯君使他完成使命是怎麼回事呢？因為讓魯國做媒人。媒說成了，他隨著就前去迎娶。出嫁的女子在國內娘家稱女，這裡為什麼稱王后呢？因為周天子一統天下，沒有國外可言，所以稱王后的說法就可以成立了。

桓公九年

【說　明】本年《春秋》書記兩事，均有傳。經另書「夏，四月」、「秋，七月」表明時序，未記事。像這樣的書時之例，《公羊傳》已在隱公六年作過說解，所以不再作釋。於「春，紀季姜歸于京師」條，一釋季姜的稱謂，二釋京師之義。說她已經聘為王后，所以仍稱紀季姜者，因為這是父母對自己女兒的稱呼。這和桓公三年齊侯稱他出嫁給鄭國的女兒為「吾姜氏」相似。至於解說「京師」是天子之居云云，則屬於名詞解釋，無關義例。於「冬，曹伯使其世子射姑來朝」條，按照《公羊傳》的意思，朝見是諸侯彼此之間的事，世子不是諸侯，今射姑代父來朝，《春秋》前面既有譏諷父老子代的事例，這裡自然意含譏諷了，只是不清楚是譏諷齊國還是曹國。

九年，春，紀季姜❶歸于京師❷。其辭成矣，則其稱紀季姜何？自我言，紀父母之於子，雖為天王后，猶曰吾季姜。京師者何？天子之居也。京者何？大也。師者何？眾也。天子之居，必以眾大之辭言之。

夏，四月。

秋，七月。

冬，曹伯使其世子射姑❸來朝。諸侯來曰朝。此世子也，其言朝何？《春秋》有譏父老子代從政者，則未知其在齊與？曹與？

【注　釋】❶紀季姜　周桓王后。紀為國名，季為其姊妹排行，姜是姓。❷京師　指東周京城洛邑。❸射姑　即曹莊公。名射姑，曹桓公的太子。明年曹桓公死，莊公立為君。

【語　譯】九年，春天，紀國的季姜嫁到京師。既然已經聘為王后了，那為什麼還要稱紀季姜呢？紀是從魯國角度來說的。從紀國的角度來說，父母對於自己的女兒，雖然她已經是周王后，仍然要說我的季姜。京師是什麼呢？是天子居住的地方。京是什麼意思？是地方大。師是什麼意思？是人口眾多。天子居住的地方，必定要用人口眾多、地方大的言辭來表明它。

夏天，四月。

秋天，七月。

冬天，曹伯派他的太子射姑到魯國來朝見。諸侯到別的國家來稱朝見，這是一位國君的太子，為什麼也稱朝見呢？《春秋》有過譏諷父親年邁由兒子替他從政的事例，但是不知道是譏諷齊國呢？還是譏諷曹國？

桓公十年

【說　明】本年《春秋》記載四事，兩事有傳。「秋，公會衛侯于桃丘，弗遇」條，作傳者認為會是事先約定會期的文辭，說弗遇是魯桓公不願意見衛侯。這是門面話，實際上是衛侯不肯見桓公，經用「弗遇」，是為魯內諱。於「冬，十有二月丙午，齊侯等來戰于郎」條，傳以郎為靠近魯國都城的城邑，說來戰於郎，就等於說包圍了魯都。這場戰爭魯國潰敗，《春秋》書戰而不書敗者，是因為在魯國國內不能說作戰，說作戰就表示是戰敗了。經書戰，也是為魯內諱。

十年，春，王正月庚申，曹伯終生❶卒。

夏，五月，葬曹桓公。

秋，公會衛侯于桃丘❷，弗遇。會者何？期辭也。其言弗遇何？公不見要也。冬，十有二月丙午，齊侯、衛侯、鄭伯來戰于郎❸。郎者何？吾近邑也。吾近邑則其言來戰于郎何？近也。惡乎近？近乎圍也。此偏戰也，何以不言師敗績？內不言戰，言戰乃敗矣。

【注釋】❶曹伯終生　即曹桓公，名終生。在位五十五年。曹，西周封國，姬姓，都陶丘。在今山東省定陶縣西北。❷桃丘　衛邑。在今山東省東阿縣西南。❸郎　此是魯都城近郊的郎。見隱公九年注。

【語譯】十年，春天，周王正月庚申這天，曹伯終生死了。

夏天，五月間，葬了曹桓公。

秋天，魯桓公和衛侯在桃丘這個地方會見，沒能見到。會是什麼意思？是預先約定好日期的文辭。這裡說沒能見到是為什麼呢？因為桓公不想和衛侯相見。

冬天，十二月丙午這天，齊侯、衛侯和鄭伯率軍來到魯國郎邑和魯國打仗。郎是什麼地方？是離魯國都城很近的城池。既然是我國都城的近邑，為什麼說來到郎邑和魯國打仗呢？因為很近。怎樣近法呢？近到幾乎都城被包圍了。這是敵對雙方各據一方的戰爭，為什麼不說全軍潰敗呢？因為在魯國境內不能說打仗，說打仗就表示是戰敗了。

桓公十有一年

【說明】本年《春秋》記載九事，四事有傳。「九月，宋人執鄭祭仲」條，傳認為祭仲是字，稱字是因為他賢能，說賢能是因為他懂得權變。接著記述事情經過原委，意在說明祭仲在當時的形勢下如何通權變，保存了鄭國。並就權的意義，以及施行權變的道德準則等作了解說。這裡要指出的是，無論《公羊傳》說他賢能，還是稱贊他通權變，都受到過學者的批駁，認為義無可取。《春秋》記秋「突歸于鄭」和「鄭忽出奔衛」兩條，傳以為「突」和「忽」是兩人的名字，稱突是因為他被祭仲領納，順從祭仲，隱含貶意；稱忽是因為《春秋》對伯、子、男都一樣，不含貶損。至於「柔會宋公、陳侯、蔡叔盟于折」條，傳以柔稱名而不書氏，與隱公九年書「俠」義同，因為柔是魯國尚未受到君命的大夫。

十有一年，春，正月，齊人、衛人、鄭人盟于惡曹❶。

夏，五月癸未，鄭伯寤生❷卒。

秋，七月，葬鄭莊公。

九月，宋人執鄭祭仲❸。祭仲者何？鄭相也。何以不名？賢也。何賢乎祭仲？以為知權也。其為知權奈何？古者鄭國處于留❹。先鄭伯有善于鄶公❺者，通乎夫人以取其國，而遷鄭焉，而野留。莊公死已葬，祭仲將往省于留，塗出于宋，宋人執之。謂之曰：「為我出忽❻而立突❼。」祭仲不從其言，則君必死，國必亡；從其言，則君可以生易死，國可以存易亡。少遼❽緩之，則突可故❾出，而忽可故反，是不可得則病，然後有鄭國。古人之有權者，祭仲之權是也。權者何？

權者反於經，然後有善者也。權之所設，舍死亡無所設。行權有道，自貶損以行權，不害人以行權。殺人以自生，亡人以自存，君子不為也。

突歸于鄭。突何以名？挈⑩乎祭仲也。其言歸何？順祭仲也。

鄭忽出奔衛。忽何以名？《春秋》伯、子、男一也。辭無所貶。

柔⑪會宋公⑫、陳侯⑬、蔡叔盟于折⑭。柔者何？吾大夫之未命者也。

公會宋公于夫童⑮。

冬，十有二月，公會宋公于闞⑯。

【注釋】❶惡曹　疑為烏巢。在今河南省原陽縣東。❷鄭伯寤生　即鄭莊公，名寤生。鄭武公的太子，武姜所生。在位四十三年。❸祭仲　即祭足，亦稱祭仲足。仲是排行，名足。鄭卿，有寵於莊公。❹留　地名，在今河南省偃師市南。❺鄶公　鄶國國君。鄶，西周封國，妘姓。在今河南省密縣東北。西元前七六九年滅於鄭。❻忽　鄭莊公太子，名忽。繼厲公而立，即鄭昭公。❼突　太子忽的弟弟公子突。莊公死，立為君，即鄭厲公。❽遼　遠。這裡指寬其時日。❾故　必定。❿挈　提攜；帶領。⓫柔　魯大夫。《春秋》僅一見。⓬宋公　指宋莊公，名馮。⓭陳侯　指陳厲公，名躍。死於明年，在位七年。⓮折　疑為宋地，今在何地不詳。⓯夫童　郕地，在今山東省汶上縣東北。《左傳》作「夫鍾」，童、鍾字通。⓰闞　魯邑。在今山東省汶上縣西。

【語譯】十一年，春天，正月間，齊人、衛人和鄭人在惡曹這個地方會盟。

夏天，五月癸未這天，鄭君寤生死了。

秋天，七月間，葬了鄭莊公。

九月間，宋人捕捉了鄭國的祭仲。祭仲是什麼人呢？是鄭國的宰相。為什麼不稱他的名字？因為他賢能。為什麼說他賢能？因為他通達權變。他怎樣通達權變呢？在古時候鄭國本來在留這個地方。那時的鄭君有和鄶國君主相親善的，他和鄶君夫人私通而奪得了鄶國，就把鄭國遷移到這裡，並把留地變成了邊鄙。鄭莊公死後，已經下了葬，祭仲準備到留地去，途經宋國，宋人捕捉了他。對他說：「為我們把太子忽驅逐出鄭國，改立公子突為鄭君！」祭仲當時，如果不聽從宋人的話，那麼國君必定死，國家必定亡。如果聽從了他們的話，那麼鄭君就能用生換死，國家就能用存換亡。要是寬以時日，緩慢謀劃，那麼突仍然會被驅逐，忽仍然會返回鄭國。如果不能驅逐突、保全忽的君位，這是一種恥辱，同時還會蒙受逐君的惡名。只有這樣做了，才能保存鄭國。古人所謂通達權變，說的就是像祭仲這樣的權變。權變是什麼？權變是違背常道最終能獲得好處的行為。權變的施設，除了死亡以外沒有不能施行的。當然，施行權變是有準則的：可以自我貶抑來施行權變，不能損害別人來施行權變。殺害別人以求自己活著，讓別人死以求自己生存，君子是不做的。

突回歸鄭國。為什麼叫突的名字？是祭仲帶領他回去的原故。為什麼說他回歸鄭國呢？因為是順從祭仲的安排。

鄭國的忽出逃到衛國。為什麼叫忽的名字？因為《春秋》對伯、子、男都一樣，在文辭上沒有貶抑的意思。

柔會合宋公、陳侯、蔡叔在折這個地方會盟。柔是什麼人？是我國尚未正式受命的大夫。

魯桓公和宋公在夫童這個地方會見。

冬天，十二月間，魯桓公和宋公在闞這個地方會見。

桓公十有二年

【說明】本年《春秋》首書「春，正月」表明時序，未記事。全年書記八事，「十有二月，及鄭師伐宋。丁未，戰于宋」一事有傳。傳以為依例書戰就不書伐，這裡言伐者，是因為害怕不書伐會造成誤解。讓人誤解為魯國和鄭人打仗。這是從修辭的角度作的解說。至於為什麼不書軍隊潰敗，因為在魯境內作戰，書戰就表示戰敗，和前桓公十年一樣，也是為魯國內諱。

十有二年，春，正月。

夏，六月壬寅，公會紀侯、莒子盟于毆蛇❶。

秋，七月丁亥，公會宋公、燕人❷盟于穀丘❸。

八月壬辰，陳侯躍❹卒。

公會宋公于郯❺。

冬，十有一月，公會宋公于龜❻。

丙戌，公會鄭伯盟于武父❼。

丙戌，衛侯晉❽卒。

十有二月，及鄭師伐宋。丁未，戰于宋。戰不言伐，此其言伐何？辟嫌也。惡乎嫌？嫌與鄭人戰也。此偏戰也，何以不言師敗績？內不言戰，言戰乃敗矣。

【注釋】❶毆蛇　魯邑。在今山東省寧陽縣東北。即《左傳》的曲池。❷燕人　疑係燕君。燕，當為南燕，姞姓。國都在今河南省延津縣東北。❸穀丘　宋邑。在今河南省商邱市東南。❹陳侯躍　見上年注。❺郯　宋邑。在今河南省封丘縣北。

即《左傳》的「虛」。❻龜　宋邑。在今河南省睢縣境內。❼武父　鄭邑。在今山東省東明縣西南。❽衛侯晉　衛宣公，名晉。衛桓公的弟弟，在位十九年。

【語　譯】十二年，春天，正月。

夏天，六月壬寅這天，魯桓公會合紀侯、莒子在毆蛇這個地方會盟。

秋天，七月丁亥這天，魯桓公會合宋公、燕人在穀丘這個地方會盟。

八月壬辰這天，陳侯躍死了。

魯桓公和宋公在郯這個地方會見。

冬天，十一月間，魯桓公和宋公在龜這個地方會見。

丙戌這天，魯桓公和鄭伯會見，在武父這個地方結盟。

丙戌這天，衛侯晉死了。

十二月間，魯國和鄭國軍隊討伐宋國。丁未這天，在宋國都城打了仗。說打仗就不再說討伐，這裡說討伐是為什麼呢？為了避嫌疑。有什麼嫌疑呢？嫌疑是和鄭國人打仗。這是雙方各據一方的戰爭，為什麼不說全軍潰敗呢？因為在魯國境內是不說打仗的，說打仗就表示打敗了。

桓公十有三年

【說　明】本年《春秋》書記三事，另書「秋，七月」、「冬，十月」表明時序，未記事。有傳者「春，二月，公會紀侯、鄭伯。己巳，及齊侯等戰，齊師等敗績」一事。傳釋經義，提出了三點：一是為什麼把戰爭的日子「己巳」寫在後面？回答是：恃外。意思是這次戰爭，魯國全靠紀、鄭兩國出兵援助，才使齊、宋、衛、燕四國軍隊潰敗。二是依例內不言戰，這裡為什麼在魯國內說作戰呢？回答是：這是隨從外國諸侯作戰的原故。至於為什麼要從外，同樣是因為恃外。三是為什麼不寫上戰地？回答是：戰地就在魯都城門外，地點太近，近到等於魯都被包圍，所以不能寫明戰地。說桓公十年的郎之戰，郎地雖然也靠近魯都，還是可以寫上地名的。兩者有所不同。

十有三年，春，二月，公會紀侯、鄭伯。己巳，及齊侯、宋公、衛侯❶、燕人戰。齊師、宋師、衛師、燕師敗績。曷為後日？恃外也。其恃外奈何？得紀侯、鄭伯然後能為日也。內不言戰，此其言戰何？從外也。曷為從外？恃外故從外也。何以不地？近也。惡乎近？近乎圍。郎亦近矣，郎何以地？郎猶可以地也。

三月，葬衛宣公。

夏，大水。

秋，七月。

冬，十月。

【注　釋】❶衛侯　指衛惠公，名朔。他是衛宣公的太子。宣公死於上年十一月丙戌，此時尚未下葬。

【語　譯】十三年，春天，二月間，魯桓公和紀侯、鄭伯會見。己巳這天，和齊侯、宋公、衛侯、燕人作戰。齊軍、宋軍、衛軍、燕軍潰敗。為什麼把作戰的日子記寫在後面？因為是憑藉外國的力量。怎樣憑藉外國的力量呢？得到紀侯和鄭伯的支持，然後才能定下作戰的日子。在魯國境內是不說作戰的，這裡說作戰是為什麼呢？因為這是跟隨外國諸侯的戰爭。為什麼說是跟隨外國諸侯呢？因為憑藉外國的力量，所以要跟隨外國的諸侯。為什麼不記載地名？因為離魯都太近了。怎樣的近法？近到魯都幾乎被包圍了。郎同樣是離都城很近的地方，它為什麼記載了地點呢？因為郎還是可以記上地名的。

三月間，葬了衛宣公。

夏天，魯國發大水。

秋天，七月。

冬天，十月。

桓公十有四年

【說　明】本年《春秋》書記七事。其中「夏五」條中「夏五」二字，或者下有闕文，或者「五」為衍字。《公羊傳》說「無聞焉爾」，未能作解。其他有傳者四事。認為經書正月「無冰」是記異。於「秋，八月壬申，御廩災」條，以御廩為儲藏祭宗廟所用糧食的處所，屬於名詞解釋。認為經書災是記載災害。指出經記八月「乙亥嘗」，是為了譏諷，譏諷的原因是御廩剛於三天前被焚，目前不如不舉行嘗祭為好。說到十二月間「宋人以齊人等伐鄭」事，傳從「以」字立義，說「以」是表示宋人獨行其意、自逞其意的意思。

十有四年，春，正月，公會鄭伯于曹❶。

無冰。何以書？記異也。

夏五。鄭伯使其弟語❷來盟。夏五者何？無聞焉爾。

秋，八月壬申，御廩❸災。御廩者何？粢盛委之所藏也。御廩災何以書？記災也。

乙亥嘗❹。常事不書，此何以書？譏。何譏爾？譏嘗也。曰：猶嘗乎？御廩災，不如勿嘗而已矣。

冬，十有二月丁巳，齊侯祿父❺卒。

宋人以齊人、衛人、蔡人、陳人伐鄭。以者何？行其意也。

【注釋】❶曹　此曹當指曹國都城。根據《左傳》「曹人致餼」的記載，曹國可能也參加了此會。❷語　公子語。鄭莊公的兒子，厲公的弟弟。❸御廩　魯公儲藏親耕所穫用以祭祀宗廟的糧食的倉庫。❹嘗　祭名。秋七月穀熟，先薦宗廟，而舉行嘗新之祭。❺齊侯祿父　齊僖公，名祿父。齊莊公的兒子，在位三十三年。

【語譯】十四年，春天，正月間，魯桓公和鄭伯在曹國都城會見。

魯國一整個冬天都沒有結冰。為什麼記載這件事呢？這是記載奇異反常的現象。

夏五。鄭厲公派他弟弟名字叫語的人到魯國來會盟。「夏五」是什麼意思？沒有聽說過。

秋天，八月壬申這天，御廩發生火災。御廩是什麼？是儲藏供祭祀宗廟用的糧食的庫房。御廩發生火災為什麼要記載呢？這是記災害。

乙亥這天，魯國舉行嘗祭。依照《春秋》書例，常有的事情不作記載，這裡為什麼記載呢？是譏諷。譏諷什麼呢？譏諷舉行嘗祭。有人說：還舉行嘗祭嗎？御廩已遭了火災，不如不舉行嘗祭就算了。

冬天，十二月丁巳這天，齊侯祿父死了。

宋人以齊國人、衛國人、蔡國人和陳國人討伐鄭國。以是什麼意思？是齊、衛等四國都順從宋國的意志。

桓公十有五年

【說　明】本年《春秋》記載十事，有傳者五事。「春，二月，天王使家父來求車」條，傳認為經書記此事，是譏諷天子向諸侯求車是非禮的行動。《三傳》義同。「五月，鄭伯突出奔蔡」條，傳以經書突名，是因為他奪取忽的君位，含有貶意。同月「鄭世子忽復歸于鄭」條，傳謂經稱忽為世子，是因為他恢復了君位，含有褒意。並由釋復歸之義，進而對「歸」、「復入」、「入」的含義作了析解。「邾婁人、牟人、葛人來朝」條，傳以三國來朝，不稱名字，不書爵位，而全稱「人」者，是把他們視為夷狄。至於「秋，九月，鄭伯突入于櫟」，傳以櫟為鄭邑，入櫟即入鄭。這裡不言入鄭，是因為祭仲已死，無須再說了。經不言忽出奔者，是因為忽太微弱，不能自保，祭仲存則存，今祭仲已死，他只有出奔逃亡了。按照作傳者意思，突的進入櫟邑，是驅逐忽而復君位。這是與史實不合的。

十有五年，春，二月，天王❶使家父❷來求車。何以書？譏。何譏爾？王者無求，求車非禮也。

三月乙未，天王崩。

夏，四月己巳，葬齊僖公。

五月，鄭伯突出奔蔡。突何以名？奪正也。

鄭世子忽復歸于鄭。其稱世子何？復正也。曷為或言歸，或言復歸？復歸者，出惡歸無惡。復入者，出無惡，入有惡。入者，出入惡。歸者，出入無惡。

許叔❸入于許。

公會齊侯于鄗❹。

邾婁人、牟人、葛人❺來朝。皆何以稱人？夷狄之也。

秋，九月，鄭伯突入于櫟❻。櫟者何？鄭之邑。曷為不言入于鄭？末言爾。曷為末言爾？祭仲亡矣。然則曷為不言忽之出奔？言忽為君之微也，祭仲存則存矣，祭仲亡則亡矣。

冬，十有一月，公會齊侯❼、宋公、衛侯、陳侯于侈❽，伐鄭。

【注　釋】❶天王　指周桓王。名林，周平王的兒子，死於今年三月乙未，在位二十三年。❷家父　即桓公八年的家父。見該注。❸許叔　指許穆公。名新臣。許，西周封國，姜姓。都城在今河南省許昌市東，後屢遷。❹鄗　即隱公六年的「艾」。《穀梁傳》作「蒿」。艾、鄗、蒿同為一地。❺邾婁人牟人葛人　皆指三國國君。牟，春秋封國，在今山東省萊蕪市東，是魯的鄰國。葛，嬴姓國，在今河南省寧陵縣東北。❻櫟　鄭地。在今河南省禹州市。❼齊侯　指齊襄公諸兒。他本年繼僖公立為齊君。❽侈　宋地。在今安徽省宿州市西。《左傳》作「袲」，字通。

【語　譯】十五年，春天，二月間，周王差遣家父到魯國來求要車輛。為什麼記載這件事情呢？為了譏諷。為什麼譏諷呢？天子對諸侯不能求要，求要車輛是不合禮數的。

三月乙未這天，周桓王死了。

夏天，四月己巳這天，葬了齊僖公。

五月間，鄭伯突出逃到蔡國。突為什麼叫他的名字？因為他謀奪了嫡嗣的君位。

鄭國世子忽，又回到了鄭國。這裡稱呼他世子是為什麼呢？因為他恢復了嫡嗣的君位。為什麼有時候說歸，有時候說復歸呢？復歸，是說出去的時候有罪過，回來的時候沒有罪過。復入，是說出去的時候沒有罪過，回來的時候有罪過。入，是說出去回來都有罪過。歸，是表示出去回來都沒有罪過。

許國君主的弟弟回到許國。

魯桓公和齊侯在鄗這個地方會見。

邾婁人、牟人、葛人到魯國來朝見。為什麼都稱作人呢？因為把他們看成和夷狄一樣。

秋天，九月間，鄭伯突進入櫟這個地方。櫟是什麼地方？是鄭國的城邑。為什麼不說進入鄭國呢？無須再說了。為什麼無須再說呢？祭仲已經死了。那麼為什麼不說忽逃到外國去呢？這表示忽作為國君勢力是很微弱的，祭仲活著，忽的君位就可以保住；祭仲死了，忽的君位也就保不住了。

冬天，十一月間，魯桓公和齊侯、宋公、衛侯、陳侯在侈這個地方會見，討伐鄭國。

桓公十有六年

【說　明】本年《春秋》記載五事，有傳者「十有一月，衛侯朔出奔齊」一事。傳解此經，指出衛侯朔所以稱名，是因為應當絕其爵位，原因是他得罪了周天子。說天子使他主理衛政，他得不到衛民的擁戴，逃到泰山北面的齊國，竟推託有病不向天子請罪。其實，《公羊傳》敘事往往不合史實，根據《左傳》的記載，朔是為謀取君位而誣陷急子，致使兄長壽子被殺，終於被左右二公子所逐而失國的。

十有六年，春，正月，公會宋公、蔡侯、衛侯于曹。

夏，四月，公會宋公、衛侯、陳侯❶、蔡侯伐鄭。

秋，七月，公至自伐鄭。

冬，城向❷。

十有一月，衛侯朔❸出奔齊。衛侯朔何以名？絕。曷為絕之？得罪于天子也。其得罪于天子奈何？見使守衛朔❹，而不能使衛小眾，越在岱陰齊。屬負茲❺，舍❻不即罪爾。

【注釋】❶陳侯　指陳莊公林。❷向　見隱公二年注。此時向已屬魯。❸衛侯朔　衛惠公，名朔。衛宣公的太子，立於魯桓公十三年。❹朔　指諸侯於每月朔日行告廟聽政之禮。借指主理國政。❺屬負茲　推託有病。屬，推託。負茲，諸侯有疾稱負茲。天子稱不豫，大夫稱犬馬，士稱負薪。❻舍　止。

【語譯】十六年，春天，正月間，魯桓公和宋公、蔡侯、衛侯在曹國會見。

夏天，四月間，魯桓公會合宋公、衛侯、陳侯、蔡侯討伐鄭國。

秋天，七月間，魯桓公從討伐鄭國的戰地回到魯國。

冬天，魯國修築向城。

十一月間，衛侯朔出逃到齊國。為什麼叫衛侯朔的名字？這是表示應當廢絕他的爵位。為什麼應當廢絕他的爵位？因為他得罪了周天子。他怎樣得罪周天子呢？周天子派他到衛國主持宗廟告朔，治理國政，可是得不到衛國民眾的擁戴，而逃奔到泰山以北的齊國，還推託有病，不向天子請罪。周天子也未加罪給他。

桓公十有七年

【說　明】本年《春秋》書記八事，《公羊傳》均無說解。

十有七年，春，正月丙辰，公會齊侯、紀侯盟于黃❶。

二月丙午，公及邾婁儀父盟于趡❷。

五月丙午，及齊師戰于奚❸。

六月丁丑，蔡侯封人❹卒。

秋，八月，蔡季❺自陳歸于蔡。

癸巳，葬蔡桓侯。

及宋人、衛人伐邾婁。

冬，十月朔，日有食之。

【注　釋】❶黃　齊邑。在今山東省廢淄川縣城淄川鎮東北。❷趡　魯邑。在今山東省泗水縣與鄒城市之間。❸奚　魯地。❹蔡侯封人　蔡桓侯，名封人。蔡宣侯的兒子，在位二十年。❺蔡季　即蔡哀侯，名獻舞。宣侯的兒子，桓侯的弟弟。

【語　譯】十七年，春天，正月丙辰這天，魯桓公和齊侯、紀侯在黃這個地方會見。

二月丙午這天，魯桓公和邾婁儀父在趡這個地方會盟。
五月丙午這天，和齊國軍隊在奚這個地方作戰。
六月丁丑這天，蔡侯封人死了。
秋天，八月間，蔡侯封人的弟弟從陳國回到蔡國。
癸巳這天，葬了蔡桓侯。
和宋國人、衛國人討伐邾婁國。
冬天，十月初一這天，魯國發生日食。

桓公十有八年

【說明】本年《春秋》記載五事，另書「秋，七月」表明時序，未記事，有傳者二事。一條解釋正月間「公與夫人姜氏遂如齊」，傳從「與」字立義，認為經用「與」而不用「及」，這是有區別的。用「與」，表示主動在桓公，是桓公外絕夫人。「與」是內諱的文辭，為的是給桓公避諱。因為實際上並不是桓公絕夫人，相反的是夫人和桓公斷絕了關係。當然，這只是《公羊傳》的說法，在我們看來，「與」和「及」都是普通連接辭，談不上有什麼深義。於「冬，十有二月己丑，葬我君桓公」條，傳的意思是，按《春秋》義法，君被弑，賊未討，不得書葬。此經書葬者，是因為仇人在外，不是內賊，而這個外賊是齊襄公，齊強我弱，無力誅討，只有寬容一二而書葬了。

十有八年，春，王正月，公會齊侯于濼❶。

公與夫人姜氏遂如齊。公何以不言及夫人？夫人外也。夫人外者何？內辭也。其實夫人外公也。

夏，四月丙子，公薨于齊。

丁酉，公之喪至自齊。

秋，七月。

冬，十有二月己丑，葬我君桓公。賊未討何以書葬？讎在外也。讎在外則何以書葬？君子辭也。

【注釋】❶濼 齊地。在今山東省濟南市西北的洛口。

【語譯】十八年，春天，周王正月，魯桓公和齊侯在濼這個地方會見。

魯桓公和夫人姜氏相隨到齊國去了。魯桓公為什麼不說「及」夫人呢？因為夫人已被絕外了。夫人已被絕外是什麼意思呢？這是魯國為桓公避諱的文辭。事實上是夫人絕外了魯桓公。

夏天，四月丙子這天，魯桓公死在齊國。

丁酉這天，魯桓公的遺體從齊國送回魯國。

秋天，七月。

冬天，十二月己丑這天，葬了我君桓公。弒君的賊子還沒有誅討，為什麼就記載舉行葬禮呢？因為仇人在外國。仇人在外國為什麼就記載舉行葬禮呢？這是君子用的言辭。

卷六 莊公一

莊公元年

【說明】本年《春秋》首書「春，王正月」，未書莊公即位事，另書記七事，除「冬，十月乙亥，陳侯林卒」一條外，傳均有說解。「元年，春，王正月」條，經不書莊公即位，傳的解釋是，《春秋》君被弒，兒子不稱即位，這是因為兒子內心悲痛，不忍心。於「三月，夫人孫于齊」條，傳以孫為遜、為遁。指出因內諱奔，所以用孫。姜氏本已在齊，為什麼還要說「孫于齊」呢？解說是因為莊公想念母親。其次解釋經稱「夫人」而不稱氏，認為這是因為她參與弒殺桓公而對她的貶責。在這時貶責她，為的是不贊成莊公想念她。「夏，單伯逆王姬」條，說的是周莊王嫁女於齊襄公，使魯君主婚的事。傳以單伯是受命於天子的魯大夫。不稱使者，是天子召喚他去的。這一條，與下「築王姬之館于外」、「王姬歸于齊」條，三者為一事，先迎娶，次言築館，終於歸齊，是王姬婚事的整個過程。說到為王姬築館事，傳認為築館是合禮的，可是築館在城外就不合禮數了。故經書此事以示譏。至於傳闡述的必為王姬改築館舍的道理，說路寢、小寢以及魯公諸女寢房王姬皆不可居的原因，是合乎情理的。另外「王使榮叔來錫桓公命」和「齊師遷紀郱、鄑、郚」兩條，前者釋「錫」、釋「命」而及命服、追命，都是詞義解說。後者以遷為取，認為言遷不言取者，是避諱的用辭。外取邑不書，今書此事者，意在張揚這件事，因為這是滅紀的開始。

元年，春，王正月。公❶何以不言即位？《春秋》君弒，子不言即位。君弒則子何以不言即位？隱❷之也。孰隱？隱子也。

三月，夫人孫❸于齊。孫者何？孫猶孫也。內諱奔謂之孫。夫人固在齊矣，其言孫于齊何？念母也。正月以存君，念母以首事。夫人何以不稱姜氏？貶。曷為貶？與弒公也。其與弒公奈何？夫人譖公於齊侯，公曰：「同非吾子，齊侯之子也。」齊侯怒，與之飲酒。於其出焉，使公子彭生送之。於其乘焉，搚幹❹而殺之。念母者，所善也，則曷為於其念母焉貶？不與念母也。

夏，單伯❺逆❻王姬❼。單伯者何？吾大夫之命乎天子者也。何以不稱使？天子召而使之也。逆之者何？使我主之也。曷為使我主之？天子嫁女于諸侯，必使諸侯同姓者主之。諸侯嫁女于大夫，必使大夫同姓者主之。

秋，築王姬之館于外。何以書？譏。何譏爾？築之，禮也；于外，非禮也。于外何以非禮？築于外非禮也。其築之何以禮？主王姬者必為之改築。主王姬者則曷為必為之改築？於路寢❽則不可，小寢則嫌，群公子之舍則以卑矣。其道必為之改築者也。

冬，十月乙亥，陳侯林❾卒。

王使榮叔⑩來錫桓公命。錫者何？賜也。命者何？加我服也。其言桓公何？追命也。

王姬歸于齊。何以書？我主之也。

齊師遷紀郱、鄑、郚⑪。遷之者何？取之也。取之則曷為不言取之也？為襄公諱也。外取邑不書，此何以書？大之也。何大爾？自是始滅也。

【注釋】❶公　指魯莊公。名同，桓公的兒子，母文姜。在位三十二年。❷隱　傷痛；悲哀。❸孫　同「遜」。逃遁。❹擠幹　折斷骨幹。❺單伯　當為周天子之卿。單，東都王畿內地名。❻逆　迎；接。《左傳》作「送」。逆、送義異。❼王姬　周天子女兒的通稱。此當是周平王的孫女。❽路寢　諸侯的正寢。寢，寢室。古代天子有六寢，諸侯三寢。諸侯正寢一，曰路寢；燕寢二，曰小寢。政事、齋戒、疾病及臨終皆居路寢，平日居小寢。❾陳侯林　陳莊公林。陳桓公的兒子，在位七年。❿榮叔　周大夫。周厲王時榮夷公的後人。⓫郱鄑郚　皆為紀國邑名。郱，在今山東省安丘市西。鄑，在今山東省昌邑市西北。郚，在今山東省安丘市西南。

【語譯】元年，春天，周王正月。莊公為什麼不記載他舉行即位典禮的事呢？《春秋》書例，國君被弒，繼位的兒子不稱即位。國君被弒，兒子為什麼不稱即位呢？因為內心悲痛。誰內心悲痛呢？兒子悲痛。

三月間，夫人孫遁到齊國去。「孫」是什麼意思？孫如同「遜」。魯國避諱說私奔就稱為「孫」。夫人本來就在齊國，說私奔到齊國是為什麼呢？因為魯莊公想念母親。記載正月，以表示君主的存在；記載莊公想念在齊國的母親，用這來開始本年最初的事情。稱夫人為什麼不稱姜氏呢？是貶低她。為什麼貶低她呢？因為她參與了弒殺桓公的事件。她參與弒殺桓公的事是怎樣的呢？她曾向齊襄公說魯桓公的壞話，說：「桓公說：『同不是我的兒子，是齊襄公的兒子。』」齊襄公大怒，就邀請桓公飲酒。等到桓公出去的時候，派公子彭生送他，等到桓公上車的時候，彭生折斷了他的骨幹，就把他殺害了。想念母親是件好事，為什麼在他想念母親時貶低她呢？因為不贊成莊公想念母親。

夏天，單伯去迎接周天子的女兒。單伯是什麼人？是受命於周天子的魯國大夫。為什麼不說差遣呢？因為是天子呼喚來差遣他辦事的。迎接是什麼意思呢？是讓我國主持婚禮。為什麼讓我國主持婚禮呢？因為周天子把女兒嫁給諸侯，一定要派同姓諸侯主持婚禮。諸侯把女兒嫁給大夫，一定要派同姓大夫主持婚禮。

秋天，建造周天子女兒的館舍在魯莊公的宮室外。為什麼記載這件事呢？為了譏諷。為什麼譏諷呢？建造館舍是合禮的，建造在宮室外就不合禮數了。建造在宮室外為什麼不合禮數呢？建造在宮室外是不合禮的。建造館舍為什麼合禮呢？因為主持天子女兒婚禮的國家一定要為王姬新造館舍。主持天子女兒婚禮的國家，為什麼一定要為王姬新造館舍呢？因為讓天子女兒住在魯莊公處理政事的正寢是不可以的，住在莊公夫人平日所居的小寢嫌褻瀆，住在女公子的房舍，又未免太卑下了。按這個道理，就一定要為天子女兒另造館舍了。

冬天，十月乙亥這天，陳侯林死了。

周天子差遣榮叔來追賜魯桓公的命服。錫是什麼意思？是賞賜。命是什麼意思？是增加我魯君的命服。這裡說桓公是為什麼？表示這是追加的命服。

周天子的女兒嫁到齊國。為什麼記載這件事呢？因為我國主持婚禮的原故。

齊國軍隊把紀國的郱、鄑、郚三座城邑遷移掉了。遷移掉是什麼意思？就是佔取了它。佔取為什麼不說佔取呢？是為齊襄公避諱。外國諸侯佔取城邑依例不作記載，這裡為什麼記載呢？是為張揚這件事。為什麼張揚它呢？因為齊國從這時開始滅亡紀國。

莊公二年

【說　明】本年《春秋》記載五事，有傳者二事。「夏，公子慶父帥師伐餘丘」條，傳以餘丘為邾婁國城邑。

經不繫餘丘於邾婁國者，是以邑代國，把餘丘當成國家，原因和桓公七年不繫咸丘於邾婁一樣，是邾婁國君住在那裡。「秋，七月，齊王姬卒」條，此王姬為齊襄公夫人，當是上年嫁於齊者。作傳者認為，依例外夫人不書卒，這裡記錄這件事，是因為魯國主婚的原故。

二年，春，王二月，葬陳莊公。

夏，公子慶父❶帥師伐餘丘❷。於餘丘者何？邾婁之邑也。曷為不繫乎邾婁？國之也。曷為國之？君存焉爾。

秋，七月，齊王姬卒。外夫人不卒，此何以卒？錄焉爾。曷為錄焉爾？我主之也。

冬，十有二月，夫人姜氏會齊侯于郜❸。

乙酉，宋公馮❹卒。

【注　釋】❶公子慶父　即共仲，亦稱仲慶父。魯莊公的母弟。❷餘丘　即於餘丘。杜預注《左傳》以為國名，與《公羊傳》說異。❸郜　齊地。在今山東省長清縣西。即《左傳》、《穀梁傳》的「禚」。❹宋公馮　宋莊公，名馮。宋穆公的兒子，繼殤公而立，在位十九年。

【語　譯】二年，春天，周王二月間，葬了陳莊公。

夏天，公子慶父率領軍隊討伐餘丘。餘丘是什麼地方？是邾婁國的一個城邑。為什麼不繫屬於邾婁國呢？因為把餘丘看成一個國家。為什麼看成一個國家呢？因為邾婁國的君主在那裡。

秋天，七月間，齊國的王姬死了。外國諸侯夫人死了不作記載，這裡為什麼記載她死了呢？是為了把這件事記錄下來。為什麼要把這件事記錄下來呢？因為是我國主持的婚禮。

冬天，十二月間，夫人姜氏在郜這個地方和齊襄公會見。

乙酉這天，宋國國君馮死了。

莊公三年

【說明】本年《春秋》記載五事，除「夏，四月，葬宋莊公」一事外，均有傳解。「春，王正月，溺會齊師伐衛」和「秋，紀季以酅入于齊」兩條，前者謂溺稱名而不書氏者，是因他乃尚未受命的魯大夫。無關褒貶。後者說紀季是紀侯的弟弟，不稱他的名字，是褒贊他賢明識時務。因為他將酅邑獻出，代向齊國請罪，藉以得立紀國宗廟，使諸姑姊妹有所歸宿。至於「五月，葬桓王」條，按：《春秋》記周桓王之死在魯桓公十五年三月，依禮天子七月而葬，桓王當早已下葬。傳認為時隔七年到此時才書桓王葬事，應當是改葬。《穀梁傳》義同。《左傳》以為是「緩葬」，有的學者批駁說「緩至七年始葬，情理所無。」以《公羊》義為長。

三年，春，王正月，溺❶會齊師伐衛。溺者何？吾大夫之未命者也。

夏，四月，葬宋莊公。

五月，葬桓王。此未有言崩者，何以書葬？蓋改葬也。

秋，紀季❷以酅❸入于齊。紀季者何？紀侯之弟也。何以不名？賢也。何賢乎紀季？服罪也。其服罪奈何？魯子❹曰：「請後五廟以存姑姊妹。」

冬，公次❺于郎❻。其言次于郎何？刺欲救紀而後不能也。

【注釋】❶溺　公子溺，魯大夫。❷紀季　紀君的弟弟。諸侯的弟弟每以仲、叔、季為稱。❸酅　紀邑。本年入於齊。在今山東省淄博市東北。❹魯子　傳公羊學的一位先師。一說魯子為曾子之誤。❺次　軍隊在一地停留三宿以上。《左傳》說：凡師，一宿為舍，再宿為信，過信為次。❻郎　見桓公四年注。《左傳》作「滑」，與郎異地。

【語譯】三年，春天，周王正月間，溺率領魯國軍隊會合齊國軍隊討伐衛國。溺是什麼人？是我國尚未受命的大夫。

夏天，四月間，葬了宋莊公。

五月間，葬了周桓王。在葬期中沒有記載他的死，為什麼記載下葬呢？大概是改葬。

秋天，紀季把酅邑歸入齊國。紀季是什麼人？是紀侯的弟弟。為什麼不記上他的名字？因為他賢明。為什麼說紀季賢明呢？因為他替紀國服了罪。他替紀國服罪是怎樣的呢？魯子說：「請求在酅邑立五個宗廟，使已出嫁了的諸姑姊妹，有一個歸處。」

冬天，魯莊公率領軍隊停留在郎這個地方。這裡說率領軍隊停留在郎地是為什麼呢？是諷刺他想救紀國而終於沒能成功。

莊公四年

【說明】本年《春秋》書記六事，另書「秋，七月」表明時序，未記事。有傳者三事。一釋夏「紀侯大去其國」，傳認為這是齊滅紀國，《春秋》不說「齊滅」而用「紀去」，是為齊襄公避諱。因為襄公的遠祖被紀的先祖譜言所害而遺烹煮，襄公滅紀是復九世之仇，所以《春秋》為賢者諱其惡而書「紀去」。這就是《公羊傳》的大復仇義。問題是，此經之義，是褒襄公復九世之仇，還是賢紀侯上下同心俱死於國，歷來就有不同的認識，此傳的復仇義，也就受到治《春秋》學者的批駁。二釋「六月乙丑，齊侯葬紀伯姬」。傳以為，外夫人例不書葬，今書葬者，是哀痛她國已滅，只能葬在齊國。在作傳者看來，上經書「大去」是褒齊侯的復仇，認可齊的滅紀；此經書齊侯葬紀伯姬，則是褒齊侯的葬她。三釋「冬，公及齊人狩于郜」。傳從經稱「齊人」立義，認為齊人就是齊侯。稱人而不稱齊侯者，是譏諷魯莊公和殺父仇人共狩。魯莊公和齊襄公在此前後的交往中，《春秋》均書齊侯，為什麼獨於此經諱為齊人呢？傳的解釋是，事有輕重，不可勝譏，只能選擇最為嚴重的共狩一事表示譏諷。其餘的無論輕重，都與無仇的人同例對待，不再譏諷。

四年，春，王二月，夫人姜氏饗❶齊侯于祝丘❷。

三月，紀伯姬❸卒。

夏，齊侯、陳侯❹、鄭伯遇于垂❺。

紀侯大去❻其國。大去者何？滅也。孰滅之？齊滅之。曷為不言齊滅之？為襄公諱也。《春秋》為賢者諱，何賢乎襄公？復讎也。何讎爾？遠祖也。哀公❼亨❽乎周，紀侯譖之。以襄公之為於此焉者，事祖禰❾之心盡矣。盡者何？襄公將復讎乎紀，卜之曰：「師喪分焉。」「寡人死之，不為不吉也。」遠祖者幾世乎？九世矣。九世猶可以復讎乎？雖百世可也。家亦可乎？曰：「不可。」國何以可？國君一體也。先君之恥，猶今君之恥也。今君之恥，猶先君之恥也。國君何以為一體？國君以國為體，諸侯世，故國君為一體也。今紀無罪，此非怒⑩與？曰：「非也。」古者有明天子，則紀侯必誅，必無紀者。紀侯之不誅，至今有紀者，猶無明天子也。古者諸侯必有會聚之事，相朝聘之道，號辭必稱先君以相接，然則齊、紀無說焉，不可以並立乎天下，故將去紀侯者，不得不去紀也。有明天子則襄公得為若行乎？曰：「不得也。」不得則襄公曷為為之？上無天子，下無方伯，緣恩疾⑪者可也。

六月乙丑，齊侯葬紀伯姬。外夫人不書葬，此何以書？隱之也。何隱爾？其國亡矣，徒⑫葬於齊爾。此復讎也，曷為葬之？滅其可滅，葬其可葬。此其為可葬奈何？復讎者非將殺之，逐之也。以為雖遇紀侯之殯，亦將葬之也。

秋，七月。

冬，公及齊人狩于郜⑬。公曷為與微者狩？齊侯也。齊侯則其稱人何？諱與讎狩也。前此者有事矣，後此者有事矣，則曷為獨於此焉譏？於讎者，將壹譏而已。故擇其重者而譏焉，莫重乎其與讎狩也。於讎者則曷為將壹譏而已？讎者無時焉可與通，通則為大譏，不可勝譏，故將壹譏而已，其餘從同同⑭。

【注釋】❶饗 以隆重的禮儀宴請賓客。❷祝丘 見桓公五年注。❸紀伯姬 魯惠公女。隱公二年由紀履緰迎嫁於紀侯為夫人。❹陳侯 指陳宣公杵臼。❺垂 見隱公八年注。❻大去 去而不返。紀滅於齊，此指國滅。❼哀公 齊國的遠祖。癸公的兒子，名不辰，被周夷王烹煮而死。❽亨 「烹」的本字。烹煮。❾祖禰 泛指祖先。❿怒 王念孫說：怒之言弩，太過之謂也。⓫緣恩疾 循順著先祖時的恩痛。⓬徒 表示沒有臣屬的意思。⓭郜 見莊公二年注。⓮從同 猶言相同。前一同字，指事輕者不譏，與事重者同；後一同字，指無論輕與重，都與無仇者同。

【語譯】四年，春天，周王二月，夫人姜氏在祝丘這個地方隆重宴請齊侯。

三月間，紀伯姬死了。

夏天，齊侯、陳侯和鄭伯在垂這個地方不期而相會。

紀侯大去他的國家。大去是什麼意思呢？是被滅掉了。誰滅掉了紀國？是齊國滅掉的。為什麼不說齊國滅掉的呢？是為了給齊襄公避諱。《春秋》為賢明的人避諱，為什麼認為襄公賢明呢？因為他報了仇。他有什麼仇呢？是遠祖的仇。往昔齊哀公被周王煮殺，是當時的紀侯說壞話的結果。以齊襄公今天做的事情來看，他侍奉祖先的心是完全盡到了。說心完全盡到了是為什麼呢？齊襄公打算向紀國報仇時，占了卦，卦說：「軍隊要損失一半。」齊襄公說：「即使我戰死了，也不能算不吉利。」先祖有幾世呢？有九世了。已經九世了仍舊可以報仇嗎？即使過了百世依然可以報仇。大夫家的仇也可以這樣嗎？回答說：「不可以。」國君的仇為什麼可以呢？因為歷代國君是一個整體。前代國君的恥辱，就如同當今國君的恥辱。當今國君的恥辱，就如同前代國君的恥辱。國君為什麼是一個整體呢？因為國君以國家為體，諸侯世代相繼，所以歷代國君是一個整體。現在紀侯沒有罪，這樣做是不是過份了呢？回答說：「不是。」往昔如果有賢明的天子，紀侯必定會被誅殺，也就沒有了紀國。紀侯之所以沒有被誅殺，到今天紀國仍然存在，就是因為沒有賢明的天子。最初的時候，諸侯之間必定也有會聚的事情，有相互朝見通問的做法，在相互交接時，說話必定要稱前代君王，然而齊、紀遠祖有仇，就沒有話可說了。所以他們不可以在天下並存。所以齊國打算除掉紀侯，就不得不滅掉紀國。如果有賢明的天子，那麼齊襄公還能這樣做嗎？回答說：「不能夠。」既然不能夠，那麼齊襄公為什麼這樣做了呢？因為上面沒有天子，下面沒有一方諸侯之長，齊襄公只好循順著先祖時的恩痛自己這樣做了。

六月乙丑這天，齊侯葬了紀君夫人。外國的夫人辦喪事不作記載，這裡為什麼記載呢？因為哀憐她。為什麼哀憐她呢？因為她的國家已經滅亡，沒有臣屬，只能葬在齊國。這是報往昔紀侯的仇，為什麼還要葬她呢？為的是滅亡應當滅亡的，安葬應當安葬的。這裡說她應當安葬是為什麼呢？因為報仇並不是要把人殺掉，驅逐走就可以了。即使遇到紀侯殯殮，也會安葬他的。

秋天，七月。

冬天，魯莊公和齊人在郜這個地方打獵。魯莊公為什麼和地位低下的人打獵呢？這人是齊侯。既然是齊侯，為什麼稱為「人」呢？因為避諱與仇人一塊打獵。在這以前已經有過交往，在這以後還會有交往，那麼為什麼單單在這裡譏諷呢？因為對於和仇人交往，只譏諷一次就算了，所以就選擇其中最嚴重的一件事加以譏諷，沒有什麼比和仇人一塊打獵更為嚴重的了。對於和仇人交往為什麼只譏諷一次就算了呢？因為仇人隨時都可以和魯莊公交往，如果一交往就大大加以譏諷，這實在無法一一譏諷，所以只譏諷一次就算了。其餘的不論輕重都與無仇的人同等對待，不再進行譏諷。

莊公五年

【說　明】本年《春秋》首書「春，王正月」表明時序，未記事。全年記載三事，有傳者二事。於「秋，倪黎來來朝」條，傳以倪黎來為義，認為倪就是小郳婁，稱倪是因為還不能用小郳婁的國名與諸侯交通。黎來是倪君的名字，稱名字的原因是倪是個小國。於「冬，公會齊人等伐衛」條，傳以為伐衛是為了納衛侯朔回國，經不言納朔者，是為避諱此舉有對抗王命的嫌疑。按：《三傳》均以伐衛是為納朔，義同。至於《公羊傳》的避逆王命的說法，唐代治《春秋》的學者趙匡批駁說：「王室亂及尹氏立王子朝猶不諱，不應諱此。若云為魯諱，則成宋亂及納子糾皆不諱，亦無宜諱此。但緣納事已著，再書則煩冗，故不書爾。」說得比較通達，可供參考。

五年，春，王正月。

夏，夫人姜氏如齊師。

秋，倪黎來❶來朝。倪者何？小邾婁也。小邾婁則曷為謂之倪？未能以其名通也。黎來者何？名也。其名何？微國也。

冬，公會齊人、宋人、陳人、蔡人伐衛。此伐衛何？納朔也。曷為不言納衛侯朔❷？辟王也。

【注釋】❶倪黎來　倪國國君黎來。倪為附庸國，與小邾婁一地二名，在今山東省滕州市東。一說在今山東省嶧城鎮。黎來是倪君的名字。《左傳》作「郳犁來」。倪與郳、黎與犁，字通。❷衛侯朔　衛惠公朔。他於魯桓公十六年奔齊，所以本年齊侯會諸侯之師伐衛以謀求接納朔。

【語譯】五年，春天，周王正月。

夏天，魯國夫人姜氏到齊國軍隊去。

秋天，倪黎來到魯國朝見。倪是什麼？是小邾婁。既然是小邾婁為什麼稱倪呢？因為還不能用小邾婁的國名和其他諸侯交往。黎來是什麼？是倪君的名字。稱呼他的名字是為什麼呢？因為倪是個小國。

冬天，魯莊公會合齊人、宋人、陳人和蔡人討伐衛國。這次討伐衛國是什麼原因？為了要讓衛國接納朔。

為什麼不說接納衛侯朔呢？為了避諱和周室對抗，躲避周王救衛的軍隊。

莊公六年

【說　明】 本年《春秋》記載五事，四事有傳。「春，王三月，王人子突救衛」條，傳就「王人子突」作解，以王人為地位低下的人，稱子突是因他尊貴。既然尊貴又稱他為王人者，是繫人於王，表示他是周王的人。六月「衛侯朔入于衛」條，傳從「朔」和「入」字立義，認為稱朔，是因為他對抗王命，當絕其爵位。說「入」，是表示篡奪君位的用辭。「秋，公至自伐衛」條，《公羊傳》鑒於桓公二年「公至自唐」和十六年「公至自伐鄭」皆書「至自」，因於此經發此「至自」之義。指出致會與致伐有別，所伐國家服從，兵解國安，經書「至自會」；所伐國家不服，仍有用兵的危機，經書「至自伐」。這裡朔已入衛，納朔的目的已經達到，不書「至自會」而書「伐」者，因為伐衛是與天子對抗，這樣書記是表示不敢勝天子。「冬，齊人來歸衛寶」條，傳以為這是衛國寶物，是衛朔送獻的，經書齊人來歸者，是齊襄公讓功於魯，說伐衛納朔全靠魯國的力量。

六年，春，王三月，王人子突❶救衛。王人者何？微者也。子突者何？貴也。貴則其稱人何？繫諸人也。曷為繫諸人？王人耳。

夏，六月，衛侯朔入于衛。衛侯朔何以名？絕。曷為絕之？犯命也。其言入何？篡辭也。

秋，公至自伐衛。曷為或言致會或言致伐？得意致會，不得意致伐。衛侯朔入于衛，何以致伐？不敢勝天子也。

螟。

冬，齊人來歸衛寶。此衛寶也，則齊人曷為來歸之？衛人歸之也。衛人歸之，則其稱齊人何？讓乎我也。其讓乎我奈何？齊侯曰：「此非寡人之力，魯侯之力也。」

【注釋】❶王人子突　周王室臣子突。《春秋》僅一見。

【語譯】六年，春天，周王三月間，王人子突率領軍隊救助衛國。王人是誰呢？是地位低微的人。稱呼子突是為什麼呢？因為他尊貴。既然尊貴又稱他為王人是為什麼呢？為的是把他和人繫連在一塊。為什麼把他和人繫連在一塊呢？因為他是周王的人，為了繫人於王的原故。

夏天，六月間，衛侯朔進入衛國。衛侯朔為什麼叫他的名字呢？表示應當廢絕他的爵位。為什麼廢絕他的爵位？因為他違犯了周王的命令。說「入」是什麼意思呢？是表示篡奪君位的言辭。

秋天，魯莊公從討伐衛國的戰地回到魯國都城。為什麼有時說從會見的地方回來，有時說從討伐的戰地回來呢？如果被討伐的國家服從了，就說從會見的地方回來；如果被討伐的國家不服，還存在用兵的危機，就說從被討伐的國家回來。魯國會諸侯接納衛侯朔的目的已經達到，朔已進入衛國，為什麼還說從被討伐的衛國回來呢？這是表示不敢戰勝周天子。

魯國發生螟害。

冬天，齊人來魯國贈送衛國的寶物。這是衛國的寶物，為什麼說齊人來贈送呢？因為這寶物是衛國贈送的。既然是衛國贈送的，那麼說齊人是為什麼呢？因為是齊人讓功勞給我國的。齊人讓功勞給我國是為什麼呢？齊侯說：「這次伐衛不是我的力量，是靠魯侯的力量。」

莊公七年

【說　明】本年《春秋》書記五事，二事有傳。一條釋天象。經記「夏，四月辛卯夜，恆星不見，夜中星霣如雨」，作傳者認為恆星不見，是因為在黑夜間列星又返回到天上，意思和舊《春秋》說的列星降落離地面不到一尺又回到天上去了相同。孔子修訂《春秋》時，可能是考慮到這種說法過於離奇，因改「雨星不及地尺而復」為「星霣如雨」。按照《公羊傳》的解釋，如雨並不是雨，如是像的意思，和《左傳》的釋「如」為「與」，說星隕（《左傳》霣作隕）如雨是「與雨偕也」義異。一條釋書災之例。經記「秋，大水。無麥苗。」在作傳者看來，依次序而言，發生水災，理應先無苗後無麥，這裡為什麼相反先書麥而後言苗呢？因發此書例，認為淹苗只是一災，一災例不書記，要等到二災淹麥以後才書苗。其實，《春秋》有災即書，這樣的書例恐怕是憑空想像的。

七年，春，夫人姜氏會齊侯于防❶。

夏，四月辛卯夜，恆星❷不見，夜中星霣如雨❸。恆星者何？列星也。列星不見何以知？夜之中星反也。如雨者何？如雨者，非雨也。非雨則曷為謂之如雨？不修《春秋》曰：「雨星不及地尺而復。」君子修之曰：「星霣如雨。」何以書？記異也。

秋，大水。

無麥苗。無苗則曷為先言無麥而後言無苗？一災不書，待無麥然後書無苗。何以書？記災也。

冬，夫人姜氏會齊侯于穀❹。

【注釋】❶防　魯東防。即隱公九年的「邴」。在今山東省費縣東北。❷恆星　自身能發光、發熱的天體。指二十八宿，亦泛稱常見的星宿。❸星霣如雨　近於天琴座的流星雨。《左傳》霣作「隕」，字通。❹穀　齊邑。在今山東省東阿縣境。

【語譯】七年，春天，魯夫人姜氏和齊侯在防這個地方相會。

夏天，四月辛卯這天夜間，恆星沒有出現，半夜時分，星星像下雨一樣降落下來。恆星是什麼？是經常按時排列出現的星星。這些按時排列出現的星星沒有出現怎麼能知道呢？因為在半夜時分，這些星星又返回來了。說像下雨一樣落下來是什麼意思？說像下雨就不是下雨。既然不是下雨，那麼為什麼說像下雨呢？因為沒有經過修訂的魯史《春秋》記載說：「雨星落下來，離地面不到一尺又返回去了。」孔子修改為：「星星降落下來像下雨一樣。」這件事為什麼記載呢？為的是記載奇異的事情。

秋天，魯國發大水。

沒有麥苗。沒有苗，為什麼先說沒有麥以後再說沒有苗呢？因為只發生一次災害是不記載的，等到沒有麥子發生以後，才記載沒有苗的災害。這件事為什麼記載呢？為的是記載災害。

冬天，魯夫人姜氏和齊侯在穀這個地方相會。

卷七 莊公二

莊公八年

【說明】本年《春秋》記載五事，除「冬，十有一月癸未」條外，傳均有說解。「春，王正月，師次于郎，以俟陳人、蔡人」條，傳認為說「次」就含有「俟」的意思，不必再說「俟」了，這裡既書「次」又言「俟」者，是一種諱滅同姓的託辭，不得不如此。同月「甲午，祠兵」條，傳說師出舉行祠兵之祭與師入稱振旅，禮節相同，全為演習作戰。經書「祠兵」者，是因為時間過久。魯國將從正月十三日起，一直舉行這一活動。「夏，師及齊師圍成，成降于齊師」條，傳以為成就是盛，言成不言盛者，是避諱魯滅同姓。不說降於魯，同樣也是迴避滅同姓的壞名聲。「秋，師還。」按：從正月魯師次於郎，夏圍成，到秋還，已歷時三季。傳以「師還」為善辭，善魯軍在十分疲困的時候罷兵而歸。但這是滅同姓的不義之戰，為什麼還要稱善？傳的意思是：此罪在魯莊公，與疲病交困的戰士無關，善辭是針對廣大軍士而發的。

八年，春，王正月，師次于郎❶，以俟陳人、蔡人。次不言俟，此其言俟何？託不得已也。

甲午，祠兵❷。祠兵者何？出曰祠兵，入曰振旅，其禮一也，皆習戰也。何言乎祠兵？為久也。曷為為久？吾將以甲午之日，然後祠兵於是。

夏，師及齊師圍成❸，成降于齊師。成者何？盛也。盛則曷為謂之成？諱滅同姓也。曷為不言降吾師？辟之也。

秋，師還。還者何？善辭也。此滅同姓何善爾？病之也。曰：「師病矣。」曷為病之？非師之罪也。

冬，十有一月癸未，齊無知❹弒其君諸兒❺。

【注釋】❶郎　見桓公四年注。❷祠兵　軍隊將出戰前，祭於近郊，殺牲饗士卒的活動。一說祠兵即治兵。❸成　即隱公五年的「盛」，見該注。❹無知　公孫無知。齊僖公母弟夷仲年的兒子。因為他是齊莊公的孫子，所以稱公孫。❺諸兒　齊襄公，名諸兒。齊僖公的太子，在位十二年。

【語譯】八年，春天，周王正月，魯國軍隊停留在郎這個地方，等待陳國、蔡國軍隊。軍隊停留某地不說等待，這裡說等待是為什麼呢？這是託辭，不得不這樣說。

甲午這天，舉行祠兵之祭。祠兵是什麼？出征前祭祀兵器、殺牲饗士卒稱祠兵，凱旋時的同類活動稱振旅，兩者禮節相同，都是為了演習作戰。為什麼記載祠兵這件事呢？因為時間過於長久。為什麼說時間過於長久呢？因為我國將從甲午這天起，一直要在這裡舉行祠兵活動。

夏天，魯軍和齊軍包圍了成國，成國向齊軍投降。成是什麼？就是盛國。既然是盛，為什麼說成呢？為了避諱滅掉同姓的國家。為什麼不說向魯軍投降？迴避滅掉同姓國的原故。

秋天，魯軍返還魯國。「還」是什麼意思？是一種好的言辭。這是滅掉同姓國的戰爭，有什麼好處可言呢？因為軍隊疲勞不堪，說：「軍隊打仗太疲勞了！」為什麼單單說軍隊疲勞呢？因為滅同姓國並不是軍隊的罪過。

冬天，十一月癸未這天，齊無知弒殺了齊君諸兒。

莊公九年

【說　明】本年《春秋》書記八事，六事有傳。於春「公及齊大夫盟于暨」條，傳以為經書魯莊公與齊大夫盟，是因齊無知已死，此時齊尚無君的原故。至於不書齊大夫之名者，是因避諱魯君降尊與大夫會盟。「夏，公伐齊納糾」條，說的是齊無知死，魯出兵送子糾回齊繼位的事。傳認為「納」是入繼君位的言辭。既說伐又說納，是表示不被接納。經書「糾」而不稱「子」，是臣下在魯君面前只能稱名的原故。「齊小白入于齊」條，按：上經記魯莊公「伐齊納糾」之事失敗，於此記小白自莒入齊。傳謂經書「齊小白」以國為氏，是表示他蓄意謀國。言「入」，是篡取君位的言辭。這是以納糾為正的說法。事實上，齊已無君，兩人都是庶子，沒有嫡庶的區別，一個在魯，一個在莒，誰先入齊即可為主，是談不到篡位的。於「八月庚申，及齊師戰于乾時」條，傳將著眼點放在「敗」字上，由言敗，申說到魯是為復仇而戰敗。認為主帥就是魯莊公，不言公，是不贊成他親伐，因為復君仇應該是臣下做的事。「九月，齊人取子糾殺之」條，傳認為「取」是內辭，是齊人迫脅我殺了子糾，說齊人取殺，表示罪在齊不在魯。前經書「糾」，此書「子糾」稱其字，是表示他尊貴，貴他應當為齊君。這仍然是前傳以納糾為正的說法。至於「冬，浚洙」條，傳解浚洙為加深洙水河道，浚洙是怕齊兵侵犯，因為魯莊公曾經拒絕殺掉子糾。

九年，春，齊人殺無知。

公及齊大夫盟于暨❶。公曷為與大夫盟？齊無君也。然則何以不名？為其諱與大夫盟也，使若眾然。

夏，公伐齊納糾❷。納者何？入辭也。其言伐之何？伐而言納者，猶不能納也。糾者何？公子糾也。何以不稱公子？君前臣名也。

齊小白❸入于齊。曷為以國氏？當國也。其言入何？篡辭也。

秋，七月丁酉，葬齊襄公。

八月庚申，及齊師戰于乾時❹，我師敗績。內不言敗，此其言敗何？伐敗也。曷為伐敗？復讎也。此復讎乎大國，曷為使微者？公也。公則曷為不言公？不與公復讎也。曷為不與公復讎？復讎者在下也。

九月，齊人取子糾殺之。其取之何？內辭也，脅我使我殺之也。其稱子糾何？貴也。其貴奈何？宜為君者也。

冬，浚洙❺。洙者何？水也。浚之者何？深之也。曷為深之？畏齊也。曷為畏齊也？辭殺子糾也。

【注　釋】❶暨　魯邑。在今山東省蒼山縣西北。❷糾　齊公子糾。齊僖公的兒子，齊襄公的弟弟，母親是魯女，為避禍而奔魯。❸小白　即齊桓公小白。僖公的兒子，母親是衛女。由高傒立為齊君。❹乾時　齊地。以時水支流乾竭而得名，在今山東省博興縣南。❺洙　古水名。自今山東省泗水縣北與泗水合流，至曲阜北，又分為二水。孔子曾在洙、泗之間聚徒講學。

【語　譯】九年，春天，齊人殺了無知。

魯莊公和齊國大夫在暨這個地方會盟。魯莊公為什麼和齊大夫會盟呢？因為這時齊國沒有君主。那麼為什麼不記上齊大夫的名字呢？因為避諱和大夫會盟，這樣就好像和齊國的大眾會盟一樣。

夏天，魯莊公討伐齊國，為了讓齊國接納糾。納是什麼意思？是表示進入齊國繼君位的文辭。說討伐是為什麼呢？說討伐又說接納，就等於不能被接納。糾是什麼人呢？是公子糾。為什麼不稱呼公子呢？因為在魯君面前，他作為臣子只能稱呼名字。

齊小白進入齊國都城。為什麼用齊代他的姓氏呢？因他謀奪了國家的政權。這裡說入是什麼意思？是表示篡位的文辭。

秋天，七月丁酉這天，葬了齊襄公。

八月庚申這天，和齊國軍隊在乾時這個地方作戰，魯國軍隊潰敗。魯國對外作戰，照例不說潰敗，這裡說潰敗是為什麼呢？因為是討伐別國而潰敗。為什麼討伐別國魯軍潰敗了呢？為了報國仇。這是報大國的仇，為什麼派地位低微的人去呢？其實是魯莊公本人。既然是魯莊公本人，為什麼不說魯莊公呢？因為不贊成魯莊公親自去報仇。為什麼不贊成魯莊公親自去報仇呢？因為報仇的人應該是下面的臣子。

九月間，齊國人逮住了子糾，把他殺掉。這裡說逮住是什麼意思？這是魯國的言辭，是受到齊國的威脅，逼迫我國殺掉他的。稱呼子糾是什麼用意？是表示他尊貴。為什麼說他尊貴呢？因為他應當做齊國的君主。

冬天，魯國疏浚洙水。洙是什麼？是河水的名稱。浚是什麼意思？是加深。為什麼要加深洙水？因為害怕齊國侵犯。為什麼害怕齊國侵犯呢？因為我國曾推辭殺掉公子糾。

莊公十年

【說明】本年《春秋》記載六事，除「春，王正月，公敗齊師于長勺」外，傳均有說解。「二月，公侵宋」條，傳就「侵」字立說，解釋了經書侵和伐兩者詞義的不同。進而指明《春秋》書戰就不說伐，書圍就不說戰等，是為了記最重要的事，因為說戰、說圍、說入、說滅，則伐、戰、圍、入的意思，就分別包含在裡面了。「三月，宋人遷宿。」傳認為說遷宿，其實並沒有遷移宿國，而是把宿國圍繞起來，斷絕了它的對外交通，目的是使它臣服於宋。「夏，六月，齊師、宋師次于郎，公敗宋師于乘丘」條，作傳者把釋經的重點放在「次」字上，認為齊、宋軍隊事實上是來伐魯，《春秋》不書伐而言次者，是因為如果只就齊國參與伐魯並不參與攻打魯國而言，應當說伐，因為我國打敗了宋軍的關係，所以說次。「秋，九月，荊敗蔡師于莘」條，傳首先釋「荊」，以荊為州名，楚才是國名。從稱謂的尊卑來看，經稱荊而不稱楚，是輕賤楚國。次釋蔡侯獻舞為什麼稱名，認為稱名是貶絕他被俘虜。經不說他被俘虜，是不贊成夷狄之國俘虜中國人。至於「冬，十月，齊師滅譚，譚子奔莒」條，傳以為經言「奔」而不說出奔，是因為譚已滅國，無所謂出了。

十年，春，王正月，公敗齊師于長勺❶。

二月，公侵宋。曷為或言侵，或言伐？觕者曰侵，精者曰伐。戰不言伐，圍不言戰，入不言圍，滅不言入，書其重者也。

三月，宋人遷宿❷。遷之者何？不通也。以地還之也。子沈子❸曰：「不通者，蓋因而臣之也。」

夏，六月，齊師、宋師次于郎❹，公敗宋師于乘丘❺。其言次于郎何？伐也。伐則其言次何？齊與伐而不與戰，故言伐也。我能敗之，故言次也。

秋，九月，荊❻敗蔡師于莘❼，以蔡侯獻舞❽歸。荊者何？州名也。州不若國，國不若氏，氏不若人，人不若名，名不若字，字不若子。蔡侯獻舞何以名？絕。曷為絕之？獲也。曷為不言其獲？不與夷狄之獲中國也。

冬，十月，齊師滅譚❾，譚子奔莒❿。何以不言出？國已滅矣，無所出也。

【注釋】❶長勺　魯地。在今山東省曲阜市北境。❷宿　宿國民眾被迫遷移之地。在今江蘇省宿遷市。❸子沈子　見隱公十一年注。❹郎　見隱公九年注。❺乘丘　在今山東省兗州市境。❻荊　指楚國。以地名為國號。傳以荊為州名。州有九，即冀、兗、青、徐、揚、荊、豫、梁、雍。荊是九州之一。❼莘　蔡地。在今河南省汝南縣境。❽蔡侯獻舞　即蔡哀侯。❾譚　西周封國。在今山東省濟南市東、龍山鎮附近。本年滅於齊。❿莒　西周封國，己姓。春秋初遷都於莒，在今山東省莒縣。

【語譯】十年，春天，周王正月間，魯莊公率領軍隊在長勺這個地方打敗齊國軍隊。

二月間，魯莊公侵入宋國。為什麼有時說侵，有時說伐呢？粗略用兵，不必深入敵境的軍事行動稱作侵；精心部署，深入敵境的軍事行動稱作伐。雙方作戰不說伐，包圍城邑不說戰，攻進敵城不說圍，滅人國家不說入。記載在《春秋》上的全是最重要的。

三月間，宋國人把宿國遷徙了。遷徙是什麼意思？是切斷宿國對外的交通，用土地把宿國圍繞起來。子沈子說：「切斷宿國對外交通的目的，是想迫使宿國變為自己的臣屬。」

夏天，六月間，齊國軍隊、宋國軍隊停留在郎這個地方。魯莊公打敗宋國軍隊在乘丘這個地方。說軍隊停留在郎這個地方是為什麼呢？因為齊國和宋國討伐魯國。既然是來討伐，說停留是什麼意思呢？說的是齊國參與了討伐可是並不攻打魯國，所以說討伐。因為魯國能打敗宋國，所以說停留。

秋天，九月間，荊軍打敗蔡國軍隊在莘這個地方，逮住蔡侯獻舞回去了。荊是什麼？是州的名稱。稱州不如稱國，國不如姓，姓不如人，人不如名，名不如字，字不如子。蔡侯獻舞為什麼稱他的名？因為要廢絕他的爵位。為什麼要廢絕他的爵位呢？因為他被俘虜了。為什麼不說他被俘虜呢？因為不贊成夷狄之國俘虜中原人。

冬天，十月間，齊國軍隊滅掉了譚國，譚國君主逃到莒國。為什麼只說「奔」不說「出」呢？因為譚國已滅，沒有地方可出了。

莊公十有一年

【說　明】本年《春秋》首書「春，王正月」表明時序，未記事。另於夏、秋、冬各記一事。二事有傳。一釋「秋，宋大水」，傳以經書大水是記災害。外災例不書記，此記宋災者，是因水害危及魯國。二釋「冬，王姬歸于齊」，傳以為經書此事者，是因齊侯迎娶王姬，途經魯國，事情和魯國相關。

十有一年，春，王正月。

夏，五月戊寅，公敗宋師于鄑❶。

秋，宋大水。何以書？記災也。外災不書，此何以書？及我也。

冬，王姬❷歸于齊。何以書？過我也。

【注釋】❶鄑　魯地。在宋、魯之間，今山東省濟寧市境內，與莊公元年之郚為兩地。❷王姬　指周王女齊桓公夫人。

【語譯】十一年，春天，周王正月。

夏天，五月戊寅這天，魯莊公打敗宋國軍隊在鄑這個地方。

秋天，宋國大水成災。為什麼記載這件事？為的是記載災害。外國發生災害，照例不作記載，這裡為什麼記載呢？因為波及到我國。

冬天，周王姬嫁到齊國。為什麼記載這件事？因為她經過我國。

莊公十有二年

【說　明】本年《春秋》書「夏，四月」表明時序，未記事。所記三事，《公羊傳》二事有解。「春，王三月，紀叔姬歸于酅」條。按：《春秋》於莊公三年秋記「紀季以酅入于齊」，說的是紀侯自知不能保有紀國，使他弟弟季帶著酅邑入齊為附庸，以存紀國宗廟。此經記的是紀於莊公四年被齊滅後，叔姬歸於魯，今由魯去酅的事。傳釋此經以「歸」為義，認為言歸者，是哀痛叔姬國已亡，紀侯死，無處可歸，只能歸依於丈夫的弟弟叔季。「秋，八月甲午，宋萬弒其君接及其大夫仇牧」條，傳從「及」字立義，以及為累及。指出孔父和荀息都是因國君被弒而身死，兩人以外還有因國君被弒而身死的人，可是《春秋》均不書「及」，這裡書「及」是贊揚仇牧不畏強暴、為君而死的品德。

十有二年，春，王三月，紀叔姬歸于酅❶。其言歸于酅何？隱之也。何隱爾？

其國亡矣，徒歸于叔爾也。

夏，四月。

秋，八月甲午，宋萬❷弒其君接❸及其大夫仇牧❹。及者何？累也。弒君多矣，舍此無累者乎？孔父、荀息❺皆累也。舍孔父、荀息無累者乎？曰：「有。」有則此何以書？賢也。何賢乎仇牧？仇牧可謂不畏彊禦❻矣。其不畏彊禦奈何？萬嘗與莊公戰，獲乎莊公。莊公歸，散舍諸宮中，數月然後歸之。歸反為大夫於宋。與閔公博，婦人皆在側。萬曰：「甚矣，魯侯之淑，魯侯之美也！天下諸侯宜為君者，唯魯侯爾。」閔公矜此婦人，妒其言，顧曰：「此虜也！爾虜焉故，魯侯之美惡乎至？」萬怒，搏閔公，絕其脰❼。仇牧聞君弒，趨而至，遇之于門，手劍而叱之。萬臂摋❽仇牧，碎其首，齒著乎門闔❾。仇牧可謂不畏彊禦矣。

冬，十月，宋萬出奔陳。

【注釋】❶酅　見莊公三年注。❷宋萬　即南宮長萬。南宮是其氏，名萬，字長。莊公十年乘丘之戰，魯俘獲長萬，後應宋人的請求，放其回宋。❸接　即宋閔公接。在位十年。《左傳》接作「捷」，字通。❹仇牧　宋大夫。《左傳》、《公羊傳》、《史記・宋世家》均記其被殺之事。❺孔父荀息　二人因君弒而分別被殺事，見桓公二年經、傳注。❻彊禦　豪強。❼脰　頸項。❽摋　側手擊打。❾門闔　門扇。

【語譯】十二年，春天，周王三月間，紀國夫人叔姬回到酅這個地方。說回到酅這個地方是什麼意思？是表示哀痛。為什麼哀痛？因為紀國已經滅亡了，只得歸依她的小叔子紀季。

夏天，四月。

秋天，八月甲午這天，宋萬弒殺了宋君接及宋大夫仇牧。及是什麼意思？是連累。弒殺君主的事很多，除了這次就沒有受連累而被殺的嗎？孔父和荀息都是受連累而被殺的。除了孔父和荀息就沒有受連累而被殺的嗎？回答說：「有。」既然有，為什麼仇牧被殺的事要記載呢？因為他賢明。為什麼說他賢明呢？因為仇牧稱得上不怕強暴了。他怎樣不怕強暴呢？宋萬前年在乘丘和魯莊公作戰，被莊公俘獲。莊公回到魯國，把他放了，讓他住在宮中，幾個月以後，放他回歸宋國。他回到宋國就當上了大夫。有一次，他和宋閔公賭博，許多女人都在旁邊。宋萬說：「魯侯的善良，魯侯的美好，真是無人可比！天下的諸侯適宜當君王的，只有魯侯一人。」在許多女人面前，宋閔公顧惜面子，非常忌恨這些話，回頭對身邊的女人們說：「這人是被魯國捉去的俘虜，因為被俘虜過，自然恭維魯侯。難道魯侯的美好竟能達到這樣的程度嗎？」宋萬大怒，一把抓住閔公，扭斷了他的脖子。仇牧聽到君主被殺，急忙跑去，在門口遇見宋萬，手裡拿著寶劍大聲呵斥宋萬。宋萬用胳膊撞死仇牧，打碎了他的頭，牙齒碰到大門上。仇牧真可以稱得上是不怕強暴的人了。

冬天，十月間，宋萬外逃到陳國。

莊公十有三年

【說　明】本年《春秋》於春、夏、冬各書一事，並書「秋，七月」表明時序，未記事，有傳者「冬，公會齊侯盟于柯」一條。傳從經不書日立義。認為不書日，表示齊桓公平易近人。以《春秋》記齊桓公與諸侯結盟不書日，外出會見諸侯不書歸來，都是為了褒贊他不記仇怨，誠實可信。而桓公的誠信在天下傳揚，是從這次柯的盟會開始的。在這段傳文中，記敘了這次會盟的經過，其用意就是顯彰桓公的不欺、不怨，說明與桓公盟會不記載日期為什麼從這次會盟開始。

十有三年，春，齊侯、宋人、陳人、蔡人、邾婁人會于北杏❶。

夏，六月，齊人滅遂❷。

秋，七月。

冬，公會齊侯❸盟于柯❹。何以不日？易也。其易奈何？桓之盟不日，其會不致，信之也。其不日何以始乎此？莊公將會乎桓，曹子❺進曰：「君之意何如？」莊公曰：「寡人之生則不若死矣。」曹子曰：「然則君請當其君，臣請當其臣。」莊公曰：「諾。」於是會乎桓。莊公升壇，曹子手劍而從之。管子❻進曰：「君何求乎？」曹子曰：「城壞壓竟，君不圖與？」管子曰：「然則君將何求？」曹子曰：「願請汶陽之田。」管子顧曰：「君許諾。」桓公曰：「諾。」曹子請盟，桓公下與之盟。已盟，曹子摽劍而去之。要❼盟可犯，而桓公不欺。曹子可讎，而桓公不怨。桓公之信著乎天下，自柯之盟始焉。

【注　釋】❶北杏　齊邑。在今山東省東阿縣北。❷遂　媯姓國。在今山東省肥城市南。本年滅於齊。❸齊侯　指齊桓公小白。❹柯　齊邑。在今山東省陽穀縣東北。❺曹子　指曹劌。或作曹沫。莊公十年魯、齊長勺之戰，莊公接受曹劌的意見，大敗齊軍。❻管子　即管仲。名夷吾，仲是字。輔佐齊桓公以「尊王攘夷」相號召，使桓公成為春秋時第一個霸主。❼要　要挾；脅迫。

【語　譯】十三年，春天，齊侯、宋人、陳人、蔡人和邾婁人在北杏這個地方會盟。

夏天，六月間，齊國滅掉了遂國。

秋天，七月。

冬天，魯莊公和齊桓公會見，並在柯這個地方結盟。為什麼不記上日期？因為平易坦蕩、相互信任。平易坦蕩、相互信任是怎樣呢？齊桓公與諸侯結盟不記上日期，與諸侯會見不記載他的到來，這表示桓公以誠信待人。對他的盟會不記上日期為什麼從這次開始呢？魯莊公準備會見齊桓公，曹子進前說：「您的意思怎樣呢？」莊公回答說：「如果屈服於齊國，我活著不如死了好！」曹子說：「既然如此，那就請您抵擋齊國的君主，我去抵擋齊國的臣屬。」莊公說：「好。」這樣，就和齊桓公會了面。魯莊公登上會壇，曹子手裡拿著寶劍跟隨著莊公。齊國的管子進前說：「魯君有什麼要求嗎？」曹子說：「齊國的城牆壞了，壓到魯國邊境上，齊君不打算處理嗎？」管子說：「既然如此，那麼魯君有什麼要求呢？」曹子說：「想請齊國把汶陽的田地歸還給我們。」管子回頭對齊桓公說：「您可以答應。」桓公說：「好。」曹子請求盟誓，桓公於是下來和他盟誓。盟誓以後，曹子扔掉寶劍就離開了。受到迫脅而結盟，可以違反，可是桓公已盟必信並不欺騙；可以把曹子當成仇人，可是桓公並不怨恨他。桓公的誠信傳揚天下，就是從柯地會盟開始的。

莊公十有四年

【說明】本年《春秋》書記四事，有傳者「夏，單伯會伐宋」一事。認為經言「會伐宋」，意思是單伯並未伐宋，而是他在諸侯伐宋以後，才與齊人等會見。

十有四年，春，齊人、陳人、曹人伐宋。

夏，單伯❶會伐宋。其言會伐宋何？後會也。

秋，七月，荊入蔡。

冬，單伯會齊侯、宋公、衛侯、鄭伯于鄄❷。

【注釋】❶單伯 即莊公元年送王姬的單伯。❷鄄 衛邑。在今山東省鄄城縣西北。

【語譯】十四年，春天，齊人、陳人、曹人討伐宋國。

夏天，單伯會討伐宋國。這裡說會討伐宋國是什麼意思？是表示他來得晚，是三國諸侯伐宋以後才參加會見的。

秋天，七月間，楚人攻入蔡國。

冬天，單伯和齊侯、宋公、衛侯、鄭伯在鄄這個地方會見。

【說明】本年《春秋》記載四事，另書「冬，十月」表明時序。《公羊傳》均無說解。

莊公十有五年

十有五年，春，齊侯、宋公、陳侯、衛侯、鄭伯會于鄄。

夏，夫人姜氏如齊。

秋，宋人、齊人、邾婁人伐兒❶。

鄭人侵宋。

冬，十月。

【注釋】❶兒 國名。即小邾。《左傳》兒作「郳」，字通。參見莊公五年「倪黎來」注。倪、兒字通。

【語譯】十五年，春天，齊侯、宋公、陳侯、衛侯、鄭伯在鄄這個地方會見。

夏天，魯桓公夫人姜氏到齊國去。

秋天，宋國人、齊國人、邾婁國人討伐兒國。

鄭國人侵犯宋國。

冬天，十月。

莊公十有六年

【說明】本年《春秋》首書「春，王正月」表明時序，未記事。全年書記四事，有傳者「冬，十有二月，公會齊侯等同盟于幽」一條。傳認為經言「同盟」，是表示參與盟會的十國諸侯心願相同。《公羊》的「同欲」，與《左傳》的「鄭成也」之說義異。所謂鄭成，意思是和鄭國媾和，而媾和是懲服鄭國異心的結果。

十有六年，春，王正月。

夏，宋人、齊人、衛人伐鄭。

秋，荊伐鄭。

冬，十有二月，公會齊侯、宋公、陳侯、衛侯、鄭伯、許男❶、曹伯、滑伯❷、滕子同盟于幽❸。同盟者何？同欲也。

邾婁子克卒。

【注釋】❶許男　指許穆公新臣。❷滑伯　滑國國君。滑，姬姓國。在今河南省偃師市境。❸幽　宋邑。在今河南省考城縣。

【語譯】十六年，春天，周王正月。

夏天，宋國人、齊國人和衛國人討伐鄭國。

秋天，荊人討伐鄭國。

冬天，十二月間，魯莊公和齊侯、宋公、陳侯、衛侯、鄭伯、許男、曹伯、滑伯、滕子在幽這個地方會見、同盟。同盟是什麼意思？是彼此的心意相同。

邾婁國君克死了。

莊公十有七年

【說　明】本年《春秋》書記四事，《公羊傳》均有說解。「春，齊人執鄭瞻」條，傳著眼於鄭瞻的身份，鑒於他以國為氏，認為瞻是地位低微的人。《春秋》於微者例不書記，今記其被齊人所執者，因為他是一個非常奸佞的人。在解釋「秋，鄭瞻自齊逃來」時，傳同樣強調《春秋》因他「甚佞」而書記此事，以照應前說。這種說法，和《左傳》以為鄭詹被執是因鄭人不朝、杜預說詹是鄭國執政大臣因出使齊國而被執之義異。其他，「夏，齊人瀸于遂」條，傳僅就「瀸」的詞義作解，指明這是遂國民眾屠殺了駐遂的齊兵。「冬，多麋」條，冬天魯國境內麋鹿成群，是罕見的事情，所以作傳者說「記異也」。

十有七年，春，齊人執鄭瞻❶。鄭瞻者何？鄭之微者也。此鄭之微者，何言乎齊人執之？書甚佞也。

夏，齊人瀸❷于遂❸。瀸者何？瀸積也，眾殺戍者也。

秋，鄭瞻自齊逃來。何以書？書甚佞也。曰：「佞人來矣！佞人來矣！」

冬，多麋❹。何以書？記異也。

【注釋】❶鄭瞻　即《左傳》的鄭詹。杜預以為即叔詹，鄭執政大臣，鄭文公的弟弟。與《公羊傳》以瞻為微者義異。❷瀸　瀸積。指被殺者多，屍體堆積。《左傳》、《穀梁傳》作「殲」。❸遂　見莊公十三年注。❹麋　獸名。即麋鹿。

【語譯】十七年，春天，齊國人捕捉了鄭瞻。鄭瞻是什麼人？是鄭國一個地位低微的人。這是鄭國地位低微的人，為什麼要說齊國人捕捉了他呢？為了記載非常奸邪的人。

夏天，齊國人被瀸在遂地。瀸是什麼意思？瀸是屍體堆積在一起。遂地的民眾殺死許多駐防的齊兵。

秋天，鄭瞻從齊國逃到魯國來。為什麼記載這件事？為了記載非常奸邪的人。說：「奸邪的人來了！奸邪的人來了！」

冬天，魯國出現大群麋鹿。為什麼記載這件事？這是記載奇異。

卷八 莊公三

莊公十有八年

【說明】本年《春秋》於春、夏、秋三時各記一事，並書「冬，十月」表明時序。有傳解者二事。一釋「夏，公追戎于濟西」，傳以為經不言伐而說追、不言戎伐中原而說莊公為中原各國追，都是為褒贊莊公。褒贊他為中原各國追逐戎寇，褒贊他在戎寇沒來以前就預為防範。至於經書「于濟西」，同樣是為了褒贊莊公，意在張揚這件事。二釋「秋，有蜮」，蜮能含沙射人，生於江淮南越，今中原的魯國竟發現蜮蟲，所以傳認為經書此事是記異。

十有八年，春，王三月，日有食之。

夏，公追戎❶于濟西❷。此未有言伐者，其言追何？大其為中國追也。此未有伐中國者，則其言為中國追何？大其未至而豫禦之也。其言于濟西何？大之也。

秋，有𧌒❸。何以書？記異也。

冬，十月。

【注　釋】❶追戎　追逐戎寇。此戎為巳氏之戎，其地在今山東省曹縣西南一帶。❷濟西　濟水之西，曹地。❸𧌒　即螣。又作蜮。食禾苗的害蟲。或說蜮為短狐，能含沙射人。

【語　譯】十八年，春天，周王三月，魯國發生日食。

夏天，魯莊公追擊戎狄到了濟水的西邊。這裡沒有說討伐，卻說追擊是為什麼呢？是贊揚魯莊公為中原各國追擊夷狄。這裡並沒有說討伐中原各國，那麼說為中原各國而追擊是為什麼呢？是贊揚魯莊公在夷狄還沒有到來前就預先作了防備。這裡說追擊到濟水的西邊是為什麼呢？是贊揚他。

秋天，魯國發現蜮蟲。為什麼記載這件事？這是記載奇異。

冬天，十月。

莊公十有九年

【說　明】本年《春秋》於春、夏二季首月皆書時未記事，全年記載三事，有傳者「秋，公子結媵陳人之婦于鄄，遂及齊侯、宋公盟」一事。這條經文說的是衛女嫁陳，求媵於魯，魯大夫公子結受命送媵去衛邑，遂與齊、宋結盟。《公羊傳》解釋此經，從「媵」入手，首先說明了媵的制度和媵的妾從身份。隨即提出媵女身份低下，例不當書，這裡書媵者，是因為由送媵另生出三國結盟的事來，而盟乃大事，是應當書記的。可是公子結雖受命送媵，並未受命結盟，大夫未受命是不能自專行事的，這裡記他「遂及齊侯、宋公盟」，豈不是違禮的行為嗎？作傳者用「聘禮，大夫受命不受辭，出竟，有可以安社稷利國家者，則專之可也」的一段話，解釋了公子結便宜行事的合理性。《公羊傳》所以作出這樣的解釋，表明在作傳者看來，經文的用意是褒贊公子結自主與齊、宋結盟一事的。

十有九年，春，王正月。

夏，四月。

秋，公子結❶媵陳人之婦于鄄❷，遂及齊侯、宋公盟。媵者何？諸侯娶一國，則二國往媵之，以姪娣從。姪者何？兄之子也。娣者何？女❸弟也。諸侯壹聘九女，諸侯不再娶。媵不書，此何以書？為其有遂事書。大夫無遂事，此其言遂何？聘禮，大夫受命不受辭，出竟，有可以安社稷利國家者，則專之可也。

夫人姜氏如莒。

冬，齊人、宋人、陳人伐我西鄙。

【注釋】❶公子結　魯國公子。《春秋》僅一見。❷鄄　衛地。見莊公十四年注。❸女　原無女字。據王引之《經義述聞》引王念孫說校補。

【語譯】十九年，春天，周王正月。

夏天，四月。

秋天，魯公子結送陳國夫人陪嫁的媵女到鄄這個地方，於是就和齊侯、宋公結盟。媵是什麼？諸侯娶了某國的女子，要有兩個國家的女子陪嫁，用姪娣來隨行。姪是什麼人？是哥哥的女兒。娣是什麼人？是妹妹。諸侯一次行聘九位女子，夫人死後諸侯就不再婚娶。媵的事依例不作記載，這裡為什麼記載呢？因為另有順便辦理的事，所以作了記載。大夫受命外出是不能另外擅自辦事的，這裡說另有順便辦理的事是為什麼呢？依據聘禮，大夫接受聘問的使命，不必接受聘問的具體言辭，出了國境，遇到可以安定社稷有利於國家的事，就自主處理。

魯桓公夫人姜氏到莒國去。

冬天，齊國人、宋國人、陳國人討伐魯國西部邊境地區。

莊公二十年

【說明】本年《春秋》於春、夏、冬三季各記一事，另書「秋，七月」表明時序。《公羊傳》僅就「夏，齊大災」條作解。認為災是疾疫之災，疾疫是瘟疫。齊是外國，外災例不書記，今書齊災者，是因為瘟疫已經傳染到魯國。

二十年，春，王二月，夫人姜氏如莒。

夏，齊大災。大災者何？大瘠❶也。大瘠者何？痢❷也。何以書？記災也。外災不書，此何以書？及我也。

秋，七月。

冬，齊人伐戎。

【注　釋】❶瘠　疾疫。齊人的口語。❷痾　同「癘」。瘟疫。

【語　譯】二十年，春天，周王二月間，魯桓公夫人姜氏到莒國去。

夏天，齊國發生大災害。是什麼樣的大災害呢？是嚴重的疾疫。發生了什麼樣的嚴重疾疫呢？是瘟疫。為什麼記載這件事呢？這是記載災害。魯國以外國家發生災害，依例不作記載，這裡為什麼記載呢？因為瘟疫波及到魯國。

秋天，七月。

冬天，齊國人討伐戎人。

莊公二十有一年

【說　明】本年《春秋》首書「春，王正月」表明時序，另於「夏，五月」、「秋，七月戊戌」和「冬，十有二月」各書記一事。《公羊傳》均無說解。

二十有一年，春，王正月。

夏，五月辛酉，鄭伯突❶卒。

秋，七月戊戌，夫人姜氏薨。

冬，十有二月，葬鄭厲公。

【注釋】❶鄭伯突　鄭厲公突。鄭莊公的兒子，昭公的弟弟，在位二十八年。

【語譯】二十一年，春天，周王正月。

夏天，五月辛酉這天，鄭君突死了。

秋天，七月戊戌這天，魯桓公夫人姜氏死了。

冬天，十二月間，葬了鄭厲公。

莊公二十有二年

【說明】本年《春秋》記載五事，有傳者四事。認為經記「春，王正月，肆大省」和「冬，公如齊納幣」二事，都是為了譏諷。傳於前條，釋肆為跌，意思是過度。說「大省」，是好像有災禍一樣而大禁省。在母親文姜的喪期中，過度節制，省禁了不應當省禁的禮節，竟於子卯兩日不哭，實在未能盡到人子之道，這是違禮的。因以經書「肆大省」是「譏始忌省也」。後條，經記魯莊公親往齊國納幣。作為國君，當以國事為重，不能輕率出境。連重於納幣之禮的親迎有時都要派大夫代行，納幣就更無須親往了，所以傳認為是為譏莊公失禮而書。正月「癸丑，葬我小君文姜」條，傳僅指出文姜乃莊公的母親，未涉義例。於「秋，七月丙申，及齊高傒盟于防」條，傳在點明高傒的身份為貴大夫後，著眼於「及」上無主語，認為不書何人與高傒會盟者，並不是因為這人地位低微，其實他就是魯莊公。經不書公者，是避諱莊公降尊而與外國大夫會盟。

二十有二年，春，王正月，肆❶大省❷。肆者何？跌❸也。大省者何？災省也。肆大省何以書？譏。何譏爾？譏始忌省也。

癸丑，葬我小君文姜。文姜者何？莊公之母也。

陳人殺其公子禦寇❹。

夏，五月。

秋，七月丙申，及齊高傒❺盟于防❻。齊高傒者何？貴大夫也。曷為就吾微者而盟？公也。公則曷為不言公？諱與大夫盟也。

冬，公如齊納幣❼。納幣不書，此何以書？譏。何譏爾？親納幣非禮也。

【注　釋】❶肆　過度；過份。❷省　減省。《左傳》作「眚」，字通。❸跌　過度。通「泆」。❹公子禦寇　陳宣公的太子。亦稱太子禦寇。❺高傒　即高敬仲。公子高的孫子，以王父字為氏，世為齊國上卿。❻防　此為魯的東防，即隱公九年的邴邑。在今山東省費縣東北。❼納幣　古代婚禮六禮之一，也稱納徵。男家將聘禮送往女家。

【語　譯】二十二年，春天，周王正月，肆大省。肆是什麼意思？是過份。大省是什麼意思？是像遭受災禍一樣而禁省。大禁省為什麼要記載呢？為了譏諷。譏諷什麼呢？譏諷開始在喪忌日禁省。

癸丑這天，葬了魯桓公夫人文姜。文姜是誰呢？是莊公的母親。

陳國人殺掉陳國的公子禦寇。

夏天，五月。

秋天，七月丙申這天，和齊國高傒在防這個地方會盟。齊國高傒是什麼人？是齊國尊貴的大夫。為什麼讓我國地位低微的人和他會盟呢？和他會盟的實在就是魯莊公。既然是魯莊公，那為什麼不說魯莊公呢？因為隱諱魯侯與大夫會盟。

冬天，魯莊公到齊國送聘禮。送聘禮依例不作記載，這裡為什麼記載呢？為了譏諷。為什麼譏諷呢？親自去送聘禮是不合禮節的。

莊公二十有三年

【說明】本年《春秋》記載十事，有傳者六事。「春，公至自齊」和「十有二月甲寅，公會齊侯盟于扈」兩條，傳認為前莊公十三年秋七月魯、齊柯之盟，經不書日、不言致，是因為齊桓公的坦誠著乎天下。而此經前條「公至自齊」書致，後條扈之盟則書「甲寅」日者，都是因「危之」而書記。危險在哪裡呢？前者在於莊公是到齊國去淫亂，怕落個和陳佗一樣的結局；後者是因為莊公對齊國懷有二心。在本年夏，《春秋》又記「公至自齊」，是魯莊公在一年內兩次由齊回魯。因義已見前，傳於此條未再作解。另外，「夏，公如齊觀社」和「秋，丹桓宮楹」，傳認為兩事皆因譏而書，前者譏莊公越境觀看社祭，是輕率的行動，不合禮數；後者譏將魯桓公廟寢楹柱漆成朱紅色，是不合宗廟之宜的。於夏「荊人來聘」條，傳以荊稱人，是表示從此楚國可以和別國交往了。至於「蕭叔朝公」條，因為此條緊接在「公及齊侯遇于穀」後，所以傳認為，《春秋》不言「來朝」而說「朝公」，是表示此時魯莊公不在魯都而在穀邑，沒有能夠行朝見之禮。

二十有三年，春，公至自齊。桓之盟不日，其會不致，信之也。此之桓國何以致？危之也。何危爾？公一陳佗❶也。

祭叔❷來朝。

夏，公如齊觀社❸。何以書？譏。何譏爾？諸侯越竟觀社非禮也。

公至自齊。

荊人來聘。荊何以稱人？始能聘也。

公及齊侯遇于穀❹。

蕭叔❺朝公。其言朝公何？公在外也。

秋，丹桓宮楹。何以書？譏。何譏爾？丹桓宮楹非禮也。

冬，十有一月，曹伯射姑❻卒。

十有二月甲寅，公會齊侯盟于扈❼。桓之盟不日，此何以日？危之也。何危爾？我貳也。魯子❽曰：「我貳者，非彼然，我然也。」

【注　釋】❶陳佗　陳國國君。陳佗淫於蔡被蔡人所殺事，見本書桓公六年傳。❷祭叔　周大夫。即祭公，周公的後人。❸社指祭祀社神。❹穀　見莊公七年注。❺蕭叔　即蕭叔大心。因討南宮萬有功，宋封以蕭使為附庸國。蕭，在今安徽省蕭縣西北。❻曹伯射姑　曹莊公。繼桓公而立，在位三十一年。❼扈　疑是齊地，在今山東省觀城廢縣境。❽魯子　見莊公三年注。

【語　譯】二十三年，春天，魯莊公從齊國回到魯國都城。齊桓公與人結盟不記載日期，與人盟會不記載歸來，因為他真誠可信。這次是魯莊公到齊國去，為什麼記載歸來了呢？因為覺得有危險。有什麼危險呢？害怕魯莊公和陳佗一樣在蔡國淫亂而被殺。

周大夫祭叔到魯國來聘問。

夏天，魯莊公到齊國去觀看祭祀社神的活動。為什麼記載這件事？為了譏諷。為什麼譏諷呢？諸侯出境去看祭祀社神是不合禮數的。

魯莊公從齊國回到魯國都城。

荊人到魯國來聘問。荊為什麼稱人呢？因為他開始能夠和別國交往了。

魯莊公和齊侯在穀這個地方相遇。

蕭叔朝見魯莊公。這裡說朝見魯莊公是為什麼？因為魯莊公在國外。

秋天，把魯桓公宮廟的楹柱漆成紅色。為什麼記載這件事？為了譏諷。為什麼譏諷呢？把桓公宮廟的楹柱漆成朱紅色是不合禮數的。

冬天，十一月間，曹伯射姑死了。

十二月甲寅這天，魯莊公和齊桓公會見，在扈這個地方結盟。齊桓公的會盟不記載日期，這裡為什麼記載日期呢？因為有危險。有什麼危險呢？因為莊公有二心。魯子說：「是魯公有二心，不是齊國而是魯國這樣。」

莊公二十有四年

【說　明】本年《春秋》記載九事，《公羊傳》有說解者六事。上年秋「丹桓宮楹」和今年春「刻桓宮桷」，是一件事情的繼續。丹楹後又復刻桷，花費了更多的財力，傳以為和書「丹楹」一樣，也是因譏莊公的非禮而書。《春秋》於前年書「公如齊納幣」，今年夏，則「公如齊逆女」，傳認為親納幣非禮，親迎禮重於納幣，經記此事，意在褒贊莊公往齊親迎是符合婚禮要求的。「八月丁丑，夫人姜氏入」條，傳從月下言「日」、不言至而言「入」立義，認為這都表示姜氏刁難莊公，要與莊公盟約後才肯入魯。姜氏於丁丑日入魯，第二天「戊寅，大夫宗婦覿用幣」，依傳意這裡說的是大夫的夫人面見姜氏的事，在解說了宗婦的身份以及「覿」的詞義後，即指出經書「用」是表示「不宜用」，因為宗婦用玉帛為贄是不合禮的。對於「冬，戎侵曹，曹羈出奔陳」和「赤歸于曹郭公」兩條，傳把曹羈和赤分為兩事，認為曹羈是曹大夫，經記他因曹君不納諫言而奔陳的事，是褒贊他得君臣之義。至於「赤歸」云云條，審這句經文，實有斷簡，當以「赤歸于曹」句斷，「郭公」下有缺文，語意未明。《公羊傳》和《穀梁傳》均連「赤歸于曹郭公」為說，以赤為郭公的名字，文理難通，不足取。

二十有四年，春，王三月，刻桓宮桷❶。何以書？譏。何譏爾？刻桓宮桷非禮也。

葬曹莊公。

夏，公如齊逆女❷。何以書？親迎，禮也。

秋，公至自齊。

八月丁丑，夫人姜氏❸入。其言入何？難也。其言日何？難也。其難奈何？夫人不僂❹不可使入，與公有所約，然後入。

戊寅，大夫宗婦❺覿用幣❻。宗婦者何？大夫之妻也。覿者何？見也。用者何？用者不宜用也。見用幣非禮也。然則曷用？棗栗云乎？腶脩云乎❼？

大水。

冬，戎侵曹，曹羈❽出奔陳。曹羈者何？曹大夫也。曹無大夫，此何以書？賢也。何賢乎曹羈？戎將侵曹，曹羈諫曰：「戎眾以無義，君請勿自敵也。」曹伯曰：「不可。」三諫不從，遂去之。故君子以為得君臣之義也。

赤歸于曹郭公❾。赤者何？曹無赤者，蓋郭公也。郭公者何？失地之君也。

【注釋】❶桷　方形的椽子。❷逆女　親迎。婚禮六禮之一。婿親自到女方迎接新婦。❸姜氏　指魯莊公夫人哀姜。❹僂　急速。齊人的口語。❺宗婦　同姓大夫的夫人。❻幣　玉帛一類的物品。❼棗栗云乎二句　按禮婦人見公婆用棗栗為贄，見女姑用腶脩為贄。腶脩，肉脯。❽曹羈　《公羊傳》以他為曹大夫。杜預認為他是曹世子。❾赤歸于曹郭公　《公羊傳》以此六字連讀為句，《左傳》義則以「赤歸于曹」為句，「郭公」二字下有闕文。當以《左傳》為是。

【語譯】二十四年，春天，周王三月間，雕刻魯桓公廟屋架上的方形椽子。為什麼記載這件事？為了譏諷。為什麼譏諷呢？雕刻桓公廟屋架上的椽子是不合禮數的。

葬了曹莊公。

夏天，魯莊公到齊國去迎接夫人。為什麼記載這件事？親自迎娶夫人是符合婚禮要求的。

秋天，魯莊公從齊國回到魯國都城。

八月丁丑這天，夫人姜氏入魯。為什麼說入呢？因為很困難。記上日子是為什麼呢？也是因為很困難。是怎樣的困難呢？夫人不願意快走，沒有辦法讓她進入都城，等到她和莊公訂了條件，然後才肯進城。

戊寅這天，魯國大夫的夫人面見姜氏，用玉帛為見面禮。宗婦是什麼人？是大夫的妻子。覿是什麼意思？是見面。用是什麼意思？用就是不應當用。大夫的夫人見面用玉帛是不合禮數的。那麼應當用什麼呢？用棗子、栗子，用肉脯就可以了。

魯國發大水。

冬天，戎人侵犯曹國，曹羈出逃到陳國。曹羈是什麼人？是曹國的大夫。曹國沒有被承認有大夫，這裡為什麼要記載呢？認為他賢明。為什麼認為他賢明呢？戎人將要侵犯曹國，曹羈勸諫說：「戎人人多勢眾，不講信義，請您不要親自和他們對敵。」曹君說：「不可以。」三次勸諫都不聽從，於是他就離開了曹國。所以君子認為他的言行符合君臣之間的道理。

赤回到曹郭公。赤是什麼人？曹國沒有赤這個人，大概就是郭公吧。郭公是什麼人？是一位失掉國土的君主。

莊公二十有五年

【說明】 本年《春秋》書記六事，有傳者二事。一釋「六月辛未朔，日有食之，鼓、用牲于社」，作傳者肯定「鼓、用牲于社」是合禮的，認為日食而舉行社祭，是助陽（日為陽）抑陰（月為陰）之道。至於「以朱絲營社」云云，是傳對祭祀社神儀節的說明。只不過這樣的儀節，禮書未見記載，不知道《公羊傳》有什麼根據。二釋「秋，大水，鼓、用牲于社、于門。」《春秋》說的是為救水災，除「鼓、用牲于社」外，還要祭祀門神。傳以為如此祭祀社神和救日食的祭祀一樣是合禮的，而祭祀門神就不對了。這種說法，和《穀梁傳》以用鼓為是、用牲為非的說法義異。

二十有五年，春，陳侯使女叔❶來聘。

夏，五月癸丑，衛侯朔❷卒。

六月辛未朔，日有食之，鼓、用牲于社❸。日食則曷為鼓、用牲于社？求乎陰之道也。以朱絲營社，或曰脅之，或曰為闇，恐人犯之，故營之。

伯姬❹歸于杞。

秋，大水，鼓、用牲于社、于門。其言于社、于門何？于社，禮也；于門，非禮也。

冬，公子友❺如陳。

【注釋】❶女叔 陳卿。女為他的氏，叔為字。❷衛侯朔 即衛惠公。名朔，衛宣公的兒子，在位三十一年。❸鼓用牲于社 謂擊鼓祭祀社神、用牛羊祭祀社神。❹伯姬 魯莊公的長女，杞成公的夫人。❺公子友 公子季友，亦稱成季。魯桓公的幼子，莊公的母弟。

【語譯】二十五年，春天，陳侯派女叔到魯國來聘問。

夏天，五月癸丑這天，衛君朔死了。

六月辛未初一這天，魯國發生日食。敲著鼓、用牛羊祭祀社神。發生日食為什麼要敲著鼓、用牛羊祭祀社神呢？這是抑制月陰的做法。用紅絲線圍繞社神廟，有人說是威脅抑制月陰，有人說是害怕陽光盡消變得黑暗，人們會侵犯它，所以把社神圍繞起來。

魯國的伯姬嫁到杞國去。

秋天，魯國發大水，敲著鼓、用牛羊祭祀社神、門神。為什麼說祭祀社神、門神呢？祭祀社神是合禮的，祭祀門神是不合禮數的。

冬天，魯國的公子友到陳國去。

莊公二十有六年

【說　明】本年《春秋》記載五事，有傳者「曹殺其大夫」一事。傳以經書「曹殺」而不稱名，是因為被眾人殺掉。這些大夫死於眾人之手，並不是曹君專殺的，有贊許曹君的意思。按照《公羊傳》的說法，前年戎伐曹，曹君不聽曹羈的諫言親自率軍抗敵而戰死，依《春秋》書例，國君死於位稱滅，經不書滅；這裡說的是戰事，經不言戰，都是為賢者曹羈避諱。前者是諱其奔陳未死國難，後者是諱其曾經諫戰而未被採納。按：傳說曹殺其大夫是因為他們不肯替殉國的曹君伏節而死；又說「君死乎位曰滅」，都是指曹君戰死於前年的戎侵曹之役。然曹伯射姑卒於莊公二十三年十一月，經有明文。其子赤（即曹僖公）繼立為君，在位九年而死。這中間並沒有莊公二十四年曹君戰死的事情，可見《公羊傳》的說法是不符合歷史事實的。

二十有六年，春❶，公伐戎。

夏，公至自伐戎。

曹殺其大夫。何以不名？眾也。曷為眾殺之？不死于曹君者也。君死乎位曰滅。曷為不言其滅？為曹羈諱也。此蓋戰也，何以不言戰？為曹羈諱也。

秋，公會宋人、齊人伐徐❷。

冬，十有二月癸亥朔，日有食之。

【注釋】❶春 原無春字，據盧文弨校補。《左傳》經有「春」字。❷徐 嬴姓國。在今安徽省泗縣西北。後滅於吳。

【語譯】二十六年，春天，魯莊公討伐戎人。

夏天，魯莊公從討伐戎人的戰地回到魯國都城。

曹國殺掉了它的大夫們。為什麼不記上殺人者的名字呢？因為是被眾人殺的。為什麼被眾人殺了呢？因為他們不肯替被戎人殺死的曹君伏節殉職。君主死在位子上叫做滅，為什麼不說曹君滅了呢？是為曹羈避諱。這是雙方作戰，為什麼不說作戰呢？也是為曹羈避諱。

秋天，魯莊公會合宋國人、齊國人討伐徐國。

冬天，十二月癸亥初一這天，魯國發生日食。

莊公二十有七年

【說明】本年《春秋》書記七事，有傳者三事。於「秋，公子友如陳葬原仲」條，傳以原仲為陳大夫。依例大夫不書葬，這裡書葬是因為關係到公子友的私情。他的私情是藉此以躲避國內的禍亂。原因是他的兩位同母兄弟慶父和牙與莊公的夫人私通，威脅到莊公，他既無權治二人的罪，又不忍心坐視不問，捨棄了和莊公的兄弟手足之情，只有借請命去陳國葬原仲來加以躲避。「冬，杞伯姬來」條，傳著眼於「來」字，解釋了來和來歸的不同含義。至於冬「莒慶來逆叔姬」條，傳以莒慶為莒大夫。經言他「來逆叔姬」，是譏諷他作為一位大夫越境迎接自己的夫人，是不合禮節的。

二十有七年，春，公會杞伯姬于洮❶。

夏，六月，公會齊侯、宋公、陳侯、鄭伯同盟于幽❷。

秋，公子友如陳葬原仲。原仲者何？陳大夫也。大夫不書葬，此何以書？通乎季子之私行也。何通乎季子之私行？辟內難也。君子辟內難而不辟外難。內難者何？公子慶父、公子牙、公子友皆莊公之母弟也。公子慶父、公子牙通乎夫人，以脅公。季子起而治之，則不得與于國政，坐而視之則親親❸。因不忍見也，故於是復請至于陳而葬原仲也。

冬，杞伯姬來。其言來何？直來曰來，大歸曰來歸。

莒慶❹來逆叔姬❺。莒慶者何？莒大夫也。莒無大夫，此何以書？譏。何譏爾？大夫越竟逆女，非禮也。

杞伯來朝。

公會齊侯于城濮❻。

【注釋】❶洮　魯邑。在今山東省寧陽縣東北。❷幽　見莊公十六年注。❸親親　愛自己的親屬。❹莒慶　莒大夫。又見於僖公二十五年。❺叔姬　魯莊公的女兒。嫁與莒慶為妻。❻城濮　衛邑。在今山東省鄄城縣西南；一說在今河南省陳留縣。

【語譯】二十七年，春天，魯莊公和杞伯姬在洮這個地方會見。

夏天，六月間，魯莊公和齊侯、宋公、陳侯、鄭伯會見，在幽這個地方共同結盟。

秋天，魯國的公子友到陳國參加原仲的葬禮。原仲是什麼人？是陳國的大夫。大夫的葬禮，依例不作記載，這裡為什麼記載呢？因為關係到公子季友的私情。為什麼說關係到公子季友的私情呢？是為了躲避魯國的內亂。君子躲避內亂而不躲避國外的禍亂。有什麼內亂呢？公子慶父、公子牙和公子友都是魯莊公的同母弟弟。公子慶父和公子牙與莊公的夫人私通，給莊公造成了威脅。公子季友如果站出來加以整治，又沒參與國政的權力，如果坐視不問，又愛惜與莊公的親情，因而不忍心只在一旁看著。所以就請命於莊公到陳國去參加原仲的葬禮。

冬天，杞伯姬回到魯國來。為什麼說來呢？沒有發生什麼事情直入國門叫做來。要是被夫家廢棄，一歸不再回去，就叫做來歸。

莒慶到魯國來迎接叔姬。莒慶是什麼人？是莒國的大夫。莒國沒有被承認有大夫，這裡為什麼記載呢？為了譏諷。為什麼譏諷呢？當大夫的越出國境去迎娶自己的夫人，這是不合禮節的。

杞伯到魯國來朝見。

魯莊公和齊侯在城濮這個地方會見。

卷九　莊公四

莊公二十有八年

【說　明】本年《春秋》記載六事，有傳者三事。「春，王三月甲寅」條，經記齊人伐衛、衛軍潰敗的事情。傳以為《春秋》於伐國例不書日、說戰就不言伐，因著重就這條經文的書日、言伐作解，指出這都是因為齊兵剛到，一不問罪，二不聽衛國的解釋，就馬上攻打。還解說了衛是被伐者，依例是主人，以及衛軍潰敗而不稱師的原因等。《春秋》於冬，先書「築微」，後書「大無麥禾」，作傳者併兩事而立義。認為夏天麥熟，秋天收禾，無麥禾的災害發生在前，冬天築微的事在受災以後，經所以顛倒次序先後，意在為魯國避諱凶年造邑。《春秋》既書「大無麥禾」，是魯國受災，因又記「臧孫辰告糴于齊」事，傳以告糴即請糴，認為臧孫辰這次去齊不稱「使」，表示他是以私人身份請糴。這是譏諷他以魯卿主持國政，不能儲備三年的糧食以防災荒，弄得一年不熟就要向外請糴。

二十有八年，春，王三月甲寅，齊人伐衛。衛人及齊人戰，衛人敗績。伐不日，此何以日？至之日也。戰不言伐，此其言伐何？至之日也。《春秋》伐者為客，伐者為主，故使衛主之也。曷為使衛主之？衛未有罪爾。敗者稱師，衛何以不稱師？未得乎師也。

夏，四月丁未，邾婁子瑣❶卒。

秋，荊伐鄭。公會齊人、宋人、邾婁人救鄭。

冬，築微❷。

大無麥禾。冬既見無麥禾矣，曷為先言築微而後言無麥禾？諱以凶年造邑也。

臧孫辰❸告糴于齊。告糴者何？請糴也。何以不稱使？以為臧孫辰之私行也。曷為以臧孫辰之私行？君子之為國也，必有三年之委。一年不熟告糴，譏也。

【注釋】❶邾婁子瑣　邾婁國君，名瑣。《春秋》僅一見，在邾婁儀父以後為君。❷微　魯邑。在今山東省梁山縣西北。《左傳》作「郿」，字通。❸臧孫辰　魯執政卿，即臧文仲。伯氏瓶的兒子。歷仕魯莊、閔、僖、文四君。

【語譯】二十八年，春天，周王三月甲寅這天，齊國討伐衛國。衛國軍隊和齊國軍隊交戰，衛人潰敗。討伐是不記上日子的，這裡為什麼記上日子呢？因為齊軍到達的當天就攻打。雙方交戰不說討伐，這裡說討伐是為什麼呢？也是因為齊軍到達的當天就攻打。《春秋》以討伐的一方為客，被討伐的一方為主，所以要讓衛國為主人。為什麼讓衛國為主人呢？因為衛國沒有罪過。打了敗仗叫師，衛國打了敗仗為什麼不叫師呢？因為衛國還沒有排成陣勢就被打敗了。

夏天，四月丁未這天，邾婁國君瑣死了。

秋天，荊人討伐鄭國。魯莊公會合齊國人、宋國人、邾婁國人救助鄭國。

冬天，修建微這個城邑。

麥禾毫無收成。已經到了冬季，早已看到麥禾沒有收成，為什麼要先說修建微邑，而後才說麥禾沒有收成呢？因為避諱在大災凶年中修建城邑。

臧孫辰到齊國去告糴。告糴是什麼意思？是請求購買糧食。為什麼不說被差遣呢？認為這是臧孫辰的私人行動。為什麼認為是臧孫辰的私人行動呢？因為君子治理國家，一定要有三年以上的儲備糧。一年沒有收成就到外國請求購買糧食，這是要受到譏責的。

莊公二十有九年

【說　明】本年《春秋》記載五事。《公羊傳》一釋「春，新延廄」。認為新延廄，是修繕舊廄。修舊依例不應當書記，今經書記此事，是譏諷凶年勞民修廄。與《左傳》以新延廄是新造，認為經記春日造新廄，是表示不合時令義異。一釋「秋，有蜚」。認為這是記載災異。《三傳》義同。

二十有九年，春，新延廄❶。新延廄者何？脩舊也。脩舊不書，此何以書？譏。何譏爾？凶年不脩。

夏，鄭人侵許。

秋，有蜚❷。何以書？記異也。

冬，十有二月，紀叔姬❸卒。

城諸❹及防❺。

【注釋】❶延廄　稱作延的馬棚。延，此馬棚的名稱。廄，馬棚。❷蜚　一種食稻花的小飛蟲。❸紀叔姬　即隱公七年媵於紀國的魯伯姬的妹妹。❹諸　魯邑。在今山東省諸城市西南。❺防　此為魯的東防。見莊公七年注。

【語譯】二十九年，春天，新延廄。新延廄是什麼意思？是把舊馬棚修理好。修理舊東西依例不作記載，這裡為什麼記載呢？為了譏諷。為什麼譏諷呢？因為發生凶災的年份不應當修造動工。

夏天，鄭國人侵犯許國。

秋天，魯國發生蜚蟲災害。為什麼記載這件事？這是記載災異。

冬天，十二月間，魯莊公女兒紀叔姬死了。

修建諸和防這兩個城邑。

莊公三十年

【說明】本年《春秋》首書「春，王正月」表明時序。全年書記六事，有傳者三事。「秋，七月，齊人降鄣」條，傳以鄣為紀亡國後剩下的一個城邑。經說「降」而不說「取」，是為齊桓公避諱。外取邑依例不書，今記取鄣事，是因為至此紀國的遺邑已全被佔領。「八月癸亥，葬紀叔姬」。按：紀叔姬於莊公十二年「歸于酅」，《公羊傳》說她是「歸于叔」。這裡《春秋》記她的葬事而沒有說誰葬叔姬，傳指明是「葬乎叔」，說葬她的也是她的小叔子，和前傳的說法前後照應。於冬「齊人伐山戎」條，傳以齊人即齊侯，稱人而不稱侯，是貶齊桓公操之過急。至於經不言戰而言伐，是因為《春秋》對於對等的國家作戰才說戰，山戎是戎狄之邦，只能說伐，表示像驅逐鳥獸一樣。

三十年，春，王正月。

夏，師次于成❶。

秋，七月，齊人降鄣❷。鄣者何？紀之遺邑也。降之者何？取之也。取之則曷為不言取之？為桓公諱也。外取邑不書，此何以書？盡也。

八月癸亥，葬紀叔姬。外夫人不書葬，此何以書？隱之也。何隱爾？其國亡矣，徒葬乎叔爾。

九月，庚午朔，日有食之，鼓、用牲于社。

冬，公及齊侯遇于魯濟❸。

齊人伐山戎❹。此齊侯也，其稱人何？貶。曷為貶？子司馬子❺曰：「蓋以操之為已蹙❻矣。」此蓋戰也，何以不言戰？《春秋》敵者言戰，桓公之與戎狄，驅之爾。

【注釋】❶成　見桓公六年注。❷鄣　紀國的遠邑。在今江蘇省贛榆舊城北。這時紀已亡國二十七年，而紀季仍保有酅和鄣兩邑。❸魯濟　濟水流經曹、魯國境者為魯濟。在今山東省鉅野、東平一帶。❹山戎　夷國名，亦稱北戎。居今河北省遷安縣一帶。❺子司馬子　傳公羊學的一位先師。❻蹙　迫促。

【語 譯】三十年，春天，周王正月。

夏天，魯國軍隊停駐在成這個地方。

秋天，七月間，齊國人降取了鄣邑。鄣是什麼地方？是紀國剩留下的一個城邑。降之是什麼意思呢？是把它佔領了。既然把它佔領了，那為什麼不直說佔領呢？是為了給齊桓公避諱。魯國以外的國家佔領城邑依例不作記載，這裡為什麼記載呢？因為紀國的城邑已經全部被佔領了。

八月癸亥這天，葬了紀叔姬。魯國以外國家的夫人的葬事依例不作記載，這裡為什麼記載呢？是哀憐她。為什麼哀憐她呢？因為紀國已經滅亡，沒有臣屬，只有小叔子主持葬事。

九月庚午初一這天，魯國發生日食，敲著鼓、用牛羊祭祀社神。

冬天，魯莊公和齊侯在魯濟地帶遇見。

齊國人討伐山戎國。這是齊侯，稱人是為什麼呢？是貶低他。為什麼貶低他呢？子司馬子說：「是他操之過急了。」這是正規作戰，為什麼不說作戰呢？《春秋》對於地位相當的國家打仗稱作戰，齊桓公對戎狄來說，只是把他們驅趕走就是了。

莊公三十有一年

【說 明】本年《春秋》記載六事，除「夏，四月，薛伯卒」條外，傳均有說解。經於春、夏、秋三時，連書「築臺于郎」、「于薛」、「于秦」，大興築臺的勞役。傳認為經義均為譏諷，但並不是譏築臺勞民，而是譏郎臺臨近泉水，乃民間婦女漱洗的地方；譏在薛築臺，地方過遠；譏秦臺造在國都城區，臨靠宗廟社稷，都是譏選址的不當。按照作傳者的意思，換個地方就可以了。於「六月，齊侯來獻戎捷」條，傳以為齊是大國，齊君親自來獻戎捷，並且把交獲的戎旗懸插在戰利品上經過我國，是向魯國示威。與《左傳》的諸侯之間相互獻捷是不合禮數的義異。至於「冬，不雨」條，傳認為是記災異。

三十有一年，春，築臺于郎❶。何以書？譏。何譏爾？臨民之所漱浣❷也。

夏，四月，薛伯❸卒。

築臺于薛❹。何以書？譏。何譏爾？遠也。

六月，齊侯來獻戎捷❺。齊，大國也，曷為親來獻戎捷？威我也。其威我奈何？旗獲而過我也。

秋，築臺于秦❻。何以書？譏。何譏爾？臨國也。

冬，不雨。何以書？記異也。

【注釋】❶郎 即隱公九年「城郎」的郎。見該注。❷漱浣 洗滌。❸薛伯 薛國國君。薛，任姓國。在今山東省滕州市東南。❹薛 魯地。在今山東省陽穀縣東北。❺捷 戰勝所獲取的戰利品。❻秦 魯地。各家都根據《左傳》杜預說，以為即今河南省范縣秦亭。《公羊傳》認為是臨近曲阜的地名。

【語譯】三十一年，春天，在郎這個地方築造亭臺。為什麼記載這件事？為了譏諷。為什為譏諷呢？因為郎臺臨近民眾沖刷洗濯的水流。

夏天，四月間，薛國君主死了。

在薛這個地方築造亭臺。為什麼記載這件事？為了譏諷。為什麼譏諷呢？因為在薛地築造亭臺太遠了。

六月間，齊侯到魯國來進獻戰勝山戎的戰利品。齊是大國，為什麼齊侯親自前來進獻山戎的戰利品呢？為了威嚇魯國。他怎樣威嚇魯國呢？是把交獲山戎的旗幟張揚著經過魯國。

秋天，在秦這個地方築造亭臺。為什麼記載這件事？為了譏諷。為什麼譏諷呢？因為秦臺離社稷宗廟太近了。

冬天，不下雨。為什麼記載這件事？這是記載災異。

莊公三十有二年

【說明】 本年《春秋》記載七事，有傳者三事。「秋，七月癸巳，公子牙卒」，傳於這條經文，既敘史事，又釋經義，義從事出。按：莊公二十七年秋公子託參加原仲的葬禮而去陳。據本傳敘事，今莊公病危，召季友回魯授以國政。友等待牙弒莊公的準備就緒時，用藥酒毒死了叔牙，鑒於季友殺牙是為了君臣之義，不得已而為之，所以傳以為經書「牙卒」而不書「殺牙」，是給季友避諱。避諱他殺害母兄，因為殺害母兄是違背親親之道的。「八月癸亥，公薨于路寢」條，傳以路寢為正寢，屬詞義解釋，無關義例。「冬十月乙未，子般卒」條，傳就書例立說。認為經書「子般卒」而不說「子卒」，是因為依禮「君薨稱子某」，這時莊公還沒有下葬，所以不能用既葬的稱呼書「子卒」。子般是即位不滿一年的君主，按照書例，既然已經書「卒」，就要記載他的葬事，但是《春秋》並沒有葬子般的記載，這是因為他沒有子嗣，未立廟，無廟是例不得書葬的。

三十有二年，春，城小穀❶。

夏，宋公、齊侯遇于梁丘❷。

秋，七月癸巳，公子牙卒。何以不稱弟？殺也。殺則曷為不言刺？為季子諱殺也。曷為為季子諱殺？季子之遏惡也，不以為國獄，緣季子之心而為之諱。季子之遏惡奈何？莊公病將死，以病召季子。季子至而授之以國政，曰：「寡人即不起此病，吾將焉致乎魯國？」季子曰：「般也存，君何憂焉。」公曰：「庸得若是乎？牙謂我曰：『魯一生一及❸，君已知之矣。慶父也存。』」季子曰：「夫何敢！是將為亂乎？夫何敢！」俄而牙弒械成。季子和藥而飲之曰：「公子從吾言而飲此，則必可以無為天下戮笑❹，必有後乎魯國。不從吾言而不飲此，則必為天下戮笑，必無後乎魯國。」於是從其言而飲之，飲之無傫氏❺，至乎王堤❻而死。公子牙今將爾，辭曷為與親弒者同？君親無將，將而誅焉。然則善之與？曰：「然。」殺世子母弟直稱君者，甚之也。季子殺母兄何善爾？誅不得辟兄，君臣之義也。然則曷為不直誅而酖之？行誅乎兄，隱而逃之，使託若以疾死，然親親之道也。

八月癸亥，公薨于路寢❼。路寢者何？正寢也。

冬，十月乙未，子般❽卒。子卒云子卒，此其稱子般卒何？君存稱世子，君薨稱子某，既葬稱子，踰年稱公。子般卒，何以不書葬？未踰年之君也。有子則廟，廟則書葬。無子不廟，不廟則不書葬。

公子慶父如齊。

狄伐邢❾。

【注釋】❶小穀 即穀，齊邑，在今山東省東阿縣治。一說為魯邑，在今山東省曲阜市西北。❷梁丘 宋邑。在今山東省成武縣東北。❸一生一及 指一次是父死傳子，另一次是兄死傳弟的君位繼承制度。❹戮笑 羞辱；恥笑。戮，猶辱。❺無傫氏 魯人。《釋文》又本作「巫」，疑即《左傳》的鍼巫氏。❻王堤 地名。《左傳》作「逵泉」，不知兩者是否一地。❼路寢 見莊公元年注。❽子般 公子般，魯莊公的兒子。❾邢 西周封國，姬姓。在今河北省邢臺市西南。

【語譯】三十二年，春天，修築小穀城邑。

夏天，宋公和齊侯在梁丘這個地方遇見。

秋天，七月癸巳這天，魯國公子牙死了。為什麼不稱呼弟弟？是把他殺掉了。既然把他殺掉了，那為什麼不說刺殺呢？為了避諱季友殺了他。為什麼避諱季友殺了他呢？因為季友要阻止叔牙做壞事，又不想用國家刑獄，所以循沿著季友的心意而給他避諱。季友是怎樣阻止叔牙做壞事呢？魯莊公快要病死的時候，因為病危從陳國把季友召回，等季友到來就把政權交給了他，說：「我的病如果不能治癒，我將把君位傳給誰呢？」季子說：「有您兒子般在，您有什麼可憂慮的呢。」莊公說：「難道能夠這樣嗎？叔牙對我說：『魯國一次是父死傳子，另一次則是兄死傳弟，您是知道的。慶父現在活著，君位應當由他繼承。』」季友說：「他怎麼敢！這不是將要作亂嗎？他怎麼敢！」不久，叔牙弒殺莊公的兵械已準備就緒。於是季友用下了毒的酒逼迫叔牙喝，說：「你如果聽我的話把酒喝了，就一定不會被天下恥笑，你一定會有後代在魯國。如果不聽我的話喝這杯酒，就一定會被人恥笑，你一定沒有後代在魯國！」叔牙無奈，就聽從季友的話把酒喝了。酒是在無傫氏家中喝的，走到王堤這個地方就毒發而死。公子牙是將要弒殺莊公，為什麼用的文辭和他已經親自弒殺了相同呢？對於國君和父母不能有弒殺的念頭，只要有這樣的念頭就應當誅殺。那麼這是贊許季友嗎？回答說：「是的。」殺掉太子或同母弟的國君直接稱君的原因，是因為做得太過份了。季友殺掉同母哥哥為什麼要贊許呢？因為誅殺圖謀弒殺國君的人，沒有辦法避開同母哥哥，這是君臣之間的道理。那麼為什麼不直接誅殺而用毒酒呢？這是為了把殺哥哥的事隱匿起來，逃脫罪名，使他得以假託叔牙好像是因疾病而死，這是愛自己親屬的道理。

八月癸亥這天，魯莊公死在路寢。路寢是什麼意思？是國君居住的正室。

冬天，十月乙未這天，子般死了。依例某子死了就說某子死了，這裡說子般死了是為什麼呢？對於國君的嫡長子來說，國君活著稱世子，國君新死稱子某，下葬以後稱子，滿一週年稱公。子般死了為什麼不記載他的葬事呢？因為他是繼位不到一年的國君。有子嗣就立廟，立廟就記載葬事，沒有子嗣就不立廟，不立廟就不記載葬事。

公子慶父到齊國去。

狄人討伐邢國。

閔公元年

【說　明】本年《春秋》首書「春，王正月」，未記閔公即位事。傳認為，子般死於上年，經於此時不書閔公即位，是因為依例繼弒君不言即位。隨即指明閔公是繼子般為君，而子般是被慶父弒殺的。上年季子曾因牙企圖弒殺莊公而誅牙，今慶父已弒殺子般，為什麼季子不誅殺慶父呢？傳解釋了兩者情況的不同，以及慶父弒殺國君已有鄧扈樂抵罪，所以不再追究的道理。綜觀這段傳文，可說是既敘述了事件的曲折，又解說了《春秋》的書例，把敘事和釋例結合在一起。於八月「季子來歸」條，傳認為經稱「季子」，是因為他賢能，說「來歸」，是表示高興他回來。至於「冬，齊仲孫來」條，傳以齊仲孫就是魯公子慶父，稱「齊」而不稱「魯」，是不承認他是魯國人，意含責貶。其實，說仲孫是慶父，是《公羊傳》的誤解。慶父字共仲，他怎能以自己的字為氏呢？當以《左傳》說仲孫名湫，乃齊桓公派來魯國的使者為是。

元年，春，王正月。公❶何以不言即位？繼弒君不言即位。孰繼？繼子般也。孰弒子般？慶父也。殺公子牙，今將爾，季子不免，慶父弒君，何以不誅？將而不免，遏惡也；既而不可及，因獄有所歸，不探其情而誅焉，親親之道也。惡乎歸獄？歸獄僕人鄧扈樂❷。曷為歸獄僕人鄧扈樂？莊公存之時，樂曾淫于宮中，子般執而鞭之。莊公死，慶父謂樂曰：「般之辱爾，國人莫不知，盍弒之矣？」使弒子般，然後誅鄧扈樂而歸獄焉，季子至而不變也。

齊人救邢。

夏，六月辛酉，葬我君莊公。

秋，八月，公及齊侯盟于洛姑❸。

季子來歸。其稱季子何？賢也。其言來歸何？喜之也。

冬，齊仲孫❹來。齊仲孫者何？公子慶父也。公子慶父則曷為謂之齊仲孫？繫之齊也。曷為繫之齊？外之也。曷為外之？《春秋》為尊者諱，為親者諱，為賢者諱。子女子❺曰：「以《春秋》為《春秋》，齊無仲孫，其諸吾仲孫與？」

【注釋】❶公　指魯閔公。名啟方，莊公的庶子，叔姜所生。幼年繼位，不到兩年就被弒殺而死。❷鄧扈樂　圉人。即《左傳》的「犖」，鄧是他的姓。樂、犖字通。❸洛姑　齊邑。在今山東省平陰縣境。一說洛姑即薄姑，在今山東省博興縣東北。

《左傳》作「落姑」。洛、落字通。❹齊仲孫　《左傳》認為是齊仲孫湫，湫為仲孫之名。《公羊傳》、《穀梁傳》均以為即魯公子慶父，不對。❺子女子　傳公羊學的一位先師。

【語　譯】元年，春天，周王正月。閔公為什麼不記載即位的事呢？因為繼承被弒殺的君主不說即位。他繼承誰的君位呢？是繼承子般的君位。誰弒殺了子般呢？是慶父。上年殺掉公子牙是因為他將要弒殺莊公，公子季友都沒有放過他，現在慶父弒殺了君主子般，為什麼不誅殺慶父呢？因為將弒殺而尚未弒殺，殺了公子牙是阻止他幹壞事。已經弒殺了君主，即便殺了慶父也無濟於事了，加上這樁官司已經有了抵罪的人，季友就不再深究其中內情而誅殺慶父了。這是愛自己親人的道理。這樁官司歸罪於什麼人了呢？歸罪於僕人鄧扈樂。為什麼歸罪於僕人鄧扈樂呢？因為莊公活著的時候，鄧扈樂曾在宮中淫亂，子般逮住他用鞭子抽打。莊公死後，慶父對鄧扈樂說：「子般羞辱過你，這件事魯國人沒有不知道的，為什麼不把他殺了呢？」慶父讓鄧扈樂弒殺了子般，然後又誅殺了鄧扈樂並歸罪於他，即使季友回來，這樁官司也不能改變了。

齊國人救助邢國。

夏天，六月辛酉這天，安葬了我君莊公。

秋天，八月間，魯閔公和齊侯在洛姑這個地方會盟。

魯季子回到魯國。稱他季子是為什麼呢？因為他賢明。說他回到魯國是為什麼？表示喜歡他回來的意思。

冬天，齊國仲孫來到魯國。齊仲孫是什麼人呢？就是魯公子慶父。既然是公子慶父，那為什麼稱他齊仲孫呢？這是把他繫屬於齊國。為什麼把他繫屬於齊國呢？是當成魯國以外的人。為什麼把他當成魯國以外的人呢？《春秋》替尊貴的人避諱，替親人避諱，替賢人避諱。子女子說：「以《春秋》作為史書記載人的氏族為《春秋》來說，齊國沒有仲孫氏，這大概是我們的仲孫吧！」

閔公二年

【說　明】本年《春秋》記載八事，有傳者四事。於「夏，五月乙酉，吉禘于莊公」，傳以為言吉，表示閔公不應當換穿吉服，因為尚在三年喪期之中。書「于莊公」，表示此禘祭是在莊公新廟舉行，也是因為在喪期中不能稱為宮廟。至於《春秋》書記此事，意在譏諷從閔公開始，不服滿二十五個月的喪服。「秋，八月辛丑，公薨」條，傳認為閔公死不書地，是諱言他被慶父弒殺，《春秋》作者不忍心寫明死於何處。以下敘述的事情，是由閔公死而引發出來的話題。所言季子殺叔牙和不殺慶父的理由，和上年「春，王正月」條的說法略同，認為在這裡也只能顧及親親之道，緩追逸賊慶父了。「冬，齊高子來盟」條，傳以高子為齊大夫，並從他來盟而不稱「使」，以及經不書高子的名字立義。認為前者是因莊公死，子般與閔公接連被弒，魯曠年無君。後者是因高子有立僖公、安定魯國政局的功德。《公羊傳》這樣的說法，和上條「緩追逸賊」等，均與史實不符，不足信。十二月「鄭棄其師」條，傳認為這是因為鄭伯惡高克，遂使他統率軍隊於外，久不召回，終於全軍潰敗，達到了逐除高克的目的。隱含貶責鄭伯的意思。

二年，春，王正月，齊人遷陽❶。

夏，五月乙酉，吉禘❷于莊公。其言吉何？言吉者，未可以吉也。曷為未可以吉？未三年也。三年矣，曷為謂之未三年？三年之喪，實以二十五月。其言于莊公何？未可以稱宮廟也。曷為未可以稱宮廟？在三年之中矣。吉禘于莊公何以書？譏。何譏爾？譏始不三年也。

秋，八月辛丑，公薨。公薨何以不地？隱之也。何隱爾？弒也。孰弒之？慶父也。殺公子牙，今將爾，季子不免。慶父弒二君何以不誅？將而不免，遏惡也。

既而不可及，緩追逸賊，親親之道也。

九月，夫人姜氏❸孫❹于邾婁。

公子慶父出奔莒。

冬，齊高子❺來盟。高子者何？齊大夫也。何以不稱使？我無君也。然則何以不名？喜之也。何喜爾？正我也。其正我奈何？莊公死，子般弒，閔公弒，比三君死，曠年無君，設以齊取魯，曾不興師徒，以言而已矣。桓公使高子將南陽❻之甲❼，立僖公而城魯，或曰自鹿門❽至于爭門者是也，或曰自爭門至于吏門者是也，魯人至今以為美談曰：「猶望高子也。」

十有二月，狄入衛。

鄭棄其師。鄭棄其師者何？惡其將也。鄭伯惡高克，使之將逐而不納，棄師之道也。

【注釋】❶陽　姬姓國。在今山東省沂水縣西南。❷吉禘　換穿吉服舉行禘祭。吉，古時三年之喪二十五月而畢，將死者的神主送到太廟，舉行除喪服的祭祀後就換穿吉服。禘，對天神、祖先的大祭。❸姜氏　指哀姜。❹孫　同「遜」。奔逃的婉辭。❺高子　即齊大夫高傒。❻南陽　齊邑。其地深插入魯界中。一說南陽即汶陽。❼甲　鎧冑之類，代指軍隊。❽鹿門　與下面的爭門和吏門，都是魯國都城的城門名。

【語　譯】二年，春天，周王正月間，齊國人遷移了陽國。

夏天，五月乙酉這天，閔公換穿吉服在莊公新廟舉行大祭。這裡說換吉是什麼意思呢？說換吉就表示不應當換吉。為什麼不應當換吉？因為還不到三年。已經第三年了，為什麼說不到三年呢？因為三年的喪期，實際是二十五個月。這裡說「于莊公」是為什麼呢？因為這時還不能稱宮廟。為什麼還不能稱宮廟呢？因為仍在喪期，沒滿二十五個月。為什麼記載在莊公廟舉行大祭這件事呢？為了譏諷。譏諷什麼呢？譏諷從閔公開始服喪服不滿二十五個月。

秋天，八月辛丑這天，魯閔公死了。閔公死了，為什麼不記明死的地方呢？為了隱諱這件事。為什麼要隱諱呢？因為他是被弒殺的。什麼人弒殺了他？是慶父。前年殺掉公子牙是因為他將要弒殺莊公，公子季友都沒有放過他。現在慶父連接弒殺了兩位君主，為什麼不誅殺他呢？因為將弒殺而尚未弒殺，殺了公子牙是阻止他幹壞事。已經弒殺了君主，即便殺了慶父也無濟於事了，就不再急於追趕逃走了的逆賊，這是愛自己親人的道理。

九月間，夫人哀姜逃跑到邾婁國。

公子慶父出逃到莒國。

冬天，齊國高子來魯國會盟。高子是什麼人？是齊國的大夫。為什麼不說差遣呢？因為魯國沒有君主。既然這樣，那為什麼不記上名字？因為喜歡他。為什麼喜歡他呢？因為他有助於穩定魯國的政局。他怎樣幫助穩定魯國的政局呢？魯莊公死了，子般被弒殺，閔公又被弒殺，接連三位君主死掉，長年沒有君主，假如齊國要侵奪魯國，用不著興師動眾，說一句話就行了。齊桓公派高子統率南陽的軍隊，擁立魯僖公，並修建魯的都城，有人說從鹿門到爭門是當時修建的，有人說從爭門到吏門是當時修建的。魯國人直到現在還傳為美談，說：「仍然希望高子來。」

十二月間，狄人侵入衛國。

鄭國捨棄了自己的軍隊。鄭國為什麼捨棄自己的軍隊呢？因為討厭軍隊的主帥。鄭文公討厭高克，讓他率領軍隊出國，久不召回，藉此驅逐他不讓他回來，這是捨棄軍隊的做法。

卷一〇 僖公上

僖公元年

【說　明】《春秋》首書「春，王正月」，未言僖公即位。本年記載九事，有解說的七條。「春，王正月」條，傳認為僖公雖然是閔公的庶兄，不是父子相繼，可是他曾是閔公的臣子，臣繼被弒之君為君，和子繼父為君是同樣的，所以例不當書即位。傳釋正月「齊師等次于聶北，救邢」事，有三層意思：一是救兵貴在神速，不應說次，說次就表示延誤了時機，導致邢被狄滅。二是不明說邢被狄滅，是為齊桓公避諱。身為霸主的齊桓公不能救助邢國，這是他的恥辱。三是經先說次後說救，是因為齊、宋、曹三國君主統率軍隊，軍隊在途中滯留，當全出於君命。至於不稱君而稱師，是不贊成諸侯有擅自封賜誅伐的權力。於「夏，六月，邢遷于陳儀」條，傳就「遷」的詞義和用法為說，指出「遷」和「遷之」有主動遷移與被迫遷移的區別。於六月間三國之師「城邢」條，傳以「城邢」和「救邢」為一事，認為這裡重複說「齊師、宋師、曹師」，正是為了讓人知道這是一回事。「秋，七月戊辰」條，傳以夷為齊地，認為這是姜氏被齊桓公縊殺後送她的遺體回齊。至於「公子友帥師敗莒師于犁，獲莒挐」條，傳把敘事與釋義結合在一起，從釋義引發敘事，從敘事中而見義，其意均在褒贊季友。像經記「獲莒挐」，傳以為是「大季子之獲」，而傳說「季子待之以偏戰」，正是在敘事中稱贊季子的從容對敵。最後「夫人氏之喪至自齊」條，傳認為經在「氏」字上不書「姜」，是貶責哀姜參與弒殺閔公。貶必定在重大事故時，遺體回魯是最重大的事，所以在這時貶她。

元年，春，王正月。公❶何以不言即位？繼弒君，子不言即位。此非子也，其稱子何？臣、子一例也。

齊師、宋師、曹師次于聶北❷，救邢。救不言次，此其言次何？不及事也。不及事者何？邢已亡矣。孰亡之？蓋狄滅之。曷為不言狄滅之？為桓公諱也。曷為為桓公諱？上無天子，下無方伯❸，天下諸侯有相滅亡者，桓公不能救，則桓公恥之。曷為先言次而後言救？君也。君則其稱師何？不與諸侯專封也。曷為不與？實與，而文不與。文曷為不與？諸侯之義不得專封也。諸侯之義不得專封，則其曰實與之何？上無天子，下無方伯，天下諸侯有相滅亡者，力能救之，則救之可也。

夏，六月，邢遷于陳儀❹。遷者何？其意也。遷之者何？非其意也。

齊師、宋師、曹師城邢。此一事也，曷為復言齊師、宋師、曹師？不復言師，則無以知其為一事也。

秋，七月戊辰，夫人姜氏❺薨于夷❻，齊人以歸。夷者何？齊地也。齊地則其言齊人以歸何？夫人薨于夷，則齊人以歸。夫人薨于夷，則齊人曷為以歸？桓公召而縊殺之。

楚人伐鄭。

八月，公會齊侯、宋公、鄭伯、曹伯、邾婁人于朾❼。

九月，公敗邾婁師于纓❽。

冬，十月壬午，公子友帥師敗莒師于犁❾，獲莒挐❿。莒挐者何？莒大夫也。莒無大夫，此何以書？大季子之獲也。何大乎季子之獲？季子治內難以正，禦外難以正。其禦外難以正奈何？公子慶父弒閔公，走而之莒，莒人逐之，將由乎齊，齊人不納，卻反舍于汶水之上，使公子奚斯⓫入請。季子曰：「公子不可以入，入則殺矣。」奚斯不忍反命于慶父，自南涘，北面而哭。慶父聞之曰：「嘻！此奚斯之聲也，諾已。」曰：「吾不得入矣！」於是抗輈⓬經而死。莒人聞之曰：「吾已得子之賊矣。」以求賂乎魯，魯人不與，為是興師而伐魯，季子待之以偏戰。

十有二月丁巳，夫人氏⓭之喪至自齊。夫人何以不稱姜氏？貶。曷為貶？與弒公也。然則曷為不於弒焉貶？貶必於重者，莫重乎其以喪至也。

【注釋】❶公　魯僖公。名申，莊公的少子，母成風。在位三十三年。❷聶北　當即今山東省聊城縣的聶城。一說在今河北省清豐縣北。❸方伯　周代一方諸侯之長。當時周室衰微，大國相繼稱霸，政由方伯。❹陳儀　在今山東省聊城縣西南。

《左傳》、《穀梁傳》作「夷儀」，當為一地。❺姜氏　指哀姜。魯莊公夫人。❻夷　齊地，在今山東省費縣西。❼朾　宋地，在今河南省淮陽縣西南。《左傳》、《穀梁傳》作「檉」，字通。❽纓　邾婁地名，在今山東省費縣南。《左傳》、《穀梁傳》作「偃」，音近，字通。❾犁　魯地。《左傳》作「酈」，《穀梁傳》作「麗」，三字相通。❿莒挐　《左傳》說他是當時莒君的弟弟。《春秋》僅一見。⓫公子奚斯　魯桓公的兒子。⓬抗輈　揚高車轅。抗，揚起；豎起。輈，車轅。⓭夫人氏　杜預注《左傳》，以為「氏」字上當有「姜」字，與《公羊傳》說異。

【語　譯】元年，春天，周王正月。僖公為什麼不稱即位呢？繼承被弒殺君主的君位，兒子是不說即位的。僖公並不是閔公的兒子，稱兒子是為什麼呢？因為臣子和兒子是同樣的。

齊國軍隊、宋國軍隊、曹國軍隊停留在聶北這個地方，救助邢國。救助別國是不說停留的，這裡說停留是為什麼呢？是因為趕不上救助。趕不上救助是怎樣的呢？因為邢國已滅亡了。是誰滅亡了邢國呢？是狄人滅亡的。為什麼不說狄人滅亡了邢國呢？這是給齊桓公避諱。為什麼給齊桓公避諱呢？因為上面沒有賢明的天子，下面沒有主理一方政事的諸侯之長，天下諸侯間有相互滅國的事情發生，齊桓公不能前去救援，就是身為霸主的他的恥辱。為什麼先說停留，然後再說救助呢？因為軍隊由國君親自統領。既然是國君親自統領，為什麼稱「師」不稱「君」呢？因為不贊成諸侯有擅自封賜的權力。為什麼不贊成呢？實際上贊成，可是文辭上不說贊成。文辭上為什麼不說贊成呢？因為作為諸侯的道理，是不應當有擅自封賜的權力的。既然按照做諸侯的道理，不應當有擅自封賜的權力，那麼實際上又贊成是為什麼呢？因為上面沒有賢明的天子，下面沒有主理一方政事的諸侯之長，天下諸侯間有相互滅國的事情發生，誰有力量救助，就去救助是可以的。

夏天，六月間，邢國遷移到陳儀這個地方。遷是什麼意思呢？是邢國自己的意願，表示主動遷走。遷之是什麼意思呢？是被人遷走，不是被遷者的意願。

齊國軍隊、宋國軍隊和曹國軍隊修築邢國都城。這和正月間的救邢是同一件事，為什麼還要再說齊國軍隊、宋國軍隊和曹國軍隊呢？如果不重複說三國軍隊，就無從知道它們是同一件事。

秋天，七月戊辰這天，魯夫人姜氏死在夷這個地方，齊國人把她的屍體運了回去。夷是什麼地方？是齊國的邑地。既然是齊國的邑地，那麼齊國人把她的屍體運了回去是為什麼呢？夫人死在齊國夷地，自然是齊國人運回去。夫人既然死在夷地，那麼齊國人為什麼把她的屍體運了回去呢？因為齊桓公召她回去把她勒死了。

楚國人討伐鄭國。

八月間，魯僖公和齊侯、宋公、鄭伯、曹伯、邾婁國人在杅這個地方會見。

九月間，魯僖公打敗邾婁國的軍隊在纓這個地方。

冬天，十月壬午這天，魯公子友統率軍隊在犁這個地方打敗莒國軍隊，俘獲了莒挐。莒挐是什麼人？是莒國的大夫。莒國沒有被承認有大夫，這裡為什麼要這樣說呢？是張揚、稱贊季友俘獲莒挐這件事。為什麼張揚、稱贊季友俘獲莒挐呢？因為季友平治內亂能用正當的做法，抵禦外患能用正當的做法。他抵禦外患用正當的做法是怎樣的呢？公子慶父弒殺閔公，出逃到莒國，莒國人不接納，把他驅逐走了。他準備到齊國去，齊國人也不接納，他只好返回魯國，住在汶水的旁邊，先派公子奚斯進入都城請求。季友說：「公子慶父不可以回國，如果回國就要殺掉他！」奚斯不忍心向慶父復命，就在汶水南畔面朝北方哭了起來。慶父聽到哭聲，說：「唉！這是奚斯的哭聲。罷了！」說：「我不能回國了。」因此，就揚高車子，豎起車轅，在車轅下吊死了。莒國人聽到慶父的死訊，說：「我們已經得到弒殺魯君的賊子了！」想以此向魯國索取賄賂。魯國人不給，為了這個，莒國出兵討伐魯國，季友用約定作戰時日的寬宏氣量，從容抵禦莒國的入侵。

十二月丁巳這天，夫人氏的屍體從齊國運回魯國。夫人為什麼不稱姜氏呢？為了貶低她。為什麼貶低她呢？因為她參與弒殺閔公。既然這樣，那為什麼不在弒殺的當時貶低她呢？因為貶低一定要在重要的事故與時節上，沒有比把她的屍體運回魯國的事故與時節更為重要了。

僖公二年

【說明】本年《春秋》記載六事，五事有傳。「春，王正月，城楚丘」條，傳從釋「孰城」入手，以為是為衛國築城。不書「城衛」而說「城楚丘」，是給齊桓公避諱。說他身為霸主不能救助衛國，致使衛被狄滅，和上年邢被狄滅一樣，是他的恥辱。至於這裡明明是齊桓公率諸侯城楚丘，經不書記齊侯名字，和上年齊侯救邢，經不稱「君」而稱「師」之義相同。五月「虞師、晉師滅夏陽」條，傳認為經把小國虞序列在大國晉以前，表示虞是罪魁禍首。原因是它接受賄賂，借道路給滅人之國的晉國，以自取滅亡。為了說明虞如何接受賄賂，傳詳細記敘了借道的經過及其後果。至於經以夏陽代郭國，傳認為是因郭公在夏陽城中，君與城俱亡的原故。其實根據《左傳》的記事，此時郭國並沒有滅亡，郭亡於魯僖公五年，國亡時郭公醜也沒有死，而是逃到了周室京城。「秋，九月，齊侯等盟于貫澤」條，傳以江人、黃人代表遠方國家，齊國、宋國代表中原大國，認為這次會盟，大國和遠國都來了，其餘沒有國家敢不來的，足見它規模之大。至於「夏，五月辛巳，葬我小君哀姜」和「冬，十月，不雨」兩條，前者點明哀姜是魯桓公夫人，後者以經書「不雨」是記災異，均未涉及義例。

二年，春，王正月，城楚丘[1]。孰城？城衛也。曷為不言城衛？滅也。孰滅之？蓋狄滅之。曷為不言狄滅之？為桓公諱也。曷為為桓公諱？上無天子，下無方伯，天下諸侯有相滅亡者，桓公不能救，則桓公恥之也。然則孰城之？桓公城之。曷為不言桓公城之？不與諸侯專封也。曷為不與？實與，而文不與。文曷為不與？諸侯之義，不得專封。諸侯之義，不得專封，則其曰實與之何？上無天子，下無方伯，天下諸侯有相滅亡者，力能救之，則救之可也。

夏，五月辛巳，葬我小君❷哀姜。哀姜者何？莊公之夫人也。

虞師、晉師滅夏陽❸。虞❹，微國也，曷為序乎大國之上？使虞首惡也。曷為使虞首惡？虞受賂，假滅國者道，以取亡焉。其受賂奈何？獻公❺朝諸大夫而問焉，曰：「寡人夜者寢而不寐，其意也何？」諸大夫有進對者曰：「寢不安與？其諸侍御有不在側者與？」獻公不應。荀息❻進曰：「虞、郭❼見與？」獻公揖而進之，遂與之入而謀曰：「吾欲攻郭，則虞救之，攻虞則郭救之，如之何？願與子慮之。」荀息對曰：「君若用臣之謀，則今日取郭，而明日取虞爾，君何憂焉？」獻公曰：「然則奈何？」荀息曰：「請以屈產❽之乘，與垂棘❾之白璧往，必可得也。則寶出之內藏❿，藏之外府⓫，馬出之內廄⓬，繫之外廄爾，君何喪焉？」獻公曰：「諾。雖然，宮之奇⓭存焉，如之何？」荀息曰：「宮之奇知則知矣，雖然，虞公貪而好寶，見寶必不從其言，請終以往。」於是終以往。虞公見寶許諾，宮之奇果諫：「《記》⓮曰：『脣亡則齒寒。』虞、郭之相救，非相為賜，則晉今日取郭，而明日虞從而亡爾，君請勿許也。」虞公不從其言，終假之道以取郭，還四年，反取虞。虞公抱寶牽馬而至。荀息見曰：「臣之謀何如？」獻公曰：「子之謀則已行矣，寶則吾寶也，雖然，吾馬之齒亦已長矣。」蓋戲之也。

夏陽者何？郭之邑也。曷為不繫于郭？國之也。曷為國之？君存焉爾。

秋，九月，齊侯、宋公、江⑮人、黃⑯人盟于貫澤⑰。江人、黃人者何？遠國之辭也。遠國至矣，則中國曷為獨言齊、宋至爾？大國言齊、宋，遠國言江、黃，則以其餘為莫敢不至也。

冬，十月，不雨。何以書？記異也。

楚人侵鄭。

【注釋】❶楚丘　衛邑。在今河南省滑縣東。❷小君　周代諸侯的妻子稱小君。❸夏陽　郭（即虢）邑。在今山西省平陸縣東北。《左傳》作「下陽」，夏、下音同，字通。❹虞　國名。在今山西省平陸縣東北。❺獻公　晉獻公，名詭諸。晉，西周封國，姬姓。獻公遷都於絳，在今山西省翼城縣東南。後經晉文公改革內政，國力富強，疆域有今山西大部、河北西南部、河南北部和陝西一角。❻荀息　晉大夫。即荀叔，息是他的字。❼郭　國名。在虞國的南面，虞又在晉的南面，所以晉軍伐郭，必借道於虞國。《左傳》、《穀梁傳》作「虢」，字通。❽屈產　何休以屈產為地名，誤。屈，指北屈，晉地，在今山西省吉縣東北。產，出產。❾垂棘　晉邑，確址不詳。有人以為在今山西省潞城市北，以出美玉著稱。❿內藏　內庫；宮內的倉庫。⓫外府　外庫。與宮內倉庫相對。⓬內廄　宮中的馬房。與下外廄為宮外的馬房相對。⓭宮之奇　虞國賢臣。⓮記　古代史書名。⓯江　嬴姓國，故城在今河南省息縣西南。⓰黃　嬴姓國，故城在今河南省潢川縣西。僖公十二年夏滅於楚。⓱貫澤　宋邑。在今山東省曹縣南。《左傳》、《穀梁傳》作「貫」，是一地。

【語譯】二年，春天，周王正月間，修築楚丘城。為誰築城呢？為衛國築城。為什麼不說為衛國築城呢？因為衛國已經滅亡了。誰滅亡了衛國呢？是狄國把它滅亡的。為什麼不說狄國把它滅亡了呢？是為了給齊桓公避諱。為什麼給齊桓公避諱呢？因為上面沒有賢明的天子，下面沒有主理一方政事的諸侯之長，天下諸侯間有相互滅國的事情發生，齊桓公不能前去救助，就是他身為霸主的恥辱。既然這樣，那麼是誰築的城呢？是齊桓公修築的。為什麼不說齊桓公修築的呢？因為不贊成諸侯有擅自封賜的權力。為什麼不贊成呢？實際上贊成，可是文辭上不說贊成。文辭上為什麼不說贊成呢？因為作為諸侯的道理，是不應當有擅自封賜的權力的。既然按照做諸侯的道理，不應當有擅自封賜的權力，那麼實際上又贊成是為什麼呢？因為上面沒有賢明的天子，下面沒有主理一方政事的諸侯之長，天下諸侯間有相互滅國的事情發生，誰有力量救助，就去救助是可以的。

夏天，五月辛巳這天，葬了我小君哀姜。哀姜是什麼人？是魯莊公的夫人。

虞國軍隊、晉國軍隊滅掉了夏陽。虞是個小國，為什麼次序排列在大國的前面？因為要讓虞國首先承擔惡名。為什麼要讓虞國首先承擔惡名呢？因為虞國接受了賄賂，借給滅人國家者道路，結果自取滅亡。虞國是怎樣接受賄賂的呢？晉獻公在朝廷上接見眾大夫，並且問他們說：「我夜裡躺在床上睡不著覺，是有什麼心事呢？」眾大夫中有人進前回答說：「是睡得不安寧呢？還是薦枕的侍姬中有人不在身邊呢？」獻公聽了不作聲。荀息進前說：「是心裡在想著虞國和郭國吧？」獻公忙向他作揖行禮，請他進前，於是進入內室和他謀劃說：「我想攻取郭國，虞國就會去救它，如果攻取虞國，郭國就會去救它。應該怎麼辦才好？希望和你一起商討一下。」荀息回答說：「您如果採用臣下的計謀，就能今天佔取郭國，明天佔取虞國了，您有什麼可以憂慮的呢？」獻公說：「那麼怎樣做呢？」荀息說：「請帶著屈這個地方出產的駿馬，和垂棘這個地方產的白璧到虞國走一趟，就一定能夠得到這兩個國家。這就像是把收藏的美玉從王室的倉庫中取出來，而收藏在宮外的倉庫中，把駿馬從宮中的馬棚中牽出來，而拴在宮外的馬棚中罷了，您有什麼損失呢？」獻公說：「好。可是宮之奇在虞國，應該怎麼辦呢？」荀息說：「宮之奇智慧是有智慧的，知道不能接受寶物。

可是虞君貪財而愛寶物，見到寶物一定不會聽從宮之奇的話，請仍舊還是去。」於是，仍舊去了。虞君見到寶物就答應了借道的要求。宮之奇果然進諫說：「史書上說：『嘴唇如果沒有了，牙齒就會覺得寒冷。』虞國和郭國的相互救援，不是為了得到對方的財物。如今收受了晉國的寶物，那麼晉國今天佔取了郭國，明天虞國接著就會滅亡了，請您不要答應。」虞君不聽從宮之奇的話，最終還是借道給晉國，滅取了郭國。晉滅郭回來，四年後又返回去奪取虞國。虞君懷抱著寶物、手牽著駿馬來請降。荀息見了說：「臣下的計謀怎麼樣？」獻公說：「您的計謀已經實現了，寶物還是我的寶物，可是我的馬年齒已經長大了！」這是和荀息開玩笑的話。夏陽是什麼地方？是郭國的一個城邑。為什麼不繫屬於郭國呢？因為把它當成一個國家。為什麼當成國家？因為郭君還在那裡。

秋天，九月間，齊侯、宋公、江國人和黃國人在貫澤這個地方會盟。江國人、黃國人是什麼意思？表示是遠方國家的文辭。遠方國家來了，那麼中原各國為什麼獨說齊國和宋國來了呢？因為來了的大國說齊國和宋國，遠方國家說江國和黃國，那麼其餘的國家就沒有敢不來參加會盟的。

冬天，十月間，魯國沒有下雨。為什麼記載這件事？這是記載災異。

楚國人侵犯鄭國。

僖公三年

【說　明】本年內《春秋》於春正月、夏四月兩次書「不雨」，於六月書「雨」。正月「不雨」，無傳；傳以四月書「不雨」是記異。而六月間的「雨」，傳的解釋是雨下得不大。經於夏四月間書「徐人取舒」，實指徐人滅掉了舒國，傳認為書「取」不書「滅」，是表示滅舒十分容易。說到「秋，齊侯、宋公、江人、黃人會于陽穀」條，傳意這是一次大會。大會理應盟誓，這次會見為什麼沒有盟誓呢？傳僅提出了問題，並沒有作正面的回答，只是引述了齊桓公在會見中提出的四個共同遵守的條件。至於「冬，公子友如齊蒞盟」條，傳就「蒞盟」與「來盟」的詞義為解，指出：我遣使往盟是蒞盟，諸侯遣使來魯盟是蒞盟。未及經義、經例。

三年，春，王正月，不雨。

夏，四月，不雨。何以書？記異也。

徐❶人取舒❷。其言取之何？易也。

六月，雨。其言六月雨何？上雨而不甚也。

秋，齊侯、宋公、江人、黃人會于陽穀❸。此大會也，曷為末言爾？桓公曰：「無障谷，無貯粟，無易樹子，無以妾為妻。」

冬，公子友如齊莅盟。莅盟者何？往盟乎彼也。其言來盟者何？來盟于我也。

楚人伐鄭。

【注釋】❶徐　國名。在今江蘇省泗洪縣南。後滅於宋。❷舒　偃姓國。在今安徽省舒城縣境。❸陽穀　齊邑。在今山東省平陰縣西南。

【語譯】三年，春天，周王正月間，魯國沒有下雨。

夏天，四月間，魯國沒有下雨。為什麼記載這件事？這是記載災異。

徐國人取了舒國。這裡為什麼說取了它呢？表示沒有費力就佔領了舒國。

六月間，魯國下了雨。這裡說六月下了雨是什麼意思？表示前幾個月雖然下了雨，但是下得不大。

秋天，齊侯、宋公、江國人和黃國人在陽穀這個地方會見。這是一次大會，為什麼不說會盟呢？齊桓公說：「不要阻塞山間的流水通道，不要貯藏穀物，不要換掉應當立的兒子，不要把妾變為妻子。」

冬天，魯國公子友到齊國去「莅盟」。莅盟是什麼意思？是到那裡去會盟。說來盟是什麼意思？是來到我們魯國會盟。

楚國人討伐鄭國。

僖公四年

【說　明】本年《春秋》記載九事，五事有傳。「春，王正月。公會齊侯等侵蔡，蔡潰」條，傳就「潰」字詞義作解，說潰是下叛上之辭，用於全國稱潰，用於一邑稱叛。「遂伐楚，次于陘」條，傳只點明齊師「次于陘」，是為了等候楚國屈完。至於夏「楚屈完來盟于師，盟于召陵」條，傳有三義：一是經逕書「屈完來盟」不言「楚使」，是推重屈完。推重的原因是他與齊桓公會盟，表示兩人地位相當。二是經已書「盟于師」，又說「盟于召陵」者，是因為軍隊在召陵，慶幸齊桓公屈服了楚國。三是經書「來盟」，是贊許桓公成就王業。在這時贊許他，是為了桓公幾次尊王攘夷的功績，以這次為最大。夏「齊人執陳袁濤塗」條，傳以為袁濤塗被執捉的罪過是「辟軍之道」，從作傳所敘的史實中可以看出，由於齊軍有擾民的行為，袁濤塗不願意齊軍回師時再經過自己的國家，才引軍避開了原來的路線。當然使軍隊陷入泥沼草澤地帶，可算有罪。但傳鑒於經書「齊人執」而不言「齊侯執」，這表示並不是霸主的討罪。既然不是霸主的討罪，那被執者就是無罪了。傳從稱人、稱侯的書例中，闡釋執袁濤塗的非伯討之義，這對我們理解《春秋》的文義是很有幫助的。

四年，春，王正月。公會齊侯、宋公、陳侯、衛侯、鄭伯、許男[1]、曹伯侵

蔡，蔡潰。潰者何？下叛上也。國曰潰，邑曰叛。

遂伐楚，次于陘❷。其言次于陘何？有俟也。孰俟？俟屈完❸也。

夏，許男新臣卒。

楚屈完來盟于師，盟于召陵❹。屈完者何？楚大夫也。何以不稱使？尊屈完也。曷為尊屈完？以當桓公也。其言盟于師、盟于召陵何？師在召陵也。師在召陵，則曷為再言盟？喜服楚也。何言乎喜服楚？楚有王者則後服，無王者則先叛。夷狄也，而亟病中國。南夷與北狄交，中國不絕若線。桓公救中國，而攘夷狄，卒怗❺荊，以此為王者之事也。其言來何？與桓為主也。前此者有事矣，後此者有事矣，則曷為獨於此焉？與桓公為主，序績也。

齊人執陳袁濤塗❻。濤塗之罪何？辟軍之道也。其辟軍之道奈何？濤塗謂桓公曰：「君既服南夷矣，何不還師濱海而東，服東夷且歸？」桓公曰：「諾。」於是還師濱海而東，大陷于沛澤之中。顧而執濤塗。執者曷為或稱侯，或稱人？稱侯而執者，伯討也。稱人而執者，非伯討也。此執有罪，何以不得為伯討？古者周公，東征則西國怨，西征則東國怨。桓公假塗于陳而伐楚，則陳人不欲其反由己者，師不正故也。不脩其師而執濤塗，古人之討，則不然也。

秋，及江人、黃人伐陳。

八月，公至自伐楚。楚已服矣，何以致伐楚？叛盟也。

葬許穆公。

冬，十有二月，公孫慈❼帥師會齊人、宋人、衛人、鄭人、許人、曹人侵陳。

【注釋】❶許男　許繆公。名新臣，死於今年，在位四十二年。繆，《左傳》作「穆」，字通。❷陘　即陘山，楚地。在今河南省郾城縣東南。❸屈完　楚大夫。為楚王的同族。❹召陵　楚邑。在今河南省郾城縣東。❺怗　平定；怗服。❻袁濤塗　陳大夫。陳侯滿的後裔。《左傳》袁作「轅」，字通。❼公孫慈　魯大夫。即叔孫戴伯，叔牙的兒子。《左傳》、《穀梁傳》慈作「茲」，字通。

【語譯】四年，春天，周王正月間，魯僖公會合齊侯、宋公、陳侯、衛侯、鄭伯、許男、曹伯侵入蔡國，蔡國軍隊潰散。潰是什麼意思？是下叛上。舉國反叛叫潰，一個城邑反叛叫叛。

隨即討伐楚國，軍隊停留在陘這個地方。說軍隊停留在陘這個地方是為什麼？是等候人。等候什麼人呢？等候楚國屈完。

夏天，許君新臣死了。

楚國屈完來到軍中會盟，在召陵這個地方會盟。屈完是什麼人？是楚國的一位大夫。為什麼不說差遣呢？為的是尊重屈完。為什麼尊重屈完呢？因為他與齊桓公會盟。說在軍中會盟、在召陵會盟是為什麼呢？因為軍隊駐在召陵。軍隊駐在召陵，為什麼兩次說會盟呢？這是慶幸屈服了楚國。為什麼說慶幸屈服了楚國呢？因為楚國有了有道的君主才服從，沒有有道的君主就帶頭反叛。他們是夷狄，常常侵犯中原各國。南夷和北狄交亂中國，中原各國的危亡像一根沒有斷掉的線一樣。齊桓公救中國存邢、衛，抗拒夷狄入侵，終於平定荊楚，用這樣的行動成就了王者的事業。這裡為什麼說「來」呢？是贊許齊桓公為霸主。在這以前有過這樣的事，以後也會有這樣的事，為什麼單獨在這裡贊許他為霸主呢？因為他屢次尊王攘夷的功績，沒有比這次更為盛大的了。

齊國人捕捉了陳國的袁濤塗。袁濤塗犯了什麼罪？是有意躲避行軍應該走的正路。他躲避行軍應該走的正路是怎樣的呢？袁濤塗對齊桓公說：「您已經平服了南夷，為什麼回師不沿著海向東邊走，平服了東夷再回國呢？」桓公說：「行。」於是回師就沿著海向東邊走，使軍隊全都陷入長滿草的湖澤裡。桓公回頭就把袁濤塗捕捉了起來。捕捉人為什麼有時候稱侯、有時候稱人呢？捕人的人稱侯，是方伯的討伐有罪。捕人的人稱人，不是方伯的討伐有罪。這裡捕捉的是有罪的人，為什麼不能成為方伯的討伐呢？往昔周公，向東方征討，西方國家就有怨言；向西方征討，東方國家就有怨言。這次齊桓公借道陳國去討伐楚國，陳國人不想讓齊軍返回時再經過自己的國家，這是因為齊軍紀律鬆弛的原故。齊桓公不整頓自己的軍紀，反把袁濤塗捕捉起來，古時方伯的討伐就不是這樣的。

秋天，魯僖公和江國人、黃國人討伐陳國。

八月間，魯僖公從討伐楚國的駐地回到魯國都城。楚國已經屈服了，為什麼還要討伐呢？因為楚國背叛了盟約。

葬了許繆公。

冬天，十二月間，魯國公孫慈統率軍隊會同齊國人、宋國人、衛國人、鄭國人、許國人、曹國人侵入陳國。

僖公五年

【說　明】本年《春秋》記載九事，六事有傳。「春，晉侯殺其世子申生」條，傳以為經文直接標出「晉侯殺」，和鄭莊公殺母弟一樣，是表示他們毫無骨肉之情，太殘忍了。在解說「杞伯姬來朝其子」時，傳以為這是就魯國而言的，意思是杞伯姬帶領她的兒子來朝。說到夏「公及齊侯等會王世子」條，傳認為經不將王世子與各國諸侯一同序列，而特書「會王世子」，是因為他是天子世襲之子，身份尊貴的原故。經於「秋，八月」緊接前首戴的會見，而書「諸侯盟于首戴」。這裡統言「諸侯」，而不分別序列，傳的釋例是：一事重複出現，前事序列細目，後事只用統稱。八月間，經記「鄭伯逃歸不盟」事，按照傳的意思，鄭伯並沒有逃歸，而是齊桓公沒能使他加盟。書他「逃歸」，是表示不能因為鄭伯一人而冒犯各國諸侯。「冬，晉人執虞公」條，作傳者鑒於虞已滅國，這裡不書「滅」而書「執」，是因為滅是亡國的善辭，虞國君臣上下離心，夠不上書「滅」的條件。

五年，春，晉侯殺其世子申生❶。曷為直稱晉侯以殺？殺世子、母弟❷直稱君者，甚之也。

杞伯姬❸來朝其子。其言來朝其子何？內辭也，與其子俱來朝也。

夏，公孫慈如牟❹。

公及齊侯、宋公、陳侯、衛侯、鄭伯、許男、曹伯會王世子❺于首戴❻。曷為殊會王世子？世子貴也。世子，猶世世子也。

秋，八月，諸侯盟于首戴。諸侯何以不序？一事而再見者，前目而後凡也。

鄭伯逃歸不盟。其言逃歸不盟者何？不可使盟也。不可使盟，則其言逃歸何？魯子❼曰：「蓋不以寡犯眾也。」

楚人滅弦❽。弦子奔黃。

九月戊申朔，日有食之。

冬，晉人執虞公。虞已滅矣，其言執之何？不與滅也。曷為不與滅？滅者亡國之善辭也，滅者，上下之同力者也。

【注釋】❶申生　晉獻公的太子。被驪姬設謀陷害，逃奔曲沃，自縊而死。❷母弟　指鄭莊公殺他的母弟共叔段。❸杞伯姬　杞成公夫人。魯莊公的女兒，於莊公二十五年嫁於杞。❹牟　見桓公十五年注。❺王世子　周天子世代相襲的嫡長子。此指周惠王太子鄭。❻首戴　衛邑。在今河南省睢縣東南。❼魯子　見莊公三年注。❽弦　姬姓國，一說隗姓。故地在今河南省光山縣西北。

【語譯】五年，春天，晉獻公殺了他的太子申生。為什麼直接說晉獻公殺的呢？殺太子或殺母弟直接說某君殺的，表示這是極壞的罪惡行為。

杞伯姬帶領兒子來魯國朝見。說帶領兒子來魯國朝見是什麼意思？這是魯國人對內的說法，實際上是她和兒子一同來朝見。

夏天，魯國公孫慈到牟這個地方去。

魯僖公和齊侯、宋公、陳侯、衛侯、鄭伯、許男、曹伯會見周天子世子在首戴這個地方。為什麼特別說會見周天子世子呢？因為世子尊貴。世子是天子世襲的嫡長子。

秋天，八月間，各國諸侯在首戴這個地方會盟。為什麼不把各國諸侯分別加以序列？因為一件事情第二次出現，前事應當序列細目，後記就只用總稱。

鄭伯逃回鄭國不參加會盟。說他逃回鄭國不參加會盟是為什麼呢？是因為沒有辦法使他加盟。既然是沒有辦法使他加盟，那為什麼說他逃回鄭國呢？魯子說：「是不能因他一個人冒犯各國諸侯的原故。」

楚國人滅了弦國。弦國君主逃跑到黃國。

九月戊申初一這天，魯國發生日食。

冬天，晉國人捕捉了虞國君主。虞國已經滅亡了，為什麼還要說捕捉呢？因為不贊成說滅。為什麼不贊成說滅呢？因為「滅」是亡國的一種美好的說法，被滅的國家，應當君臣上下一心抗拒過敵人。

僖公六年

【說　明】《春秋》首書「春，王正月」表明時序，全年記載三事，僅「夏，公會齊侯等伐鄭，圍新城」一事有傳。認為依例邑不應當說圍，說圍是厭惡齊桓公逞霸強。

六年，春，王正月。

夏，公會齊侯、宋公、陳侯、衛侯、曹伯伐鄭，圍新城❶。邑不言圍，此其言圍何？彊也。

秋，楚人圍許。諸侯遂救許。

冬，公至自伐鄭。

【注　釋】❶新城　衛邑。在今河南省新密市東南。

【語　譯】六年，春天，周王正月。

夏天，魯僖公會合齊侯、宋公、陳侯、衛侯、曹伯討伐鄭國，包圍了新城。城邑是不說包圍的，這裡說包圍是什麼意思？是憎惡齊桓公肆意逞強。

秋天，楚國人包圍了許國。各國諸侯於是就去救助許國。

冬天，魯僖公從討伐鄭國的駐地回到魯國都城。

僖公七年

【說　明】本年《春秋》記載七事，《公羊傳》就「鄭殺其大夫申侯」一事釋書例，認為稱國殺者，是國君殺其大夫的文辭。

七年，春，齊人伐鄭。

夏，小邾婁子❶來朝。

鄭殺其大夫申侯❷。其稱國以殺何？稱國以殺者，君殺大夫之辭也。

秋，七月，公會齊侯、宋公、陳世子款❸、鄭世子華❹盟于甯毋❺。

公子友如齊。

曹伯般❻卒。

冬，葬曹昭公。

【注　釋】❶小邾婁子　即郳犂來。見莊公五年注。《左傳》、《穀梁傳》作「小邾子」。❷申侯　鄭大夫。陳袁濤塗怨恨他在召陵之盟時出賣了自己，遂在鄭伯面前誣陷他想謀反，因此而被殺。❸陳世子款　即陳穆公，陳宣公的太子。❹鄭世子華　鄭國太子，名華。因要求憑藉齊國的力量來削弱鄭國，終於僖公十六年被鄭國殺掉。❺甯毋　魯邑。在今山東省魚臺縣東。《左傳》毋作「母」。❻曹伯般　曹昭公，名般。繼曹釐公而立，在位九年。《左傳》般作「班」，字通。

【語　譯】七年，春天，齊國人討伐鄭國。

夏天，小邾婁國君來魯國朝見。

鄭國殺了它的大夫申侯。這裡說國殺是什麼意思？說國殺，是國君殺大夫的文辭。

秋天，七月間，魯僖公會見齊侯、宋公、陳世子款、鄭世子華，在甯毋這個地方結盟。

曹君般死了。

魯國公子友到齊國去。

冬天，葬了曹昭公。

卷一一　僖公中

僖公八年

【說　明】本年《春秋》書記五事，三事有傳。「春，王正月，公會王人等盟于洮」條，傳以王人是地位低微的周室內臣，經文把他排列在諸侯之前，是為了尊崇王命的原故。正月「鄭伯乞盟」條，傳認為經書「乞盟」，意思是鄭伯仍在國內，並未前來，只是遣使挹血來參與盟誓罷了。這樣的解釋，與《左傳》的以乞盟是請求參加會盟，說乞盟正表示鄭伯的順從的釋義有異。至於「秋，七月，禘于太廟，用致夫人」條，傳先指明書「用」、書「致」，是表示不應該用、不應該致，原因是祭祖讓夫人進入太廟是違禮的。隨即提出經書夫人而不稱姜氏的問題。認為經書夫人，意在譏貶僖公。原因是魯僖公受齊國迫脅，讓先到的齊國媵女行了夫人廟見之禮，奪了本來要娶的楚女正妻的位子。

八年，春，王正月，公會王人❶、齊侯、宋公、衛侯、許男、曹伯、陳世子款、鄭世子華❷盟于洮❸。王人者何？微者也。曷為序乎諸侯之上？先王命也。

鄭伯乞盟。乞盟者何？處其所而請與也。其處其所而請與奈何？蓋酌❹之也。

夏，狄伐晉。

秋，七月，禘于太廟，用致夫人。用者何？用者不宜用也。致者何？致者不宜致也。禘用致夫人，非禮也。夫人何以不稱姜氏？貶。曷為貶？譏以妾為妻也。其言以妾為妻奈何？蓋脅于齊媵女之先至者也。

冬，十有二月丁未，天王❺崩。

【注釋】❶王人　周王室臣。不詳是何人。❷鄭世子華　《左傳》、《穀梁傳》均無此四字。據下經文「鄭伯乞盟」，可知鄭實未參與會盟，四字衍。❸洮　曹邑。在今山東省鄄城縣西南。❹酌　舀取；汲取。這裡指汲取盟誓用的血。❺天王　指周惠王，名閬。周釐王的兒子，在位二十五年。

【語譯】八年，春天，周王正月間，魯僖公會見王人、齊侯、宋公、衛侯、許男、曹伯、陳世子款、鄭世子華，在洮這個地方結盟。王人是什麼人？是地位低微的人。為什麼把他排列在各國諸侯的前面？是為了尊崇周王的命令。

鄭伯請求參加會盟。請求參加會盟是什麼意思呢？是說身處國內而請求參加會盟。他身處國內而請求參加會盟是怎樣的呢？是差遣使者攜帶舀取的血來與盟。

夏天，狄人討伐晉國。

秋天，七月間，在太廟中祭祀祖先，用致夫人進入太廟。用是什麼意思？說用是表示不應該用。致是什麼意思？說致是表示不應該致。用祭祀祖先的典禮使夫人進入太廟，是不合禮數的。夫人為什麼不稱姜氏呢？是貶責。為什麼貶責？為了譏諷魯僖公以妾為妻。說他以妾為妻是怎麼回事？是因為魯僖公受到齊國的迫脅，把先到的齊國媵女改立為夫人。

冬天，十二月，丁未這天，周天子死了。

僖公九年

【說　明】本年《春秋》書記六事，五事有傳。傳對「宋公禦說卒」的說解，可與下條宋襄公參與勤王室的葵丘之會的事合看。傳以為經書宋公卒而不記載他的葬事，是為給他的兒子襄公不顧父親的殯葬而參與諸侯之會避諱。下條「夏，公會宰周公等于葵丘」，傳以宰周公為天子執政的冢宰，未及義例。「秋，七月乙酉，伯姬卒」條，傳認為未出嫁的女子死了依例不作記載，這裡記伯姬的死，是因為她已經訂婚，按禮應該用成人的禮治喪，所以經書她的死事。「九月戊辰，諸侯盟于葵丘」條，《公羊傳》前已有對「桓之盟不日」、「桓之盟書日」的例解，前者謂「信之也」，後者謂「危之也」。如今葵丘之盟書日，因用前例而說危，至於危險的原因，是齊桓公傲慢自大，叛盟的竟有九個國家。和貫澤之會時江人、黃人主動前來參加會盟的情形完全相反。說到「冬，晉里克弒其君之子奚齊」事，傳以為依例奚齊應當稱子，這裡用「君之子」的稱呼，是對殺即位未踰年的嗣君的稱號。

九年，春，王三月丁丑，宋公禦說❶卒。何以不書葬？為襄公諱也。

夏，公會宰周公❷、齊侯、宋子、衛侯、鄭伯、許男、曹伯于葵丘❸。宰周公者何？天子之為政者也。

秋，七月乙酉，伯姬卒。此未適人何以卒？許嫁矣。婦人許嫁字而笄之❹，死則以成人之喪治之。

九月戊辰，諸侯盟于葵丘。桓之盟不日，此何以日？危之也。何危爾？貫澤❺之會，桓公有憂中國之心，不召而至者江人、黃人也；葵丘之會，桓公震而矜之，叛者九國。震之者何？猶曰振振然。矜之者何？猶曰莫若我也。

甲戌❻，晉侯詭諸❼卒。

冬，晉里克❽弒其君之子奚齊❾。此未踰年之君，其言弒其君之子奚齊何？殺未踰年君之號也。

【注釋】❶宋公禦說　宋桓公，名禦說。宋莊公的兒子，繼其兄湣公而立，在位三十一年。《左傳》禦作「御」，字通。❷宰周公　宰孔。周王室太宰，食邑於周。❸葵丘　宋邑，或說齊邑。在今河南省民權縣東北。❹婦人許嫁句　《儀禮・士冠禮》說女子允婚後，要行加笄禮，然後行醴禮並為她取字。❺貫澤　見僖公二年注。❻甲戌　《左傳》、《穀梁傳》均作「甲子」，是。此疑誤。❼晉侯詭諸　晉獻公，名詭諸。晉武公的兒子，在位二十六年。《左傳》詭作「佹」，字通。❽里克　即里季。晉卿。❾奚齊　晉獻公的兒子，驪戎女驪姬所生。

【語譯】九年，春天，周王三月丁丑這天，宋國君主禦說死了。為什麼不記載他的葬事，這是為宋襄公避諱。

夏天，魯僖公和宰周公、齊侯、宋子、衛侯、鄭伯、許男、曹伯在葵丘這個地方會見。宰周公是什麼人？是周天子執掌政務的卿士。

秋天，七月乙酉這天，魯國的伯姬死了。她還沒有出嫁為什麼記載她的死呢？因為已經訂了婚。女子訂婚後就為她取字，並舉行加笄禮。如果死了，就用成年人的喪禮治辦喪事。

九月戊辰這天，各國諸侯在葵丘這個地方會盟。齊桓公的會盟不必記載日期，這裡為什麼記載日期呢？是表示齊桓公有危險。有什麼危險？那次在貫澤的會盟，齊桓公有憂慮中原諸侯國的心思，不等召喚而自來加盟的有江國人和黃國人；這次在葵丘的會盟，齊桓公震而矜之，反叛的竟有九個國家。震之是什麼意思？就像是表現他驕橫的樣子。矜之是什麼意思？就像他在說：「沒有誰能夠比得上我的！」

甲戌這天，晉國君主詭諸死了。

冬天，晉國里克弒殺了晉君的兒子奚齊。奚齊是即位不到一年的嗣君，這裡說殺了他的國君的兒子奚齊是為什麼呢？這是殺掉繼位不到一年的國君的稱號。

僖公十年

【說　明】本年《春秋》記載七事，三事有傳。正月「晉里克弒其君卓子及其大夫荀息」條，傳從「及」字立義，釋「及」為累及。提出因受弒君連累被殺者不止荀息一人，孔父、仇牧還有另外的人都是受連累而被殺害的。他人皆不書，特書荀息者，是因為荀息有講信用、不食言的賢行。為了說明他怎樣言而有信，作傳者詳敘了晉國一段有關史實。里克連弒奚齊、卓子二君，迎立晉惠公，惠公入晉後，經記「晉殺其大夫里克」，既然里克弒殺二君，自當用討伐逆賊的文辭，為什麼仍稱他為大夫呢？這正是傳解釋這條經文的重點。在作傳者看來，他弒殺的不是惠公，而惠公殺他是猜忌他圖謀自己，並不是因為他有弒殺二君之罪，他實為惠公的大夫。這就是經書大夫的原因。由此義又生發出經不書惠公入晉的問題。認為這是預先為不書晉文公入晉事避諱。為了立說的周全，還就《春秋》曾記齊桓公入齊並不避諱，而如今卻為晉文公避諱的原因作出了解釋。

十年，春，王正月，公如齊。

狄滅溫❶。

溫子奔衛。

晉里克弒其君卓子❷及其大夫荀息❸。及者何？累也。弒君多矣，舍此無累者乎？曰：「有。孔父❹、仇牧❺皆累也。」舍孔父、仇牧無累者乎？曰：「有。」有則此何以書？賢也。何賢乎荀息？荀息可謂不食其言矣。其不食其言奈何？奚齊、卓子者，驪姬之子也，荀息傅焉。驪姬者，國色也。獻公愛之甚，欲立其子，於是殺世子申生。申生者，里克傅之。獻公病將死，謂荀息曰：「士何如則可謂之信矣？」荀息對曰：「使死者反生，生者不愧乎其言，則可謂信矣。」獻公死，奚齊立。里克謂荀息曰：「君殺正而立不正，廢長而立幼，如之何？願與子慮之。」荀息曰：「君嘗訊臣矣，臣對曰：『使死者反生，生者不愧乎其言，則可謂信矣。』」里克知其不可與謀，退弒奚齊。荀息立卓子，里克弒卓子，荀息死之。荀息可謂不食其言矣。

夏，齊侯、許男伐北戎。

晉殺其大夫里克。里克弒二君，則曷為不以討賊之辭言之？惠公❻之大夫也。

然則孰立惠公？里克也。里克弒奚齊、卓子，逆惠公而入。里克立惠公，則惠公曷為殺之？惠公曰：「爾既殺夫二孺子矣，又將圖寡人，為爾君者，不亦病乎？」於是殺之。然則曷為不言惠公之入？晉之不言出入者，踊❼為文公諱也。齊小白入于齊，則曷為不為桓公諱？桓公之享國也長，美見乎天下，故不為之諱本惡也。文公之享國也短，美未見乎天下，故為之諱本惡也。

秋，七月。

冬，大雨雹。何以書？記異也。

【注釋】❶溫　周王畿內的小國。在今河南省溫縣南。❷卓子　晉獻公共有八個兒子，他是其中的一個，驪姬之娣所生。亦稱公子卓，《史記》作「悼子」。❸荀息　即荀叔。受獻公命而立奚齊，奚齊被殺後，又立卓子，葬獻公。卓子被弒，荀息亦死。❹孔父　見桓公二年傳及注。❺仇牧　宋萬弒其君接及仇牧事，見莊公十二年傳。《左傳》亦有記載。❻惠公　獻公的兒子，名夷吾，由秦穆公派兵護送入晉為君。❼踊　預先。齊人的方言口語。

【語譯】十年，春天，周王正月間，魯僖公到齊國去。

狄人滅亡了溫國。

溫國君主逃奔到衛國。

晉國里克弒殺了晉君卓子及大夫荀息。及是什麼意思？是受連累。弒殺國君的事情很多，除了他就沒有受連累而被殺的嗎？回答說：「有。孔父和仇牧都是受連累被殺的。」除了孔父和仇牧就沒有受連累被殺的嗎？回答說：「有。」既然有，那為什麼要記載荀息呢？因為他賢明。為什麼認為他賢明呢？荀息稱得上是位言而有信的人了。他怎樣言而有信呢？奚齊和卓子，都是驪姬的兒子，由荀息輔佐。驪姬是晉國美貌冠群的人，獻公非常喜愛她，想立她生的兒子，這樣就殺了太子申生。申生，是里克輔佐的。獻公生病快要死的時候，對荀息說：「士人怎麼樣才能稱得上講信義呢？」荀息回答說：「如果讓死去的人活了過來，活著的人無愧於自己說過的話，就稱得上講信義了。」獻公死後，奚齊繼位。里克對荀息說：「君主殺了嫡子而立庶子，廢掉長子而立幼子，這件事怎麼辦才好？願意和您共同考慮。」荀息說：「君主曾經問過我，我回答說：『如果讓死去的人活了過來，活著的人無愧於自己說過的話，就稱得上講信義了。』」里克知道他沒有商量的餘地，回去就把奚齊弒殺了。荀息立卓子為國君，里克又弒殺了卓子，荀息就自殺而死。荀息稱得上是言而有信了。

夏天，齊侯和許男討伐北戎。

晉國殺了它的大夫里克。里克弒殺二君，為什麼不用討伐逆賊的文辭來說他呢？因為他是惠公的大夫。那麼是誰立惠公的？是里克。里克弒殺奚齊、卓子，迎接惠公進入晉國。既然是里克立惠公為君，那麼惠公為什麼要殺他呢？惠公說：「你已經殺了那兩個孩子，又打算圖謀我，當你的君主，不也是很讓人擔憂的嗎？」於是就把他殺了。那麼為什麼《春秋》不記載惠公進入晉國呢？對晉國不說出奔和進入，是因為預先為晉文公避諱。那齊小白進入齊國，為什麼不為他避諱呢？因為齊桓公在位的時間很長，他的事功在天下傳揚，所以用不著避諱他的壞事。晉文公在位的時間很短，他的事功不被天下所知，所以要避諱他的壞事。

秋天，七月。

冬天，下了一場大冰雹。為什麼記載這件事？這是記載災異。

僖公十有一年

【說　明】本年《春秋》書記四事，《公羊傳》均無說解。

十有一年，春，晉殺其大夫丕鄭父❶。

夏，公及夫人姜氏❷會齊侯于陽穀❸。

秋，八月，大雩❹。

冬，楚人伐黃。

【注釋】❶丕鄭父　晉大夫，亦稱丕鄭，里克的同黨。❷夫人姜氏　魯僖公夫人聲姜。當為齊桓公的女兒。❸陽穀　見僖公三年注。❹大雩　見桓公五年注。

【語譯】十一年，春天，晉國殺了它的大夫丕鄭父。

夏天，魯僖公和他夫人姜氏在陽穀這個地方會見齊桓公。

秋天，八月間，魯國舉行盛大的求雨祭祀。

冬天，楚國人討伐黃國。

僖公十有二年

【說明】本年《春秋》書記三事，另書「秋，七月」表明時序，《公羊傳》均無說解。

十有二年，春，王三月庚午，日有食之。

夏，楚人滅黃。

秋，七月。

冬，十有二月丁丑，陳侯處臼❶卒。

【注釋】❶陳侯處臼　陳宣公，名處臼。陳莊公的少弟，在位四十五年。《左傳》、《穀梁傳》處作「杵」，兩字音近，可通。

【語譯】十二年，春天，周王三月庚午這天，魯國發生日食。

夏天，楚國人滅亡了黃國。

秋天，七月。

冬天，十二月丁丑這天，陳君處臼死了。

僖公十有三年

【說明】本年《春秋》書記五事，《公羊傳》均無說解。

十有三年，春，狄侵衛。

夏，四月，葬陳宣公。

公會齊侯、宋公、陳侯、衛侯、鄭伯、許男、曹伯于鹹❶。

秋，九月，大雩。

冬，公子友如齊。

【注釋】❶鹹 衛邑。在今河南省濮陽市境。

【語譯】十三年，春天，狄人侵入衛國。

夏天，四月間，葬了陳宣公。

魯僖公和齊侯、宋公、陳侯、衛侯、鄭伯、許男、曹伯在鹹這個地方會見。

秋天，九月間，魯國舉行盛大的求雨祭祀。

冬天，魯國公子友到齊國去。

僖公十有四年

【說明】本年《春秋》記載五事，三事有傳。「春，諸侯城緣陵」條，傳以為城緣陵，是為杞國築城，原因是杞國受到徐、莒兩國的迫脅。經不說杞國受到兩國迫脅，是為齊桓公避諱。這樣的說解和下面的為什麼不說桓公築城之義，與前僖公二年「城楚丘」義略同，可以參看。問題是城楚丘和城緣陵情況有別，前者是衛已被狄人所滅，所以桓公助衛復國才有諸侯擅自封賜的嫌疑，要為他避諱。而這裡杞未滅國，僅是受到徐、莒的迫脅，傳仍援前例說「諸侯之義不得專封」云云，就是無的放矢了。從文字上看，傳提出「是誰築的緣陵城？」回答說「是為杞國而築城」；又如問「孰滅之？」則答以「蓋徐、莒脅之」，讓人感到有些答非所問。「夏，六月，季姬及鄫子遇于防」條，傳就鄫君受季姬指使來魯國朝見事立說，認為來魯朝見不是事實，這是魯國自己說的門面話，事實是季姬讓鄫君來為她自己請婚。至於解說「秋，八月辛卯，沙鹿崩」，一釋沙鹿為河上的一個城邑；二釋崩義為塌陷；三釋經書國外奇異的事情，是為天下記異。

十有四年，春，諸侯城緣陵❶。孰城之？城杞也。曷為城杞？滅也。孰滅之？

蓋徐、莒脅之。曷為不言徐、莒脅之？為桓公諱也。曷為為桓公諱？上無天子，下無方伯，天下諸侯有相滅亡者，桓公不能救，則桓公恥之也。然則孰城之？桓公城之。曷為不言桓公城之？不與諸侯專封也。曷為不與？實與而文不與。文曷為不與？諸侯之義不得專封也。諸侯之義不得專封，則其曰實與之何？上無天子，下無方伯，天下諸侯有相滅亡者，力能救之，則救之可也。

夏，六月，季姬❷及鄫子❸遇于防❹，使鄫子來朝。鄫子曷為使乎季姬來朝？內辭也。非使來朝，使來請己也。

秋，八月辛卯，沙鹿❺崩。沙鹿者何？河上之邑也。此邑也，其言崩何？襲❻邑也。沙鹿崩何以書？記異也。外異不書，此何以書？為天下記異也。

狄侵鄭。

冬，蔡侯肹❼卒。

【注釋】❶緣陵　杞國被遷的住地，在今山東省昌樂縣東南。❷季姬　魯僖公女兒，或說莊公女兒，嫁給鄫君。死於僖公十六年。❸鄫子　鄫國國君。鄫，姒姓國，故城在今山東省蒼山縣西北。《穀梁傳》鄫作「繒」，字通。❹防　魯邑，在今山東省曲阜市東。與魯的東西二防邑不是一地。❺沙鹿　晉國山名，在今河北省大名縣東。《公羊傳》認為是黃河邊的一個城邑。❻襲　何休認為襲是嘿，默然無聲的意思。❼蔡侯肹　蔡穆侯，名肹。哀侯的兒子，在位二十九年。

【語譯】十四年，春天，諸侯在緣陵築城。是為誰築城呢？這是為杞國築城。為什麼為杞國築城呢？因為杞國已經滅亡了。誰滅亡杞國的呢？是受到了徐國、莒國的迫脅。為什麼不說受到徐國、莒國的迫脅呢？是為齊桓公避諱。為什麼為齊桓公避諱呢？因為上面沒有賢明的天子，下面沒有主理一方政事的諸侯之長，天下諸侯間有相互滅國的事情發生，齊桓公不能前去救助，就是身為霸主的他的恥辱。那麼究竟是誰築城呢？是齊桓公築城。為什麼不說齊桓公築城呢？因為不贊成諸侯有擅自封賜的權力。為什麼不贊成呢？實際上贊成，可是文辭上不說贊成。文辭上為什麼不說贊成呢？因為作為諸侯的道理，是不應當有擅自封賜的權力的。既然按照諸侯的道理，不應當有擅自封賜的權力，那麼實際上又贊成是為什麼呢？上面沒有賢明的天子，下面沒有主理一方政事的諸侯之長，天下諸侯間有相互滅國的事情發生，誰有力量救助，就去救助是可以的。

夏天，六月間，魯國的季姬和鄫君在防這個地方相遇，季姬讓鄫君到魯國來朝見。鄫君為什麼受季姬指使來朝見呢？這是魯國對內的說法。不是讓鄫君來朝見，是讓他來為自己請婚。

秋天，八月辛卯這天，沙鹿塌陷了。沙鹿是什麼呢？是黃河邊上的一個城邑。這是城邑，說它塌陷是為什麼呢？表示是默然無聲地塌陷下去了。沙鹿塌陷為什麼記載呢？這是記載奇異的事情。依例魯國以外國家奇異的事情不作記載，這裡為什麼記載呢？是為天下記載奇異的事情。

狄人侵犯鄭國。

冬天，蔡國國君肹死了。

僖公十有五年

【說　明】本年《春秋》記載十三事，三事有傳。「九月，公至自會」條。按：莊公十三年經記齊魯柯之盟，《公羊傳》有「桓之盟不日，其會不致，信之也」的例解。今經書僖公參與桓公主持的牡丘之盟，為什為又書「至」呢？為了照應前傳，這裡提出了因「久」而書的說解。九月「己卯晦，震夷伯之廟」條，傳釋晦、釋震，進而指出夷伯是受季氏寵信的家臣，因為他受到上天的告戒而尊重他，所以稱他的字。伯夷究竟是什麼人？《春秋》三傳的說法各異。《左傳》說他是展氏的祖先，《穀梁傳》認為他是魯大夫，都不清楚有什麼依據。至於《公羊傳》的說法，也讓人懷疑。這時季氏還沒有執掌魯政，也沒做僭越的事情，他所做的許多僭越的事情，都是在以後發生的。作為地位低微的家臣，這時如何能僭越立廟呢？

十有五年，春，王正月，公如齊。

楚人伐徐。

三月，公會齊侯、宋公、陳侯、衛侯、鄭伯、許男、曹伯，盟于牡丘❶，遂次于匡❷。

公孫敖❸率師及諸侯之大夫救徐。

夏，五月，日有食之。

秋，七月，齊師、曹師伐厲❹。

八月，螺。

九月，公至自會。桓公之會不致，此何以致？久也。

季姬歸于鄫❺。

己卯晦❻，震夷伯❼之廟。晦者何？冥也。震之者何？雷電擊夷伯之廟者也。夷伯者曷為者也？季氏之孚❽也。季氏之孚則微者，其稱夷伯何？大之也。曷為大之？天戒之，故大之也。何以書？記異也。

冬，宋人伐曹。

楚人敗徐于婁林❾。

十有一月壬戌，晉侯及秦伯戰于韓❿，獲晉侯。此偏戰也，何以不言師敗績？君獲不言師敗績也。

【注釋】❶牡丘　齊邑。在今山東省茌平縣東。❷匡　地理位置諸說不同，當在今河南省睢縣西的匡城，屬宋。❸公孫敖　即孟穆伯，魯大夫。慶父的兒子。❹厲　國名，在今河南省鹿邑縣東。❺鄫　國名。在今山東省棗莊市東。❻晦　陰曆月末的一天。《公羊傳》以冥暗釋晦，不合經義。❼夷伯　說見本年「說明」。❽孚　信任；信用。❾婁林　徐邑。在今安徽省泗縣東北。❿韓　《讀史方輿紀要》以為今山西省芮城縣有韓亭，就是這次秦、晉交戰的韓地。

【語　譯】十五年，春天，周王正月間，魯僖公到齊國去。

楚國人討伐徐國。

三月間，魯僖公和齊侯、宋公、陳侯、衛侯、鄭伯、許男、曹伯會見，在牡丘這個地方結盟，於是就把軍隊停留在匡這個地方。

魯國公孫敖率領軍隊和諸侯的大夫們去救助徐國。

夏天，五月，魯國發生日食。

秋天，七月間，齊國軍隊、曹國軍隊討伐厲國。

八月間，魯國發生蝗害。

九月間，魯僖公從會盟的地方回到魯國都城。和齊桓公的會盟不必記載回來，這裡為什麼記載呢？因為他出國的時間已經很長久了。

己卯這天晦，震壞了夷伯的廟。晦是什麼意思？是黑暗無光。震是什麼意思？是雷電打壞了夷伯的廟。夷伯是怎樣的人呢？是季氏信任的人。季氏信任的人應該是地位低微的人，這裡稱他夷伯是為什麼呢？是為了尊重他。為什麼尊重他呢？因為上天告戒了他，所以要尊重他。為什麼記載這件事？這是記載奇異的事情。

冬天，宋國人討伐曹國。

楚國人在婁林這個地方戰敗了徐國。

十一月壬戌這天，晉惠公和秦穆公在韓這個地方交戰，晉惠公被俘虜。這是正規的戰爭，為什麼不說軍隊潰敗呢？連國君都被俘了，就不必再說軍隊潰敗了。

僖公十有六年

【說　明】本年《春秋》於春季記載三事，傳均有說解，其餘記事全無傳。「春，王正月戊申朔，霣石于宋五」條，傳從修辭的角度，析辨經文記事的邏輯順序，認為書霣石是表示聞，先聽到物墜地的聲響，用眼一看，是隕石，數一數是五塊。接著這條，《春秋》繼書「是月，六鷁退飛過宋都」，傳先解「是月」，次說經文不書晦的用意，接著仍從文字的邏輯順序著眼，解說經文所以要這樣記寫，是顯示先看到天上有六隻鳥，細察乃是鷁鳥，再慢慢觀察才發現是退著飛。在這條中，傳還就經記載此事以及記外異的問題，作出了解釋。至於「三月壬申，公子季友卒」條，傳以為經稱季友而不書其名，是褒贊他賢明。

十有六年，春，王正月戊申朔，霣石❶于宋五。是月，六鷁❷退飛過宋都。

曷為先言霣而後言石？霣石記聞，聞其磌然❸，視之則石，察之則五。是月者何？

僅逮是月也。何以不日？晦日也。晦則何以不言晦？《春秋》不書晦也。朔有事則書，晦雖有事不書。曷為先言六而後言鷁？六鷁退飛，記見也，視之則六，察之則鷁，徐而察之則退飛。五石、六鷁何以書？記異也。外異不書，此何以書？為王者之後記異也。

三月壬申，公子季友卒。其稱季友何？賢也。

夏，四月丙申，鄫季姬❹卒。

秋，七月甲子，公孫慈❺卒。

冬，十有二月，公會齊侯、宋公、陳侯、衛侯、鄭伯、許男、邢侯、曹伯于淮❻。

【注釋】❶霣石　墜落地面的隕星殘石塊。《左傳》霣作「隕」，字通。❷鷁　形狀像鷺鷥的水鳥，能高飛。《穀梁傳》作「鶂」。❸磌然　形容石落的聲音。❹鄫季姬　即僖公十四年的季姬。見該注。❺公孫慈　見僖公四年注。❻淮　晉邑。在今江蘇省盱眙縣一帶。

【語譯】十六年，春天，周王正月戊申初一這天，墜落石頭五塊在宋國。這個月，六隻鷁鳥倒退飛過宋國都城。為什麼先說墜落而後說石頭呢？墜落石頭是記載聽見的事，聽到嘭的一聲響，過去一看是石頭，細數一數是五塊。這個月是什麼意思？是剛剛趕在這個月裡。鷁鳥的事為什麼不記明日子呢？因為是晦日。晦日為什麼不記明是晦日呢？因為《春秋》書例是不記載晦日的。朔日如果有事就記明是朔日，晦日雖然有事也不記明是晦日。為什麼先說六而後說鷁鳥呢？六隻鷁鳥倒退著飛是記載看見的事，最先一看，是六隻鳥，仔細察看，知道是鷁鳥，再慢慢觀察，才發現是倒退著飛。五塊石頭和六隻鷁鳥的事為什麼記載呢？這是記載奇異的事情。魯國以外國家發生的奇異事情是不記載的，這裡為什麼記載呢？是為商王的後代記載奇異的事情。

三月壬申這天，魯國公子季友死了。稱呼他季友是為什麼呢？因為他賢明。

夏天，四月丙申這天，鄫夫人季姬死了。

秋天，七月甲子這天，魯國公孫慈死了。

冬天，十二月間，魯僖公和齊侯、宋公、陳侯、衛侯、鄭伯、許男、邢侯、曹伯在淮這個地方會見。

僖公十有七年

【說明】本年《春秋》書記五事，「夏，滅項」一事有傳。認為項被齊國所滅，經不言齊滅項是為桓公避諱。《春秋》為賢明的人士避諱，滅人的國家是壞事，幹壞事還要為他避諱，是因為君子對好人好事的愛貫連始終，桓公曾經有存滅國繼絕世的功績，所以君子對他幹的壞事避諱。

十有七年，春，齊人、徐人伐英氏❶。

夏，滅項❷。孰滅之？齊滅之。曷為不言齊滅之？為桓公諱也。《春秋》為賢者諱。此滅人之國何賢爾？君子之惡惡❸也疾始，善善也樂終。桓公嘗有繼絕存亡❹之功，故君子為之諱也。

秋，夫人姜氏會齊侯于卞❺。

九月，公至自會。

十有二月乙亥，齊侯小白❻卒。

【注釋】❶英氏 偃姓國。確址諸說不同，當在今安徽省金寨縣東南。❷項 國名，在今河南省沈丘縣。《左傳》以為項滅於魯，與《公羊傳》說不同。❸惡惡 憎恨壞人壞事。下「善善」，謂喜愛好人好事。❹繼絕存亡 繼絕世，存滅國。繼絕，恢復將被滅絕的宗祀，接續將斷絕的後代。存亡，保存將被滅亡的國家。❺卞 魯邑。在今山東省泗水縣東。❻齊侯小白 齊桓公，名小白。任用管仲，成為春秋初期霸主，在位四十三年。

【語譯】十七年，春天，齊國人、徐國人討伐英氏國。

夏天，滅亡了項國。誰滅亡了它？是齊國滅亡了它。為什麼不說齊國滅亡了它呢？是為齊桓公避諱。《春秋》為賢明的人士避諱。這是滅亡別人的國家，有什麼賢明可言呢？君子憎惡壞人壞事，從開始就憎惡；而喜愛好人好事，也貫連始終。齊桓公曾經有過使將被滅絕的宗祀能夠接續，使將被滅亡的國家能夠保存的功勞，所以君子要給他避諱。

秋天，魯僖公夫人姜氏在卞這個地方和齊桓公會見。

九月間，魯桓公從會盟的地方回到魯國都城。

十二月乙亥這天，齊國君主小白死了。

僖公十有八年

【說明】本年《春秋》記載六事，「五月戊寅，宋師及齊師戰于甗」一事有傳。按：這條經文，是前正月「宋公會曹伯等伐齊」事的繼續。兩者雖然事有關聯，但已時隔數月，中間還另有「夏，師救齊」的經文，所以仍屬兩條。既然是兩條，經於前「正月」條書「伐」，又於後「五月戊寅」條書「戰」，自然是分別記寫，以明史實。《公羊傳》在這裡把兩條合併作解，用《春秋》在一條經文中「言戰即不言伐」的書例立說，認為這裡既書伐又書戰，是贊許宋公的伐而不贊許宋公的戰。這樣運用書例作出的釋義，是難以讓人信服的。

十有八年，春，王正月，宋公會曹伯、衛人、邾婁人伐齊。

夏，師救齊。

五月戊寅，宋師及齊師戰于甗❶，齊師敗績。戰不言伐，此其言伐何？宋公與伐而不與戰，故言伐。《春秋》伐者為客，伐者為主。曷為不使齊主之？與襄公之征齊也。曷為與襄公之征齊？桓公死，豎刁、易牙❷爭權不葬，為是故伐之也。

狄救齊。

秋，八月丁亥，葬齊桓公。

冬，邢人、狄人伐衛。

【注釋】❶甗　齊邑。在今山東省歷城縣西。❷豎刁易牙　齊桓公病重，二人相與作亂，塞宮門，築高牆，斷絕桓公飲食而死，死後久不下葬，蛆蟲流於戶。

【語　譯】十八年，春天，周王正月間，宋公會合曹伯、衛國人、邾婁國人討伐齊國。

夏天，魯國軍隊去救助齊國。

五月戊寅這天，宋國軍隊和齊國軍隊在甗這個地方作戰，齊國軍隊潰敗。說作戰就不說討伐，這裡既然已經說作戰了，為什麼還要說討伐呢？因為宋襄公參加了討伐並沒有和齊國作戰，所以稱伐。《春秋》以伐人國家者為客，被伐的國家為主人。今齊國被伐，為什麼不以齊國為主人呢？因為贊許宋襄公征討齊國。為什麼贊許宋襄公征討齊國呢？齊桓公死後，豎刁和易牙相互爭權，不安葬桓公，為了這個原故所以要征討齊國。

狄人救助齊國。

秋天，八月丁亥這天，葬了齊桓公。

冬天，邢國人、狄人討伐衛國。

僖公十有九年

【說　明】本年《春秋》書記八事，三事有傳。夏六月「鄫子會盟于邾婁」條，傳連上「宋人、曹人、邾婁人盟于曹南」事為說，認為經書「會盟」，是表示鄫子在會盟以後才來到邾婁國，沒能趕上曹南之盟。於「己酉，邾婁子執鄫子用之」，傳從「用之」立義，認為說用，並不是殺了鄫子祭社，而是擊取鄫子的鼻血，用來釁祭社器。冬「梁亡」條，《春秋》沒有諸侯伐梁的記載，傳以為這是梁國自亡，說梁國好像魚腐爛一樣，是內部慢慢潰爛而滅亡的。

十有九年，春，王三月，宋人執滕子嬰齊❶。

夏，六月，宋人、曹人、邾婁人盟于曹南❷。

鄫子會盟于邾婁。其言會盟何？後會也。

己酉，邾婁人執鄫子用之❸。惡乎用之？用之社也。其用之社奈何？蓋叩其鼻以血社❹也。

秋，宋人圍曹。

衛人伐邢。

冬，公會陳人、蔡人、楚人、鄭人盟于齊。

梁❺亡。此未有伐者，其言梁亡何？自亡也。其自亡奈何？魚爛而亡也❻。

【注釋】❶滕子嬰齊　滕宣公，名嬰齊。❷曹南　曹國南部邊遠之地。或說指曹南山，在今山東省曹縣南。❸用之　指用於祭祀社神。❹血社　疑當為釁社，謂殺牲取血以祭祀社神。《公羊傳》言「叩其鼻」，是說取其鼻血以供祭祀，不是把人殺掉。❺梁　國名，在今陝西省韓城縣南。後滅於秦。❻自亡也三句　何休在解釋梁國自亡的原因時說，梁君嚴刑峻法，一家犯罪，四家連坐，百姓相率離去，像魚從體內腐爛一樣。

【語譯】十九年，春天，周王三月間，宋國人捕捉了滕國國君嬰齊。

夏天，六月間，宋國人、曹國人、邾婁國人在曹南這個地方會盟。鄫國國君為參加會盟來到邾婁國。這裡說會盟是什麼意思？表示鄫君是在會盟以後才到達的。

己酉這天，邾婁國人捕捉了鄫國國君要使用他。怎樣使用他呢？用他來祭祀社神。如何在祭祀社神時使用他呢？大概是敲破他的鼻子，取鼻血來祭祀社神。

秋天，宋國人包圍了曹國。

衛國人討伐邢國。

冬天，魯僖公和陳國人、蔡國人、楚國人、鄭國人在齊國會盟。

梁國滅亡了。這裡沒有人討伐它，說梁國滅亡了是為什麼呢？是它自己滅亡了。它自己是怎樣滅亡的呢？就和死魚腐爛了一樣。

僖公二十年

【說明】本年《春秋》記載六事，三事有傳。「春，新作南門」條，傳以為經書記此事，是譏諷重新建造的魯國都城南門的規格和樣式不合古制。「夏，郜子來朝」條，傳指出郜子是亡國失地之君，因為和魯國是同姓兄弟國家，所以不稱他的名字。「五月乙巳，西宮災」條，傳以西宮為魯僖公小寢。認為既然說西宮，就必然有東宮，復引魯子的話，表示還有中宮，則諸侯共有三宮。至於經書這件事，傳以為是記災異。在我們看來，說記災是對的，而說異就不好理解了。火災是常有的事，有什麼奇異可言呢？對此傳未明言，何休注說是因為楚女本來應當為夫人反為妾，怨曠之氣干天激而成災。何氏習以天人感應說釋災異，荒誕不可信。

二十年，春，新作南門❶。何以書？譏。何譏爾？門有古常也。

夏，郜子❷來朝。郜子者何？失地之君也。何以不名？兄弟辭也。

五月乙巳，西宮災。西宮者何？小寢也。小寢則曷為謂之西宮？有西宮則有東宮矣。魯子曰：「以有西宮，亦知諸侯之有三宮❸也。」西宮災何以書？記異也。

鄭人入滑❹。

秋，齊人、狄人盟于邢。

冬，楚人伐隨❺。

【注釋】❶南門　魯國都城南門。本名稷門，僖公改建加高，改名為高門。❷郜子　郜君。郜國滅於隱公十年。參見隱公十年注。❸三宮　指西宮、東宮、中宮。❹滑　姬姓國，在今河南省偃師市西南。後滅於秦。❺隨　姬姓國，在今湖北省隨州市。

【語譯】二十年，春天，重新建造魯國都城的南門。為什麼記載這件事？為了譏諷。為什麼譏諷？因為城門有古代相傳的規格和模式。

夏天，郜子來魯國朝見。郜子是什麼人？是失掉國土的君主。為什麼不稱他的名字？這是同姓兄弟國家的文辭。

五月乙巳這天，西宮發生火災。西宮是什麼地方？是小寢。小寢為什麼稱西宮呢？既然有西宮，就一定有東宮。魯子說：「因為有西宮，也就知道諸侯是有三宮的。」西宮發生火災的事為什麼記載？這是記災異。

鄭國人侵入滑國。

秋天，齊國人、狄國人在邢國會盟。

冬天，楚國人討伐隨國。

僖公二十有一年

【說明】本年《春秋》書記八事，四事有傳。傳除以「夏，大旱」條為書記魯國旱災外，其餘三條，均就楚執宋公、釋宋公而立義。「秋，宋公、楚子等會于霍，執宋公以伐宋」條，傳認為執宋公的是楚子，因為《春秋》不贊成夷狄人拘捕中原諸侯國君，所以不書楚子執。冬「楚人使宜申來獻捷」條，傳以經義為一貶二諱。認為楚人就是楚子，不稱爵位而稱人者，是貶責，原因是他拘捕了宋公。這是貶。傳在記敘宋公如何被拘捕，宋公子目夷如何回宋設械守國、拒絕楚國要挾，終於迎接襄公回國的經過後，隨即指出，經言「獻捷」是獻宋捷，不書「宋」，是為宋襄公避諱。這是一諱。楚伐宋時，曾包圍了宋都，可是經僅書「執宋公以伐」，言「伐」而不說「圍」，傳認為是為公子目夷避諱。這是二諱。至於十二月「釋宋公」條，傳認為言執例不言釋，這裡前面既說「執」，今又言「釋」者，是因為魯僖公參與了薄邑的會商，對釋放襄公出了一份力量的原故。

二十有一年，春，狄侵衛。

宋人、齊人、楚人盟于鹿上❶。

夏，大旱。何以書？記災也。

秋，宋公、楚子、陳侯、蔡侯、鄭伯、許男、曹伯會于霍❷，執宋公以伐宋。

孰執之？楚子執之。曷為不言楚子執之？不與夷狄之執中國也。

冬，公伐邾婁。

楚人使宜申❸來獻捷。此楚子也，其稱人何？貶。曷為貶？為執宋公貶。曷為為執宋公貶？宋公與楚子期以乘車之會，公子目夷❹諫曰：「楚，夷國也，彊而無義，請君以兵車之會往。」宋公曰：「不可。吾與之約以乘車之會，自我為之，自我墮之，曰不可。」終以乘車之會往。楚人果伏兵車，執宋公以伐宋。宋公謂公子目夷曰：「子歸守國矣，國，子之國也。吾不從子之言以至乎此。」公子目夷復曰：「君雖不言國，國固臣之國也。」於是歸設守械而守國。楚人謂宋人曰：「子不與我國，吾將殺子君矣！」宋人應之曰：「吾賴社稷之神靈，吾國已有君矣。」楚人知雖殺宋公猶不得宋國，於是釋宋公。宋公釋乎執，走之衛。公子目夷復曰：「國為君守之，君曷為不入？」然後逆襄公歸。惡乎捷？捷乎宋。曷為不言捷乎宋？為襄公諱也。此圍辭也，曷為不言其圍？為公子目夷諱也。

十有二月癸丑，公會諸侯盟于薄❺。

釋宋公。執未有言釋之者，此其言釋之何？公與為爾也。公與為爾奈何？公與議爾也。

【注釋】❶鹿上　宋邑，在今安徽省阜南縣南。一說在今山東省鉅野縣西南。❷霍　西周封國，在今山西省霍州市西南。然此地離宋過遠，當從《左傳》作「盂」。宋地，在今河南省睢縣。❸宜申　即鬭宜申，亦稱司馬子西。楚大夫。❹公子目夷宋相。宋襄公的庶兄。❺薄 宋邑，即亳。在今河南省商邱市北。

【語 譯】二十一年，春天，北狄侵犯衛國。

宋國人、齊國人、楚國人在鹿上這個地方會盟。

夏天，魯國大旱。為什麼記載這件事？這是記載災害。

秋天，宋公、楚子、陳侯、蔡侯、鄭伯、許男、曹伯在盂邑會盟，捕捉了宋襄公就去討伐宋國。誰捕捉了宋襄公？是楚君捕捉了他。為什麼不說楚君捕捉了他呢？因為不贊成夷狄人捕捉中原諸侯國君。

冬天，魯僖公討伐邾婁國。

楚國人差遣宜申來魯國進獻戰利品。這是楚國君主，稱「人」是為什麼呢？是貶責他。為什麼貶責他呢？因為他捕捉了宋襄公所以貶責他。為什麼因為他捕捉了宋襄公就要貶責他呢？因為宋襄公和楚國君主約定，乘坐平時的車子參加會盟，公子目夷進諫說：「楚是個蠻夷國家，力量強大，並不講信義，請您還是乘坐兵車去參加會盟。」宋襄公說：「不可以。我和他們約定好乘坐平時的車子參加會盟，由我定約，由我毀約，這是不行的。」終於乘平時的車子去參加會盟。楚國人果然埋伏下兵車，捕捉了宋襄公就去討伐宋國。宋襄公對公子目夷說：「你快回去守衛國土，宋國是你的國家，我沒有聽從你的諫言以至於落到這個地步。」公子目夷說：「您即使不說起宋國，宋國本來就是臣下的國家。」於是，公子目夷回國後就設置了防守的器械守衛宋國。楚國人要挾宋國人說：「你們不把國家交給楚國，我們就要把你們的國君殺掉！」面對楚國的要挾，宋國人回答說：「仰賴社稷的神靈，我國已經有了新君了！」楚國人明白即使殺掉宋襄公仍然得不到宋國，於是就把宋襄公釋放了。宋襄公被捕捉後得到釋放，就跑到衛國去。公子目夷派人報告宋襄公說：「我是為您守衛宋國的，您為什麼不回宋國執政呢？」然後就把宋襄公迎接回到宋國。這是從哪裡得來的戰利品呢？是戰勝宋國得來的戰利品。為什麼不說戰勝宋國得來的戰利品呢？是為宋襄公避諱。公子目夷守城拒絕楚國的要挾，實際上是包圍宋都的文辭，為什麼不說明楚國包圍了宋國都城呢？是為公子目夷避諱。

十二月癸丑這天，魯僖公和各國諸侯在薄這個地方會盟。

釋放了宋襄公。某人被捕捉後，沒有再說被釋放的，這裡說他被釋放了是為什麼呢？因為魯僖公參與了這件事。魯僖公是怎樣參與了這件事呢？魯僖公參與了這件事的討論處理。

卷一二 僖公下

僖公二十有二年

【說明】 本年《春秋》書記四事，「冬，十有一月己巳朔，宋公及楚人戰于泓，宋師敗績」一事有傳。認為這是宋、楚兩軍約定時日的正規戰爭，依例當書日，這裡書「日」外又書「朔」，是《春秋》的作者通過用繁複的文辭，表彰宋襄公用兵的光明正大。在這場戰爭中，宋襄公兩次拒絕採納趁楚軍無力反擊時出擊楚軍的建議，一次是在楚軍尚未全部渡過泓水時，一次是楚軍渡泓後尚未排成陣式前。一直等到楚軍排好陣式，襄公才命令軍隊擊鼓出戰。傳認為《春秋》作者表彰他的正是這種「不鼓不成列，臨大事而不忘大禮」的用兵之道，並說這樣的用兵，即使是周文王率軍作戰，也不過如此了。

二十有二年，春，公伐邾婁，取須朐❶。

夏，宋公、衛侯、許男、滕子伐鄭。

秋，八月丁未，及邾婁人戰于升陘❷。

冬，十有一月己巳朔，宋公及楚人戰于泓❸，宋師敗績。偏戰者日爾，此其言朔何？《春秋》辭繁而不殺者正也。何正爾？宋公與楚人期戰于泓之陽。楚人濟泓而來，有司❹復曰：「請迨其未畢濟而擊之。」宋公曰：「不可。吾聞之也，君子不厄人，吾雖喪國之餘❺，寡人不忍行也。」既濟未畢陳，有司復曰：「請迨其未畢陳而擊之。」宋公曰：「不可。吾聞之也，君子不鼓不成列。」已陳，然後襄公鼓之，宋師大敗。故君子大其不鼓不成列，臨大事而不忘大禮，有君而無臣，以為雖文王之戰，亦不過此也。

【注釋】❶須朐　西周封國。在今山東省東平縣東南。《左傳》朐作「句」，字通。❷升陘　魯地，確址不詳。或說在今山東省曲阜市西南。❸泓　水名。故道約在今河南省柘城縣西北，今已湮沒。❹有司　設官分職，各有專司，因稱官吏為有司。❺喪國之餘　猶亡國之餘。宋為商國後裔，所以襄公說這樣的話。何休注說：「宋襄公雖前幾為楚所喪，所以得其餘民以為國，喻褊弱。」亦可通。

【語譯】二十二年，春天，魯僖公討伐邾婁國，佔領了須朐國。

夏天，宋公、衛侯、許男、滕子討伐鄭國。

秋天，八月丁未這天，魯國和邾婁國人在升陘這個地方作戰。

冬天，十一月己巳初一這天，宋襄公和楚國人在泓這個地方作戰，宋國軍隊潰敗。正規的戰爭是記明作戰日期的，這裡已經記了日期，又再說初一是為什麼呢？《春秋》記事，有文辭繁多而不加減略的，這都是符合正道的事。怎樣符合正道呢？宋襄公和楚國人約定在泓水的北岸作戰。楚國人渡過泓水到北岸來。宋國的官吏報告說：「請求乘他們還沒有全部渡過泓水，馬上出擊楚軍！」宋襄公說：「不可以。我聽說過，君子不乘人之危，我雖然是商國滅亡後存留下來的人，但我不忍心幹這樣的事。」楚軍已經渡過泓水，還沒有排列成陣勢，宋國的官吏報告說：「請求乘他們還沒有排列成陣勢，立即進攻楚軍！」宋襄公說：「不可以。我聽說過，君子不向沒有排列成陣勢的軍隊擊鼓進攻。」楚國軍隊已經列成了陣勢，然後宋襄公才擊鼓向楚軍進攻，結果宋軍潰敗。所以君子贊揚宋襄公不向沒有排列成陣勢的軍隊進攻，和遇到大事而不忘掉大禮，這種正大光明的作風，只有遵守信義、講求禮讓的宋襄公能夠做到，他的臣下是做不到的。認為即便是向稱仁義之師的周文王作戰，也不過如此了。

僖公二十有三年

【說　明】本年《春秋》書記四事，二事有傳。「春，齊侯伐宋圍緡」條，傳認為依書例，邑不應當說圍，書「圍」，是表示憎惡齊孝公乘宋人之危討伐宋國，加重了宋國舊的創傷。「夏，五月庚寅，宋公慈父卒」條，慈父就是宋襄公，因上年泓之戰時受傷不治而死。今經記他的死，而沒有記載他的葬事，《公羊傳》對此的解釋是：這全是為了給襄公避諱。如何理解傳這句話的含義呢？何休的意思是：前者襄公父親御說死，傳釋經僅書御說的死而沒有記載他的葬事時，說是為襄公不殯葬父親而參與宰周公之會的事避諱。如今襄公霸業未成、封賜薄微，所以在他死後，也全都避諱而不書葬了。

二十有三年，春，齊侯伐宋圍緡❶。邑不言圍，此其言圍何？疾重故也。

夏，五月庚寅，宋公慈父❷卒。何以不書葬？盈乎諱也。

秋，楚人伐陳。

冬，十有一月，杞子❸卒。

【注釋】❶緡 宋地，在今山東省金鄉縣東北。《穀梁傳》作「閔」，字通。❷宋公慈父 宋襄公，名慈父。宋桓公的太子，在位十四年。《左傳》慈作「茲」，字通。❸杞子 指杞成公。立於魯僖公六年，在位十八年。

【語譯】二十三年，春天，齊侯討伐宋國，包圍了緡這座城邑。對於城邑依例是不說包圍的，這裡說包圍是為什麼呢？是憎惡齊孝公加重宋國的創傷。

夏天，五月庚寅這天，宋君慈父死了。為什麼不記載他的葬事呢？全都是為了避諱。

秋天，楚國人討伐陳國。

冬天，十一月間，杞國君主死了。

僖公二十有四年

二十有四年，春，王正月。

夏，狄伐鄭。

秋，七月。

冬，天王❶出居于鄭。王者無外，此其言出何？不能乎母也。魯子曰：「是

【說明】《春秋》首書「春，王正月」，又書「秋，七月」表明時序，全年記載三事，「冬，天王出居于鄭」一事有傳。傳以經義在於「出」字。認為普天之下莫非王土，天子是沒有外的，這裡書「出」，就表示有外了。至於這位周王外出的原因，傳的解說是，他與後母惠后不和。

王也，不能乎母者，其諸❷此之謂與？」

晉侯夷吾❸卒。

【注釋】❶天王　指周襄王，名鄭。周惠王的兒子，母早死，惠后是他的後母。❷諸　語中助詞，無義。❸晉侯夷吾　晉惠公，名夷吾。按：《左傳》記他死於上年九月，而經於本年冬始記其卒，疑經有錯簡。

【語譯】二十四年，春天，周王正月。

夏天，狄人討伐鄭國。

秋天，七月。

冬天，周襄王出居鄭國。天子是沒有外的，這裡說「出」是為什麼呢？是不能和母親和睦相處。魯子說：「這位天子，不能和母親和睦相處，恐怕說的就是這位天子吧？」

晉君夷吾死了。

僖公二十有五年

【說明】本年《春秋》書記七事，四事有傳。「春，王正月丙午，衛侯燬滅邢」條，傳認為經書衛侯之名，是表示要斷絕和他的交往，原因是怪罪他滅掉同姓的邢國。這種說法，與《左傳》的滅「同姓也，故名」、《穀梁傳》的「不正其伐本而滅同姓也」義同。四月「宋蕩伯姬來逆婦」。按：經沒有說此婦是魯國何人的女兒，《左傳》也無傳。本傳以此伯姬為宋國蕩氏的母親，她來魯是為兒子迎婦。說「來逆婦」，是宋、魯兄弟國家的文辭。因為婦是相對於姑稱呼，所以傳說經稱「婦」，是「有姑之辭也」。對於「宋殺其大夫」條，傳認為經不書被殺大夫的名氏，是因為三代宋君都是娶宋國大夫的女兒為夫人，君不能以妻父為臣，所以宋國三代沒有大夫。在這裡經明明說「殺其大夫」，可是傳卻說「宋三世無大夫」，這哪裡還談得上解經呢？至於「秋，楚人圍陳，納頓子于頓」條，經於「圍陳」和「納頓子」之間未用「遂」字，傳就此立義，認為這是表示經把二者分為兩件事，並不把納頓子看作是由圍陳而生發出來的。

二十有五年，春，王正月丙午，衛侯燬❶滅邢。衛侯燬何以名？絕。曷為絕之？滅同姓也。

夏，四月癸酉，衛侯燬卒。

宋蕩伯姬❷來逆婦。宋蕩伯姬者何？蕩氏之母也。其言來逆婦何？兄弟辭也。其稱婦何？有姑之辭也。

宋殺其大夫。何以不名？宋三世無大夫，三世內娶也。

秋，楚人圍陳，納頓子于頓❸。何以不言遂？兩之也。

葬衛文公。

冬，十有二月癸亥，公會衛子❹、莒慶❺盟于洮❻。

【注釋】❶衛侯燬　衛文公，名燬。在位二十五年。❷宋蕩伯姬　魯女嫁給宋國大夫蕩氏為妻者。❸頓　姬姓國，都城原在今河南省商水縣東南，後遷於項城西。❹衛子　指衛成公鄭，文公燬的兒子。稱子而不稱侯者，是因為新君立，當年稱子，踰年始稱爵。❺莒慶　莒國大夫。即莊公二十七年的莒慶。❻洮　見莊公二十七年注。

【語　譯】二十五年，春天，周王正月丙午這天，衛侯燬滅亡了邢國。衛侯燬為什麼叫他的名呢？因為應當斷絕和他交往。為什麼應斷絕和他交往呢？因為他滅亡了同姓國家。

夏天，四月癸酉這天，衛侯燬死了。

宋國蕩伯姬到魯國來迎娶兒媳婦。宋國蕩伯姬是什麼人呢？是蕩氏的母親。說她到魯國來迎娶兒媳婦是怎麼樣的呢？這是兄弟國家間用的文辭。這裡稱「婦」是什麼意思呢？是表示有婆婆的文辭。

宋國殺了它的大夫。為什麼不記載死者的名字呢？因為宋國三代沒有大夫，三代國君都是在國內娶的夫人。

秋天，楚國人包圍了陳國都城，把頓國君主送回到頓國。圍陳和納頓子中間為什麼不用「遂」字呢？因為要把它們分成兩件事。

葬了衛文公。

冬天，十二月癸亥這天，魯僖公和衛子、莒慶在洮這個地方會盟。

僖公二十有六年

【說　明】本年《春秋》書記九事，四事有傳。正月「齊人侵我西鄙」條，傳認為本條經書「公追齊師至巂，弗及」，是表示齊軍畏公，急速退兵，追趕不上，義在誇張僖公的威力。夏「公子遂如楚乞師」條，傳以「乞師」為卑辭，因為重視軍隊，所以無論魯國和別國都同用這個辭。至於重視軍隊的原因，傳認為是因為兵凶戰危，要犧牲人的性命，作戰難保全師而歸，也難保必定取勝。「冬，楚人伐宋，圍緡」條，傳援用邑不言圍書例，認為這裡書「圍」，是由於楚國這次出兵，本為魯國討伐齊國，可是忽然在半途中討伐宋國。所以經書「圍」，以譏刺楚軍半途伐宋的罪過。至於冬「公至自伐齊」條，傳每以得意書「致會」，不得意書「致伐」釋經義例。這裡既已言「取穀」，自是得意的事情，經書「致伐」者，是因為取穀雖說得意，但魯國後患必然從此開始，難說是好事的原故。

二十有六年，春，王正月己未，公會莒子、衛甯遬❶，盟于向❷。

齊人侵我西鄙。公追齊師至巂❸，弗及。其言至巂弗及何？侈❹也。

夏，齊人伐我北鄙。

衛人伐齊。

公子遂❺如楚乞師。乞師者何？卑辭也。曷為以外內同若辭？重師也。曷為重師？師出不正❻，反戰不正，勝也。

秋，楚人滅隗❼，以隗子歸。

冬，楚人伐宋，圍緡❽。邑不言圍，此其言圍何？刺道用師也。

公以楚師伐齊，取穀❾。

公至自伐齊。此已取穀矣，何以致伐？未得乎取穀也。曷為未得乎取穀？曰：「患之起，必自此始也。」

【注釋】❶甯遬　衛大夫，即甯莊子。《左傳》遬作「速」，字同。❷向　見隱公二年注。❸巂　齊地，在今山東省東河縣南。《左傳》作「酅」。此巂，不是莊公三年紀邑之酅。❹侈　誇張；誇大。❺公子遂　魯卿，魯莊公的兒子。即東門襄仲。名遂，襄是謚號，仲是字。❻正　定；必定。❼隗　芈姓國。在今湖北省秭歸縣東。後滅於楚。《左傳》作「夔」，字通。❽緡見僖公二十三年注。❾穀　齊邑。見莊公七年注。

【語　譯】二十六年，春天，周王正月，己未這天，魯僖公和莒子、衛國甯遬會見，在向這個地方結盟。

齊國人侵犯我國西部邊遠地區。魯僖公追擊齊軍到巂這個地方，沒能趕上。說追擊到巂這個地方沒能趕上是為什麼呢？這是誇大的說法。

夏天，齊國人攻擊我國北部邊遠地區。

衛國人討伐齊國。

魯國公子遂到楚國去乞求楚國出兵援助。乞求出兵是什麼意思？這是一種自卑的言辭。為什麼別國和我國全都用這樣的言辭呢？是重視軍隊。為什麼重視用兵呢？因為軍隊出征不一定能夠回來，軍隊作戰不一定能夠勝利。

秋天，楚國人滅亡了隗國，把隗國君主捉住帶回楚國。

冬天，楚國人討伐宋國，包圍了緡這座城邑。對於城邑，依例是不說包圍的，這裡說包圍是為什麼呢？是譏刺楚國用援助魯國的軍隊在路途中侵犯宋國。

魯僖公借用楚國的軍隊討伐齊國，佔領了穀邑。

魯僖公從討伐齊國的駐地回到魯國都城。這次討伐已經佔領了穀邑，為什麼還要說從討伐的駐地回魯呢？因為佔領穀邑是不能稱得意的。為什麼佔領穀邑不能稱得意呢？回答說：「魯國的禍患，一定會從這個事件開始。」

僖公二十有七年

【說　明】本年《春秋》記載六事，「冬，楚人、陳侯等圍宋」一事有傳。認為楚人即楚子，經不書爵而稱「人」，是因為他於僖公二十一年霍之會時拘捕過宋襄公，所以在整個僖公時代貶責他，稱他為楚人。

二十有七年，春，杞子來朝。

夏，六月庚寅，齊侯昭❶卒。

秋，八月乙未，葬齊孝公。

乙巳，公子遂帥師入杞。

冬，楚人❷、陳侯、蔡侯、鄭伯、許男圍宋。此楚子也，其稱人何？貶。曷為貶？為執宋公貶，故終僖之篇貶也。

十有二月甲戌，公會諸侯，盟于宋。

【注釋】❶齊侯昭　齊孝公，名昭。齊桓公的兒子，鄭姬所生。在位十年。❷楚人　即楚成王惲。

【語譯】二十七年，春天，杞國君主來魯國朝見。

夏天，六月庚寅這天，齊侯昭死了。

秋天，八月乙未這天，葬了齊孝公。

乙巳這天，魯國公子遂率領軍隊侵入杞國。

冬天，楚人、陳侯、蔡侯、鄭伯、許男包圍了宋國都城。這是楚國君主，稱他為「人」是為什麼呢？是貶責。為什麼貶責他？因為曾捕捉過宋襄公而貶責他，所以在整個僖公時代都貶責他。

十二月甲戌這天，魯僖公和各國諸侯會見，在宋國都城結盟。

僖公二十有八年

【說明】本年書記二十三事，是《春秋》記事最多的一年。十事有傳。「春，晉侯侵曹，晉侯伐衛」條，傳從用詞的角度釋經義，認為經兩次書「晉侯」，和二十五年書「楚人圍陳，納頓子于頓」的情況不同，圍陳和納頓子中間不用「遂」字，表示這是兩件事，而這裡經並不把它當作兩件事。既然如此，那為什麼不用「遂」字呢？傳的解釋是晉並沒有侵曹。說晉本想侵曹，但衛不借道，才捨曹伐衛。「公子買戍衛，不卒戍，刺之」條。就文義而言，不卒戍的意思是公子買沒有完成戍衛的任務，傳以為「不卒戍」和「刺之」，都是為魯國避諱的內辭。前者是僖公無法派公子買去戍衛的避諱說法，後者是避諱魯國殺了無罪的大夫。「三月丙午」條，傳從釋「畀」的辭義著手，說畀是給的意思，晉侯的用意是把曹伯交給宋人聽斷他的罪行。至於曹伯犯有何罪，傳以為他的罪行不止一條，難以說清。「夏，四月己巳，晉侯等及楚人戰于城濮」條，傳從「楚人」立義，認為「人」本應指地位低微者，這裡說的乃是楚國重臣子玉得臣。經書「人」而不稱他的爵位者，是貶責他作為卿大夫竟與晉君相匹敵。冬「晉人執衛侯，歸之于京師」條，傳從「歸之于」和「歸于」用「之」與否立義，認為「歸之于」是罪已定，在天子身邊捕捉他；「歸之」是罪尚未定，並不是在天子身邊捕捉他。並以為經不書殺叔武，以及稱晉侯為晉人，前者是為賢者叔武避諱；後者是貶責晉文公，因為叔武被殺，都是他一手造成的。其他幾條，就不一一解述了。

二十有八年，春，晉侯侵曹，晉侯伐衛。曷為再言晉侯？非兩之也。然則何以不言「遂」？未侵曹也。未侵曹則其言侵曹何？致其意也。其意侵曹，則曷為伐衛？晉侯將侵曹，假塗于衛，衛曰不可得，則固將伐之也。

公子買❶戍衛，不卒戍，刺之。不卒戍者何？不卒戍者，內辭也，不可使往也。不可使往則其言戍衛何？遂公意也。刺之者何？殺之也。殺之則曷為謂之刺之？內諱殺大夫謂之刺之也。

楚人救衛。

三月丙午，晉侯入曹，執曹伯，畀宋人。畀者何？與也。其言畀宋人何？與使聽之也。曹伯之罪何？甚惡也。其甚惡奈何？不可以一罪言也。

夏，四月己巳，晉侯、齊師、宋師、秦師及楚人戰于城濮❷，楚師敗績。此大戰也，曷為使微者？子玉得臣❸也。子玉得臣則其稱人何？貶。曷為貶？大夫不敵君也。

楚殺其大夫得臣。

衛侯出奔楚。

五月癸丑，公會晉侯、齊侯、宋公、蔡侯、鄭伯、衛子、莒子，盟于踐土❹。

陳侯如會。其言如會何？後會也。

公朝于王所。曷為不言公如京師？天子在是也。天子在是則曷為不言天子在是？不與致天子也。

六月，衛侯鄭❺自楚復歸于衛。

衛元咺❻出奔晉。

陳侯款❼卒。

秋，杞伯姬❽來。

公子遂如齊。

冬，公會晉侯、齊侯、宋公、蔡侯、鄭伯、陳子、莒子、邾婁子、秦人于溫❾。

天王狩于河陽❿。狩不書，此何以書？不與再致天子也。魯子曰：「溫近而踐土遠也。」

壬申，公朝于王所。其日何？錄乎內也。

晉人執衛侯，歸之于京師。歸之于者何？歸于者何？歸之于者罪已定矣，歸于者罪未定也。罪未定，則何以得為伯討？歸之于者，執之于天子之側者也，罪定不定，已可知矣。歸于者，非執之于天子之側者也，罪定不定，未可知也。衛侯之罪何？殺叔武⓫也。何以不書？為叔武諱也。《春秋》為賢者諱，何賢乎叔武？讓國也。其讓國奈何？文公逐衛侯而立叔武，叔武辭立而他人立，則恐衛侯之不得反也，故於是已立，然後為踐土之會始反衛侯。衛侯得反，曰：「叔武篡我！」元咺爭之曰：「叔武無罪。」終殺叔武，元咺走而出。此晉侯也，其稱人何？貶。曷為貶？衛之禍，文公為之也。文公為之奈何？文公逐衛侯而立叔武，使人兄弟相疑，放乎殺母弟⑫者，文公為之也。

衛元咺自晉復歸于衛。自者何？有力焉者也。此執其君，其言自何？為叔武爭也。

諸侯遂圍許。

曹伯襄⑬復歸于曹。

遂會諸侯圍許。

【注釋】❶公子買　魯公子，名買，字子叢。❷城濮　見莊公二十七年注。❸子玉得臣　楚令尹成得臣，子玉是他的字。❹踐土　鄭邑，在今河南省原陽縣西南。❺衛侯鄭　衛成公，名鄭。本年四月城濮之戰，楚軍潰敗，衛成公奔楚，又到了陳國，至此時回國復位。❻元咺　衛大夫。其先人食采邑於元，因以為氏。❼陳侯款　陳穆公，名款。陳宣公的兒子，嬖姬所生。在位十六年。❽杞伯姬　即莊公二十五年嫁到杞國去的伯姬。見該注。❾溫　見僖公十年注。❿河陽　地名，在今河南省孟縣西。⓫叔武　即夷叔，亦稱叔孫。夷是他的謚號。衛成公的母弟。⓬放乎殺母弟　從驅逐衛侯直到衛侯殺死親弟弟。放，至；極至；盡其所至。⓭曹伯襄　曹共公，名襄。繼曹昭公而立，立於魯僖公八年。

【語　譯】二十八年，春天，晉侯侵犯曹國，晉侯討伐衛國。為什麼兩次說晉侯呢？這並不是把侵曹和伐衛分成為兩件事。既然這樣，那為什麼中間不用「遂」字呢？因為實際上沒有侵犯曹國。既然沒有侵犯曹國，那為什麼說侵犯曹國呢？這僅是表示晉國有這樣的意願。既然晉國有侵犯曹國的意願，那為什麼要討伐衛國呢？因為晉侯將要侵犯曹國，向衛國要求借用進軍的道路，衛國人回絕說不可以，所以晉侯就出兵討伐衛國。

魯國公子買防守衛國，不卒戍，刺之。不卒戍是什麼意思？之所以寫不卒戍，是為魯國避諱的文辭，實際上是無法派他去。既然無法派他去，又說派他防守衛國是為什麼呢？為了順從魯僖公的心意。刺之是什麼意思呢？是殺死了他。既然是殺死了他，那為什麼說刺之呢？這是為魯國避諱殺了大夫就說刺之。

楚國人救助衛國。

三月丙午這天，晉侯進入曹國都城，捕捉了曹國君主，畀宋國人。畀是什麼意思？是給的意思。說給宋國人是做什麼呢？是交給宋國人聽斷他的罪行。曹國君主有什麼罪呢？他是非常壞的。他怎樣非常壞呢？他的壞是不能用一條罪來說明的。

夏天，四月己巳這天，晉侯、齊國軍隊、宋國軍隊、秦國軍隊和楚國人在城濮這個地方作戰，楚國軍隊潰敗。這是大規模的戰爭，楚國為什麼派了個地位低微的人指揮軍隊呢？這人其實就是楚令尹子玉得臣。既然是子玉得臣，那為什麼稱為人呢？是貶責他。為什麼要貶責他呢？因為大夫是不能和國君相匹敵的。

楚國殺了它的大夫得臣。

衛侯逃奔到楚國。

五月癸丑這天，魯僖公和晉侯、齊侯、宋公、蔡侯、鄭伯、衛子、莒子會見，在踐土這個地方結盟。陳侯到了會盟的地方。說到了會盟的地方是什麼意思？表示他是在會盟以後才到達的。

魯僖公到天子的住所朝見。為什麼不說魯僖公到京都呢？因為天子就在這裡。既然天子在這裡，那為什麼不說天子在這裡呢？因為不贊成叫天子親自到踐土來。

六月間，衛侯鄭從楚國又回到衛國。

衛國元咺逃奔到晉國。

陳國君主款死了。

秋天，杞伯姬來到魯國。

魯國公子遂到齊國去。

冬天，魯僖公和晉侯、齊侯、宋公、蔡侯、鄭伯、陳子、莒子、邾婁子、秦國人在溫這個地方會盟。

天子到河陽這個地方打獵。打獵的事依例是不記載的，這裡為什麼記載呢？因為不贊成讓天子第二次離開京都到打獵的地方去。魯子說：「溫邑離王畿近，踐土離王畿遠。」

壬申這天，魯僖公到天子的住所朝見。這裡記上日子是為什麼呢？是記錄魯僖公第二次朝見天子有違禮的危險。

晉國人捕捉了衛侯，送他到京都。送他到是什麼意思？送到是什麼意思？說送他到是表示他的罪已經定了；說送到是表示他的罪還沒有定。既然罪還沒有定，那怎麼能用方伯的名義對衛國討伐呢？送他到是把他從天子的身邊捕捉起來，罪定還是不定，已經可以知道了。至於送到，並不是把他從天子的身邊捕捉起來，罪定還是不定，還不知道。衛侯的罪狀是什麼呢？是殺掉了叔武。殺叔武的事為什麼不記載呢？是為了給叔武避諱。《春秋》為賢明的人士避諱。為什麼認為叔武賢明呢？因為他讓出君位給別人。他讓出君位給別人的具體情況是怎樣的呢？晉文公驅逐衛成公而立叔武為國君，叔武如果辭君位讓別人立為國君，那又害怕成公不能再返回衛國執政，所以在這樣的時刻他從權當了國君，然後在參加踐土的會盟時，經過訴訟，終使衛成公回國。成公得以返回衛國，反說：「叔武篡奪了我的君位！」元咺據理和他爭辯說：「叔武是沒有罪的。」最後還是殺了叔武，元咺遂逃出了衛國。捕捉衛侯的是晉文公，稱為人是為什麼呢？是貶責。為什麼貶責呢？因為衛國禍患，是晉文公造成的。怎麼說是晉文公造成的呢？因為晉文公驅逐成公而立叔武為國君，讓人家兄弟之間相互疑忌，直至殺害了親弟弟，這一切全是晉文公造成的。

衛國元咺自晉國又回到衛國。自是什麼意思？是表示他依賴晉國的力量。這是捕捉他的國君，說依賴晉國的力量是為什麼呢？因為他曾經替叔武爭辯過。

各國諸侯隨即包圍了許國都城。

曹君襄又回到曹國。

曹君隨即會同各國諸侯包圍了許國都城。

僖公二十有九年

【說　明】本年《春秋》書記五事，「春，介葛盧來」一事有傳。傳以介葛盧為夷狄國君，認為經書「來」而不言「來朝」，是因為他不懂朝見的禮節。

二十有九年，春，介葛盧❶來。介葛盧者何？夷狄之君也。何以不言朝？不能乎朝也。

公至自圍許。

夏，六月，公會王人、晉人、宋人、齊人、陳人、蔡人、秦人盟于狄泉❷。

秋，大雨雹。

冬，介葛盧來。

【注　釋】❶介葛盧　介國君主，名葛盧。介，東夷國名，在今安徽省蕭縣北。❷狄泉　在今河南省洛陽市白馬寺東。《左傳》作「翟泉」，同為一地。

【語　譯】二十九年，春天，介葛盧來到魯國。介葛盧是什麼人呢？是夷狄國君。為什麼不說朝見呢？因為他不懂得朝見的禮節。

魯僖公從包圍許國的駐地回到魯國都城。

夏天，六月間，魯僖公和周王室官員、晉國人、宋國人、齊國人、陳國人、蔡國人、秦國人會見，在狄泉這個地方結盟。

秋天，魯國下了大冰雹。

冬天，介葛盧來到魯國。

僖公三十年

【說明】《春秋》首書「春，王正月」表明時序，全年書記七事，三事有傳。其中「秋，衛殺其大夫元咺及公子瑕」和「衛侯鄭歸于衛」兩條，事緊相連。前條是衛侯在歸國途中。傳以經稱「國殺」，是衛侯道遇元咺就殺了他，與國君在國內殺大夫稱國以殺相同。至於「衛侯鄭歸」，傳從「歸」字立義，認為君殺大夫而言「歸」，是因為元咺不守臣道，君出己入，君入己出，有「歸惡乎元咺」之義。冬「公子遂如京師，遂如晉」，傳認為公子遂去京師是受有君命，而去晉則是自行其事。說大夫無遂事，經書「遂」是表示僖公已經不能獨掌魯政，他的權力已下移了。

三十年，春，王正月。

夏，狄侵齊。

秋，衛殺其大夫元咺及公子瑕❶。衛侯未至，其稱國以殺何？道殺也。

衛侯鄭歸于衛。此殺其大夫，其言歸何？歸惡乎元咺也。曷為歸惡乎元咺？元咺之事君也，君出則己入，君入則己出，以為不臣也。

晉人、秦人圍鄭。

介人侵蕭❷。

冬，天王使宰周公❸來聘。

公子遂如京師，遂如晉。大夫無遂事，此其言遂何？公不得為政爾。

【注釋】❶公子瑕　即衛公子適。元咺於僖公二十八年冬立瑕為衛君，至此時被回衛的成公所殺。❷蕭　宋的附庸國，在今安徽省蕭縣。❸宰周公　即僖公九年的宰周公。見該注。

【語譯】三十年，春天，周王正月。

夏天，狄人侵犯齊國。

秋天，衛國殺了它的大夫元咺和公子瑕。衛侯鄭還沒回國，這裡說衛國殺大夫是為什麼呢？因為是在衛侯回國的路途中遇見元咺把他殺掉的。

衛侯鄭回到衛國。他殺了自己的大夫，說歸是為什麼呢？是把罪惡全歸於元咺。為什麼把罪惡全歸於元咺呢？元咺侍奉君主，君主出了國，他自己就回了國；君主回了國，他自己就出了國。《春秋》認為他不符合做臣子的法度。

晉國人、秦國人包圍了鄭國都城。

介國人侵犯蕭國。

冬天，天子差遣宰周公來魯國聘問。

魯國公子遂到京都去，隨即到了晉國。大夫出使，不應當在受命所辦的事情以外，自主去做另一件未曾受命的事情，這裡說遂是為什麼呢？這是表示魯僖公已經不能獨專政事了。

僖公三十有一年

【說　明】本年《春秋》書記六事，另書「秋，七月」表明時序，有傳解的三事。「春，取濟西田」條，傳就「取」字立義，認為濟西田取於曹國，經不言曹，是為魯內諱奪取同姓國的田地。隨即釋經不書「伐曹」的原因。按常理奪人田地，應當是從伐人的國家而得來，經這裡不說伐曹者，是因為這是晉文公拘捕曹共公逼使他歸還以前侵佔別國的土地，只是侵佔的時間已久，所以經用了「取」字。「夏，四月」條，傳從「四卜郊」、「免牲」、「三望」和「猶」分別立義。於「四卜郊」，以為卜筮求吉的規矩不過三，三卜郊合禮，四卜是不合禮的做法。按照禮的要求，只有天子才能郊天，諸侯只能祭地，今魯國卜郊欲行郊祭，是僭禮的做法。於「免牲」，傳著眼於經或書「免牛」，或書「免牲」的區別，以受了傷的牲稱叫牛，認為免牲合禮，說「免牛」則有非禮的意思。至於「三望」，則以為就是祭祀泰山、黃河和東海的望祭。進而指出經書「猶」字，意在譏諷僖公既然已經免行郊祭，還要舉行望祭。「冬，杞伯姬來求婦」。這條經文與僖公二十五年「宋蕩伯姬來逆婦」僅求、逆一字之差，傳的釋義全同。

三十有一年，春，取濟西田。惡乎取之？取之曹也。曷為不言取之曹？諱取同姓之田也。此未有伐曹者，則其言取之曹何？晉侯執曹伯，班❶其所取侵地于諸侯也。晉侯執曹伯，班其所取侵地于諸侯，則何諱乎取同姓之田？久也。

公子遂如晉。

夏，四月，四卜郊❷不從，乃免牲❸，猶三望❹。曷為或言三卜，或言四卜？三卜，禮也；四卜，非禮也。三卜何以禮？四卜何以非禮？求吉之道三。禘嘗❺不卜，郊何以卜？卜郊非禮也。卜郊何以非禮？魯郊非禮也。魯郊何以非禮？天子祭天，諸侯祭土。天子有方望❻之事無所不通，諸侯山川有不在其封內者，則不祭也。曷為或言免牲，或言免牛？免牲，禮也；免牛，非禮也。免牛何以非禮？傷者曰牛。三望者何？望祭也。然則曷祭？祭泰山、河、海。曷為祭泰山、河、海？山川能潤于百里者，天子秩而祭之。觸石而出，膚寸❼而合，不崇朝❽而徧雨乎天下者，唯泰山爾。河、海潤于千里。猶者何？通可以已也。何以書？譏不郊而望祭也。

秋，七月。

冬，杞伯姬❾來求婦。其言來求婦何？兄弟辭也。其稱婦何？有姑之辭也。

狄圍衛。

十有二月，衛遷于帝丘❿。

【注　釋】❶班　歸還。❷郊　周天子於冬至這天在南郊舉行的祭天典禮。這裡以為祭天必以周始祖后稷配祭。❸免牲　免除供祭祀用的牛牲。意思是不舉行郊祭。❹三望　三次望祭。望，祭祀山川的專名，因為是望而祭之，所以稱望。❺禘嘗　天子、諸侯宗廟四時的祭祀。夏季舉行的稱禘，秋季稱嘗。❻方望　天子郊祭時，望祭四方群神的禮典。何休注說：「謂郊時所望祭四方群神、日月星辰、風伯雨師、五嶽四瀆及餘山川，凡三十六所。」❼膚寸　四指寬為膚，一指寬為寸。比喻極微小。❽崇朝　終朝；一個早晨。❾杞伯姬　魯莊公女嫁給杞成公者。即莊公二十七年、僖公五年的杞伯姬。❿帝丘　地名。在今河南省濮陽市西南。衛成公把國都從楚丘遷移到這裡。

【語　譯】三十一年，春天，魯國佔取了濟水西邊的田地。是怎樣佔取的呢？是從曹國佔取的。為什麼不說從曹國佔取的呢？為了避諱佔取同姓國的田地。這裡沒有記載討伐曹國的事，那為什麼說從曹國佔取的呢？因為晉文公拘捕了曹共公，讓他把侵佔的田地全部歸還給各國諸侯。既然是晉文公拘捕了曹共公，讓他把侵佔的田地全部歸還給各國諸侯，那為什麼要避諱佔取同姓國的田地呢？因為被曹國侵佔的時間已經很長久了。

魯國公子遂到晉國去。

夏天，四月間，四次占卜在南郊祭天的日期，都不吉利，就免掉供祭祀用的牲，仍舊舉行三次望祭。為什麼有時說三次占卜，有時說四次占卜呢？三次占卜是符合禮數的，四次占卜是不符合禮數的。三次占卜為什麼符合禮數，四次占卜為什麼不符合禮數呢？因為占祭天吉日的規矩是限於三次。對於宗廟的祭祀，無論夏天的禘祭，還是秋天的嘗祭，都不用占卜吉日。祭天的郊祭為什麼占卜吉日呢？占卜祭天的吉日是不合禮數的。占卜祭天的吉日為什麼不合禮數呢？魯國祭天是不合禮法的。魯國祭天為什麼不合禮法呢？因為只有天子才祭天，諸侯是祭土。天子在祭天的時候，還要附帶望祭四方群神、日月星辰、風伯雨師以及名山大川等。天的所覆蓋，地的所負載，是無所不至的。而對諸侯來說，名山大川凡是不在自己封域裡的，就不能祭祀。為什麼有時說免掉供祭祀用的牲，有時說免掉用牛呢？說免掉供祭祀用的牲是合禮的，說免掉用牛是不合禮的。說免掉用牛為什麼不合禮呢？因為受了傷的牲叫牛。三望是什麼意思？是望祭。那麼它是祭祀什麼呢？是祭祀泰山、黃河和東海。為什麼要祭祀泰山、黃河和東海呢？山川凡是能夠潤澤百里地方的，周天子都要按照次序去祭祀。雲氣碰到石頭就從石縫中冒出來，一點一點匯合在一起，不到一個早晨天下就普降大雨的，只有泰山而已。黃河和東海都能潤澤千里的地方，自然應該祭祀了。「猶」是什麼意思？是表示應該停止這次與群神溝通的祭祀。為什麼記載這件事呢？是為了譏諷魯國在四卜不吉不能舉行郊祭的時候，仍要舉行望祭。

秋天，七月。

冬天，杞伯姬到魯國來為兒子求媳婦。這裡說來為兒子求媳婦是為什麼呢？是兄弟國家的文辭。為什麼稱呼媳婦呢？是表示有婆婆的文辭。

狄人包圍了衛國都城。

十二月間，衛國把都城遷移到帝丘這個地方。

僖公三十有二年

【說　明】《春秋》首書「春，王正月」表明時序，未記事，全年書記四事，傳均無說解。

三十有二年，春，王正月。

夏，四月己丑，鄭伯接❶卒。

衛人侵狄。

秋，衛人及狄盟。

冬，十有二月己卯，晉侯重耳❷卒。

【注釋】❶鄭伯接　鄭文公，名接。鄭厲公的兒子，在位四十五年。《左傳》接作「捷」，《史記・鄭世家》作「踕」，字通。

❷晉侯重耳　晉文公，名重耳。晉獻公的次子，流亡在外十九年，借秦穆公的力量回晉，成為霸主。在位九年。

【語譯】三十二年，春天，周王正月。

夏天，四月己丑這天，鄭國君主接死了。

衛國人侵犯狄國。

秋天，衛國人和狄人會盟。

冬天，十二月己卯這天，晉國君主重耳死了。

僖公三十有三年

【說明】本年《春秋》記載十三事，二事有傳。「夏，四月辛巳，晉人及姜戎敗秦于殽」條，傳從經書「秦」、「及姜戎」、「晉人」以及詐戰書日而立義。認為書「秦」而不言「師」，是視秦為夷狄之國，原因是它千里襲擊鄭國，不夠光明正大。在這裡，傳記敘了秦國二臣進諫、秦君拒諫而出兵、二臣哭師、弦高矯命以及秦軍覆沒等事件的經過，作為視秦為夷狄之國的依據。至於書「及姜戎」，傳以為是微賤姜戎，而書「晉人」，是微賤先軫或襄公。微賤晉襄公的原因是父君還沒下葬就出兵打仗。傳認為詐戰例不書日，這裡書日，是因為全部消滅了秦軍的原故。另外，傳解說十二月「實霜不殺草，李梅實」，以經書此兩事是記異，異在天暖霜薄，不合冬天十二月的時令。

三十有三年，春，王二月，秦人入滑❶。

齊侯使國歸父❷來聘。

夏，四月辛巳，晉人及姜戎❸敗秦于殽❹。其謂之秦何？夷狄之也。曷為夷狄之？秦伯將襲鄭，百里子❺與蹇叔子❻諫曰：「千里而襲人，未有不亡者也。」秦伯怒曰：「若爾之年者，宰❼上之木拱矣！爾曷知！」師出，百里子與蹇叔子送其子而戒之曰：「爾即死必於殽之嶔巖❽，是文王之所辟風雨者也，吾將尸爾焉！」子揖師而行。百里子與蹇叔子從其子而哭之。秦伯怒曰：「爾曷為哭吾師！」對曰：「臣非敢哭君師，哭臣之子也。」弦高者，鄭商也，遇之殽，矯❾以鄭伯之命而犒師焉。或曰往矣，或曰反矣。然而晉人與姜戎要之殽而擊之，匹馬隻輪無反者。其言及姜戎何？姜戎微也。稱人亦微者也，何言乎姜戎之微？先軫❿也，或曰襄公親之。襄公親之，則其稱人何？貶。曷為貶？君在乎殯而用師，危不得葬也。詐戰不日，此何以日？盡也。

癸巳，葬晉文公。

狄侵齊。

公伐邾婁，取叢⓫。

秋，公子遂率師伐邾婁。

晉人敗狄于箕⓬。

冬，十月，公如齊。

十有二月，公至自齊。

乙巳，公薨于小寢。

隕霜不殺草，李梅實。何以書？記異也。何異爾？不時也。

晉人、陳人、鄭人伐許。

【注釋】❶滑　姬姓國。見莊公十六年注。❷國歸父　齊國執政大夫。《左傳》稱他為國莊子，或國子。❸姜戎　姜姓的戎。地居晉國南部邊境以外地帶。❹殽　山名。一作崤。在今河南省洛寧縣西北。有東西二崤山，所以稱二崤。❺百里子　即百里奚。此時他已近百歲，可能已經死了，《左傳》記此事沒有提到他。❻蹇叔子　百里奚的朋友，由於百里奚的推薦，秦穆公派人迎他於宋，以為秦上大夫。與百里奚、由余等共同幫助穆公建立霸業。❼宰　墳墓。❽嶔巖　向外傾斜的山巖。❾矯　假託；詐稱。❿先軫　晉國執政重臣。采邑在原，故也稱原軫。城濮之戰，以中軍元帥，率軍大破楚軍，此又擊殲秦軍於殽。⓫叢　邾婁邑。在今山東省鄒城市西南。《左傳》作「訾婁」、《穀梁傳》作「訾樓」，皆為一地。⓬箕　晉邑。其地理位置說法不同，當在今山西省蒲縣東北。

【語譯】三十三年，春天，周王二月間，秦國人進入滑國。

齊侯差遣國歸父來魯國聘問。

夏天，四月辛巳這天，晉國人和姜戎在殽山一帶打敗了秦國。稱秦是什麼意思？是把它當成夷狄之邦。

為什麼把它當成夷狄之邦呢？秦穆公將要襲擊鄭國，百里奚和蹇叔諫阻說：「出兵千里以外去襲擊別國，沒有不自取敗亡的。」穆公發怒說：「像你們這麼大年紀的人，墳墓上的樹已經要有一圍粗了！你們懂得什麼！」軍隊終於出發，百里奚和蹇叔送他們出征的兒子，並告戒說：「你們如果死，一定會死在殽山的險巖中，那裡是周文王曾經躲避過風雨的地方，我將去那裡尋找你們的屍體。」兒子在軍中向父親作揖行禮拜別，就隨軍出發了。百里奚和蹇叔跟在他們兒子的後面，邊走邊哭。穆公發怒說：「你們為什麼哭我的軍隊！」回答說：「臣下怎麼敢哭君王的軍隊，我們哭的只是自己的兒子。」弦高這個人，是鄭國的商人。他在殽地遇見了秦軍，就隨機應變，詐稱鄭君的命令來犒勞秦軍。秦軍將領有人說應該繼續進軍，有人說鄭國已有準備應該返回秦國。然而晉國人和姜戎已在殽地攔截住秦軍並且展開攻擊，使得秦軍一匹馬、一個車輪子都沒有能回到秦國。這裡說及姜戎是為什麼呢？因為姜戎人是微賤的，晉稱為人也是表示微賤的意思。既然姜戎人微賤，為什麼還要說它呢？因為晉軍的統帥是先軫。有人說是晉襄公親自統帥軍隊。既然是晉襄公親自統帥軍隊，那麼稱為人是為什麼呢？是貶責。為什麼貶責呢？因為晉文公的靈柩還在殯宮沒有下葬就出兵打仗，這是很危險的，會使文公不能下葬。使用欺詐手段的戰爭，《春秋》是不記載日子的，這裡為什麼記載日子呢？因為把秦軍全部殲滅了。

癸巳這天，葬了晉文公。

狄人侵犯齊國。

魯僖公討伐邾婁國，佔領了叢這個地方。

秋天，魯國公子遂率領軍隊討伐邾婁國。

晉國人打敗狄人在箕這個地方。

冬天，十月間，魯僖公到齊國去。

十二月間，魯僖公從齊國回到魯國都城。

乙巳這天，魯僖公死在平日居住的小寢。

下了霜，但沒有傷害草，李樹和梅樹都結了果實。為什麼記載這件事？這是記載奇異的事情。有什麼奇異呢？因為不合時令。

晉國人和陳國人、鄭國人討伐許國。

卷一三　文公上

文公元年

【說明】本年《春秋》記載十一事，二事有傳。三月「天王使叔服來會葬」條。魯僖公死於上年十二月乙巳，葬於今年四月丁巳，傳認為葬前周王遣使來魯會葬，符合天子與諸侯間的禮節。四月「天王使毛伯來錫公命」條，傳就「錫」與「命」的詞義作解，未涉及義例。

元年，春，王正月，公❶即位。

二月癸亥朔❷，日有食之。

天王❸使叔服❹來會葬。其言來會葬何？會葬，禮也。

夏，四月丁巳，葬我君僖公。

天王使毛伯❺來錫公命。錫者何？賜也。命者何？加我服也。

晉侯伐衛。

叔孫得臣❻如京師。

衛人伐晉。

秋，公孫敖❼會晉侯于戚❽。

冬，十月丁未，楚世子商臣❾弒其君髡❿。

公孫敖如齊。

【注釋】❶公　指魯文公，名興，僖公的兒子。❷朔　據王引之說，朔字衍，當刪。❸天王　指周襄王鄭。❹叔服　周王室內史。何休說叔服即王子虎，不知所據。❺毛伯　周王室大夫。毛是其采邑，伯是排行。❻叔孫得臣　魯國大夫。叔孫氏，名得臣，亦稱莊叔。❼公孫敖　魯國大夫。即穆伯敖，慶父的兒子。❽戚　衛邑，在今河南省濮陽市北。❾楚世子商臣　楚成王的太子，名商臣。逼成王自絞而死，繼位為楚穆王。❿髡　楚成王，名髡，在位四十六年。即《左傳》的「頵」、《史記・楚世家》的「惲」。

【語譯】元年，春天，周王正月，魯文公即位為君。

二月癸亥這天，魯國發生日食。

天子差遣叔服來魯國會同辦理僖公的葬事。說來魯國會同辦理是為什麼呢？表示會同辦理葬事是合於禮節的。

夏天，四月丁巳這天，葬了魯君僖公。

天子差遣毛伯來魯國錫魯文公命。錫是什麼意思？是賞賜。命是什麼意思？是增加文公命爵服制的等級。

晉侯討伐衛國。

魯國叔孫得臣到京都去。

衛國人討伐晉國。

秋天，魯國公孫敖和晉侯在戚這個地方會見。

冬天，十月丁未這天，楚國的太子商臣弒殺了他的君主髡。

魯國公孫敖到齊國去。

文公二年

【說　明】本年《春秋》書記八事，五事有傳。傳以其中三事，經義在於譏諷。說二月「作僖公主」，是譏諷本想把葬事辦長久，可是並沒有做到。「八月丁卯，大事于大廟，躋僖公」條，傳以大事為大祫祭，以躋為升，認為經書此事，是譏責文公先禰而後祖逆祀的非禮做法。冬「公子遂如齊納幣」條，傳以為納幣事例不當書，今書此事是譏文公喪娶，原因是三年之內不應該圖婚。並對經以前曾對閔公在換穿吉服時祭祀莊公之事譏諷過，而這次不在文公舉行大祫祭時譏諷，單在他娶親這件事情上加以譏諷的原因作了說解。另外，「三月乙巳，及晉處父盟」條，傳以處父為陽處父，說經不書「陽」氏，是避諱魯文公與大夫會盟，因為這是有失君王身份的。「自十有二月不雨，至于秋七月」條。魯國連續七個月不下雨，按說經書此事，當是表示遭受旱災。可是傳鑒於這裡書「不雨」，並未書「旱」，因以為這是記異而不是記災。原因是雖然長久不下雨，卻未成災。

二年，春，王二月甲子，晉侯及秦師戰于彭衙❶，秦師敗績。

丁丑，作僖公主❷。作僖公主者何？為僖公作主也。主者曷用？虞主❸用桑，練主❹用栗。用栗者，藏主❺也。作僖公主何以書？譏。何譏爾？不時也。其不時奈何？欲久喪而後不能也。

三月乙巳，及晉處父[6]盟。此晉陽處父也，何以不氏？諱與大夫盟也。

夏，六月，公孫敖會宋公、陳侯、鄭伯、晉士縠[7]盟于垂斂[8]。

自十有二月不雨，至于秋七月。何以書？記異也。大旱以災書，此亦旱也，曷為以異書？大旱之日短而云災，故以災書。此不雨之日長而無災，故以異書也。

八月丁卯，大事于大廟[9]，躋僖公[10]。大事者何？大祫[11]也。大祫者何？合祭也。其合祭奈何？毀廟之主陳于大祖，未毀廟之主皆升，合食于大祖，五年而再殷祭[12]。躋者何？升也。何言乎升僖公？譏。何譏爾？逆祀[13]也。其逆祀奈何？先禰而後祖也。

冬，晉人、宋人、陳人、鄭人伐秦。

公子遂如齊納幣。納幣不書，此何以書？譏。何譏爾？譏喪娶也。娶在三年之外，則何譏乎喪娶？三年之內不圖婚。吉禘于莊公，譏。然則曷為不於祭焉譏？三年之恩疾矣，非虛加之也，以人心為皆有之。以人心為皆有之，則曷為獨於娶焉譏？娶者大吉也，非常吉也。其為吉者主於己，以為有人心焉者，則宜於此焉變矣。

【注　釋】❶彭衙　秦邑，即今陝西省白水縣東北二十公里的彭衙堡。❷主　神主。為死人立的牌位。❸虞主　虞祭時所用的神主。安葬以後，回到殯宮舉行祭典稱虞。❹練主　練祭時所用的神主。父母去世第十一個月祭於家廟稱練。❺藏主　收藏在宗廟的神主。❻處父　晉大夫，陽處父。亦稱陽子或大傅陽子。❼士縠　晉大司空。士蔿的兒子。❽垂斂　鄭邑，在今河南省滎陽市東北。《左傳》斂作「隴」，字可通。❾大廟　周公之廟。❿躋僖公　升僖公神位在閔公之前。按：兩人是兄弟，依禮閔公當在上。⓫大祫　天子諸侯宗廟的一種祭禮。集合遠近祖先的神主於太祖廟內大合祭。⓬殷祭　盛大的祭祀。指三年一次的祫祭，和五年一次的禘祭。⓭逆祀　違反上下位次的祭祀。僖公是閔公的哥哥，曾為閔公的臣下，繼閔公而立為君，位應在閔公下，今升居其上，所以稱逆祀。

【語　譯】二年，春天，周王二月甲子這天，晉侯和秦國軍隊在彭衙這個地方作戰，秦國軍隊潰敗。

丁丑這天，作僖公主。作僖公主是什麼意思？是為僖公作了牌位。作牌位用什麼材料？下葬後虞祭時的牌位是用桑木作的，練祭時的牌位是用栗木作的。用栗木作的牌位，是收藏在祖廟中的神主。為僖公作牌位的事為什麼要記載呢？為了譏諷。為什麼譏諷呢？因為不合時宜。怎樣不合時宜呢？因為本來想把葬事辦長久，可是後來沒能做到。

三月乙巳這天，和晉國的處父會盟。這人就是晉國的陽處父。為什麼不記明他的姓氏呢？為了避諱魯文公和大夫會盟。

夏天，六月間，魯國公孫敖和宋公、陳侯、鄭伯、晉國士縠會見，在垂斂這個地方結盟。

從去年十二月不下雨，一直到今年秋季七月。為什麼記載這件事？是記載奇異的事情。大旱的時候，以為是災害而加以記載，這裡也是發生旱情，為什麼以為是奇異的事而記載呢？大旱的時間很短，就稱發生了災害，所以以災害而記載。這裡不下雨的時間已很久長，但並沒有發生旱災，所以以奇異的事情而記載。

八月丁卯這天，有大事在周公廟裡舉行，躋僖公。大事指的是什麼？是大祫祭。大祫祭是什麼？是集合遠近祖先的牌位在一起合祭。怎樣合在一起祭祀呢？就是把毀掉廟的高祖以上先輩的牌位，陳列到周公廟中去，把還沒有毀掉廟的高祖以下先輩的牌位都升入周公廟中共享祭祀。每到五年再舉行一次盛大的禘祭。躋是什麼意思？是升上。為什麼要說升上僖公的牌位呢？是譏諷。為什麼譏諷呢？因為這是違反上下位次的祭祀。違反上下位次的祭祀是怎樣的呢？這如同是先祭了父親而後再祭祖父。

冬天，晉國人、宋國人、陳國人、鄭國人討伐秦國。

魯國公子遂到齊國去送訂婚聘禮。送訂婚聘禮的事依例不作記載，這裡為什麼記載呢？是譏諷。為什麼譏諷呢？是譏諷魯文公在喪期中娶夫人。他娶夫人已經是三年以外的事了，那為什麼還譏諷在喪期中娶夫人呢？因為在三年以內不僅不應當娶親，而且不應當謀劃婚事。過去對閔公換穿吉服祭祀莊公的事曾經譏諷過，這次為什麼不在大祫祭的時候譏諷文公呢？孝子守孝三年，報答父母的養育之恩，是非常哀痛的。如果沒有哀痛的情感，就要加以譏責，這種譏責並不是空加上的，因為哀痛是人們心中普遍都有的。既然人們心中普遍都有，那為什麼唯獨在他娶夫人的時候加以譏責呢？因為娶夫人是很大的喜慶事，不是普通的喜慶事。娶夫人這件喜事是主人本身的事，只要自己有哀痛父母的孝心，就應當在聽到謀劃自己婚事時哀慟哭泣。

文公三年

【說　明】本年《春秋》記載七事，三事有傳。「夏，五月，王子虎卒」條，傳以王子虎為周天子的大夫，因為他新近曾奉使來魯，所以雖然他是外大夫，經仍記載他死的事情。秋「雨螽于宋」條，傳解說「雨螽」為蝗蟲死後像下雨一樣從天上掉落下來。認為這是外異，例不當書，今經書記此事，是因宋乃商王後裔的原故。冬「晉陽處父帥師伐楚救江」條，傳認為這只是晉國伐楚，說「救江」乃是謊言，是晉伐楚的藉口。按：此義與《穀梁傳》「江遠楚近，伐楚所以救江也」義異，當以《穀梁傳》說為是。

三年，春，王正月，叔孫得臣[1]會晉人、宋人、陳人、衛人、鄭人伐沈[2]，

沈潰。

夏，五月，王子虎❸卒。王子虎者何？天子之大夫也。外大夫不卒，此何以卒？新使乎我也。

秦人伐晉。

秋，楚人圍江❹。

雨螽于宋。雨螽者何？死而墜也。何以書？記異也。外異不書，此何以書？為王者之後記異也。

冬，公如晉。十有二月己巳，公及晉侯盟。

晉陽處父帥師伐楚救江。此伐楚也，其言救江何？為諼❺也。其為諼奈何？伐楚為救江也。

【注釋】❶叔孫得臣　魯國大夫。見文公元年注。❷沈　姬姓國，故地即今安徽省阜陽市西北的沈丘集。❸王子虎　周王室卿士。《左傳》稱他為王叔文公。王叔為氏，公為謚號。❹江　西周封國，嬴姓。在今河南省正陽縣西南。❺諼　欺詐；謊騙。

【語譯】三年，春天，周王正月間，魯國叔孫得臣會合晉國人、宋國人、陳國人、衛國人、鄭國人討伐沈國，百姓叛上逃亡，沈國潰敗。

夏天，五月間，王子虎死了。王子虎是什麼人？是周天子的大夫。魯國以外的大夫死了不作記載，這裡為什麼記載呢？因為最近他曾被派遣來過魯國。

秦國人討伐晉國。

秋天，楚國人包圍了江國都城。

蝗蟲像下雨一樣掉落在宋國。說蝗蟲像下雨一樣掉落是什麼意思？是表示死了以後掉落下來。為什麼記載這件事呢？是記載奇異的事情。魯國以外發生的奇異事情依例不作記載，這裡為什麼記載呢？這是為商王的後裔記載奇異。

冬天，魯文公到晉國去。十二月，己巳這天，魯文公和晉侯會盟。

晉國陽處父帥領軍隊討伐楚國救助江國。這是討伐楚國，說救助江國是為什麼呢？這是謊騙人的話。是怎樣的謊騙話呢？是把討伐楚國說成救助江國。

文公四年

【說　明】本年《春秋》書記七事，「夏，逆婦姜于齊」一事有傳。按：由於此經沒有記明迎娶婦姜的是什麼人，遂產生了疑測。《左傳》疑迎娶者是地位低微的人，有失迎夫人的禮節；本傳則認為經不書人，是表示看輕這次婚禮，因為娶的是大夫的女兒。

四年，春，公至自晉。

夏，逆婦姜于齊。其謂之逆婦姜于齊何？略之也。高子❶曰：「娶乎大夫者，略之也。」

狄侵齊。

秋，楚人滅江。

晉侯伐秦。

衛侯使甯俞❷來聘。

冬，十有一月壬寅，夫人風氏❸薨。

【注釋】❶高子　傳公羊學的一位先師。❷甯俞　衛大夫，即甯武子。一本作「甯速」，甯速亦衛臣，即甯莊子，與甯俞不是一人。❸風氏　成風，魯莊公的妾，僖公的母親。

【語譯】四年，春天，魯文公從晉國回到魯國都城。

夏天，從齊國迎娶婦姜來到魯國。說從齊國迎娶婦姜來到魯國是為什麼呢？這是看輕這次婚禮的說法。高子說：「所娶的夫人是大夫的女兒，所以看輕這次婚禮。」

狄人入侵齊國。

秋天，楚國人滅亡了江國。

晉侯討伐秦國。

衛侯派甯俞來魯國聘問。

冬天，十一月壬寅這天，魯夫人成風死了。

文公五年

【說明】本年《春秋》書記七事，二事有傳。「春，王正月，王使榮叔歸含且賵」條，傳以含為口實，並從榮叔一人兼送含和賵而立義，認為送含、送賵當各派一使，今一人兼辦，是違禮之舉，經書此事義含譏責。「三月辛亥，葬我小君成風」條，傳說成風是僖公的母親。未涉及義例。

五年，春，王正月，王使榮叔❶歸❷含❸且賵❹。含者何？口實也。其言歸含且賵何？兼之。兼之非禮也。

三月辛亥，葬我小君成風。成風者何？僖公之母也。

王使召伯❺來會葬。

夏，公孫敖如晉。

秦人入鄀❻。

秋，楚人滅六❼。

冬，十月甲申，許男業❽卒。

【注釋】❶榮叔　周王室臣。這個榮叔可能是莊公元年來賜桓公命服的榮叔的後人。❷歸　通「饋」。贈送。❸含　古代放在死人口中的珠、玉、米、貝等物。❹賵　見隱公元年注。❺召伯　周王臣。即召昭公。召氏世為周王室卿士。❻鄀　秦、楚之間的小國，一作上鄀。在今湖北省鐘祥市西北。❼六　偃姓國，在今安徽省六安市北。❽許男業　許僖公，名業。在位三十四年。《左傳》業作「棐」，字通。

【語　譯】五年，春天，周王正月間，天子差遣榮叔來贈送含和助喪的車馬。含是什麼？是放在死者口中的珠玉。說贈送放在死者口中的珠玉和助喪的車馬是什麼意思？是派一個人兼送兩樣東西。一個人兼送兩樣東西是不合禮節的。

三月辛亥這天，葬了魯夫人成風。成風是什麼人呢？是魯僖公的母親。

天子差遣召伯來魯共同辦理僖公的葬事。

夏天，魯公孫敖到晉國去。

秦國人進入鄀國。

秋天，楚國人滅亡了六國。

冬天，十月甲申這天，許君業死了。

文公六年

【說　明】本年《春秋》書記九事，二事有傳。經記「晉殺其大夫陽處父」後，即書「晉狐射姑出奔狄」，傳以為殺陽氏而射姑出逃者，是因為陽氏被射姑所殺。至於稱國以殺，則是因為晉君洩漏了陽氏勸他放棄任命射姑為中軍元帥的話。「閏月不告月，猶朝于廟」條，傳謂不告月就是不告朔，而不告朔的原因是閏月不是平常的月份。並以「猶」字為義，以猶為可以不這樣做，隱含譏文公不當朝廟的意思。

六年，春，葬許僖公。

夏，季孫行父❶如陳。

秋，季孫行父如晉。

八月乙亥，晉侯讙❷卒。

冬，十月，公子遂如晉。

葬晉襄公。

晉殺其大夫陽處父。

晉狐射姑❸出奔狄。晉殺其大夫陽處父，則狐射姑曷為出奔？射姑殺也。射姑殺則其稱國以殺何？君漏言也。其漏言奈何？君將使射姑將，陽處父諫曰：「射姑民眾不說❹，不可使將。」於是廢將。陽處父出，射姑入。君謂射姑曰：「陽處父言曰：『射姑民眾不說，不可使將。』」射姑怒，出刺陽處父於朝而走。

閏月不告月，猶朝于廟。不告月者何？不告朔也。曷為不告朔？天無是月也。閏月矣，何以謂之天無是月？非常月也。猶者何？通可以已也。

【注釋】❶季孫行父　魯桓公之子成季的孫子，名行父。繼仲遂執魯政，死於襄公五年。❷晉侯讙　晉襄公，名讙。晉文公的兒子，在位七年。《左傳》讙作「驩」，字通。❸狐射姑　晉臣。即賈季，狐偃的兒子。《穀梁傳》射作「夜」，字通。❹說　通「悅」。喜悅。

【語　譯】六年，春天，葬了許僖公業。

夏天，魯國季孫行父到陳國去。

秋天，魯國季孫行父到晉國去。

八月乙亥這天，晉君讙死了。

冬天，十月間，魯國公子遂到晉國去。

葬了晉襄公讙。

晉國殺了它的大夫陽處父。

晉國狐射姑出逃到狄國。晉國殺了它的大夫陽處父，那狐射姑為什麼要出逃呢？因為陽處父是狐射姑殺害的。既然是狐射姑殺害的，那麼稱為被晉國所殺是為什麼呢？因為晉君說漏了話。是怎樣說漏了話呢？晉君打算讓射姑當中軍元帥，陽處父諫阻說：「射姑這個人，民眾不喜歡他，不可以讓他擔任中軍元帥。」於是晉君就廢棄了讓他擔任中軍元帥的打算。陽處父出宮後，射姑進宮來，君主對射姑說：「陽處父說：『射姑這個人，民眾不喜歡他，不可以讓他擔任中軍元帥。』」射姑勃然大怒，出宮後就在朝廷上刺殺死陽處父出逃了。

閏月不告月，猶到祖廟中朝拜。不告月是什麼意思？就是不宣告這月的初一。為什麼不宣告這月的初一呢？因為歲時中沒有這個月。已經說了閏月，為什麼還說歲時中沒有這個月呢？因為它不是平常的月份。猶是什麼意思？是說一般可以不這樣做。

文公七年

【說　明】本年《春秋》書記十事，四事有傳。「三月甲戌，取須朐」條，傳認為取邑例不書日，這裡書日，是為魯文公避諱的內辭，好像須朐不是被我攻佔，而是別國攻佔的。在我們看來，傳的說法是難以成立的。

首先，《春秋》並不存在「取邑不日」的書例，其次，上經說「春，公伐邾婁」，已明言「公」，這裡取須朐的自然也是公了。書日也好，略去公字也好，都無法避諱文公取須朐的事實。「宋人殺其大夫」條，傳的宋三世無大夫的說法，與前僖公二十五年傳同。四月「戊子，晉人及秦人戰于令狐，晉先眛以師奔秦」條，傳以為這是正規戰爭，不言師敗績者，是因為雙方不分勝負。在這裡，傳以統帥晉軍的人是先眛（按：當是趙盾），經不書其名氏而稱「人」，是因為他率軍在國外而貶低他。至於書「奔」而不言「出奔」，是他本來就在國外的原故。「秋，八月，公會諸侯、晉大夫盟于扈」條，傳以經書「諸侯」與「晉大夫」而不列舉國名和人名為義。說這是因為魯文公遲到，失了次序，諸侯不肯與他會盟，用眼睛示意晉大夫和他會盟的原故。按照這樣的說解，《春秋》略去各諸侯國名和人名，是為了掩飾魯文公的受辱。

七年，春，公伐邾婁。

三月甲戌，取須朐❶。取邑不日，此何以日？內辭也，使若他人然。

遂城郚❷。

夏，四月，宋公王臣❸卒。

宋人殺其大夫。何以不名？宋三世無大夫，三世內娶也。

戊子，晉人及秦人戰于令狐❹，晉先眛❺以師奔秦。此偏戰也，何以不言師敗績？敵也。此晉先眛也，其稱人何？貶。曷為貶？外也。其外奈何？以師外也。何以不言出？遂在外也。

狄侵我西鄙。

秋，八月，公會諸侯、晉大夫盟于扈❻。諸侯何以不序？大夫何以不名？公失序也。公失序奈何？諸侯不可使與公盟，眣❼晉大夫使與公盟也。

冬，徐伐莒。

公孫敖如莒涖盟。

【注　釋】❶須朐　魯封內屬國，風姓。原都城在今山東省東平縣東南，後遷都於須，在今東平縣西北。須朐前已被邾婁人所滅，魯僖公曾伐邾婁，取須朐，並反其君。今文公又從邾婁人手中伐取了須朐。❷郚　魯邑，在今山東省泗水縣東南。與莊公元年紀邑之郚不是一地。❸宋公王臣　宋成公，名王臣。宋襄公的兒子，在位十七年。❹令狐　晉邑，在今山西省臨猗縣西南。❺先昧　晉大夫。今年令狐之戰，趙盾為中軍元帥，先昧為下軍元帥。《左傳》昧作「蔑」，字通。❻扈　鄭邑，在今河南省原陽縣西。與齊邑的扈不是一地。❼眣　當作「眣」。用眼睛示意。

【語　譯】七年，春天，魯文公討伐邾婁國。

三月甲戌這天，魯國佔取了須朐城。佔取城邑依例不記載日期，這裡為什麼記載日期呢？這是魯國對內的文辭，使人覺得好像別人幹的一樣。

於是就修築郚邑。

夏天，四月間，宋君王臣死了。

宋國人殺了它的大夫。為什麼不記載死者的名字呢？因為宋國三代沒有被承認有大夫，三代君主都是在國內娶的夫人。

戊子這天，晉國人和秦國人在令狐這個地方作戰，晉國先昧從軍隊中奔秦。這是正規的戰爭，為什麼不說哪國軍隊潰敗呢？因為雙方勢均力敵不分勝負。這是晉國的先眛，稱晉人是為什麼呢？是貶責。為什麼貶責呢？因為他到國外去了。他是怎樣到國外的呢？是從軍隊中到國外去的。為什麼說奔不說出奔呢？因為他本來就在國外。

狄人侵犯我國西部邊遠地區。

秋天，八月間，魯文公和各國諸侯、晉國大夫會見，在扈這個地方結盟。各國諸侯為什麼不排列次序，大夫為什麼不記明他的名字？因為魯文公遲到，失掉了排列次序的資格。魯文公失掉了排列次序的資格又如何？各國諸侯不願意和他會盟，用眼睛向晉國大夫示意，讓他和魯文公會盟。

冬天，徐國討伐莒國。

魯國公孫敖到莒國去締結盟約。

文公八年

【說　明】本年《春秋》首書「春，王正月」，另書「夏，四月」表明時序，全年書記七事，二事有傳。十月「公孫敖如京師，不至復。丙戌，奔莒」條，傳以「不至復」為內諱之辭，義與僖公二十八年公子買戍衛經書「不卒戍」略同，是文公無法派公孫敖去京師的避諱說法。經書「如京師」者，是為了順從文公的心意。至於書「奔」而不言「出奔」，是因為他本來就在國外，與上年先眛奔秦經不言「出」義同。以下傳併「宋人殺其大夫司馬」、「宋司城來奔」兩事為釋，以司馬、司城為官稱，用官稱，同樣也是因為宋國三世內娶，沒有大夫。

八年，春，王正月。

夏，四月。

秋，八月戊申，天王❶崩。

冬，十月壬午，公子遂會晉趙盾❷盟于衡雍❸。

乙酉，公子遂會伊、雒戎❹盟于暴❺。

公孫敖如京師，不至復。丙戌，奔莒。不至復者何？不至復者，內辭也，不可使往也。不可使往，則其言如京師何？遂公意也。何以不言出？遂在外也。

螽。

宋人殺其大夫司馬❻。

宋司城❼來奔。司馬者何？司城者何？皆官舉也。曷為皆官舉？宋三世無大夫，三世內娶也。

【注釋】❶天王　指周襄王，名鄭。惠王的兒子，在位三十三年。❷趙盾　晉卿。即趙宣子，亦稱趙孟、宣孟。此時主持國政。❸衡雍　鄭邑，在今河南省原陽縣西南。❹伊雒戎　居於今伊河、洛河之間的戎人。在今河南省洛陽市西南。❺暴　鄭邑，在今河南省原陽縣西南，與衡雍相距不遠。❻司馬　官名。宋國的執政大臣之一，掌軍事。❼司城　官名。宋國從武公以後改司空為司城，與右師、左師、司馬、司徒、司寇為六卿。

【語譯】八年，春天，周王正月。

夏天，四月。

秋天，八月戊申這天，周天子鄭死了。

冬天，十月壬午這天，魯國公子遂和晉國趙盾會見，在衡雍這個地方結盟。

乙酉這天，魯國公子遂和伊、雒之間的戎人會見，在暴這個地方結盟。

魯國公孫敖到京都去，沒有到就回來了。丙戌這天，公孫敖逃奔到莒國。沒有到就回來了是什麼意思？沒有到就回來了，是魯國對內的文辭，意思是無法派他去。既然無法派他去，那麼說他到京都去是為什麼呢？是順從魯文公的心意。為什麼說奔不說出奔呢？因為他本來就在國外。

魯國發生蝗害。

宋國人殺了它的大夫司馬。

宋國的司城逃奔到魯國來。司馬是什麼？司城是什麼？都是用官名來稱呼。為什麼都要用官名來稱呼呢？因為宋國三代沒有大夫，三代君主都是在國內娶的夫人。

文公九年

【說　明】本年《春秋》記載十五事，五事有傳。「春，毛伯來求金」條，傳以毛伯為周天子大夫，經不稱使者，是因為周頃王當喪尚未即位為君。周襄王死於上年八月戊申日，現在已經是第二個年頭了，為什麼還說頃王當喪未君呢？以下傳就此而釋其義，提出了天子即位三年後始稱王的說法。隨即解釋《春秋》書記此事，用意是譏諷王者求金的不合禮數，因為按照文王之法，王者應無求於諸侯。二月「辛丑，葬襄王」條，傳以王者書崩不書葬為《春秋》書例，認為經在三種情況下書記王葬：一是提前安葬，二是過期才葬，三是魯國派使前往會葬。說這次書葬，是屬於第三種情況。「冬，楚子使椒來聘」條，傳以椒為楚大夫。說經書其名，是承認楚國開始有了大夫。至於經書名而不書氏，傳的解釋是認可夷狄之邦的事情，要一步一步慢慢來，不是一次就能完全做到的。於冬「秦人來歸僖公、成風之禭」條，傳認為經書記此事，有譏諷秦人派遣一位使者兼送兩位死者小殮衣被的意思，因為這種做法是不合禮節的。進而解說僖公與成風兩人中間不用「及」字加以聯繫的原因，認為成風是僖公的母親，地位尊貴，如果用及字，是由子及母了。至於「九月癸酉」條，傳以地震為地動，認為經書此事是記災異。

九年，春，毛伯❶來求金。毛伯者何？天子之大夫也。何以不稱使？當喪未君也。踰年矣，何以謂之未君？即位矣而未稱王也。未稱王何以知其即位？以諸侯之踰年即位，亦知天子之踰年即位也。以天子三年然後稱王，亦知諸侯於其封內三年稱子也。踰年稱公矣，則曷為於其封內三年稱子？緣民臣之心，不可一日無君；緣終始之義，一年不二君，不可曠年無君；緣孝子之心，則三年不忍當也。毛伯來求金何以書？譏。何譏爾？王者無求，求金，非禮也。然則是王者與？曰：「非也。」非王者則曷為謂之王者？王者無求，曰：「是子也。」繼文王之體，守文王之法度，文王之法無求，而求，故譏之也。

夫人姜氏❷如齊。

二月，叔孫得臣如京師。

辛丑，葬襄王。王者不書葬，此何以書？不及時書，過時書，我有往者則書。

晉人殺其大夫先都❸。

三月，夫人姜氏至自齊。

晉人殺其大夫士縠及箕鄭父❹。

楚人伐鄭。

公子遂會晉人、宋人、衛人、許人救鄭。

夏，狄侵齊。

秋，八月，曹伯襄❺卒。

九月癸酉，地震。地震者何？動地也。何以書？記異也。

冬，楚子使椒❻來聘。椒者何？楚大夫也。楚無大夫，此何以書？始有大夫也。始有大夫，則何以不氏？許夷狄者不一而足也。

秦人來歸僖公、成風之襚❼。其言僖公、成風何？兼之。兼之，非禮也。曷為不言及成風？成風尊也。

葬曹共公。

【注　釋】❶毛伯　即文公元年的毛伯衛，見該注。❷姜氏　齊昭公的女兒出姜，魯文公夫人。❸先都　晉大夫。文公七年令狐之役，先都為下軍佐。因與士縠、箕鄭父等作亂被殺。❹士縠及箕鄭父　兩人都是晉國重臣，因上年晉國在夷地閱兵時，晉侯聽從了先克的話，沒有提升箕鄭父、先都，和讓士縠、梁益耳率領中軍，所以他們數人發動叛亂，終於被殺。❺曹伯襄曹共公，名襄。繼昭公而立，在位三十五年。❻椒　楚宗族臣。即鬭椒。亦稱子越、伯棼。❼襚　贈送死者衣被曰襚。

【語　譯】九年，春天，毛伯來魯國索求貢金。毛伯是什麼人呢？是周天子的大夫。為什麼不說差遣他來的呢？因為這時正值周襄王的喪期，還沒有天子。襄王的死已經過了一年，為什麼還說沒有天子呢？因為天子雖然已經即位，卻還沒有稱王。沒有稱王怎麼知道他已經即位了呢？從諸侯過了一年即位，可以知道天子也是過了一年即位。從天子過了三年稱王，可以知道諸侯在他自己的封國內也是過了三年稱子。諸侯過了一年就稱公了，那麼為什麼說在他自己的封國內過了三年才稱子呢？循從百姓和臣子的心意，國家不可以一天沒有君主；循從君位一終一始、交接繼承的道理，一年當中不應該有兩位君主，也不可以長年沒有君主；循從孝子的心思，三年以內不忍心繼先君之位執掌國政。毛伯來魯國求取貢金的事為什麼記載呢？為了譏責。為什麼譏責呢？因為王者對諸侯臣屬不應該有索求，索求貢金是不合禮節的。那麼這是王者嗎？回答說：「不是。」既然不是王者，那麼為什麼說王者呢？因為王者是不應該有索求的，這裡說的是「子」。他繼承了周文王的制度，就要遵守周文王的法規，周文王的法規是不應該索求的，如今卻來索求，所以要譏責。

魯文公夫人姜氏到齊國去。

二月間，魯國叔孫得臣到京都去。

辛丑這天，葬了周襄王。天子的葬事依例不作記載，這裡為什麼記載呢？不到葬期就下葬記載，過了葬期才下葬記載，魯國派人去參加葬禮也記載。

三月間，魯國夫人姜氏從齊國回到魯國都城。

晉國人殺了它的大夫先都。

晉國人殺了它的大夫士縠和箕鄭父。

楚國人討伐鄭國。

魯國公子遂會合晉國人、宋國人、衛國人、許國人救助鄭國。

夏天，狄人侵犯齊國。

秋天，八月間，曹君襄死了。

九月癸酉這天，魯國發生了地震。地震是怎麼回事？是地動。為什麼記載這件事？這是記災異。

冬天，楚子差遣椒來魯國聘問。椒是什麼人？是楚國的大夫。楚國沒有被承認有大夫，這裡為什麼要這樣記載呢？因為開始承認楚國有了大夫。既然開始承認有了大夫，那麼為什麼不記明椒的姓氏呢？因為認可夷狄之邦的事情，不是一次就能完備的。

秦國人來贈送魯僖公、成風喪事用的衣被。說僖公、成風是什麼意思？是派遣一個人兼送兩個人的衣被。一個人兼送兩個人的衣被是不合禮節的。為什麼不說魯僖公及成風呢？因為她是僖公的母親，是很尊貴的。

葬了曹共公。

卷一四 文公下

文公十年

【說明】本年《春秋》書記七事，《公羊傳》均無說解。

十年，春，王三月辛卯，臧孫辰❶卒。

夏，秦伐晉。

楚殺其大夫宜申❷。

自正月不雨至于秋七月。

及蘇子❸盟于女栗❹。

冬，狄侵宋。

楚子、蔡侯次于屈貉❺。

【注釋】❶臧孫辰　見莊公二十八年注。❷宜申　楚大夫。即鬬宜申。亦稱子西、司馬子西。❸蘇子　周王室卿士。這裡與他會盟的可能是魯文公。❹女栗　不詳何地。❺屈貉　邑名，在今河南省項城市境。《左傳》屈作「厥」。

【語譯】十年，春天，周王三月，辛卯這天，魯國臧孫辰死了。

夏天，秦國討伐晉國。

楚國殺了它的大夫宜申。

從正月裡不下雨，一直到秋天七月。

和蘇子在女栗這個地方會盟。

冬天，狄人侵犯宋國。

楚子和蔡侯的軍隊停留在屈貉這個地方。

文公十有一年

【說明】本年《春秋》記載六事，有傳者「冬，十月甲午，叔孫得臣敗狄于鹹」一事。傳以狄為高個子狄人，說狄有兄弟三人，分別去齊、魯、晉三國。去齊的被王子成父殺掉，去魯的被叔孫得臣殺掉，唯有去晉的不知被誰所殺。認為經書「敗」、書「日」、書「地」的原因，是為了張揚敗狄、約定時日而戰以及取勝於鹹的事情，而以經書此事是記異。

十有一年，春，楚子伐圈❶。

夏，叔彭生❷會晉郤缺❸于承匡❹。

秋，曹伯來朝。

公子遂如宋。

狄侵齊。

冬，十月甲午，叔孫得臣敗狄于鹹❺。狄者何？長狄❻也。兄弟三人，一者之齊，一者之魯，一者之晉。其之齊者，王子成父❼殺之。其之魯者，叔孫得臣殺之。則未知其之晉者也。其言敗何？大之也。其日何？大之也。其地何？大之也。何以書？記異也。

【注釋】❶圈　國名。在今陝西省白河縣東南，東臨湖北省境。《左傳》作「麇」。❷叔彭生　魯宗族。即叔仲惠伯，亦稱叔仲。❸郤缺　晉卿。即郤成子。父芮，封於冀，所以亦稱冀缺。晉成公六年執國政。❹承匡　宋邑，在今河南省睢縣西南。❺鹹　魯地，即桓公七年的咸丘。見該注。一說在今山東省曹縣境。與僖公十三年的衛地鹹不是一地。❻長狄　狄的一種。何休注認為是身長百尺的狄人。❼王子成父　齊臣。《左傳》說他俘虜了長狄僑如的弟弟榮如，把榮如的腦袋埋在周首的北門下。

【語譯】十有一年，春天，楚子討伐圈國。

夏天，魯國叔彭生和晉國郤缺在承匡這個地方會見。

秋天，曹伯來魯國朝見。

魯國公子遂到宋國去。

狄人侵犯齊國。

冬天，十月甲午這天，魯國叔孫得臣在鹹這個地方打敗了狄人。狄人指的是什麼？是個子很高的狄人。狄人有兄弟三人，一個到齊國去，一個到魯國去，一個到晉國去。那個到齊國去的，被齊國的王子成父殺掉了。那個到魯國去的，被魯國的叔孫得臣殺掉了。那個到晉國去的就不知道怎麼樣了。這裡說打敗是為什麼呢？是誇張敗狄事像戰爭一樣的興師動眾。這裡記明日期是為什麼呢？是誇張敗狄事像約定時日的正規戰爭。這裡記上地點是為什麼呢？是誇張取得的勝利。為什麼記載這件事呢？是為了記載奇異的事情。

文公十有二年

【說　明】本年《春秋》記載八事，四事有傳。「春，王正月，盛伯來奔」條，傳以盛伯為亡國奔魯的失地的國君，因為盛、魯同是姬姓兄弟國家，所以經不書記他的名字。「二月庚子，子叔姬卒」條，傳謂未嫁的女子例不記載她死的事情，因為叔姬已經許嫁，舉行過加笄禮，所以用成人的禮治喪而書其卒事。又因為她是魯文公的同母妹妹，身份尊貴，所以稱她「子」。秋「秦伯使遂來聘」條，傳以遂為秦大夫，與文公九年以椒為楚大夫相同。按照傳的說法，秦國沒有大夫，前者書「椒」是表示對夷狄之邦楚國的認可；這裡書「遂」，是贊揚秦穆公的賢明，賢其知錯能改，善於轉變。「十有二月戊午，晉人、秦人戰于河曲」條，傳用交戰雙方不分勝負，來解說經對於正規戰爭不書記何方潰敗的原因。至於傳以河曲為黃河彎曲之處的說法，則是不明河曲為晉國地名的誤解。

十有二年，春，王正月，盛伯❶來奔。盛伯者何？失地之君也。何以不名？兄弟辭也。

杞伯❷來朝。

二月庚子，子叔姬❸卒。此未適人何以卒？許嫁矣。婦人許嫁，字而笄之，死則以成人之喪治之。其稱子何？貴也。其貴奈何？母弟也。

夏，楚人圍巢❹。

秋，滕子來朝。

秦伯使遂❺來聘。遂者何？秦大夫也。秦無大夫，此何以書？賢繆公❻也。何賢乎繆公？以為能變也。其為能變奈何？惟諓諓善竫言❼，俾君子易怠❽，而況乎我多有之。惟一介❾斷斷❿焉無他技，其心休休⓫，能有容，是難也。

十有二月戊午，晉人、秦人戰于河曲⓬。此偏戰也，何以不言師敗績？敵也。曷為以水地？河曲疏矣，河千里而一曲也。

季孫行父⓭帥師城諸⓮及運⓯。

【注釋】❶盛伯　盛國國君。盛，國名，在今山東省寧陽縣東北。《左傳》盛作「郕」，字通。❷杞伯　指杞桓公，即僖公二十七年朝於魯的杞子。❸子叔姬　魯女。《公羊傳》、《穀梁傳》均說她是魯文公的同母妹妹。❹巢　偃姓國。在今安徽省巢湖市東北。❺遂　秦大夫。即西乞術，亦稱西乞。《左傳》經遂作「術」，字可通。❻繆公　即楚穆王，名商臣。死於魯文公十三年。❼惟諓諓善竫言以下幾句　《公羊傳》在這裡穿插引述了秦繆公在殽之戰秦國全軍覆沒後，悔恨而自責的一段話。見《尚書・秦誓》。諓諓，巧言善辯的樣子。竫言，巧言編造。❽易怠　輕忽懈怠。❾一介　一個人。❿斷斷　誠實專一的樣子。⓫休休　寬容的樣子。⓬河曲　晉地，在今山西省永濟縣南。⓭季孫行父　即季文子。參見文公六年注。⓮諸　見莊公二十九年注。⓯運　魯有東西二運，此指東運，在今山東省沂水縣東北。《左傳》作「鄆」，字通。

【語　譯】十二年，春天，周王正月間，盛伯逃到魯國來。盛伯是什麼人？是失掉了國土的君主。為什麼不記上他的名字？這是兄弟國家的文辭。

杞伯來魯國朝見。

二月庚子這天，子叔姬死了。這是還沒有出嫁的人，為什麼記載她死的事呢？因為已經許嫁了。婦女許嫁以後，要為她取字並舉行加笄禮，死了就要用成年人的喪禮給她治辦喪事。稱她子是為什麼呢？表示她尊貴。她如何尊貴呢？她是魯文公的同母妹妹。

夏天，楚國人包圍了巢國都城。

秋天，滕子來魯國朝見。

秦繆公差遣遂來魯國聘問。遂是什麼人？是秦國的大夫。秦國沒有被承認有大夫，這裡為什麼要記載呢？因為贊揚秦繆公的賢明。為什麼認為秦繆公賢明呢？因為他善於轉變。他是怎樣善於轉變的呢？他自責說：「那些巧言善辯的人，使君子輕忽懈怠，我竟然非常親近他們。如果有一個臣子，誠實專一而沒有別的技能，可是他的胸懷寬廣能夠容人，這是很難得的，我就要任用他。」

十二月戊午這天，晉國人和秦國人在河曲作戰。這是約定時日的正規戰爭，為什麼不說哪國軍隊潰敗呢？因為雙方勢均力敵，不分勝負。為什麼在河灣處作戰呢？因為河灣稀疏，黃河千里才有一個灣。

魯國季孫行父率領軍隊修築諸城和運城。

文公十有三年

【說　明】本年《春秋》首書「春，王正月」，未記事，全年書記十事，二事有傳。秋「世室屋壞」條，傳以世室為魯公伯禽之廟。說周公廟為太廟，其餘群公廟則稱宮。魯公廟稱世室，是表示世世不毀的意思。由此，並對周公廟稱太廟的問題作了解釋。進而說到了祭周公、祭伯禽以及群公所用牛牲和祭器中盛放穀物的不同數量。並以經書此事，是譏世室的年久失修。冬「鄭伯會公于斐」條，傳合併上「衛侯會于沓」、「公及晉侯盟」、「還自晉」三條連本條經文為釋，而以「還」字為義。認為「還」是褒贊魯文公的善辭。褒贊他去時會衛侯於沓，受衛侯的囑託請求和晉媾和；到了晉國就和晉侯結盟；回到魯國又與鄭伯會於斐，再次幫助衛國和晉國達成和議。

十有三年，春，王正月。

夏，五月壬午，陳侯朔❶卒。

邾婁子蘧篨❷卒。

自正月不雨，至于秋七月。

世室❸屋壞。世室者何？魯公之廟也。周公稱太廟，魯公稱世室，群公稱宮。此魯公之廟也，曷為謂之世室？世室猶世室也，世世不毀也。周公何以稱大廟于魯？封魯公以為周公也。周公拜乎前，魯公拜乎後，曰：「生以養周公，死以為周公主。」然則周公之魯乎？曰：「不之魯也。封魯公以為周公主。」然則周公曷為不之魯？欲天下之一乎周也。魯祭周公何以為牲？周公用白牲，魯公用騂犅④，群公不毛⑤。魯祭周公何以為盛⑥？周公盛，魯公燾⑦，群公廩⑧。世室屋壞何以書？譏。何譏爾？久不修也。

冬，公如晉。

衛侯會于沓⑨。

狄侵衛。

十有二月己丑，公及晉侯盟。

還自晉。

鄭伯會公于斐⑩。還者何？善辭也。何善爾？往黨⑪衛侯會公于沓，至得與晉侯盟。反黨鄭伯會公于斐，故善之也。

【注釋】①陳侯朔　陳共公，名朔。陳穆公的兒子，在位十八年。②邾婁子蘧篨　邾婁文公，名蘧篨。邾婁子瑣的兒子。③世室　猶大室，太廟中的屋室。太廟謂周公之廟，《公羊傳》以為是魯公伯禽之廟，不可信。④騂犅　祭祀時用的脊背赤色的公牛。⑤不毛　指雜色的牛。毛，純色的牲。⑥盛　粢盛充盈。祭器中穀物滿盈。⑦燾　覆蓋。謂粢盛不滿盈，但足可以覆蓋祭器，不見底。⑧廩　稀少。⑨沓　當為衛邑，確址不詳。⑩斐　鄭邑，在今河南省尉氏縣西。《左傳》作「棐」，字通。⑪黨　時候。齊人的口語。

【語譯】十三年，春天，周王正月。

夏天，五月壬午這天，陳君朔死了。

邾婁君蘧篨死了。

魯國從正月裡不下雨，一直到秋天七月。

世室的房子壞了。世室是什麼？是魯公伯禽的廟。周公的廟稱為太廟，魯公伯禽的廟稱為世室，其餘各公的廟稱為宮。這裡是魯公伯禽的廟，為什麼稱為世室呢？世室如同世代奉祀的廟，是世世代代都不能毀掉的。周公的廟為什麼在魯國稱為太廟呢？因為周成王封魯公伯禽為的是周公。周公受封，拜賜在前，魯公受封，拜賜在後，說：「周公在世，要魯國奉養；死後要魯國主祭。」既然如此，那麼周公到魯國來嗎？回答說：「不到魯國來。封魯公伯禽為的就是做周公的主祭人。」既然如此，那麼周公為什麼不到魯國來呢？因為想使天下統一於周天子。魯國祭祀周公用什麼牛牲呢？祭祀周公用純白色的牛牲，祭祀魯公伯禽用脊背紅色的牛牲，祭祀其他各公用雜色的牛牲。魯國祭祀周公為什麼祭器中盛滿穀物？因為祭祀周公時祭器中盛滿穀物，祭祀魯公伯禽時穀物要覆蓋住祭器，不見底，祭祀其他各公時，祭器中只有一點點穀物就行了。世室房子壞了為什麼記載呢？這是譏諷。為什麼譏諷呢？為的是年久失修的原故。

冬天，魯文公到晉國去。

衛侯和魯文公在沓這地方會見。

狄人侵犯衛國。

十二月己丑這天，魯文公和晉侯會盟。

魯文公從晉國返還。

鄭伯和魯文公在斐這個地方會見。還是什麼意思？是稱贊文公的美好的言辭。為什麼稱贊文公呢？去的時候衛君和文公在沓這地方會見，到了晉國就和晉君會盟。回來的時候鄭君和文公在斐這個地方會見，所以要用美好的言辭稱贊他。

文公十有四年

【說明】本年《春秋》記載十二事。傳除「宋子哀來奔」條未明經義，表示闕疑外，有傳說者四事。「秋，七月，有星孛入于北斗」條，傳以孛就是彗星，經的意思是說北斗的魁星中有顆彗星，因書此以記異。同月「晉人納接菑于邾婁，弗克納」條，傳以「納」為入辭，並從「弗克納」立義。認為經書「弗克納」，是誇贊晉郤缺並不是沒有納接菑為邾婁國君的力量，而是講究道義，接受了邾婁人的說辭，不憑武力硬去這樣幹。傳認為納接菑者是晉郤缺（《左傳》以為是趙盾），經稱「晉人」而不書其姓氏，是貶他，原因是不認可大夫有擅自廢置國君的權力。不過這只是文辭上如此說說，實際上是贊許他這種做法的。九月「齊公子商人弒其君舍」條，傳以舍為還沒有正式即位的未逾年的國君，依例不應該稱君，稱君是表示立舍和殺舍的人都是公子商人，這樣既尊重了死者，又貶賤了生者。至於「冬，單伯如齊」云云條，傳以單伯為行人，認為經稱行人而執者是為公事，今經書執單伯而不稱他為行人，表示他是為私罪而被執捉的。罪狀是在路途中和叔姬通姦。既然兩人通姦而均被執捉，經不用「及」字把兩人聯繫在一起，這是為魯國避諱的內辭，讓人覺得好像兩人的罪狀各不相同。

十有四年，春，王正月，公至自晉。

邾婁人伐我南鄙。

叔彭生❶帥師伐邾婁。

夏，五月乙亥，齊侯潘❷卒。

六月，公會宋公、陳侯、衛侯、鄭伯、許男、曹伯、晉趙盾❸。癸酉，同盟于新城❹。

秋，七月，有星孛❺入于北斗❻。孛者何？彗星也。其言入于北斗何？北斗有中也。何以書？記異也。

公至自會。

晉人納接菑❼于邾婁，弗克納。納者何？入辭也。其言弗克納何？大其弗克納也。何大乎其弗克納？晉郤缺❽帥師革車八百乘以納接菑于邾婁，力沛若有餘而納之。邾婁人言曰：「接菑，晉出❾也；貜且❿，齊出也。子以其指，則接菑也四，貜且也六⓫。子以大國壓之，則未知齊、晉孰有之也。貴則皆貴矣，雖然貜且也長。」郤缺曰：「非吾力不能納也，義實不爾克也。」引師而去之。故君子大其弗克納也。此晉郤缺也，其稱人何？貶。曷為貶？不與大夫專廢置君也。曷為不與？實與而文不與。文曷為不與？大夫之義不得專廢置君也。

九月甲申，公孫敖卒于齊。

齊公子商人⓬弒其君舍。此未踰年之君也，其言弒其君舍何？己立之，己殺之，成死者，而賤生者也。

宋子哀⑬來奔。宋子哀者何？無聞焉爾。

冬，單伯⑭如齊，齊人執單伯，齊人執子叔姬⑮。執者曷為或稱行人，或不稱行人？稱行人而執者，以其事執也。不稱行人而執者，以己執也。單伯之罪何？道淫也。惡乎淫？淫乎子叔姬。然則曷為不言齊人執單伯及子叔姬？內辭也，使若異罪然。

【注釋】❶叔彭生　見文公十一年注。❷齊侯潘　齊昭公，名潘。齊桓公諸子之一，母葛嬴。繼孝公而立，在位二十年。❸趙盾　晉卿。即趙宣子，亦稱趙孟。趙衰的兒子。此時主持國政。❹新城　宋邑，在今河南省商邱市西南。❺孛　彗星的別稱。俗稱掃帚星。❻北斗　亦稱北斗七星。即：天樞、天璇、天璣、天權、玉衡、開陽、搖光。天權以前四星稱斗魁，後三星稱斗杓。❼接菑　邾婁文公的兒子，其次妃晉姬所生。《左傳》接作「捷」，字通。❽郤缺　《公羊傳》以郤缺、《左傳》以趙盾、《穀梁傳》以郤克（郤缺之子）為晉軍主帥，三傳各異。❾晉出　猶言晉女所生，晉國的外孫。下「齊出」，言齊女所生。❿玃且　邾婁定公，邾文公元妃齊姜所生。⓫子以其指三句　用手指數一數，接菑是四指，玃且是六指，四和六都不是人體的正常情形。意思是說兩人都是庶子。⓬公子商人　齊懿公，名商人。齊昭公死，舍即位，因未踰年，不得改元，就被商人弒殺，商人自立為君。⓭子哀　宋臣。《左傳》以為即高哀。高為氏，名哀。⓮單伯　周室卿士。此人當是莊公元年單伯的子孫。⓯子叔姬　即昭姬。魯女嫁於齊昭公者。不是死於文公十二年的子叔姬。

【語譯】十四年，春天，周王正月間，魯文公從晉國回來。

邾婁國人攻擊我國南部邊遠地區。

魯國叔彭生率領軍隊討伐邾婁國。

夏天，五月乙亥這天，齊君潘死了。

六月間，魯文公和宋公、陳侯、衛侯、鄭伯、許男、曹伯、晉國趙盾會見。癸酉這天，共同在新城這個地方結盟。

秋天，七月間，有星孛進入到北斗七星中。孛是什麼？是彗星。說它進入到北斗七星中是什麼意思？是指北斗七星的魁星中間有顆彗星。為什麼記載這件事？這是記載奇異的事情。

魯文公從會盟的地方回到魯國都城。

晉國人納接菑到邾婁國的都城，沒有能夠納。納是什麼意思？是表示進入都城的言辭。這裡強調沒有能夠進入都城是什麼意思？是誇張沒有能夠進入都城這件事。為什麼誇張沒有能夠進入都城這件事呢？晉國的郤缺率領軍隊和兵車八百輛送接菑進入邾婁國的都城，兵力相當強大，像是完全有餘力使接菑進入邾婁國都。邾婁國人對郤缺說：「接菑是晉國的外孫，貜且是齊國的外孫。您如果數一下手指，接菑是四，貜且是六，都不是人體的正常情形。您要是憑著大國來壓服我們，那還不知道齊國和晉國究竟誰能佔有這個君位呢！如果論尊貴與否，兩人同樣尊貴，可是貜且畢竟年紀比接菑大。」郤缺說：「不是我的力量不能使接菑進入邾婁國執政，而是從道義上來說，實在不能這樣做。」就率領軍隊走了。所以君子誇張沒有能夠讓接菑進入都城這件事。這是晉國的郤缺，稱晉人是為什麼呢？是貶責。為什麼貶責呢？因為不贊成大夫有廢置國君的權力。為什麼不贊成呢？實際上贊成，而在文辭上不說贊成。在文辭上為什麼不說贊成呢？因為作為大夫，從道理上來說，是不能有廢置國君的權力的。

九月，甲申這天，魯國公孫敖死在齊國。

齊國公子商人弒殺了他的君主舍。這是即位不到一年的君主，說弒殺了君主舍是為什麼呢？因為君主是自己立的，自己又把他殺了。這是為了尊重死者，卑賤生者。

宋子哀逃奔到魯國來。宋子哀是什麼人？沒有聽說過。

冬天，單伯到齊國去。齊國人捕捉了單伯，齊國人捕捉了子叔姬。被捕捉的人為什麼有的稱使者，有的不稱使者呢？被捕捉的人稱使者，是因為國家的公事而被捕捉。被捕捉的人不稱使者，是因為私事的原因而被捕捉。單伯的罪狀是什麼呢？是在路途中淫亂。和什麼人淫亂呢？和子叔姬淫亂。既然如此，那麼為什麼不說齊國人捕捉了單伯及子叔姬呢？這是魯國對內的文辭，使得好像兩個人有不同的罪狀一樣。

文公十有五年

【說　明】本年《春秋》書記十二事，四事有傳。夏「齊人歸公孫敖之喪」條，傳認為經書「歸」不書「來歸」，是因為如果用「來」字，就有迫使魯國接受用竹編車轎運回的公孫敖屍體的意思，為了避諱魯國遭受威脅的恥辱，所以不用「來」字。六月「晉郤缺帥師伐蔡，戊申入蔡」條，傳謂依例書入即不言伐，這裡書伐、書日，都是為了強調進入蔡都就是晉軍到達蔡都的日子。「十有二月，齊人來歸子叔姬」條。上年冬齊人執捉單伯和子叔姬，今年夏齊已釋放單伯，十二月間又送子叔姬回魯。傳以為經用「來」字是表示對子叔姬的憐憫。因為父母對子女，雖然他們有罪，仍希望子女不認罪。至於十二月「齊侯侵我西鄙，遂伐曹，入其郛」條，傳以郛為外郭，並以「入郛」為義。認為依例不書「入郛」，今齊侵魯西鄙，遂即伐曹，並入其郛，是向魯國示威，想讓魯國懼服。其實說想讓魯國懼服，不過是為魯國避諱的內辭，實際上是魯國懦弱無能，自己感到懼怕。

十有五年，春，季孫行父如晉。

三月，宋司馬華孫❶來盟。

夏，曹伯來朝。

齊人歸公孫敖之喪。何以不言來？內辭也。脅我而歸之，筍❷將而來也。

六月辛丑朔，日有食之，鼓、用牲于社。

單伯至自齊。

晉郤缺帥師伐蔡，戊申入蔡。入不言伐，此其言伐何？至之日也。其日何？至之日也。

秋，齊人侵我西鄙。

季孫行父如晉。

冬，十有一月，諸侯盟于扈❸。

十有二月，齊人來歸子叔姬。其言來何？閔之也。此有罪何閔爾？父母之於子，雖有罪，猶若其不欲服罪然。

齊侯侵我西鄙，遂伐曹，入其郛。郛者何？恢郭也。入郛書乎？曰：「不書。」入郛不書，此何以書？動我也。動我者何？內辭也。其實我動焉爾。

【注釋】❶華孫　即華耦。宋國司馬。❷筍　用竹編的轎輿。❸扈　鄭邑。見文公七年注。

【語譯】十五年，春天，魯國季孫行父到晉國去。

三月間，宋國司馬華孫來魯國會盟。

夏天，曹伯來魯國朝見。

齊國人送公孫敖的屍體回魯國。為什麼不說來呢？這是魯國對內的文辭。是齊國人迫脅魯國把屍體送了回來，是用竹編的轎車把屍體送回來的。

六月辛丑初一這天，魯國發生日食。敲著鼓、用牛牲祭祀社神。

單伯從齊國來到魯國。

晉國郤缺率領軍隊討伐蔡國。戊申這天，進入蔡國都城。按照《春秋》書例，說入就不說伐，這裡既說入又說伐是為什麼呢？這是因為進入都城的日子就是軍隊到達的那天。記載進入都城的日子是為什麼呢？也是表示進入都城的日子就是軍隊到達的日子。

秋天，齊國人侵犯我國西部邊境地區。

魯國季孫行父到晉國去。

冬天，十一月間，各國諸侯在扈這個地方會盟。

十二月間，齊國人來送回子叔姬。這裡說來是為什麼呢？是憐憫她。子叔姬有罪為什麼憐憫她呢？父母對於自己的子女，雖然他們有罪，也仍然像子女不願意認罪那樣，希望子女不承認有罪。

齊侯侵犯我國西部邊境地區，隨即就討伐曹國，進入曹國的郛。郛是什麼呢？是城邑大的外郭。進入外郭要記載嗎？回答說：「不記載。」既然進入外郭不作記載，這裡為什麼記載呢？是想讓魯國懼怕。怎麼是讓魯國懼怕呢？這是魯國對內的文辭，其實是指魯國自己感到懼怕罷了。

文公十有六年

【說　明】本年《春秋》記載七事，四事有傳。以「春，季孫行父會齊侯」而「弗及盟」，是齊侯不肯與季孫行父會盟。說「夏，五月，公四不視朔」，是因為文公有病，認為經書此事，是表示從此以後他無病初一也不上朝了。經所以不再書公無病也不上朝，是因為有病還說得過去，無病初一不上朝就更無話可說了。傳的意思是，經是在為文公無病不視朔的事避諱。八月「毀泉臺」條，傳以泉臺即莊公三十一年所築的郎臺。認為未築成稱郎臺，築成後稱泉臺。並以經書毀臺的事情，是既譏莊公築臺「臨民之所漱浣」，又譏文公毀臺以彰顯先祖的過失。「冬，十有一月，宋人弒其君處臼」條，傳鑒於《春秋》書弒君者或稱名氏或稱人，因發其例，認為凡是大夫弒君者稱其名氏，士以下賤者則稱人；大夫相殺稱人，士以下賤者殺大夫則稱盜。其實，《公羊傳》的這個書例，與《春秋》的書弒、書殺，是並不能完全符合的。

十有六年，春，季孫行父會齊侯于陽穀❶，齊侯弗及盟。其言弗及盟何？不見與盟也。

夏，五月，公四不視朔。公曷為四不視朔？公有疾也。何言乎公有疾不視朔？自是公無疾不視朔也。然則曷為不言公無疾不視朔？有疾猶可言也，無疾不可言也。

六月戊辰，公子遂及齊侯盟于犀丘❷。

秋，八月辛未，夫人姜氏❸薨。

毀泉臺❹。泉臺者何？郎臺也。郎臺則曷為謂之泉臺？未成為郎臺，既成為泉臺。毀泉臺何以書？譏。何譏爾？築之譏，毀之譏。先祖為之，己毀之，不如勿居而已矣。

楚人、秦人、巴⑤人滅庸⑥。

冬，十有一月，宋人弒其君處臼⑦。弒君者曷為或稱名氏，或不稱名氏？大夫弒君稱名氏，賤者⑧窮⑨諸人，大夫相殺稱人，賤者窮諸盜。

【注釋】❶陽穀　見僖公三年注。❷犀丘　齊邑。其地理位置諸說不同，當在齊都臨淄附近。犀，《左傳》作「郪」，《穀梁傳》作「師」，三字音近，字可通。❸姜氏　魯僖公夫人，文公母親。❹泉臺　即郎臺，亦即逵泉之臺，在今山東省曲阜市東南。❺巴　姬姓國。與鄧國相近，當在今湖北省襄樊市附近。❻庸　古庸國，在今湖北省竹山縣東。❼處臼　宋昭公，名處臼。宋成公的少子，在位九年被弒殺。《左傳》處作「杵」。❽賤者　指士人。❾窮　終極；最終。

【語譯】十六年，春天，魯國季孫行父和齊侯在陽穀這個地方會見，齊侯不與他會盟。這裡說不與他會盟是什麼意思？是表示齊侯不肯與他見面與會盟。

夏天，五月間，魯文公已經接連四次初一不上朝處理政事了。文公為什麼接連四次初一不上朝處理政事呢？因為文公有病。為什麼說文公有病初一不上朝處理政事呢？從這時開始文公沒有病初一也不上朝處理政事了。既然這樣，那麼為什麼不說文公沒有病初一不上朝處理政事呢？因為生病還可以說得過去，沒有病就更無話可說了。

六月戊辰這天，魯國公子遂和齊侯在犀丘這個地方會盟。

秋天，八月辛未這天，魯僖公夫人姜氏死了。

毀掉了泉臺。泉臺是什麼臺？就是郎臺。既然是郎臺，那為什麼叫它泉臺呢？還沒有築成時稱郎臺，已經築成後稱泉臺。毀掉泉臺為什麼記載呢？是譏諷。為什麼譏諷呢？莊公修築泉臺要譏諷，文公毀掉泉臺也要譏諷。先祖已經築造了，而今在自己的手中把它毀掉，不如不住在那裡就是了。

楚國人、秦國人和巴國人滅亡了庸國。

冬天，十一月間，宋國人弒殺了他的君主處臼。弒殺君主的人為什麼有的稱名氏，有的不稱名氏呢？大夫弒殺君主稱名氏，士以下身份卑賤的人弒殺君主稱人；大夫相互殺害稱人，士以下身份卑賤的人殺了大夫稱盜。

文公十有七年

【說　明】本年《春秋》記載七事，「夏，四月癸亥，葬我小君聖姜」一事有傳。認為聖姜是魯文公的母親。未涉及義例。

十有七年，春，晉人、衛人、陳人、鄭人伐宋。

夏，四月癸亥，葬我小君聖姜❶。聖姜者何？文公之母也。

齊侯伐我西鄙。

六月癸未，公及齊侯盟于穀❷。

諸侯會于扈❸。

秋，公至自穀。

公子遂如齊。

【注　釋】❶聖姜　即死於上年的姜氏。聖，《左傳》、《穀梁傳》作「聲」。雖然兩字音近可通，但夫人不宜謚為聖，當以聲字為是。❷穀 見莊公七年注。❸扈 即文公十五年的扈邑，見文公七年注。

【語譯】十七年，春天，晉國人、衛國人、陳國人和鄭國人討伐宋國。

夏天，四月癸亥這天，葬了我國小君聖姜。聖姜是什麼人呢？是魯文公的母親。

齊侯攻擊我國西部邊境地區。

六月，癸未這天，魯文公和齊侯在穀這個地方會盟。

各國諸侯在扈這個地方會見。

秋天，魯文公從穀這個地方回到魯國都城。

魯國公子遂到齊國去。

文公十有八年

【說明】本年《春秋》書記九事，二事有傳。「冬十月，子卒」條，傳以子為子赤。經不書日，是不忍心說他被弒殺而加以隱諱的原故。至於「莒弒其君庶其」條，傳認為書國以弒，是表示被眾人弒殺的文辭，與《左傳》的太子僕弒其君說異，當從《公羊傳》義。

十有八年，春，王二月丁丑，公薨于臺下❶。

秦伯罃❷卒。

夏，五月戊戌，齊人弒其君商人❸。

六月癸酉，葬我君文公。

秋，公子遂、叔孫得臣如齊。

冬，十月，子❹卒。子卒者孰謂？謂子赤也。何以不日？隱之也。何隱爾？弒也。弒則何以不日？不忍言也。

夫人姜氏❺歸于齊。

季孫行父如齊。

莒弒其君庶其❻。稱國以弒何？稱國以弒者，眾弒君之辭。

【注釋】❶臺下　不詳是何臺。國君以死於路寢為正，今死於臺下，所以《穀梁傳》說「非正也」。❷秦伯罃　秦康公，名罃。秦穆公的兒子，在位十二年。❸商人　齊懿公。齊桓公諸子之一，密姬所生，在位四年被弒殺。參見文公十四年公子商人注。❹子　指子赤，魯文公的太子。被魯宣公篡殺。赤，《左傳》作「惡」，二傳有異。❺姜氏　即出姜。魯文公的夫人，太子赤的母親。❻庶其　莒紀公，名庶其。《左傳》說他被太子僕弒殺。

【語譯】十八年，春天，周王二月丁丑這天，魯文公死在臺下。

秦君罃死了。

夏天，五月戊戌這天，齊國人弒殺了他的君主商人。

六月癸酉這天，葬了我君文公。

秋天，魯國公子遂、叔孫得臣到齊國去。

冬天，十月間，子死了。子死了指的是誰呢？是子赤。為什麼不記上死的日子呢？為了隱諱這件事。為什麼隱諱呢？因為他是被弒殺的。既然是被弒殺的，為什麼不記上日子呢？因為不忍心記載。

魯文公夫人姜氏回歸齊國。

魯國季孫行父到齊國去。

莒國弒殺了它的君主庶其。說國弒殺君主是為什麼呢？說國弒殺君主，是表示眾人共同弒殺君主的文辭。

卷一五　宣公上

宣公元年

【說　明】本年《春秋》書記十三事，六事有傳。「春，王正月，公即位」條，傳釋經義、經例，與桓公元年同，可以參看。「三月，遂以夫人婦姜至自齊」條，傳從經書「遂」不稱公子、書「夫人」不稱姜氏立義。認為上經已言公子遂，一事再見，自可蒙上文而省略，後者只書其名字就行了。至於夫人不稱姜氏，義在貶宣公的喪娶。因為內無貶責魯公的道理，而夫人與公是夫妻一體，所以通過貶她來表示宣公喪娶的非禮。並以經稱「婦姜」，是有婆婆的文辭。夏「晉放其大夫胥甲父于衛」條，傳以「放」字為義，說放是置人於某地而不准其離開，這是合於正道的做法。分別而言，大夫去職，三年待放，如果是君命放逐，是不對的，要是大夫自願待放，則是合於正道的。並舉臣有父母之喪，以及閔子騫在服喪期間處理公務之事，來印證發明此義。「六月，齊人取濟西田」條，傳以賂齊為經義所在，認為濟西田是宣公弒殺子赤向齊國行的賄賂，與《左傳》的定立宣公的賄賂的說法有異。其他，秋「宋公等會晉師于斐林，伐鄭」和「晉趙穿帥師侵柳」兩條，前者，傳認晉師乃趙盾之師。經不言會趙盾而說會晉師，是因為國君位尊，不得與大夫相會。後者，傳以柳為天子之邑。經不把柳邑連屬於周，是不贊成諸侯討伐天子，隱含譏晉的非禮。

元年，春，王正月，公❶即位。繼弒君不言即位，此其言即位何？其意也。

公子遂如齊逆女。

三月，遂以夫人婦姜❷至自齊。遂何以不稱公子？一事而再見者，卒名也。夫人何以不稱姜氏？貶。曷為貶？譏喪娶也。喪娶者公也，則曷為貶夫人？內無貶于公之道也。內無貶于公之道則曷為貶夫人？夫人與公一體也。其稱婦何？有姑之辭也。

夏，季孫行父如齊。

晉放其大夫胥甲父❸于衛。放之者何？猶曰無去是云爾。然則何言爾？近正也。此其為近正奈何？古者大夫已去，三年待放。君放之，非也；大夫待放，正也。古者臣有大喪，則君三年不呼其門。已練❹可以弁冕❺，服金革之事。君使之，非也；臣行之，禮也。閔子❻要絰❼而服事，既，而曰：「若此乎，古之道不即人心。」退而致仕❽。孔子蓋善之也。

公會齊侯于平州❾。

公子遂如齊。

六月，齊人取濟西田❿。外取邑不書，此何以書？所以賂齊也。曷為賂齊？

為弒子赤之賂⓫也。

秋，邾婁子來朝。

楚子、鄭人侵陳，遂侵宋。

晉趙盾帥師救陳。宋公、陳侯、衛侯、曹伯會晉師于斐林⓬，伐鄭。此晉趙盾之師也，曷為不言趙盾之師？君不會大夫之辭也。

冬，晉趙穿⓭帥師侵柳⓮。柳者何？天子之邑也。曷為不繫乎周？不與伐天子也。

晉人、宋人伐鄭。

【注釋】❶公　指魯宣公，名俀。文公的兒子，敬嬴所生。在位十八年。❷婦姜　穆姜，魯宣公夫人。婦，表示有婆婆的文辭。❸胥甲父　晉大夫。亦稱胥甲，胥臣的兒子。因為文公十二年秦、晉河曲之役，他和趙穿不出擊秦軍，胥甲於今年被放逐。❹練　古代祭名。父母去世第十一個月祭於家廟，可以穿練煮過的布帛，故以為名。❺弁冕　古代貴族的帽子。有皮弁和爵弁。皮弁是武冠，爵弁是文冠。❻閔子　即閔損，字子騫。孔子的重要弟子之一，以德行、孝行著稱。❼要絰　即腰絰。古代喪服中用的麻帶，圍在腰中的稱腰絰。❽致仕　交還官職；辭官。❾平州　齊、魯交界處的地名，在今山東省萊蕪市西。❿濟西田　魯國濟水西岸的土地。⓫弒子赤之賂　因為子赤是齊君的外孫，魯宣公篡殺了他，害怕齊國報復，所以賂齊。⓬斐林　鄭邑，在今河南省尉氏縣西。《左傳》斐作「棐」，字通。⓭趙穿　晉臣。趙夙庶孫，趙盾從父兄弟。⓮柳　不詳何地。《左傳》作「崇」。崇是秦的與國，地近晉國。確址不詳，有人說在今河南省嵩縣。柳、崇字不相通。兩傳有異。

【語譯】元年，春天，周王正月，宣公即位為君。繼承被弒殺國君的君位是不稱即位的，這裡說即位是為什麼呢？是合了宣公的心願。

魯國公子遂到齊國去迎娶宣公的夫人。

三月間，遂帶領夫人婦姜從齊國回到魯國都城。只說「遂」，為什麼不稱公子呢？同一件事兩次見於記載，後者就直接稱他的名字了。宣公夫人為什麼不稱為姜氏呢？是貶責。為什麼貶責呢？因為譏諷宣公在喪期中娶夫人。既然在喪期中娶夫人的是宣公，那為什麼要貶責夫人呢？因為在國內沒有貶責君主的道理。在國內沒有貶責君主的道理，那為什麼要貶責夫人呢？因為夫人和宣公是同一體的。稱婦是為什麼呢？這是有婆婆的文辭。

夏天，魯國季孫行父到齊國去。

晉國放逐它的大夫胥甲父到衛國去。放逐是什麼意思呢？如同說不要離開這裡（衛國）。那麼為什麼要這樣說呢？因為這是近於正道的。這裡說近於正道是怎樣的呢？古時候大夫失去職位後，在三年內等待被放逐。君主放逐大夫是不合禮數的，大夫等待被放逐是合於正道的。古時候臣下有父母的喪事，則君主在三年內不敲他的門。在舉行過週年的練祭以後，可以換戴武冠，從事軍務。君主派遣他這樣做是不合正道的，臣下自己這樣做是合於禮數的。閔子騫腰裡繫著服喪的麻帶辦理公務，辦完了事，說：「像這樣的做法，雖然合於古人的正道，卻不合人心！」就辭官退隱了。孔子大概很稱贊他。

魯宣公和齊侯在平州這個地方會見。

魯國公子遂到齊國去。

六月間，齊國人佔取了濟水西岸的田地。魯國以外的人佔取邑地依例不作記載，這裡為什麼記載呢？為的是賄賂齊國。為什麼賄賂齊國呢？是為了弒殺子赤而向齊國行的賄賂。

秋天，邾婁國君來魯國朝見。

楚子、鄭國人入侵陳國，隨即侵入宋國。

晉國趙盾率領軍隊救助陳國。宋公、陳侯、衛侯、曹伯在斐林這個地方和晉國軍隊會合，討伐鄭國。這是晉國趙盾的軍隊，為什麼不說趙盾的軍隊呢？這是國君不和大夫會見的一種文辭。

冬天，晉國趙穿率領軍隊入侵柳這個地方。柳是什麼所在？是周天子的城邑。為什麼不連屬於周呢？因為不贊成討伐周天子。

晉國人、宋國人討伐鄭國。

宣公二年

【說明】本年《春秋》書記五事，《公羊傳》均無說解。

二年，春，王二月壬子，宋華元❶帥師及鄭公子歸生❷帥師戰于大棘❸。宋師敗績，獲宋華元。

秦師伐晉。

夏，晉人、宋人、衛人、陳人侵鄭。

秋，九月乙丑，晉趙盾弒其君夷獋❹。

冬，十月乙亥，天王❺崩。

【注釋】❶華元　宋六卿之一。華督的曾孫。❷公子歸生　鄭公子，即子家，亦稱聲子。❸大棘　宋邑，在今河南省柘城縣西北。❹夷獋　晉靈公，名夷獋。晉襄公的太子，在位十四年。❺天王　指周匡王，名班。周頃王的兒子，在位六年。

【語譯】二年，春天，周王二月壬子這天，宋國華元率領軍隊和鄭國公子歸生率領的軍隊，在大棘這個地方作戰。宋國軍隊潰敗，鄭軍俘獲了宋國華元。

秦國軍隊討伐晉國。

夏天，晉國人、宋國人、衛國人、陳國人入侵鄭國。

秋天，九月乙丑這天，晉國趙盾弒殺了他的君主夷獋。

冬天，十月乙亥這天，周王班死了。

宣公三年

【說明】本年《春秋》書記八事，「春，王正月，郊牛之口傷，改卜牛，牛死，乃不郊，猶三望」一條有傳。傳於這條經文，一釋在「口」上加「之」字之義，認為「之」是一種寬緩的用辭，有免於責難魯君飼養祭牲不慎的意思。二釋「曷為不復卜」之義，認為祭牲只養兩頭牛，即帝牲和稷牲。帝牲要在滌宮中餵養三個月方可祭天，如果遭受傷害不能用時，就牽來稷牲代用。稷牲不必在滌宮餵養，只要全體完整無缺即可。三釋「郊則曷為必祭稷」之義，指出王者必以其祖配天，周的始祖為后稷，所以郊祭時要祭祀后稷。同時還對王者為什麼必以其祖配天的原因作了說解。

三年，春，王正月，郊牛之口傷，改卜牛，牛死，乃不郊❶，猶三望❷。其言「之」何？緩也。曷為不復卜？養牲養二，卜帝牲不吉，則扳❸稷牲而卜之。帝牲在于滌❹三月，於稷者唯具是視。郊則曷為必祭稷？王者必以其祖配。王者則曷為必以其祖配？自內出者無匹不行，自外至者無主不止。

葬匡王。

楚子伐賁渾戎❺。

夏，楚人侵鄭。

秋，赤狄❻侵齊。

宋師圍曹。

冬，十月丙戌，鄭伯蘭❼卒。

葬鄭繆公。

【注釋】❶郊　見僖公三十一年注。❷三望　見僖公三十一年注。❸扳　拉動；牽引。❹滌　餵養祭牲的房子。因在其中洗滌清潔祭牲，故名滌。❺賁渾戎　即《左傳》、《穀梁傳》的陸渾戎。原居於瓜州，晉惠公時遷移到河南伊川。❻赤狄　狄有白狄和赤狄之分。潞氏、甲氏、留吁、鐸辰等都是赤狄，居住在今山西省潞城、屯留、長子縣一帶。❼鄭伯蘭　鄭繆公，名蘭。鄭文公的兒子，在位二十二年。

【語譯】三年，春天，周王正月，祭天用的牛牲的嘴受了傷，就改占卜用另一頭牛牲，這頭牛又死了，只好停止郊祭，但是仍舊舉行三次望祭，以祭祀山川。這裡說「之」是什麼意思？是一種寬緩的用辭。為什麼不再占卜呢？餵養供祭祀用的牛二頭，如果卜祭天用的牛不吉利，就牽來祭祀后稷的牛進行占卜。祭天用的牛要在滌宮中餵養三個月，至於祭祀后稷用的牛，只要全體完整無缺就可以了。那麼祭天為什麼必定祭祀后稷呢？做王的必須在祭天時用他的始祖配享。那麼做王的為什麼用他的始祖配享呢？周王的始祖是天生的，沒有匹配就不能行禮；天神必須有人主迎接才會停下來接受祭祀。

葬了周匡王。

楚子討伐賁渾戎人。

夏天，楚人侵犯鄭國。

秋天，赤狄侵犯齊國。

宋國軍隊包圍了曹國都城。

冬天，十月丙戌這天，鄭君蘭死了。

葬了鄭繆公。

宣公四年

【說　明】本年《春秋》書記七事，「春，王正月，公及齊侯平莒及郯。莒人不肯，公伐莒，取向」條有傳。這條經文，記魯宣公和齊惠公調解莒、郯兩國的矛盾衝突及其結果。傳認為經言「莒人不肯」，並不真是莒人不肯，只是魯公伐莒取向的託辭。按照作傳者釋義，就是說《春秋》為避諱魯公取向而妄言「莒人不肯」，以製造伐莒的藉口。

四年，春，王正月，公及齊侯平❶莒及郯❷。莒人不肯，公伐莒，取向❸。此平莒也，其言不肯何？辭取向也。

秦伯稻❹卒。

夏，六月乙酉，鄭公子歸生❺弒其君夷❻。

赤狄侵齊。

秋，公如齊。

公至自齊。

冬，楚子伐鄭。

【注釋】❶平　平息；調解平定。❷郯　國名。少皞之後，己姓。故城在今山東省郯城縣北。❸向　莒邑。見隱公二年注。❹秦伯稻　當即秦共公。共公名和，或說名猳，這裡說他名稻，互有不同。在位四年。❺公子歸生　鄭卿。見宣公二年注。❻夷　即鄭靈公夷貉。在位一年，就被公子歸生和公子宋合謀弒殺而死。

【語譯】四年，春天，周王正月間，魯宣公和齊侯調解莒國與郯國的衝突。莒國人不答應，魯宣公就討伐莒國，佔取了向這個地方。這是幫助調解莒國的衝突，說不答應是為什麼呢？為的是給魯宣公佔取向邑找個說辭。

秦君稻死了。

夏天，六月乙酉這天，鄭國公子歸生弒殺了他的君主夷。

赤狄侵犯齊國。

秋天，魯宣公到齊國去。

魯宣公從齊國回到魯國都城。

冬天，楚子討伐鄭國。

宣公五年

【說明】本年《春秋》記載六事，一事有傳。「冬，齊高固及子叔姬來」條，上經言齊高固來魯迎接他的夫人子叔姬，這裡說的是高固陪叔姬歸寧。傳認為如果只書叔姬來，不書高固陪同，會讓人誤以為叔姬是被休棄來歸，這是不行的，因以此為經書「高固來」之義。但它又引子公羊子的話，強調他們是雙雙一起來到魯國。自何休解釋「雙雙」為「雙行匹至，似於鳥獸」，孔疏復加以發揮，一些公羊學者，則以公羊之義為譏其雙雙而至。造成了前後釋義的矛盾。

五年，春，公如齊。

夏，公至自齊。

秋，九月，齊高固❶來逆子叔姬❷。

叔孫得臣卒。

冬，齊高固及子叔姬來。何言乎高固之來？言叔姬之來而不言高固之來則不可。子公羊子曰：「其諸為其雙雙而俱至者與！」

楚人伐鄭。

【注釋】❶高固　齊卿。即高宣子，高傒（敬仲）的曾孫。❷子叔姬　魯女嫁於齊高固者。

【語　譯】五年，春天，魯宣公到齊國去。

夏天，魯宣公從齊國回到魯國都城。

秋天，九月間，齊國高固來迎接他的夫人子叔姬。

魯國叔孫得臣死了。

冬天，齊國高固和子叔姬來到魯國。為什麼說高固的到來呢？只說叔姬來而不說高固來就不行。子公羊子說：「這大概是為了他們雙雙一起到魯國來的吧！」

楚國人討伐鄭國。

宣公六年

【說　明】本年《春秋》記載二事，另書「夏，四月」、「冬，十月」表明時序，「春，晉趙盾、衛孫免侵陳」一事有傳。認為經有不再書記弒君之賊名氏的書例，經已於前宣公二年書「趙盾弒其君」，今又書趙盾侵陳者，是因為親弒君的人不是他而是趙穿。說他弒君，是因為他沒有誅討弒君之賊的原故。以下詳述晉靈公被弒的原因和事實經過，表明趙盾僅是沒有誅討趙穿罷了。在敘事中強調晉靈公的暴虐無道和趙盾的勤政廉儉、受人愛戴，實有為他澄清冤枉的意思。按：《公羊傳》好言《春秋》書例，它所說的書例，往往以偏概全，多不符合實際。這條書例也同樣存在著這樣的情況。

六年，春，晉趙盾、衛孫免[1]侵陳。趙盾弒君，此其復見何？親弒君者趙穿也。親弒君者趙穿，則曷為加之趙盾？不討賊也。何以謂之不討賊？晉史書賊，曰：「晉趙盾弒其君夷獆。」趙盾曰：「天乎！無辜！吾不弒君，誰謂吾弒君者乎？」史曰：「爾為仁為義，人弒爾君，而復國不討賊，此非弒君如何？」趙盾之復國奈何？靈公為無道，使諸大夫皆內朝❷，然後處乎臺上引彈而彈之，已趨而辟丸，是樂而已矣。趙盾已朝而出，與諸大夫立於朝，有人荷畚❸，自閨❹而出者。趙盾曰：「彼何也？夫畚曷為出乎閨？」呼之不至，曰：「子，大夫也，欲視之則就而視之。」趙盾就而視之，則赫然死人也。趙盾曰：「是何也？」曰：「膳宰❺也，熊蹯不熟，公怒，以斗摮❻而殺之，支解將使我棄之。」趙盾曰：「嘻！」趨而入。靈公望見趙盾，愬❼而再拜，趙盾逡巡❽北面再拜稽首，趨而出。靈公心怍焉，欲殺之。於是使勇士某者往殺之。勇士入其大門，則無人門焉者；入其閨，則無人閨焉者；上其堂，則無人焉。俯而闚其戶，方食魚飧❾。勇士曰：「嘻！子誠仁人也！吾入子之大門，則無人焉；入子之閨，則無人焉；上子之堂，則無人焉；是子之易也。子為晉國重卿而食魚飧，是子之儉也。君將使我殺子，吾不忍殺子也，雖然，吾亦不可復見吾君矣。」遂刎頸而死。靈公聞之，怒，滋欲殺之甚，眾莫可使往者。於是伏甲于宮中，召趙盾而食之。趙盾之車右❿祁彌明者，國之力士也，仡然⓫從乎趙盾而入，放乎堂下而立。趙盾已食，靈公謂盾曰：「吾聞子之劍，蓋利劍也，子以示我，吾將觀焉。」趙盾起，將進劍，祁彌明自下呼之曰：「盾食飽則出，何故拔劍於君所？」趙盾知之，躇⑫階而走。靈公有周狗，謂之獒，呼獒而屬之，獒亦躇階而從之。祁彌明逆而踆⑬之，絕其頷。趙盾顧曰：「君之獒不若臣之獒也！」然而宮中甲鼓而起，有起于甲中者，抱趙盾而乘之。趙盾顧曰：「吾何以得此于子？」曰：「子某時所食活我于暴桑⑭下者也。」趙盾曰：「子名為誰？」曰：「吾君孰為介？子之乘矣，何問吾名？」趙盾驅而出，眾無留之者。趙穿緣民眾不悅，起弒靈公，然後迎趙盾而入，與之立于朝，而立成公黑臀⑮。

夏，四月。

秋，八月，螺。

冬，十月。

【注釋】①孫免　衛大夫。《春秋》僅一見。②內朝　天子、諸侯處理政事和休息的場所。對外朝而言。外朝是處理民事的場所。③畚　用草繩或竹篾編的盛物用具。④閨　宮中的小門。下「則無人閨焉」的閨，是動詞用法，指看門。⑤膳宰　官名。掌宰割牲畜以及膳食的事。⑥摮　旁擊。⑦愬　驚恐貌。⑧逡巡　欲進不進、遲疑不決的樣子。⑨魚飧　魚做的食物。或說即魚羹。⑩車右　古代車乘三人，將在左，駕車者在中，勇士在右，稱車右。⑪仡然　勇壯的樣子。⑫躇　越級；不按階次。⑬踆　用腳踢擊。⑭暴桑　蒲蘇桑。蒲蘇，猶扶疏，枝葉繁茂分披的樣子。⑮成公黑臀　晉成公，名黑臀。晉文公的兒子，晉靈公的叔叔。在位七年。

【語　譯】六年，春天，晉國趙盾、衛國孫免入侵陳國。趙盾弒殺了晉國君主，這裡再次記載他是為什麼呢？因為親手弒殺晉君的是趙穿。既然親手弒殺晉君的是趙穿，那麼為什麼把罪名加給趙盾呢？因為他沒有討伐殺君的賊子。怎麼說趙盾不討伐弒君的賊子呢？晉國史官記載弒君的賊子時寫道：「晉國趙盾弒殺了他的君主夷獋。」趙盾說：「天吶，我是無辜的！我沒有弒殺君主，誰說我弒殺了君主呢？」史官說：「你行仁行義，別人弒殺了你的君主，可是你回到國都卻不討伐賊子，這不是弒君又是什麼呢？」趙盾回到國都是怎麼回事呢？晉靈公不顧道義，讓眾大夫都到內朝上朝，然後他站在臺上，拉開彈弓用彈丸打眾大夫。大家慌忙逃避彈丸，靈公只不過是取樂而已。趙盾上朝後出來，和眾大夫站在外朝，有個扛著畚箕、從內朝小門內走出來的人。趙盾說：「那是什麼東西？畚箕為什麼從內朝的門裡拿出來？」就呼喊扛畚箕的人，這個扛畚箕的人不過來，說：「您是大夫，如果想看那麼就過來看吧。」於是趙盾就走過去看，竟悚然觸目是個死人！趙盾說：「這是什麼人？」回答說：「是膳宰。因為熊掌沒燒熟，君主發怒，用斗擊打頭部把他殺害了，支解了他的肢體，讓我扔掉。」趙盾說：「呀！」快步走到內宮。靈公看到趙盾，心中驚慌，向他拜了兩拜。趙盾欲進不能，只好後退幾步向靈公兩次揖拜叩頭，就快步走了出去。靈公心中慚愧，想殺掉趙盾。於是就派勇士某人前去殺他。勇士走進趙盾的大門，並沒有人守衛大門；走進裡院的小門，也沒有人守衛小門；走到堂前，還是沒有守衛的人。低頭向窗戶裡面窺看，見趙盾正在吃魚做的食物。勇士驚訝不已，說：「您真是個仁義的人啊！我走進您的大門，並沒有人守衛；走進您的裡院小門，也沒有人守衛；走到堂前，還是沒有人守衛。這表明您是非常簡樸的。您是晉國的重臣，卻吃普通魚做的食物，這表明您是非常節儉的。君主派我來殺您，我不忍心殺了您，可是我也不能夠再見我的君主了。」隨即自刎而死。靈公聽到這事後十分震怒，愈加想殺掉趙盾，可是眾人中竟沒有可以派去殺趙盾的。於是就在宮中埋伏了兵士，召喚趙盾到宮內吃飯。趙盾的車右祁彌明是晉國有勇力的人，威壯地跟隨趙盾進宮來，到了堂下就站立一邊。趙盾吃過了飯，靈公對趙盾說：「我聽說您的寶劍是把鋒利的劍，您拿給我，我想看看。」趙盾站起來，準備交出寶劍，祁彌明在堂下呼喊說：「趙盾吃飽了就出來，為什麼在君主面前抽劍？」趙盾心裡明白，趕忙越階快步逃走。靈公有條產於周地的狗，稱為「獒」。靈公呼叫獒讓牠追趕，獒也竄越臺階急追了出來。祁彌明迎頭猛踢了狗一腳，踢斷了牠的下巴。趙盾回頭對靈公說：「君主的獒，不如臣下的獒！」可是這時宮中埋伏的兵士擊鼓衝了出來，在衝出來的兵士中，有人抱起趙盾就把他放到車上。趙盾回頭說：「我為什麼能得到您這樣的急救呢？」回答說：「我是您過去在枝葉繁茂的桑樹下給我吃飯救活過來的人。」趙盾說：「您叫什麼名字？」回答說：「我的君主為了誰而興起甲兵呢？您乘車走吧，何必問我的名字呢？」趙盾驅車逃出宮外，眾兵士沒有阻攔他的。趙穿因為靈公無道，百姓們不滿，起兵弒殺了靈公，然後就迎接趙盾回來，和他共同在朝廷執政，並立晉成公黑臀為君主。

夏天，四月。

秋天，八月間，魯國發生蝗害。

冬天，十月。

宣公七年

【說　明】本年《春秋》書記五事，《公羊傳》均無說解。

七年，春，衛侯使孫良夫❶來盟。

夏，公會齊侯伐萊❷。

秋，公至自伐萊。

大旱。

冬，公會晉侯、宋公、衛侯、鄭伯、曹伯于黑壤❸。

【注釋】❶孫良夫　衛大夫。即孫桓子，孫林父的父親。❷萊　國名，在今山東省平度市西。魯襄公六年被齊國所滅。❸黑壤　晉邑，一名黃父。即今山西省翼城縣東北的烏嶺。

【語譯】七年，春天，衛侯差遣孫良夫到魯國來會盟。

夏天，魯宣公會同齊侯討伐萊國。

秋天，魯宣公從討伐萊國的駐地回到魯國都城。

魯國大旱。

冬天，魯宣公和晉侯、宋公、衛侯、鄭伯、曹伯在黑壤這個地方會見。

宣公八年

【說　明】本年《春秋》記載十二事，四事有傳。「夏，六月，公子遂如齊，至黃乃復」條，傳以為公子遂中途回魯，是因他身患疾病。書「復」是譏責他不顧使命擅自回魯。認為大夫受命出使，即使聞父母之喪，也只能徐行以等待召反，不能擅自轉回。六月「仲遂卒于垂」條，傳以仲遂即公子遂，並以經書「仲遂」不稱公子為義，認為這是貶責他弒殺了子赤。至於不在弒子赤時而在他死時貶他的原因，是因為對於文公而言他並沒有罪，對於子赤而言赤繼位未逾年就被弒殺，還沒有改變年號。同月「壬午，猶繹。萬入去籥」條，傳以去籥是去掉有聲的管，萬入是保留無聲的舞，但內心仍暗存音樂的節奏。宣公這樣做，是明知卿大夫之喪不能舉樂，卻依然心存音樂。經書「猶」字，是表示無論繹祭、萬舞、管籥均應停止，隱含譏責宣公只是去掉管籥這是不夠的意思。至於「冬，十月己丑，葬我小君頃熊」云云條，傳以「日中而克葬」的「而」字為義，認為而字是表示下葬困難。由釋「而」說到後經記魯定公葬事，有「雨不克葬，戊午日下昃，乃克葬」的話，經用了「乃」字，認為而、乃兩字都表示下葬困難，比較而言，「乃」比「而」更為困難。

八年，春，公至自會。

夏，六月，公子遂如齊，至黃❶乃復。其言至黃乃復何？有疾也。何言乎有疾乃復？譏。何譏爾？大夫以君命出，聞喪，徐行而不反。

辛巳，有事于太廟。

仲遂卒于垂❷。仲遂者何？公子遂也。何以不稱公子？貶。曷為貶？為弒子赤❸貶。然則曷為不於其弒焉貶？於文則無罪，於子則無年。

壬午，猶繹❹。萬❺入去籥❻。繹者何？祭之明日也。萬者何？干舞也。籥者何？籥舞也。其言萬入去籥何？去其有聲者，廢❼其無聲者，存其心焉爾。存其心焉爾者何？知其不可而為之也。猶者何？通可以已也。

戊子，夫人熊氏❽薨。

晉師、白狄❾伐秦。

楚人滅舒蓼⑩。

秋，七月甲子，日有食之，既。

冬，十月己丑，葬我小君頃熊。雨不克葬。庚寅，日中而克葬。頃熊者何？宣公之母也。而者何？難也。乃者何？難也。曷為或言而，或言乃？乃難乎而也。

城平陽⑪。

楚師伐陳。

【注　釋】❶黃　地在由魯至齊的中途，當為桓公十七年的黃。見該注。❷垂　齊邑，在今山東省平陰縣境。與隱公八年、桓公元年、莊公四年衛邑的垂不是一地。❸子赤　子赤被弒於文公十八年。❹繹　正祭的第二天又舉行祭祀為繹。❺萬　舞名。先是武舞，舞者手拿武器而舞；後是文舞，舞者手拿鳥羽和樂器而舞。❻籥　古代管樂器。這裡指舞籥。舞者吹管以為舞的節拍，也可以用作舞具。❼廢　置。保存的意思。這裡是反訓。❽熊氏　魯宣公的母親敬嬴，魯文公的次妃。即下經的頃熊。《左傳》作「嬴氏」。❾白狄　狄的一種。《春秋》白狄共三見。除明言白狄者外，莊公三十二年狄伐邢、僖公三十三年晉敗狄於箕，都是白狄。❿舒蓼　舒有舒庸、舒蓼、舒鳩、舒龍、舒鮑和舒龔六種，舒蓼是群舒中的一種。參見僖公三年注。⓫平陽　魯邑，在今山東省新泰市境。

【語　譯】八年，春天，魯宣公從與各國諸侯會見的地方回到魯國都城。

夏天，六月間，魯國公子遂到齊國去，到達黃這個地方就回來了。說到達黃這個地方就回來是為什麼呢？因為他生病。為什麼不說生病就回來了呢？是譏諷。為什麼譏諷呢？大夫受君命出國，即使聽到父母的死訊，也只好慢慢往前走不能返轉回來。

辛巳這天，魯國在太廟舉行祭祀。

魯國仲遂死在垂這個地方。仲遂是什麼人呢？就是公子遂。為什麼不稱他公子呢？是貶責。為什麼貶責呢？因為他弒殺了子赤，所以要貶責。那麼為什麼不在他弒殺子赤的時候貶責呢？因為對於魯文公他沒有罪，對於文公的太子赤來說還沒有立就被弒殺，沒有更改紀元年號，無法記載，只能在這裡加以貶責。

壬午這天，猶舉行繹祭。跳萬舞的人進來，卻去掉了管籥。繹祭是什麼呢？是在正祭的第二天又舉行祭祀。萬是什麼呢？是拿著戈和盾牌跳的舞蹈。籥是什麼呢？是吹奏管籥的舞蹈。這裡說跳萬舞的人進來卻去掉了管籥是為什麼呢？為了去掉有聲音的管，保留沒有聲音的舞蹈，只把音樂節奏暗存心中就是了。把舞蹈節奏暗存心中是為什麼呢？是因為明知道存心於樂的不可以，卻仍然去掉有聲音的管而這樣做了。猶是什麼意思呢？是表示繹祭、萬舞、管籥都應當停止。

戊子這天，魯文公夫人熊氏死了。

晉國軍隊和白狄討伐秦國。

楚國人滅掉了舒蓼國。

秋天，七月甲子這天，魯國發生日全食。

冬天，十月己丑這天，安葬魯小君頃熊。下大雨不能下葬。第二天庚寅日，中午才得以下葬。頃熊是什麼人呢？是魯宣公的母親。日中而的而是什麼意思？是表示有困難。乃是什麼意思？也是表示有困難。為什麼有時候用而，有時候用乃呢？乃比而更加困難。

魯國修築平陽城。

楚國軍隊討伐陳國。

宣公九年

【說　明】本年《春秋》記載十四事，「秋，取根牟」和九月「辛酉，晉侯黑臀卒于扈」兩條有傳。前條，傳以根牟為邾婁之邑，認為經不把根牟連屬於邾婁者，是避諱宣公取根牟過於急切。其實，根牟是魯的附庸國，傳不明地理，既然錯釋根牟，則言繫言諱都不攻自破了。至於後條的扈，傳以為是晉邑。認為依《春秋》書例，諸侯死在封域內不書地，這裡晉侯是在和各國諸侯會見時死的，所以經書地。又因為他未曾離開過扈邑，是死在境內，雖然因死於會而書地，但不必書會。

九年，春，王正月，公如齊。

公至自齊。

夏，仲孫蔑❶如京師。

齊侯伐萊。

秋，取根牟❷。根牟者何？邾婁之邑也。曷為不繫乎邾婁？諱亟也。

八月，滕子❸卒。

九月，晉侯、宋公、衛侯、鄭伯、曹伯會于扈❹。

晉荀林父❺帥師伐陳。

辛酉，晉侯黑臀❻卒于扈。扈者何？晉之邑也。諸侯卒其封內不地，此何以地？卒于會，故地也。未出其地，故不言會也。

冬，十月癸酉，衛侯鄭❼卒。

宋人圍滕。

楚子伐鄭。

晉郤缺❽帥師救鄭。

陳殺其大夫泄冶❾。

【注釋】❶仲孫蔑　魯大夫。魯國宗族，即孟獻子。公孫敖的孫子，文伯穀的兒子。❷根牟　魯國東北部的附庸國。在今山東省沂水縣南。《公羊傳》以根牟為邾婁邑，是不對的。邾婁是魯都以南的小國，國境不可能到達魯國東北部。❸滕子　指滕昭公。滕宣公的兒子。❹扈　鄭邑。見文公七年注。❺荀林父　晉國執政大臣。即中行桓子，字伯。❻晉侯黑臀　見宣公六年注。❼衛侯鄭　衛成公，名鄭。衛文公的兒子，在位三十五年。❽郤缺　見文公十一年注。❾泄冶　陳國大夫。因陳靈公和孔甯、儀行父皆與夏姬淫亂，泄冶進諫，被二子所殺。《左傳》泄作「洩」，乃避唐太宗李世民諱而改。

【語譯】九年，春天，周王正月間，魯宣公到齊國去。

魯宣公從齊國回到魯國都城。

夏天，魯國仲孫蔑到周都城去。

齊侯討伐萊國。

秋天，魯國佔領了根牟。根牟是什麼地方呢？是邾婁國的一個城邑。為什麼不連屬於邾婁呢？避諱佔領得過於急切了。

八月間，滕君死了。

九月間，晉侯、宋公、衛侯、鄭伯、曹伯在扈這個地方會見。

晉國荀林父率領軍隊討伐陳國。

辛酉這天，晉君黑臀死在扈地。扈是什麼地方？是晉國的一個城邑。諸侯死在自己封域內，依例不記載地點，這裡為什麼記載地點呢？因為他死在與各國諸侯會見的地方，所以記載了地點。因為他沒有離開過扈邑，所以不再說會見的事情。

冬天，十月癸酉這天，衛君鄭死了。

宋國人包圍了滕國都城。

楚子討伐鄭國。

晉國郤缺率領軍隊救助鄭國。

陳國殺了它的大夫泄冶。

卷一六 宣公下

宣公十年

【說　明】本年《春秋》記載二十事，四事有傳。春「齊人歸我濟西田」條，傳以「歸我」為義，認為濟西田久已被齊人佔有，經言「歸我」，是表示此田並未和魯國割斷關係，實際上並沒有歸屬於齊國。四月「齊崔氏出奔衛」條，傳以崔氏為齊大夫，稱氏而不書其爵，是對他的貶責，因為他世代為卿，不合於禮。與這條貶責義相反，傳認為「秋，天王使王季子來聘」條的稱「王季子」，則是對周大夫王季子的尊重，因為他貴為周天子的母弟。至於經書「饑」條，傳認為民饑乃國家大事，因事重、災重，所以加以書記。

十年，春，公如齊。

公至自齊。

齊人歸我濟西田。齊已取之矣，其言我何？言我者未絕於我也。曷為未絕于我？齊已言取之矣，其實未之齊也。

夏，四月丙辰，日有食之。

己巳，齊侯元❶卒。

齊崔氏❷出奔衛。崔氏者何？齊大夫也。其稱崔氏何？貶。曷為貶？譏世卿，世卿非禮也。

公如齊。

五月，公至自齊。

癸巳，陳夏徵舒❸弒其君平國❹。

六月，宋師伐滕。

公孫歸父❺如齊，葬齊惠公。

晉人、宋人、衛人、曹人伐鄭。

秋，天王使王季子❻來聘。王季子者何？天子之大夫也。其稱王季子何？貴也。其貴奈何？母弟也。

公孫歸父帥師伐邾婁，取蘱❼。

大水。

季孫行父❽如齊。

冬，季孫歸父如齊。

齊侯使國佐❾來聘。

饑。何以書？以重書也。

楚子伐鄭。

【注　釋】❶齊侯元　齊惠公，名元。齊桓公的兒子，繼懿公為君，在位十年。❷崔氏　《左傳》以崔氏為崔杼；《穀梁傳》以為言崔氏，是舉族出奔的文辭。❸夏徵舒　陳國卿大夫。鄭繆公女兒夏姬的兒子，射殺陳靈公自立為君。❹平國　陳靈公，名平國。陳共公的兒子，在位十五年。❺公孫歸父　魯卿，字子家，仲遂（公子遂）的兒子。❻王季子　《公羊傳》以為他是周匡王的兒子，《穀梁傳》認為他是周定王的兒子，《左傳》以王季子為劉康公。❼蘱　此當從《左傳》作「繹」。繹，因繹山而得名，在邾婁國都城附近，今山東省鄒城市東南。❽季孫行父　魯大夫。季孫氏，字行父。即季文子，繼仲遂執魯政，歷相宣公、成公、襄公。❾國佐　齊卿。一作國差，即國武子，亦稱賓媚人。國歸父的兒子。

【語　譯】十年，春天，魯宣公到齊國去。

魯宣公從齊國回到魯國都城。

齊國人歸還我國濟水西岸的土地。齊國已經說把這片土地佔有了，說我國的是為什麼呢？說我國的，是表示並沒有斷絕與我國的關係。為什麼沒有斷絕與我國的關係呢？因為雖然齊國已經說把這片土地佔有了，可是實在並沒有歸屬於齊國。

夏天，四月丙辰這天，魯國發生日食。

己巳這天，齊君元死了。

齊國崔氏出逃到衛國。崔氏是什麼人呢？是齊國的大夫。稱崔氏是為什麼呢？是貶責。為什麼貶責呢？這是譏諷他家世代為卿，世代為卿是不合禮數的。

魯宣公到齊國去。

五月間，魯宣公從齊國回到魯國都城。

癸巳這天，陳國夏徵舒弒殺了他的君主平國。

六月間，宋國軍隊討伐滕國。

魯國公孫歸父到齊國去，參加齊惠公的葬禮。

晉國人、宋國人、衛國人、曹國人討伐鄭國。

秋天，周王派遣王季子到魯國來聘問。王季子是什麼人？是周天子的大夫。稱王季子是為什麼呢？因為他尊貴。他怎樣尊貴呢？是天子的同母弟弟。

魯國公孫歸父率領軍隊討伐邾婁國，佔取了蘱這個地方。

魯國發大水。

魯國季孫行父到齊國去。

冬天，季孫歸父到齊國去。

齊國差遣國佐到魯國來聘問。

魯國發生饑荒。為什麼記載這件事？因為民食不足是件大事，所以加以記載。

楚子討伐鄭國。

宣公十有一年

【說　明】本年《春秋》首書「春，王正月」表明時序，另書五事，二事有傳。「冬，十月，楚人殺陳夏徵舒」條，傳以楚人即楚子，稱人是貶責楚子對外討伐陳國。不僅對外不得專伐，對內也是不可以的，因為諸侯不應當有擅自誅討的權力。義與僖公元年「齊師等次于聶北」、二年「城楚丘」、十四年「城緣陵」等條的不與諸侯專封義略同，可以參看。十月「丁亥，楚子入陳，納公孫寧、儀行父于陳」條，傳就「納」字立義。在作傳者看來，納是借用外力幫助逃亡者回國重新執政的用辭。公孫寧和儀行父是大夫，不應當說納，說納是因為他二人是陳靈公的黨與，如今楚子（莊王）既然已經殺了夏徵舒，納他二人，就如同納陳靈公一樣。

十有一年，春，王正月。

夏，楚子、陳侯、鄭伯盟于辰陵❶。

公孫歸父會齊人伐莒。

秋，晉侯會狄于欑函❷。

冬，十月，楚人殺陳夏徵舒。此楚子也，其稱人何？貶。曷為貶？不與外討也。不與外討者，因其討乎外而不與也，雖內討亦不與也。曷為不與？實與而文不與。文曷為不與？諸侯之義不得專討也。諸侯之義不得專討，則其曰實與之何？上無天子，下無方伯，天下諸侯有為無道者，臣弒君，子弒父，力能討之，則討之可也。

丁亥，楚子入陳，納公孫寧、儀行父❸于陳。此皆大夫也，其言納何？納公黨與也。

【注釋】❶辰陵　陳邑，在今河南省淮陽縣西。《穀梁傳》辰作「夷」，兩字一音之轉，可通。❷櫝函　當為狄邑，確址不詳。沈欽韓認為即櫝茅，在今河南省修武縣，無確據。❸公孫甯儀行父　兩人都是陳大夫。公孫甯，即孔甯。夏徵舒因其母夏姬與靈公和他二人淫亂，遂殺靈公，他二人逃奔到楚國。

【語　譯】十一年，春天，周王正月。

夏天，楚子和陳侯、鄭伯在辰陵這個地方會盟。

魯國公孫歸父會合齊國人討伐莒國。

秋天，晉侯和狄人在櫝函這個地方會見。

冬天，十月間，楚國人殺了陳國的夏徵舒。殺夏的是楚國君主，稱人是為什麼呢？是貶責。為什麼貶責呢？因為不贊成諸侯討伐別國諸侯。不贊成向外討伐，是因為楚君向外討伐陳國，所以不贊成。即使諸侯在國內誅殺臣下，也是不贊成的。為什麼不贊成呢？實際上贊成，可是在文辭上不說贊成。在文辭上為什麼不說贊成呢？因為作為諸侯的道理，是不應當有擅自誅討的權力的。既然作為諸侯的道理不應當有擅自誅討的權力，那麼說實際上贊成又是為什麼呢？因為上面沒有賢明的天子，下面沒有主理一方政事的諸侯之長，天下諸侯間有做出不顧道義的事情的，像臣子弒殺君主，兒子弒殺父親，誰有力量能夠誅討，就去誅討，這是可以的。

丁亥這天，楚子進入陳國，把公孫甯、儀行父交給陳國。他們都是大夫，說納是為什麼呢？這是讓陳國接受陳靈公的黨與。

【說　明】本年《春秋》記載七事，另書「秋，七月」表明時序，有傳者二事。「春，葬陳靈公」條，按夏徵舒弒其君靈公，以《春秋》之義，君被弒殺、臣未討賊不書葬，傳以為誅討弒殺靈公的賊子的不是陳臣而是

宣公十有二年

楚君，經仍書靈公葬事者，是君子的恕辭。因為逆賊已經伏誅，臣子雖然想討賊也無所討了。「夏，六月乙卯，晉荀林父帥師及楚子戰于邲，晉師敗績」條，傳從經稱荀林父立義，認為大夫不得與君相匹敵，此經稱荀林父名氏與楚子相匹敵者，是不認可晉國而贊許楚子的合於禮節。以下詳述楚莊王對鄭國用兵，勝而不佔有，以及援鄭晉軍全軍覆沒的事實經過，以證成此義。

十有二年，春，葬陳靈公。討此賊者非臣子也，何以書葬？君子辭也。楚已討之矣，臣子雖欲討之而無所討也。

楚子圍鄭。

夏，六月乙卯，晉荀林父❶帥師及楚子戰于邲❷，晉師敗績。大夫不敵君，此其稱名氏以敵楚子何？不與晉而與楚子為禮也。曷為不與晉而與楚子為禮也？莊王❸伐鄭，勝乎皇門，放❹乎路衢。鄭伯肉袒❺，左執茅旌❻，右執鸞刀❼，以逆莊王曰：「寡人無良，邊垂之臣，以干天禍，是以使君王沛❽焉，辱到敝邑。君如矜此喪人，錫之不毛之地，使帥一二耋老而綏❾焉，請唯君王之命。」莊王曰：「君之不令臣交易為言，是以使寡人得見君之玉面，而微至乎此。」莊王親自手旌，左右撝❿軍退舍七里。將軍子重⓫諫曰：「南郢⓬之與鄭相去數千里，諸大夫死者數人，廝役扈養⓭，死者數百人。今君勝鄭而不有，無乃失民臣之力乎？」

莊王曰：「古者杅⑭不穿、皮不蠹，則不出於四方，是以君子篤於禮而薄於利，要其人而不要其土，告從不赦不詳⑮。吾以不詳道民，災及吾身何日之有？」既則晉師之救鄭者至，曰：「請戰。」莊王許諾。將軍子重諫曰：「晉，大國也，王師淹病矣，君請勿許也。」莊王曰：「弱者吾威之，彊者吾辟之，是以使寡人無以立乎天下。」令之還師而逆晉寇。莊王鼓之，晉師大敗。晉眾之走者，舟中之指可掬⑯矣。莊王曰：「嘻！吾兩君不相好，百姓何罪？」令之還師而佚⑰晉寇。

秋，七月。

冬，十有二月戊寅，楚子滅蕭⑱。

晉人、宋人、衛人、曹人同盟于清丘⑲。

宋師伐陳。

衛人救陳。

【注釋】❶荀林父　這次戰役荀林父為晉中軍元帥。參見宣公九年注。❷邲　鄭地，在今河南省滎陽市東北。❸莊王　楚莊王，名旅。楚穆王的兒子，魯文公十四年繼位，死於宣公十八年。❹放　至；來到。❺肉袒　脫掉上衣，赤裸著肩背。表示願意服罪受刑。❻茅旌　旄旌。杅端飾有旄牛尾的旗幟，祭祀宗廟所用。❼鸞刀　古代祭祀時割牲用的刀，刀環上有鈴。

⑧沛 通「怫」。盛怒的樣子。⑨綏 安定；安和。⑩撝 指揮。⑪子重 即楚公子嬰齊，亦稱令尹子重、左尹子重。⑫南郢 指楚國郢都。今湖北省江陵縣北紀南城。⑬廝役扈養 指幹雜事勞役的奴僕。除草的叫廝，汲水的叫役，養馬的叫扈，做飯的叫養。⑭杅 盛湯漿的器皿。⑮詳 通「祥」。善。下詳字同。⑯掬 雙手合捧叫掬。⑰佚 奔逸；逃亡。⑱蕭 本為宋邑，因叔大心討南宮萬有功，所以封以蕭為附庸之國，在今安徽省蕭縣西北。參見僖公三十年注。⑲清丘 衛邑，在今河南省濮陽市東南。

【語譯】十二年，春天，葬了陳靈公。誅伐弒殺靈公賊子的不是陳國的臣子，為什麼記載他的葬事呢？這是君子用的一種文辭，因為楚子已經誅討了弒殺靈公的人，陳國的臣子即使想誅討也無從誅討了。

楚子包圍了鄭國都城。

夏天，六月乙卯這天，晉國荀林父率領軍隊和楚子在邲這個地方作戰。晉國軍隊潰敗。大夫是不能和君主相匹敵的，這裡稱荀林父名氏與楚子相匹敵是為什麼呢？是因為不贊成晉國而贊成楚子的合於禮節。為什麼不贊成晉國而贊成楚子合於禮節呢？因為楚莊王對鄭國用兵，在鄭都城皇門打了勝仗，莊王來到四面通達的大街上，鄭伯赤裸著肩背，左手拿著飾有旄牛尾的旗子，右手拿著割牲用的刀子，來迎接莊王，說：「我對您守衛邊境的臣子犯有過錯，干犯了天禍，惹得您勃然大怒，屈辱您來到敝國。如果您能憐憫我這個喪失國家的人，賞賜給我一塊不生五穀的荒瘠的土地，使我帶領幾個老邁體衰的人去安居，請遵從您的命令。」莊王說：「您的幾個不好的臣子來往挑撥說壞話，所以使我見了您的面，以至於本來是微不足道的幾句壞話，積累起來，弄到現在這樣的地步。」說完後，莊王親手拿著旌旗，向左右指揮楚軍退兵七里。楚國的將軍子重進諫說：「楚國國都南郢和鄭國距離好幾千里，在這次戰役中，大夫們死了好幾位，幹雜事的兵徒死了幾百人，現在君主您戰勝了鄭國，可是不去佔有它，這豈不是白白丟掉臣民的力量嗎？」莊王說：「古時候，如果盛水的器皿不開裂，皮衣服不被蟲蛀，就不到國外四處朝聘征伐，所以君子厚於禮儀而輕於財利，求的是使百姓服從，而不是佔有它的土地。現在鄭國已經表示服罪，如果不給予赦免，那就不祥善了。我用不祥善的做法治理百姓，災難落到我身上恐怕就為時不久了。」過後，晉國派來救援鄭國的軍隊到了，晉軍統帥荀林父說：「請與楚軍一戰。」莊王答應了。將軍子重進諫說：「晉是大國，君主您的軍隊滯留在外已經很久，疲憊不堪，請您不要答應。」莊王說：「如果對弱小的國家，就加以威懾，對強大的國家，我就躲避，這是讓我沒有辦法立於天下的。」莊王就下令，回師迎戰晉軍。莊王親自擊鼓，晉軍全軍潰敗，將士紛紛乘船逃命，先上船的人砍斷繼續登船人的手指，船上被砍下來的手指，多得可用手來捧。莊王慨嘆說：「唉！全是因為楚、晉兩國的君主不友好，老百姓有什麼罪過呢？」就下令楚軍班師回國，讓進犯的晉軍渡水逃走了。

秋天，七月。

冬天，十二月戊寅這天，楚子滅掉了蕭國。

晉國人、宋國人、衛國人、曹國人共同在清丘這個地方會盟。

宋國軍隊討伐陳國。

衛國人救助陳國。

宣公十有三年

十有三年，春，齊師伐衛。

夏，楚子伐宋。

秋，螽。

【說明】本年《春秋》書記四事，《公羊傳》均未作說解。

冬，晉殺其大夫先穀❶。

【注釋】❶先穀　晉大夫。即原穀。晉國執政大臣先軫的兒子。晉、楚邲之戰，他為晉中軍佐，兵敗，歸罪於他，盡誅滅其族。

【語譯】十三年，春天，齊國軍隊討伐衛國。
夏天，楚子討伐宋國。
秋天，魯國發生蝗害。
冬天，晉國殺了它的大夫先穀。

宣公十有四年

【說明】本年《春秋》書記六事，《公羊傳》均未作說解。

十有四年，春，衛殺其大夫孔達❶。

夏，五月壬申，曹伯壽❷卒。

晉侯伐鄭。

秋，九月，楚子圍宋。

葬曹文公。

冬，公孫歸父會齊侯于穀❸。

【注釋】❶孔達　衛執政大夫。衛穆公說他在晉、楚兩大國之間製造事端，危害衛國，逼他上吊而死。❷曹伯壽　曹文公，名壽。曹共公的兒子，在位二十三年。❸穀　見莊公七年注。

【語譯】十四年，春天，衛國殺掉了它的大夫孔達。

夏天，五月壬申這天，曹君壽死了。

晉侯討伐鄭國。

秋天，九月間，楚子包圍了宋國都城。

葬了曹文公。

冬天，魯國公孫歸父和齊侯在穀這個地方會見。

宣公十有五年

【說明】本年《春秋》記載十事，五事有傳。「夏，五月，宋人及楚人平」條，傳釋此經有二義，一釋外平依例不書，今書宋、楚媾和的事情，是為了贊揚兩國的誠信不欺。傳記敘華元和子反的相見、對話以及子反的請歸等，用意正是表明兩國彼此間的誠信。二釋參與兩國和會者是華元和子反，兩人都是本國的大夫，經書宋人、楚人者，義在貶責媾和者不是兩國國君而是臣屬。「六月癸卯，晉師滅赤狄潞氏，以潞子嬰兒歸」條。按潞是國名，潞子是潞國君主，子是他的爵稱，傳誤以為稱子者，是因為他親行仁義之事而遭滅國。其實稱子是與他是否親行仁義全然無關的。至於潞氏滅亡的原因，傳認為是無人救援造成的。六月「王札子殺召伯、毛伯」條，傳以王札子為周王長庶子的字號，未及其他。秋「初稅畝」條，傳釋初為開始，稅畝為履畝，就是按照勘測得來的田畝實數收取什一之稅。認為經書此事，義為譏責宣公於藉法外又履畝收稅。在作傳者的心目中，藉法作為什一之稅，乃天下最公正的稅制，不可增減。至於經書「冬，蝝生」，傳認為這是僥倖，僥倖上天為警告宣公變古易常增收履畝之稅，感應這件事而出現天災。傳以發現蝗蟲幼蟲為天災已屬不當，說天災是感應增稅而發生的，就更屬荒誕無稽之談了。

十有五年，春，公孫歸父會楚子于宋。

夏，五月，宋人及楚人平。外平不書，此何以書？大其平乎己也。何大乎其平乎己？莊王圍宋，軍有七日之糧爾，盡此不勝，將去而歸爾。於是使司馬子反❶乘堙❷而闚宋城。宋華元❸亦乘堙而出見之。司馬子反曰：「子之國何如？」華元曰：「憊矣。」曰：「何如？」曰：「易子而食之，析骸而炊之。」司馬子反曰：「嘻！甚矣憊！雖然，吾聞之也，圍者柑❹馬而秣❺之，使肥者應客，是何子之情也？」華元曰：「吾聞之，君子見人之厄則矜之，小人見人之厄則幸之。吾見子之君子也，是以告情于子也。」司馬子反曰：「諾，勉之矣！吾軍亦有七日之糧爾，盡此不勝，將去而歸爾。」揖而去之，反于莊王。莊王曰：「何如？」司馬子反曰：「憊矣！」曰：「何如？」曰：「易子而食之，析骸而炊之。」莊王曰：「嘻！甚矣憊！雖然，吾今取此然後而歸爾。」司馬子反曰：「不可。臣已告之矣，軍有七日之糧爾。」莊王怒曰：「吾使子往視之，子曷為告之？」司馬子反曰：「以區區之宋，猶有不欺人之臣，可以楚而無乎？是以告之也。」莊王曰：「諾。舍而止。雖然，吾猶取此然後歸爾。」司馬子反曰：「然則君請處于此，臣請歸爾。」莊王曰：「子去我而歸，吾孰與處于此？吾亦從子而歸爾。」引師而去之。故君子大其平乎己也。此者大夫也，其稱人何？貶。曷為貶？平者在下也。

六月癸卯，晉師滅赤狄潞氏❻，以潞子嬰兒歸。潞何以稱子？潞子之為善也，躬❼足以亡爾。雖然，君子不可不記也。離于夷狄，而未能合于中國，晉師伐之，中國不救，狄人不有❽，是以亡也。

秦人伐晉。

王札子❾殺召伯、毛伯❿。王札子者何？長庶之號也。

秋，螺。

仲孫蔑⓫會齊高固⓬于牟婁⓭。

初稅畝。初者何？始也。稅畝者何？履⓮畝而稅也。初稅畝何以書？譏。何譏爾？譏始履畝而稅也。何譏乎始履畝而稅？古者什一而藉⓯。古者曷為什一而藉？什一者天下之中正也。多乎什一，大桀小桀，寡乎什一，大貉小貉。什一者天下之中正也，什一行而頌聲作矣。

冬，蝝生。未有言蝝生者，此其言蝝生何？蝝生不書，此何以書？幸之也。幸之者何？猶曰受之云爾。受之云爾者何？上變古易常，應是而有天災，其諸⑯則宜於此焉變矣。

饑。

【注釋】❶司馬子反　楚國司馬，即公子側，此時他為楚右軍統帥。❷堙　土山。可登上遠望。❸華元　見宣公二年注。❹柑　使馬口銜木。❺秣　餵養。❻赤狄潞氏　見宣公三年注。❼躬　窮困。❽有　通「友」。友善。❾王札子　《公羊傳》認為札子是字，說他是周王的庶兄。《左傳》以為他即是王子捷。❿召伯毛伯　兩人都是周王室卿士。即召戴公、毛伯衛。⓫仲孫蔑　見宣公九年注。⓬高固　見宣公五年注。⓭牟婁　確址不詳。此與隱公四年的牟婁當不是一地。《左傳》作「無婁」，無、牟字可通。⓮履　踏勘；勘測。⓯藉　賦稅。稅率為十取其一。⓰其諸　擬議詞。

【語譯】十五年，春天，魯國公孫歸父和楚子在宋國都城會見。

夏天，五月間，宋國人和楚國人媾和。魯國以外國家間的媾和依例不作記載，這裡為什麼記載呢？是為了贊揚宋、楚兩國的媾和全靠它們自己。為什麼贊揚兩國的媾和全靠它們自己呢？楚莊王包圍宋國都城，軍隊只有七天的糧食，吃完這些糧食還攻不下城池就準備退兵回國。莊王於是派司馬子反登到為攻城而堆成的土山上，窺察宋國都城的情況，宋國的華元也出城登到土山上來見他。司馬子反說：「您的國家情況怎麼樣？」華元說：「已經疲憊了。」子反問：「詳情怎樣呢？」回答說：「人們交換兒子來充飢，砍斷死人的骨頭燒火做飯。」司馬子反慨嘆說：「唉！已經十分疲憊了。雖然這樣，我聽說過，被圍困的一方，讓馬的嘴裡銜上木條再餵牠，把肥壯的馬牽來讓敵國的使者看，製造城內不缺糧的假象。可是為什麼您竟透露了真情呢？」華元說：「我聽說過，君子看到別人有危急就憐憫，小人看到別人有危急就慶幸。我看您是一位君子，所以把真情告訴了您。」司馬子反說：「好。勉力去守城吧！我們楚軍也只有七天的糧食，吃完這些糧食還攻不下城池，就準備退兵回國。」司馬子反向華元作揖行禮，就走了。回去報告楚莊王，莊王說：「宋國情況怎麼樣？」司馬子反說：「已經疲憊了。」莊王問：「詳情怎樣呢？」回答說：「人們交換兒子來充飢，砍斷死人的骨頭燒火做飯。」莊王說：「好啊！已經十分疲憊了。雖然這樣，我還是要攻佔了這座城池後才回去。」司馬子反說：「不能這樣做。臣子我已經告訴了他們我軍也只有七天的糧食了。」莊王發怒說：「我派你前去察看，你為什麼把真情告訴了他們？」司馬子反說：「以這麼小的一個宋國，仍然有不欺騙別人的臣子，難道楚國竟可以沒有嗎？所以就把真情告訴了他們。」莊王說：「好。讓軍隊在這裡駐紮下來。雖然這樣，我還是要攻佔了這座城池後再班師回國。」司馬子反說：「既然如此，那麼就請君王您住在這裡，臣子我請求回國。」莊王說：「你離開我回國，我和誰住在這裡呢？我也跟你一塊回去算了。」於是就率領軍隊回去了。所以君子要贊揚兩國的媾和全靠它們自己。華元和子反都是大夫，稱「人」是為什麼呢？是貶譏。為什麼貶譏？因為媾和者是君王手下的人。

六月癸卯這天，晉國軍隊滅掉了赤狄潞氏這個國家，把潞君名叫嬰兒的帶回了晉國。潞為什麼稱為子呢？潞國君主做仁義的事情，弄得窮困無援，足以使國家滅亡，所以稱他為子。雖然如此，君子不應該不記載這件事。潞君力圖改變夷狄的習尚，可是還沒能做到和中原各國的禮儀相合。晉國出兵討伐它，中原各國不去救援，夷狄國家對它也不友善，所以國家就滅亡了。

秦國人討伐晉國人。

王札子殺掉召伯、毛伯。王札子是什麼人？是周匡王長庶子的字號。

秋天，魯國發生蝗害。

魯國仲孫蔑和齊國高固在牟婁這個地方會見。

初稅畝。初是什麼意思？是開始。稅畝是什麼意思？是踏勘百姓耕地的畝數並據此交納賦稅。魯國開始實行根據耕地畝數交稅的制度為什麼記載呢？是譏諷。為什麼譏諷呢？譏諷開始踏勘百姓耕地的畝數並據此交納賦稅。為什麼譏諷開始踏勘百姓耕地的畝數並據此交納賦稅呢？因為古時候百姓們交納收成的十分之一。古時候為什麼採用交納收成的十分之一的稅制呢？因為交納收成的十分之一是天下最適當的稅制。多於十分之一，就是像夏桀那樣的大、小暴君；少於十分之一，就是像夷貉一樣大、小不開化無知的國家。十分之一的稅制，是天下最適當的，實行十分之一的稅制，百姓們的頌揚之聲就傳播開來。

冬天，魯國發現蝗蟲的幼蟲。從來沒有說過發現蝗蟲幼蟲的事，這裡說發現蝗蟲幼蟲是為什麼呢？發現蝗蟲幼蟲的事從來不作記載，這裡為什麼記載這件事呢？是因為覺得僥倖。覺得僥倖是為什麼呢？等於說接受了這件事。接受了這件事是為什麼呢？魯宣公改變了從古時候沿襲下來的常制，感應這件事就出現了天災，大概魯宣公應該感到震懼，仍舊恢復古時的稅制。

魯國發生饑荒。

宣公十有六年

【說　明】本年《春秋》於春、夏、秋、冬四季各記一事，「夏，成周宣謝災」一事有傳。傳以成周即東周，宣謝為周宣王的廟謝，是藏樂器的處所，因受火災而書記此事。外災依例不書，今書外災，是為新周的原故。所謂新周，何休注、徐彥疏以為是使東周成為國，即新興的周國，和宋、齊等國相似。經依照為王者之後的宋國記災的書例，而記此宣謝災的事情。

十有六年，春，王正月，晉人滅赤狄甲氏及留吁❶。

夏，成周宣謝❷災。成周者何？東周也。宣謝者何？宣宮之謝也。何言乎成周宣謝災？樂器藏焉爾。成周宣謝災何以書？記災也。外災不書，此何以書？新周也。

秋，郯伯姬❸來歸。

冬，大有年。

【注釋】❶赤狄甲氏及留吁　甲氏與留吁，都是赤狄的一種。見宣公三年注。❷謝　僅有大殿沒有房屋的廟堂。《左傳》作「榭」，字通。❸郯伯姬　魯女嫁於郯君者。據《左傳》，她是被休棄而遣送回娘家魯國的。

【語譯】十六年，春天，周王正月間，晉國人滅掉了赤狄甲氏和留吁兩個國家。

夏天，成周宣王廟中的謝發生火災。成周是什麼地方？是周王朝東遷後的國都。宣謝是什麼地方？是周宣王廟中的謝。為什麼說成周宣王廟中的謝發生火災呢？因為宣王中興時製作的樂器存放在那裡。成周宣王廟中的謝發生火災這件事為什麼記載呢？這是記載災害。魯國以外地方發生災害，依例不作記載，這裡為什麼記載呢？因為《春秋》把東周當作是新興的周國。

秋天，嫁給郯君的伯姬回到魯國來。

冬天，魯國大豐收。

宣公十有七年

【說明】本年《春秋》書記八事，《公羊傳》均未作說解。

十有七年，春，王正月庚子，許男錫我❶卒。

丁未，蔡侯申❷卒。

夏，葬許昭公。

葬蔡文公。

六月癸卯，日有食之。

己未，公會晉侯、衛侯、曹伯、邾婁子，同盟于斷道❸。

秋，公至自會。

冬，十有一月壬午，公弟叔肸❹卒。

【注釋】❶許男錫我　許昭公，名錫我。在位三十年。其子靈公甯繼位。❷蔡侯申　蔡文公，名申。在位二十年。其子景侯固繼位。❸斷道　晉邑，即今山西省沁縣東北的斷梁城。❹叔肸　即惠伯叔肸。公孫嬰齊的父親，魯宣公的母弟。

【語譯】十七年，春天，周王正月，庚子這天，許君錫我死了。

丁未這天，蔡君申死了。

夏天，葬了許昭公。

葬了蔡文公。

六月癸卯這天，魯國發生日食。

己未這天，魯宣公和晉侯、衛侯、曹伯、邾婁子會見，共同在斷道這個地方結盟。

秋天，魯宣公從與各國盟會的地方回到魯國都城。

冬天，十一月壬午這天，魯宣公的同母弟弟叔肸死了。

宣公十有八年

【說　明】本年《春秋》記載七事，另書「夏，四月」表明時序，三事有傳。「秋，七月，邾婁人戕鄫子于鄫」條，傳以戕字為義，認為經書「戕」而不書「弒」，意思是把鄫子四肢節斷殺死。七月「甲戌，楚子旅卒」條，在作傳者看來，依《春秋》書例，諸侯既然書卒就應當書葬，這裡書楚子卒，下經卻沒有書葬的文字，是為了迴避用吳、楚國國君的稱號。因為如果書葬，就要用他們僭稱的王號。十月「歸父還自晉，至檉遂奔齊」條，傳從「還」字立義，認為「還」是褒贊歸父的文辭。贊揚他在往晉行聘歸國途中聞宣公薨、家人被逐遣的危難時刻，仍能依禮就地設立祭帷，哭奠宣公，並派遣副使回國復命，自己則避難奔齊，一切均不失禮。

十有八年，春，晉侯、衛世子臧❶伐齊。

公伐杞。

夏，四月。

秋，七月，邾婁人戕❷鄫子❸于鄫。戕鄫子于鄫者何？殘賊而殺之也。

甲戌，楚子旅❹卒。何以不書葬？吳、楚之君不書葬，辟其號也。

公孫歸父如晉。

冬，十月壬戌，公薨于路寢。

歸父還自晉，至檉❺遂奔齊。還者何？善辭也。何善爾？歸父使於晉，還自晉，至檉，聞君薨、家遣，墠❻帷，哭君成踊❼，反命乎介❽，自是走之齊。

【注釋】❶世子臧　衛穆公的太子，名臧。後為君，即衛定公。❷戕　殘殺。《左傳》認為「自外曰戕」，指邾婁君派人到鄫國暗殺了鄫君。《公羊傳》何休注則以「支解節斷」解釋戕義。❸鄫子　鄫國國君，世系不詳。鄫，見僖公十五年注。❹楚子旅　楚莊王，名旅。在位二十三年。《穀梁傳》旅作「呂」，字通。❺檉　魯地。江永認為即生竇邑，在今山東省曹縣東北。一說在今荷澤市北。《左傳》檉作「笙」，字通。❻墠　供祭祀用清掃過的場地。❼成踊　喪禮之一。哭者捶胸頓足，表示極度悲哀。❽介　副。

【語譯】十八年，春天，晉侯和衛太子臧討伐齊國。

魯宣公討伐杞國。

夏天，四月。

秋天，七月間，邾婁國人戕殺鄫君在鄫國都城。戕殺鄫君在鄫國都城是什麼意思呢？是用支解的殘酷手段，把鄫君殺害了。

甲戌這天，楚君旅死了。為什麼不記載他下葬的事情呢？吳、楚兩國君主死了不記載下葬的事情，是為了迴避他們的稱號。

魯國公孫歸父到晉國去。

冬天，十月壬戌這天，魯宣公死在正廳裡。

公孫歸父從晉國還魯，到了檉這個地方，就逃亡到齊國去了。「還」是什麼意思？是一種褒揚的文辭。為什麼要褒揚呢？因為公孫歸父出使晉國，從晉國回來時，到了檉這個地方，聽到魯宣公的死訊，自己的家人已被逐遣，於是就清掃出一塊場地，圍成帷子，捶胸頓足痛哭宣公，然後讓他的副使回國復命，自己就從這裡逃到齊國去了。

卷一七　成公上

成公元年

【說明】本年《春秋》書記六事，另書「冬，十月」表明時序，未記事，二事有傳。「三月，作丘甲」條，傳認為經是因為譏責開始讓丘民製作鎧甲而書記此事。「秋，王師敗績于貿戎」條，傳以貿戎為地名而非國稱，以戰敗王師者是晉國，因為沒有人能與王室匹敵，誰也不敢擔當戰敗王師的惡名，所以經不書晉敗王師。

元年，春，王正月，公❶即位。

二月辛酉，葬我君宣公。

無冰。

三月，作丘甲❷。何以書？譏。何譏爾？譏始丘使也。

夏，臧孫許❸及晉侯盟于赤棘❹。

秋，王師敗績于貿戎❺。孰敗之？蓋晉敗之，或曰貿戎敗之。然則曷為不言晉敗之？王者無敵，莫敢當也。

冬，十月。

【注　釋】❶公　指魯成公，名黑肱。宣公的兒子，在位十八年。❷丘甲　指讓每丘的百姓製作鎧甲。丘是春秋時期的基層單位。舊說九夫為井，四井為邑，四邑為丘，四丘為甸。❸臧孫許　魯大夫，即臧宣叔。臧文仲的兒子，武仲紇的父親。❹赤棘　晉邑，確址不詳。❺貿戎　戎的一種。居處在今山西省平陸縣西南一帶。一說在今河南省修武縣。《公羊傳》以為晉敗王師，則是把貿戎看作地名。《左傳》貿作「茅」，字通。

【語　譯】元年，春天，周王正月，魯成公即位為君。

二月辛酉這天，葬了我國君主宣公。

魯國的河湖水泊沒有結冰。

三月間，魯國讓丘民製作鎧甲。為什麼記載這件事情呢？是譏諷。為什麼譏諷呢？為了譏諷開始讓丘民製作鎧甲。

夏天，魯國臧孫許和晉侯在赤棘這個地方會盟。

秋天，周王的軍隊在貿戎被擊潰。誰戰敗了周王的軍隊呢？當是被晉國戰敗的，有人說是被貿戎戰敗的。既然這樣，那為什麼不說被晉國戰敗呢？因為周王是沒有匹敵的，沒有人敢於擔當戰敗周王的惡名。

冬天，十月。

成公二年

【說　明】本年《春秋》記載十事，四事有傳。「六月癸酉」條，經記魯國四大夫率軍會同晉郤克等和齊侯戰於鞌地的事情，傳以經書「曹公子手」為義。認為曹無大夫，而公子手是對大夫的稱呼，這是推重他前來助戰，分擔了魯國的內憂。「秋，七月，齊侯使國佐如師。己酉，及國佐盟于袁婁」條。這是繼上月鞌之戰齊師潰敗後的記事，傳一釋「使」字義例，認為國君不親身前往，才派遣大夫，這裡齊侯已在軍中，為何還書「使國佐如師」呢？解說是：因為齊侯被俘後又逃脫了，他此時已不在軍中。二釋晉師與齊國不盟於師而盟於袁婁的原因，傳詳敘史實作出的解說是：因為在晉軍中會談時國佐拒絕接受郤克提出的條件，斷然離開鞌地，走到袁婁，由於郤克讓步，方才結盟。至於八月「取汶陽田」和十一月「丙申，公及楚人等盟于蜀」兩條，前者，傳以汶陽田為鞌之戰後齊對魯國的賄賂；後者，以楚人為楚公子嬰齊。認為依例楚無大夫，而他竟以大夫身份與魯君會盟，因而經稱「人」加以貶責。

二年，春，齊侯伐我北鄙。

夏，四月丙戌，衛孫良夫❶帥師及齊師戰于新築❷，衛師敗績。

六月癸酉，季孫行父、臧孫許、叔孫僑如、公孫嬰齊❸帥師會晉郤克❹、衛孫良夫、曹公子手❺及齊侯戰于鞌❻，齊師敗績。曹無大夫，公子手何以書？憂內也。

秋，七月，齊侯使國佐❼如師。己酉，及國佐盟于袁婁❽。君不使❾乎大夫，此其行使乎大夫何？佚獲也。其佚獲奈何？師還❿齊侯，晉郤克投戟逡巡再拜稽首馬前。逢丑父者，頃公⓫之車右也，面目與頃公相似，衣服與頃公相似，代頃公當左。使頃公取飲，頃公操飲而至，曰：「革取清者。」頃公用是佚而不反。逢丑父曰：「吾賴社稷之神靈，吾君已免矣。」郤克曰：「欺三軍者其法奈何？」曰：「法斮⑫。」於是斮逢丑父。己酉，及齊國佐盟于袁婁。曷為不盟于師而盟于袁婁？前此者，晉郤克與臧孫許同時而聘于齊。蕭同姪子⑬者，齊君之母也，踊于棓⑭而窺客，則客或跛或眇，於是使跛者迓跛者，使眇者迓眇者。二大夫出，相與踦閭而語，移日然後相去。齊人皆曰：「患之起必自此始！」二大夫歸，相與率師為鞌之戰，齊師大敗。齊侯使國佐如師，郤克曰：「與我紀侯之甗⑮，反魯衛之侵地，使耕者東畝，且以蕭同姪子為質，則吾舍子矣。」國佐曰：「與我紀侯之甗，請諾。反魯衛之侵地，請諾。使耕者東畝，是則土齊也。蕭同姪子者，齊君之母也，齊君之母，猶晉君之母也，不可。請戰，壹戰不勝請再，再戰不勝請三，三戰不勝，則齊國盡子之有也，何必以蕭同姪子為質」揖而去之。郤克眣⑯魯衛之使，使以其辭而為之請，然後許之。逮于袁婁而與之盟。

八月壬午，宋公鮑⑰卒。

庚寅，衛侯遬⑱卒。

取汶陽田。汶陽田者何？鞌之賂也。

冬，楚師、鄭師侵衛。

十有一月，公會楚公子嬰齊⑲于蜀⑳。

丙申，公及楚人、秦人、宋人、陳人、衛人、鄭人、齊人、曹人、邾婁人、薛人、鄫人盟于蜀。此楚公子嬰齊也，其稱人何？得一貶焉爾。

【注釋】❶孫良夫　見宣公七年注。❷新築　衛地，在今河南省大名縣附近。❸季孫行父句　四人都是魯大夫。季孫行父，見宣公十年注。臧孫許，見上年注。叔孫僑如，即叔孫宣伯。公孫嬰齊，又稱仲嬰齊，惠伯叔肸的兒子。❹郤克　晉執政大夫。即郤獻子，亦稱郤伯、郤子，郤缺的兒子。❺曹公子手　曹公子。《春秋》僅一見。《左傳》手作「首」，字通。❻鞌　齊地，在今山東省歷城縣附近。❼國佐　見宣公十年注。❽袁婁　齊邑，在今山東省淄川縣境。❾君不使　據阮元校勘，使下脫「行」字，當補。❿還　通「環」。環繞。包圍的意思。⓫頃公　齊頃公，名無野，齊惠公的兒子。⓬斮　即「斫」字。斫斬。⓭蕭同姪子　何休注說：「蕭同，國名。姪子者，蕭同君姪娣之子嫁於齊，生頃公。」按：春秋時代，沒有蕭同國，何說誤。杜預認為同是蕭國君主的字，可信。姪子，猶言姪女。⓮棓　鋪設在高下懸絕處的跳板，可登。齊人的方言口語。⓯甗　古代一種炊器，以青銅或陶為之。這裡指齊滅紀國所得的玉甗（甗的上半部）。⓰眣　眣字誤，當據阮元校勘改作「眣」。眣，以目示意。⓱宋公鮑　宋文公，名鮑。宋昭公的弟弟，在位二十二年。⓲衛侯遬　衛繆公，名遬。衛成公的兒子，在位十一年。⓳公子嬰齊　即子重，楚莊王的弟弟，這時為楚令尹。⓴蜀　魯邑，在今山東省泰安市西。

【語譯】二年，春天，齊侯攻擊我國北部邊境地區。

夏天，四月丙戌這天，衛國孫良夫率領軍隊和齊國軍隊在新築這個地方作戰，衛國軍隊潰敗。

六月癸酉這天，魯國季孫行父、臧孫許、叔孫僑如、公孫嬰齊率領軍隊，會同晉國郤克、衛國孫良夫、曹國公子手和齊侯在鞌這個地方作戰，齊侯率領的齊軍潰敗。曹國沒有大夫，公子手為什麼要記載呢？因為他來助戰，分擔了魯國之憂而尊重他的原故。

秋天，七月間，齊侯派遣國佐到鞌地晉國軍隊中去。己酉這天，晉國和國佐在袁婁這個地方會盟。君主不親行，才派遣大夫當使者。這裡派遣大夫當使者是為什麼呢？因為齊侯被俘獲後又逃跑了。齊侯被俘獲後又逃跑了是怎樣的情形呢？晉軍包圍了齊侯，晉國郤克把戟丟掉，遲疑不進、退卻幾步在馬前兩次向齊侯揖拜叩頭。逢丑父是齊侯頃公的車右，相貌和齊頃公相像，穿的衣服也和頃公相像，他代替頃公坐在車的左邊，讓頃公取水給他喝，頃公把水送到，逢丑父說：「水太混濁，更換清水來。」頃公假裝到遠處取水，因此逃脫掉沒有回來。逢丑父說：「我依賴社稷的神靈，我的君主已經免除了這場災難。」郤克問道：「欺騙三軍的人，按照法律，應當治什麼罪？」回答說：「應當斬首。」於是就斬了逢丑父。己酉這天，和齊國國佐在袁婁這個地方會盟。為什麼不在鞌地軍中會盟而在袁婁會盟呢？因為在這以前，晉國郤克和魯國臧孫許同時到齊國聘問。蕭同姪子是齊頃公的母親，她登上跳板到高處隱僻的地方去偷看兩位客人。發現客人有的是瘸子，有的瞎了一隻眼。於是她就派瘸子迎接瘸子，派瞎了一隻眼的人迎接瞎了一隻眼的客人。晉國、魯國的兩位大夫朝聘後出來，靠著門商談，很久才一起離開。齊國人都說：「齊國患難的發生，必定從這件事開始。」兩位大夫各自回國，相互率領軍隊發起了鞌地的戰爭，結果齊國軍隊大敗。齊侯派遣國佐到鞌地晉國軍隊中去，郤克說：「交給晉國紀侯的玉甗；退還齊國侵佔魯國和衛國的土地；使種田人將田埂改為東西向，和晉國一致；並且讓蕭同姪子為人質，我就放過你們。」國佐說：「交給晉國紀侯的玉甗，能夠答應；退還齊國侵佔魯國和衛國的土地，能夠答應；使種田人將田埂改為東西向和晉國一致，這等於把齊國的土地變成晉國的土地了。蕭同姪子是齊君的母親，齊君的母親，就如同晉君的母親，如何能充當人質。這兩條是不行的，只能請求重新開戰。一次打不勝請打二次，二次打不勝請打三次，如果接連三次都打不勝，齊國全都歸您所有了，哪裡還用得著讓蕭同姪子充當人質呢？」說完，不等回答，就向郤克作揖行禮離開了會見場地。郤克忙用目光向魯、衛兩國使者示意，讓他們代替國佐為齊國說話、提出請求，然後郤克答應了提出的要求。到了袁婁趕上國佐，才與他結盟。

八月壬午這天，宋君鮑死了。

庚寅這天，衛君遬死了。

魯國取回了汶水北面的土地。汶水北面的土地是怎麼回事？是鞌戰後齊國向魯國行的賄賂。

冬天，楚國軍隊、鄭國軍隊入侵衛國。

十一月間，魯成公會見楚公子嬰齊在蜀這個地方。

丙申這天，魯成公和楚國人、秦國人、宋國人、陳國人、衛國人、鄭國人、齊國人、曹國人、邾婁國人、薛國人、鄫國人在蜀這個地方會盟。參加這次會盟的是楚公子嬰齊。不稱名氏稱人是為什麼呢？因為楚無大夫，而他以大夫身份與魯成公會盟，獨於此一事就可看出他的無禮，所以貶責他。

成公三年

【說明】本年《春秋》記載十六事，三事有傳。二月「甲子，新宮災，三日哭」條，傳以新宮為宣公廟，因宣公新死，成公不忍心稱宣公廟而稱新宮。認為宮廟遭火災哀哭三日是合於禮節的，至於經書「新宮災」，則是為了記災害。「秋，叔孫僑如率師圍棘」條，傳釋棘為汶水以北地區中一個不服魯管轄的城邑。經言「圍」，是因棘人不聽從魯君的命令。十一月「丁未，及孫良夫盟」條，傳意衛國孫良夫是來魯聘問，聘問而言盟，是和魯國重溫舊盟。

三年，春，王正月，公會晉侯、宋公、衛侯、曹伯伐鄭。

辛亥，葬衛繆公。

二月，公至自伐鄭。

甲子，新宮災，三日哭。新宮者何？宣公之宮也。宣宮則曷為謂之新宮？不忍言也。其言三日哭何？廟災三日哭，禮也。新宮災何以書？記災也。

乙亥，葬宋文公。

夏，公如晉。

鄭公子去疾❶率師伐許。

公至自晉。

秋，叔孫僑如率師圍棘❷。棘者何？汶陽之不服邑也。其言圍之何？不聽也。

大雩。

晉郤克、衛孫良夫伐將咎如❸。

冬，十有一月，晉侯使荀庚❹來聘。

衛侯使孫良夫來聘。

丙午，及荀庚盟。

丁未，及孫良夫盟。此聘也，其言盟何？聘而言盟者，尋舊盟也。

鄭伐許。

【注釋】❶公子去疾　鄭宗室。去疾，字子良，鄭繆公的庶子。❷棘　魯邑，在今山東省肥城市西南。一說在今泰安市西南。❸將咎如　赤狄的一種，居地當在今河南省安陽市西南。《左傳》將作「廧」，字通。❹荀庚　晉大夫。亦稱中行伯，荀林父的兒子。

【語　譯】三年，春天，周王正月間，魯成公會同晉侯、宋公、衛侯、曹伯討伐鄭國。

辛亥這天，葬了衛繆公。

二月間，魯成公從討伐鄭國的駐地回到魯國都城。

甲子這天，新宮發生火災，成公及群臣哭了三天。新宮是什麼呢？是魯宣公的廟。既然是魯宣公的廟，那為什麼要稱為新宮呢？因為不忍說宣公廟。這裡說哭了三天是為什麼呢？宮廟發生火災哭三天，這是合於禮節的。魯宣公廟發生火災的事為什麼記載呢？是為了記載災害。

乙亥這天，葬了宋文公。

夏天，魯成公到晉國去。

鄭國公子去疾率領軍隊討伐許國。

魯成公從晉國回到魯國都城。

秋天，魯國叔孫僑如率領軍隊包圍了棘地。棘是什麼地方？是汶水以北地區中一個不服從魯國的城邑。說包圍是為什麼呢？因為它不聽從魯君的命令。

魯國舉行盛大的求雨祭祀。

晉國郤克和衛國孫良夫討伐將咎如。

冬天，十一月間，晉侯差遣荀庚來魯國聘問。

衛侯差遣孫良夫來魯國聘問。

丙午這天，魯國和荀庚會盟。

丁未這天，魯國和孫良夫會盟。這是來魯聘問，說會盟是為什麼呢？記載聘問同時又說會盟，是表示重溫以前的盟誓。

鄭國討伐許國。

成公四年

【說明】本年《春秋》書記九事，《公羊傳》均未作說解。

四年，春，宋公使華元來聘。

三月壬申，鄭伯堅❶卒。

杞伯來朝。

夏，四月甲寅，臧孫許卒。

公如晉。

葬鄭襄公。

秋，公至自晉。

冬，城運❷。

鄭伯伐許。

【注　釋】❶鄭伯堅　鄭襄公，名堅。鄭靈公的庶兄，在位十八年。❷運　即《左傳》的「鄆」。此指魯的西鄆，在今山東省鄆城縣東，與文公十二年的鄆為東鄆，不是一地。

【語　譯】四年，春，宋公差遣華元來魯國聘問。

三月壬申這天，鄭君堅死了。

杞伯來魯國朝見。

夏天，四月甲寅這天，魯國臧孫許死了。

魯成公到晉國去。

葬了鄭襄公。

秋天，魯成公從晉國回到魯國都城。

冬天，修建運邑城。

鄭伯討伐許國。

成公五年

【說　明】本年《春秋》書記七事，夏「梁山崩」一事有傳。傳以梁山為黃河岸邊的一座山，經書「崩」是記異，異在大，大到山崩塌阻塞黃河，竟使河水三天斷流。這是外異，經書此事，是為天下記異。

五年，春，王正月，杞叔姬❶來歸。

仲孫蔑❷如宋。

夏，叔孫僑如會晉荀秀❸于穀❹。

梁山❺崩。梁山者何？河上之山也。梁山崩何以書？記異也。何異爾？大也。何大爾？梁山崩，壅河三日不沵❻。外異不書，此何以書？為天下記異也。

秋，大水。

冬，十有一月己酉，天王❼崩。

十有二月己丑，公會晉侯、齊侯、宋公、衛侯、鄭伯、曹伯、邾婁子、杞伯，同盟于蟲牢❽。

【注釋】❶杞叔姬　魯女嫁給杞桓公者。❷仲孫蔑　魯宗族臣。見宣公九年注。❸荀秀　晉大夫。即知莊子。《左傳》秀作「首」，字通。❹穀　齊邑，《春秋》屢見，見莊公七年注。❺梁山　晉山，在今陝西省韓城市境，離黃河不遠。❻沵　古文「流」字。❼天王　指周定王瑜。在位二十一年。❽蟲牢　鄭邑，在今河南省封丘縣北。

【語譯】五年，春天，周王正月間，嫁給杞桓公的魯女叔姬回到魯國。

魯國仲孫蔑到宋國去。

夏天，魯國叔孫僑如和晉國荀秀在穀這個地方會見。

梁山崩塌了。梁山是什麼地方呢？是黃河邊上的一座山。梁山崩塌了為什麼記載呢？是為了記載災異。是怎樣的災異呢？是大災異。怎樣大呢？梁山崩塌了，阻塞黃河，使河水三天不流。魯國以外地方的災異，依例不作記載，這裡為什麼記載呢？是為了記載天下所發生的災異的事情。

秋天，魯國發大水。

冬天，十一月己酉這天，周定王死了。

十二月己丑這天，魯成公和晉侯、齊侯、宋公、衛侯、鄭伯、曹伯、邾婁子、杞伯會見，共同在蟲牢這個地方結盟。

【說　明】本年《春秋》書記十一事，二事有傳。「二月辛巳，立武宮」條，傳以武宮為魯武公廟，並以「立」字為義。認為言「立」是表示不應當立，因為建立武公廟不合禮制。同月「取鄟」條，傳以鄟為邾婁城邑，說經不把它連屬於邾婁，是避諱魯國不講信義，急切佔領了鄰國的城邑。

成公六年

六年，春，王正月，公至自會。

二月辛巳，立武宮❶。武宮者何？武公之宮也。立者何？立者不宜立也。立武宮，非禮也。

取鄟❷。鄟者何？邾婁之邑也。曷為不繫于邾婁？諱亟也。

衛孫良夫率師侵宋。

夏，六月，邾婁子來朝。

公孫嬰齊❸如晉。

壬申，鄭伯費❹卒。

秋，仲孫蔑、叔孫僑如率師侵宋。

楚公子嬰齊❺率師伐鄭。

冬，季孫行父如晉。

晉欒書❻率師侵鄭❼。

【注　釋】❶武宮　杜預認為是築軍營以彰武功，與《公羊傳》釋武宮為魯武公廟義異。❷鄟　國名。在今山東省郯城縣東北。《公羊傳》認為是邾婁國城邑。❸公孫嬰齊　亦稱子叔聲伯、子叔嬰齊。參見成公二年注。❹鄭伯費　鄭悼公，名費。鄭襄公的兒子，在位二年。❺公子嬰齊　見成公二年注。❻欒書　晉大夫。即欒武子。初為下軍佐，後升為中軍元帥，代郤克執政。❼侵鄭　鄭已於上年蟲牢之盟服晉，所以楚伐鄭而晉要出兵相救。侵，當從《左傳》、《穀梁傳》經作「救」。

【語　譯】六年，春天，周王正月間，魯成公從與各國諸侯會盟的地方回到魯國都城。

二月辛巳這天，立武宮。武宮是什麼呢？是魯武公的廟。立是什麼意思？說立就表示不應當立。設立武公的廟是不合禮制的。

魯國佔領了鄟地。鄟是什麼地方？是邾婁國的一個城邑。為什麼不連屬於邾婁國呢？因為上年剛與邾婁子結盟，不到半年就佔領鄟邑，避諱魯國過於急切了。

衛國孫良夫率領軍隊入侵宋國。

夏天，六月間，邾婁子來魯國朝見。

魯國公孫嬰齊到晉國去。

壬申這天，鄭君費死了。

秋天，魯國仲孫蔑和叔孫僑如率領軍隊入侵宋國。

楚國公子嬰齊率領軍隊討伐鄭國。

冬天，魯國季孫行父到晉國去。

晉國欒書率領軍隊救助鄭國。

成公七年

【說明】本年《春秋》書記十一事，《公羊傳》均無說解。

七年，春，王正月，鼷鼠❶食郊牛角。改卜牛，鼷鼠又食其角，乃免牛。

吳伐郯❷。

夏，五月，曹伯來朝。

不郊，猶三望❸。

秋，楚公子嬰齊率師伐鄭。

公會晉侯、齊侯、宋公、衛侯、曹伯、莒子、邾婁子、杞伯救鄭。

八月戊辰，同盟于馬陵❹。

公至自會。

吳入州來❺。

冬，大雩。

衛孫林父❻出奔晉。

【注釋】❶鼷鼠　鼠類中最小的一種，專門吃人及牛馬等皮膚。❷郯　國名。己姓，在今山東省郯城縣北偏西。❸三望　見僖公三十一年注。❹馬陵　衛邑，在今河北省大名縣東。❺州來　國名。都上蔡，後遷新蔡，終遷州來。在今安徽省鳳臺縣。❻孫林父　衛大夫。即孫文子，亦稱孫子。

【語譯】七年，春天，周王正月間，鼷鼠咬傷了祭天用的牛的角，改換占卜用的牛，鼷鼠又咬傷了牠的角，只得免掉用牛，不舉行郊祭。

吳國討伐郯國。

夏天，五月間，曹伯來魯國朝見。

不舉行祭天禮典，但是仍然三次遙望祭祀山川。

秋天，楚國公子嬰齊率領軍隊討伐鄭國。

魯成公會同晉侯、齊侯、宋公、衛侯、曹伯、莒子、邾婁子、杞伯救助鄭國。

八月戊辰這天，魯成公和各國諸侯在馬陵這個地方共同結盟。

魯成公從會盟的地方回到魯國都城。

吳國侵入州來國。

冬天，魯國舉行盛大的求雨祭祀。

衛國孫林父逃亡到晉國。

成公八年

【說明】本年《春秋》記載十一事，四事有傳。「春，晉侯使韓穿來言汶陽之田歸之于齊」條，按成公二年魯取齊國汶陽之田，此言歸田於齊事。傳以「來言」為義，認為來言是自諱魯國受晉國脅迫歸還齊田的內辭，說齊頃公自鞌戰大敗後，弔死視疾，七年來酒肉不沾，得到晉侯的同情，所以晉侯脅我歸還敗齊後所佔的齊國的田地。「夏，宋公使公孫壽來納幣」條，傳以為納幣是常禮，依例不書，今書納幣事，是為了推重魯伯姬守禮而死的操行，所以記錄有關她的事情。與下經「衛人來媵」以及九年「夏，季孫行父如宋致女」、「晉人來媵」條傳義同。「秋，七月，天子使召伯來錫公命」條，傳從「天子」立義，認為經於新君即位改元第一年說「春，王正月」，這裡書「王」，是正規的稱呼，至於其他場合，「天子」、「王」、「天王」等可以通用。

八年，春，晉侯使韓穿[1]來言汶陽之田歸之于齊。來言者何？內辭也，脅我使我歸之也。曷為使我歸之？鞌之戰，齊師大敗，齊侯歸，弔死視疾，七年不飲酒、不食肉。晉侯聞之曰：「嘻！奈何使人之君七年不飲酒、不食肉？請皆反其所取侵地。」

晉欒書帥師侵蔡。

公孫嬰齊如莒。

宋公使華元來聘。

夏，宋公使公孫壽❷來納幣❸。納幣不書，此何以書？錄伯姬也。

晉殺其大夫趙同、趙括❹。

秋，七月，天子使召伯來錫公命。其稱天子何？元年春王正月，正也，其餘皆通矣。

冬，十月癸卯，杞叔姬❺卒。

晉侯使士燮❻來聘。

叔孫僑如會晉士燮、齊人、邾婁人伐郯。

衛人來媵。媵不書，此何以書？錄伯姬也。

【注釋】❶韓穿　晉臣。字與謚不詳，宣公十二年邲之戰時，為晉上軍大夫。❷公孫壽　宋大夫。司城蕩的兒子。❸納幣　見莊公二十二年注。❹趙同趙括　兩人都是晉大夫。趙同，即原同，亦稱原叔。趙括，即屏括，亦稱屏季。邲之戰時，同為下軍大夫，括為中軍大夫。❺杞叔姬　她於成公五年被休棄回魯，今年死在魯國。❻士燮　晉大夫。即范文子，亦稱范叔。成公二年鞌之戰時為晉上軍佐。

【語譯】八年，春天，晉侯差遣韓穿來言把汶水北面的土地歸還給齊國。來言是什麼意思？這是魯國用的文辭，實在是晉國威脅我國讓我們歸還給齊國。為什麼讓我們歸還給齊國呢？因為在鞌地的這場戰爭，齊國軍隊大敗，齊侯回到齊國，弔唁戰死的人、看望受傷的人，七年不喝酒、不吃肉。晉侯聽到這件事後說：「唉！怎麼能讓人家的君主七年不喝酒、不吃肉呢？請各國都把侵佔齊國的土地歸還給他們。」

晉國欒書率領軍隊入侵蔡國。

魯國公孫嬰齊到莒國去。

宋公差遣華元來魯國聘問。

夏天，宋公派公孫壽來魯國送訂婚聘禮。送訂婚聘禮的事情依例不作記載，這裡為什麼記載呢？是為了推重魯伯姬守禮而死的操行，而記錄有關她的事情。

晉國殺了它的大夫趙同、趙括。

秋天，七月間，周天子差遣召伯來魯國賜給魯成公命爵制服。這裡稱天子是為什麼呢？新即位的天子，更改紀元第一年春天說周王正月，這裡稱「王」是正規的用法，在其他時候「天子」、「王」、「天王」等都可以通用。

冬天，十月癸卯這天，杞國夫人叔姬死了。

晉侯差遣士燮來魯國聘問。

魯國叔孫僑如會同晉國士燮、齊國人、邾婁國人討伐郯國。

衛國人派女子來做魯伯姬陪嫁的媵妾。送陪嫁媵妾的事情依例不作記載，這裡為什麼記載呢？是為了推重她守禮而死的操行，記錄有關她的事情。

成公九年

【說明】本年《春秋》書記十五事，三事有傳。「春，王正月」條，傳認為經書「杞伯來逆叔姬之喪」，是魯國自諱的文辭，事實上是我威脅杞伯讓他來魯逆叔姬之喪。「夏，季孫行父如宋致女」、「晉人來媵」兩條，都是記錄有關魯伯姬的事，「致女」和「來媵」之義已見上年「宋公使公孫壽來納幣」條。

九年，春，王正月，杞伯來逆叔姬之喪以歸。杞伯曷為來逆叔姬之喪以歸？內辭也，脅而歸之也。

公會晉侯、齊侯、宋公、衛侯、鄭伯、曹伯、莒子、杞伯，同盟于蒲❶。

公至自會。

二月，伯姬❷歸于宋。

夏，季孫行父如宋致女❸。未有言致女者，此其言致女何？錄伯姬也。

晉人來媵。媵不書，此何以書？錄伯姬也。

秋，七月丙子，齊侯無野❹卒。

晉人執鄭伯。

晉欒書帥師伐鄭。

冬，十有一月，葬齊頃公。

楚公子嬰齊❺帥師伐莒。庚申，莒潰。

楚人入運❻。

秦人、白狄❼伐晉。

鄭人圍許。

城中城❽。

【注　釋】❶蒲　見桓公三年注。❷伯姬　宋伯姬，亦稱共姬。魯女嫁於宋者。❸致女　國君嫁女三月以後，派遣大夫前往進行聘問的一種禮式。❹齊侯無野　見成公二年注。❺公子嬰齊　見成公二年注。❻運　此為魯東運，見文公十二年注。❼白狄　見宣公八年注。❽中城　當指魯都曲阜的內城。

【語　譯】九年，春天，周王正月間，杞伯來魯國接運夫人叔姬的靈柩回杞國。杞伯為什麼來接運夫人叔姬的靈柩回杞國呢？這是魯國自諱的文辭，實在是我國威脅杞伯，讓他把叔姬的靈柩接運回杞國的。

魯成公和晉侯、齊侯、宋公、衛侯、鄭伯、曹伯、莒子、杞伯會見，共同在蒲這個地方結盟。

魯成公從會盟的地方回到魯國都城。

二月間，魯伯姬嫁到宋國。

夏天，魯國季孫行父到宋國隨加聘問以成婦禮。《春秋》沒有記載過隨加聘問以成婦禮的事，這裡說隨加聘問以成婦禮是為什麼呢？是為了推重伯姬守禮而死的操行，記錄有關她的事情。

晉國人派女子來做魯伯姬陪嫁的媵妾。送陪嫁媵妾的事情依例不作記載，這裡為什麼記載呢？是為了推重伯姬守禮而死行的操行，記錄有關她的事情。

秋天，七月丙子這天，齊君無野死了。

晉國人捕捉了鄭伯。

晉國欒書率領軍隊討伐鄭國。

冬天，十一月間，葬了齊頃公。

楚國公子嬰齊率領軍隊討伐莒國。庚申這天，莒國百姓潰散。

楚國人佔領了魯國的東運邑。

秦國人和白狄人討伐晉國。
鄭國人包圍了許國都城。
魯國修築國都的內城。

成公十年

【說明】本年《春秋》記載六事，另書「秋，七月」表明時序，有傳的二事。「夏，四月，五卜郊不從，乃不郊」條，按：僖公三十一年經有「四卜郊不從，乃免牲」的記載，傳以「乃免牲」是不郊，而這裡書「乃不郊」只是不郊，而不免牲。這是對經文的含義所作的解釋。至於五月「齊人來媵」條，按：合前經「衛人來媵」、「晉人來媵」，至此已有三國送來陪嫁伯姬的媵女，傳認為三國來媵不合於禮，而都以「錄伯姬」為說辭，是顯示伯姬的寬容大度，不嫉妒。

十年，春，衛侯之弟黑背❶率師侵鄭。

夏，四月，五卜郊不從，乃不郊。其言乃不郊何？不免牲，故言乃不郊也。

五月，公會晉侯、齊侯、宋公、衛侯、曹伯伐鄭。

齊人來媵。媵不書，此何以書？錄伯姬也。三國來媵，非禮也。曷為皆以錄伯姬之辭言之？婦人以眾多為侈也。

丙午，晉侯獳❷卒。

秋，七月。

公如晉。

【注釋】❶黑背　衛穆公的兒子，定公的弟弟。以子叔為氏，亦稱子叔黑背。❷晉侯獳　晉景公，名獳。晉成公的兒子，在位十九年。《史記》獳作「據」。

【語譯】十年，春天，衛侯的弟弟黑背率領軍隊入侵鄭國。

夏天，四月間，五次占卜郊祭的日期都不吉利，就不舉行郊祭。這裡說就不舉行郊祭是什麼意思？因為並不免掉郊祭用的牛牲，所以說就不舉行郊祭了。

五月間，魯成公會同晉侯、齊侯、宋公、衛侯、曹伯討伐鄭國。

齊國人派女子來做魯伯姬陪嫁的媵妾。送陪嫁媵妾的事情依例不作記載，這裡為什麼記載呢？是為了推重伯姬守禮而死的操行，記錄有關她的事情。三個國家送來媵女是不合禮的，為什麼都用記錄伯姬的事情為說辭呢？婦人因為媵妾眾多而顯示她的寬容大度，不嫉妒。

丙午這天，晉君獳死了。

秋天，七月。

魯成公到晉國去。

卷一八 成公下

成公十有一年

【說明】本年《春秋》記載四事，另書「冬，十月」表明時序，《公羊傳》均未作說解。

十有一年，春，王三月，公至自晉。

晉侯使郤州❶來聘。己丑，及郤州盟。

夏，季孫行父如晉。

秋，叔孫僑如如齊。

冬，十月。

【注釋】❶郤州　晉卿。即苦成叔。食邑於苦，謚成，字叔。《左傳》州作「犨」，音近字通。

【語譯】十一年，春天，周王三月間，魯成公從晉國回到魯國都城。晉侯差遣郤州來魯國聘問。己丑這天，魯國和郤州會盟。

夏天，魯國季孫行父到晉國去。

秋天，魯國叔孫僑如到齊國去。

冬天，十月。

成公十有二年

【說　明】本年《春秋》於春、夏、秋三季各書一事，另書「冬，十月」表明時序，「春，周公出奔晉」一事有傳。傳以周公是輔佐天子的三公之一，認為普天之下都是王土，王是沒有外的，經言「出」者，是因為周公從他自己私邑出奔的原故。

十有二年，春，周公❶出奔晉。周公者何？天子之三公❷也。王者無外，此其言出何？自其私土而出也。

夏，公會晉侯、衛侯于沙澤❸。

秋，晉人敗狄于交剛❹。

冬，十月。

【注　釋】❶周公　周王室臣。即周公楚。周公閱的後代。❷三公　周代以太師、太傅、太保為三公，是周王朝最高的長官。❸沙澤　當為晉邑，在今河北省涉縣。《左傳》沙作「瑣」，字通。❹交剛　晉地，當在今山西省隰縣南。

【語　譯】十二年，春天，周公出逃到晉國。周公是什麼人？是周天子三公中的一位。天下全是周王所有，他的地域是沒有外的，這裡說周公出逃是為什麼呢？因為他是從自己的封邑內出逃的。

夏天，魯成公和晉侯、衛侯在沙澤這個地方會見。

秋天，晉國人在交剛這個地方戰敗狄人。

冬天，十月。

成公十有三年

【說明】本年《春秋》記載六事，「夏，五月，公自京師，遂會晉侯等伐秦」條有傳。按：這條接上經「三月，公如京師」而言事，三月間成公去京師，本是往會各國諸侯伐秦，此經書「公自京師」，傳的解釋是「公鑿行也」。鑿有鑿空、空隙義，即是說成公趁伐秦的空隙朝覲天子，因為不敢路過京師而不上朝。

十有三年，春，晉侯使郤錡❶來乞師。

三月，公如京師。

夏，五月，公自京師，遂會晉侯、齊侯、宋公、衛侯、鄭伯、曹伯、邾婁人、滕人伐秦。其言自京師何？公鑿行❷也。公鑿行奈何？不敢過天子也。

曹伯廬❸卒于師。

秋，七月，公至自伐秦。

冬，葬曹宣公。

【注釋】❶郤錡　晉卿。即駒伯，亦稱郤子。此時欒書為晉中軍元帥，郤錡為上軍佐，輔佐上軍元帥士燮，敗秦軍於麻隧。❷釁行　趁此空隙而行他事。釁，釁空；空隙。一說謂改道而行。釁，更改。❸曹伯廬　曹宣公，名廬。繼曹文公而立，在位十七年。

【語譯】十三年，春天，晉侯差遣郤錡來魯國請求出兵援助。

三月間，魯成公到周京城去。

夏天，五月間，魯成公自京師，於是會同晉侯、齊侯、宋公、衛侯、鄭伯、曹伯、邾婁國人、滕國人討伐秦國。這裡說自京師是什麼意思？是趁伐秦的空隙而朝見天子。魯成公趁伐秦的空隙朝見天子是為什麼呢？因為不敢路過京城而不朝見天子。

曹君廬死在軍隊中。

秋天，七月間，魯成公從討伐秦國的駐地回到魯國都城。

冬天，葬了曹宣公。

【說明】本年《春秋》書記七事，《公羊傳》均未作說解。

成公十有四年

十有四年，春，王正月，莒子朱❶卒。

夏，衛孫林父❷自晉歸于衛。

秋，叔孫僑如如齊逆女。

鄭公子喜❸率師伐許。

九月，僑如以夫人婦姜氏❹至自齊。

冬，十月庚寅，衛侯臧❺卒。

秦伯❻卒。

【注　釋】❶莒子朱　莒渠丘公。以渠丘地名為號，名季佗。在位三十二年。子黎比公繼位。❷孫林父　見成公七年注。❸公子喜　鄭穆公的兒子。名喜，字子罕。❹姜氏　即齊姜。魯成公夫人。❺衛侯臧　衛定公，名臧。繼穆公為君，在位十二年。❻秦伯　指秦桓公榮。秦共公的兒子，在位二十八年。

【語　譯】十四年，春天，周王正月間，莒君朱死了。

夏天，衛國孫林父從晉國回到衛國。

秋天，魯國叔孫僑如到齊國去迎接魯成公夫人。

鄭國公子喜率領軍隊討伐許國。

九月間，叔孫僑如陪同成公夫人婦姜從齊國回到魯國都城。

冬天，十月庚寅這天，衛君臧死了。

秦桓公死了。

成公十有五年

【說　明】本年《春秋》書記十三事，二事有傳。「三月乙巳，仲嬰齊卒」條，傳以仲嬰齊即公孫嬰齊，說經稱仲嬰齊，是因為他做了哥哥歸父的後代。做別人的後代就是做人家的兒子，這樣，歸父父親仲遂就成了嬰齊的祖父，而孫以祖父的字為氏，所以稱他為仲嬰齊。傳文中，還追記了仲遂弒子赤而立宣公，及仲遂和宣公死，臧宣叔輔佐幼君追究仲遂弒子赤之罪而遣歸父之家，迫使歸父於宣公十八年由檉奔齊的一段史事，來表明嬰齊為歸父之後的原委。「冬，十有一月，叔孫僑如會晉士燮等會吳于鍾離」條，按：經於此兩言「會」，先記魯叔孫僑如會各國諸侯大夫，後記會吳。傳認為這是表明經以中原各國為內，以吳為外。傳還對《春秋》內、外之義作了解析。

十有五年，春，王二月，葬衛定公。

三月乙巳，仲嬰齊❶卒。仲嬰齊者何？公孫嬰齊也。公孫嬰齊則曷為謂之仲嬰齊？為兄後也。為兄後則曷為謂之仲嬰齊？為人後者為之子也。為人後者為其子，則其稱仲何？孫以王父字為氏也。然則嬰齊孰後？後歸父❷也。歸父使于晉而未反，何以後之？叔仲惠伯❸傅子赤者也，文公死，子幼，公子遂謂叔仲惠伯曰：「君幼如之何？願與子慮之。」叔仲惠伯曰：「吾子相之，老夫抱之，何幼君之有？」公子遂知其不可與謀，退而殺叔仲惠伯，弒子赤❹而立宣公。宣公死，成公幼，臧宣叔❺者，相也。君死不哭，聚諸大夫而問焉曰：「昔者叔仲惠伯之事，孰為之？」諸大夫皆雜然曰：「仲氏也，其然乎？」於是遣歸父之家，然後哭君，歸父使乎晉，還自晉，至檉，聞君薨家遣，墠帷哭君成踊，反命于介，自是走之齊⑥。魯人徐⑦傷歸父之無後也，於是使嬰齊後之也。

癸丑，公會晉侯、衛侯、鄭伯、曹伯、宋世子成⑧、齊國佐、邾婁人同盟于戚⑨。晉侯執曹伯歸之于京師。

公至自會。

夏，六月，宋公固⑩卒。

楚子伐鄭。

秋，八月庚辰，葬宋共公。

宋華元出奔晉。

宋華元自晉歸于宋。

宋殺其大夫山⑪。

宋魚石⑫出奔楚。

冬，十有一月，叔孫僑如會晉士燮、齊高無咎⑬、宋華元、衛孫林父、鄭公子鰌⑭、邾婁人會吳于鍾離⑮。曷為殊會吳？外吳也。曷為外也？《春秋》內其國而外諸夏，內諸夏而外夷狄。王者欲一乎天下，曷為以外內之辭言之？言自近者始也。

許遷于葉⑯。

【注釋】❶仲嬰齊　即公孫嬰齊。見成公二年注。❷歸父　即公孫歸父。見宣公十年注。❸叔仲惠伯　魯宗族臣。即叔彭生。❹子赤　見文公十八年注。❺臧宣叔　即臧孫許。見成公元年注。❻歸父使乎晉七句　已見宣公十八年傳。❼徐　皆；都。❽世子成　即宋平公成。此時他尚為太子，代替父親共公參加會盟。❾戚　衛邑。見文公元年注。❿宋公固　宋共公，名固。宋文公的兒子，在位十三年。《史記》固作「瑕」。⓫山　宋司馬子山。亦稱蕩澤，公孫壽的孫子。⓬魚石　宋宗室。公子目夷司馬子魚的後人。⓭高無咎　齊臣。食邑於盧。成公十七年被逐奔莒，其子高弱據盧叛齊。⓮公子鰌　鄭國公子，《春秋》僅一見。⓯鍾離　吳邑，在今安徽省鳳陽縣東偏北。⓰葉　在今河南省葉縣南。楚公子申把許都遷到葉後，許就成了楚的附庸。

【語譯】十五年，春天，周王二月間，葬了衛定公。

三月乙巳這天，魯國仲嬰齊死了。仲嬰齊是什麼人呢？就是公孫嬰齊。既然是公孫嬰齊，那為什麼稱他為仲嬰齊呢？因為他做了哥哥的後代。做了哥哥的後代為什麼要稱為仲嬰齊呢？因為做別人的後代就是當這人的兒子。做別人的後代就是當這人的兒子，那稱仲是為什麼呢？因為孫子是以祖父的號作為氏的。那麼嬰齊是誰的後代呢？是歸父的後代。歸父出使晉國而沒有回來，為什麼做他的後代呢？叔仲惠伯是輔助太子赤的，文公死後，太子年紀幼小，公子遂對叔仲惠伯說：「新君年紀幼小，怎麼辦呢？想和您商量一下。」叔仲惠伯說：「您輔佐他，我抱扶他聽政，哪裡有什麼君幼的問題呢？」公子遂明白沒有辦法和他謀劃改立的事情，回去後就殺掉了叔仲惠伯，並弒殺了公子赤而立了宣公。等到宣公死後，成公年紀幼小，臧宣叔輔佐幼君。宣公死，臧宣叔沒有哭泣，就召集眾大夫問道：「從前叔仲惠伯被殺的事是誰幹的呢？」眾大夫都紛亂地說：「是仲氏！大概就是他吧？」於是臧宣叔就遣逐了歸父的家人，然後才哭祭宣公。公孫歸父出使晉國，從晉國回來時，到了檉這個地方，聽到魯宣公死了，自己的家人已被逐遣，於是就清掃出一塊場地，圍成帷子，捶胸頓足痛哭宣公。然後讓他的副使回國復命，自己就從這裡逃到齊國去了。魯國人都憐惜歸父沒有後代，於是就讓嬰齊做他的後代。

癸丑這天，魯成公和晉侯、衛侯、鄭伯、曹伯、宋國世子成、齊國國佐、邾婁國人會見，共同在戚這個地方結盟。晉侯逮捕了曹伯把他送到周王的京城。

魯成公從盟會的地方回到魯國都城。

夏天，六月間，宋國君主固死了。

楚子討伐鄭國。

秋天，八月庚辰這天，葬了宋共公。

宋國華元出逃到晉國。

宋國華元從晉國回到宋國。

宋國殺了它的大夫山。

宋國魚石出逃到楚國。

冬天，十一月間，魯國叔孫僑如會同晉國士燮、齊國高無咎、宋國華元、衛國孫林父、鄭國公子鰌、邾婁國人在鍾離這個地方和吳國人會見。為什麼特別另說會見吳國人呢？因為以吳國為外。為什麼以吳國為外呢？《春秋》以魯國為內時就以中原各國為外，以中原各國為內時就以夷狄之國為外。為王的人想統一天下，為什麼要用外內的言辭來表達呢？這是表示統一天下要從近處開始。

許國把都城遷到葉這個地方。

成公十有六年

【說明】本年《春秋》記事中有傳者六事。「春，王正月，雨木冰」和六月「甲午晦」，傳均以經為記異而書。「晉侯及楚子、鄭伯戰于鄢陵，楚子、鄭師敗績」條，應接上「甲午晦」，甲午晦是為鄢陵之戰書日，《左傳》經就以兩者為一。《公羊傳》經，因傳以晦為義，說晦是日冥，遂分割為二，分別作釋，並於此經從敗者稱師、今楚敗績而不稱師立義，認為楚王既被箭傷，師敗自明，就用不著再說敗了。「秋，公會晉侯等于沙隨。不見公，公至自會」條，傳以不見公是晉侯拒絕接見成公。君不被接見、大夫季孫行父又於以後的九月間被執，是國家的恥辱，而在這裡經仍按「得意致會」的書例書「公至自會」者，是因為成公年幼，並不以此為恥辱。秋「曹伯歸自京師」條，按：晉侯執曹伯於京師事，見成公十五年。今曹伯被釋回國，傳就經書曹伯不稱其名、不說他復歸於曹而立義，認為這是因為有公子喜時這樣的仁人，內治曹國，外申曹君的冤枉，一切辦理妥當，只等他的歸來，所以經用「歸自京師」的文辭，表示他回國未受到阻礙，非常容易。至於「九月，晉人執季孫行父，舍之于招丘」條，傳以為依例言「執」即不言「舍」，今經既書其被執，又書其被釋者，是推重他能代人受過、施惠於人的原故。

十有六年，春，王正月，雨木冰❶。雨木冰者何？雨而木冰也。何以書？記異也。

夏，四月辛未，滕子❷卒。

鄭公子喜❸帥師侵宋。

六月丙寅朔，日有食之。

晉侯使欒黶[4]來乞師。

甲午晦。晦者何？冥也。何以書？記異也。

晉侯及楚子、鄭伯戰于鄢陵[5]，楚子、鄭師敗績。敗者稱師，楚何以不稱師？王痍也。王痍者何？傷乎矢也。然則何以不言師敗績？末言爾。

楚殺其大夫公子側[6]。

秋，公會晉侯、齊侯、衛侯、宋華元、邾婁人于沙隨[7]。不見公，公至自會。不見公者何？公不見見也。公不見見，大夫執，何以致會？不恥也。曷為不恥？公幼也。

公會尹子[8]、晉侯、齊國佐、邾婁人伐鄭。

曹伯歸自京師。執而歸者名，曹伯何以不名？而不言復歸于曹何？易也。其易奈何？公子喜時在內也。公子喜時在內，則何以易？公子喜時者仁人也。內平其國而待之，外治諸京師而免之。其言自京師何？言甚易也，舍是無難矣。

九月，晉人執季孫行父，舍之于招丘[9]。執未可言舍之者，此其言舍之何？仁之也。曰在招丘悕[10]矣。執未有言仁之者，此其言仁之何？代公執也。其代公執奈何？前此者晉人來乞師而不與，公會晉侯將執公，季孫行父曰：「此臣之罪也。」於是執季孫行父。成公將會厲公⑪，會不當期，將執公。季孫行父曰：「臣有罪，執其君；子有罪，執其父；此聽失⑫之大者也。今此臣之罪也，舍臣之身，而執臣之君，吾恐聽失之為宗廟羞也。」於是執季孫行父。

冬，十月乙亥，叔孫僑如出奔齊。

十有二月乙丑，季孫行父及晉郤州⑬盟于扈⑭。

公至自會。

乙酉，刺公子偃⑮。

【注釋】❶雨木冰　雨水落在樹木條幹上，因寒冷而凍結成冰。❷滕子　指滕文公。滕昭公的兒子。❸公子喜　見成公十四年注。❹欒黶　晉大夫。即欒桓子，亦稱欒伯。❺鄢陵　即隱公元年「鄭伯克段于鄢」的鄢，見該注。❻公子側　楚宗室。即子反。楚、晉鄢陵之戰，子反為楚中軍元帥，兵敗，謝罪而死。❼沙隨　宋邑，在今河南省寧陵縣北。❽尹子　周王室大臣。即尹武公。❾招丘　晉地，確址不詳。《左傳》招作「苕」，字通。❿悕　悲傷。⓫厲公　指晉厲公。繼景公而立，在位八年。死於成公十八年。⓬聽失　判案錯誤。聽，斷獄；判案。⓭郤州　見成公十一年注。⓮扈　鄭邑。見文公七年注。⓯公子偃　魯成公的庶弟。因謀代成公而立被殺。

【語譯】十六年，春天，周王正月間，雨木冰。雨木冰是什麼意思？天下雨，樹木的枝幹全部凍結成冰。為什麼記載這件事？這是記載奇異的事情。

夏天，四月辛未這天，滕文公死了。

鄭國公子喜率領軍隊入侵宋國。

六月丙寅初一這天，魯國發生日食。

晉侯派遣欒黶來魯國請求出兵援助。

甲午這天，晦。晦是什麼意思？是說天空昏暗。為什麼記載這件事？這是記載奇異的現象。

晉侯和楚子、鄭伯在鄢陵這個地方作戰，楚子和鄭國軍隊潰敗。打了敗仗稱軍隊，楚國為什麼不稱軍隊呢？因為楚王受了傷。楚王受了什麼傷？受的是箭傷。為什麼不說軍隊潰敗呢？楚王既已受傷，軍隊潰敗就不必說了。

楚國殺了它的大夫公子側。

秋天，魯成公和晉侯、齊侯、衛侯、宋國華元、邾婁國人在沙隨這個地方會見。不見公，魯成公從會見的地方回到魯國。不見公是什麼意思？是說魯成公沒有被晉侯接見。成公沒有被接見，魯大夫又被晉侯捕捉，為什麼還要說成公從會見的地方回到魯國呢？因為不認為這是恥辱。為什麼不認為是恥辱呢？因為成公年紀幼小。

魯成公會同尹子、晉侯、齊國國佐、邾婁國人討伐鄭國。

曹伯自京師回到曹國。被捕捉後回國者應該記載這個人的名字，這裡為什麼不記上曹伯的名字呢？並且不說他又回到了曹國是為什麼呢？因為容易。怎樣容易呢？因為公子喜時在曹國國內。公子喜時在曹國國內為什麼就容易呢？因為公子喜時是有仁德的人。在國內安定民心等待曹君，在國外周王都城裡為曹伯伸冤，使他免除了處罰。這裡說自京師是什麼意思？是表示非常容易。除此以外就沒有什麼危難的事了。

九月間，晉國人捕捉了曹國的季孫行父，在招丘這個地方把他釋放了。捕捉了人依例不可以同時又說釋放了，這裡說釋放了是為什麼呢？是認為他能施惠於人。說他在招丘是可悲的。捕捉了人沒有說這人能施惠於人的，這裡說他施惠於人是為什麼呢？因為他代替魯成公而被捕捉。他是怎樣代替成公被捕捉呢？在這以前，晉國人來魯國請求出兵而被魯國拒絕，成公參加會盟時，晉侯準備捕捉成公，季孫行父說：「這是我的罪過。」於是就捕捉了季孫行父。成公即將和晉厲公會見，沒能按照約定的時間到會，晉厲公準備捕捉成公。季孫行父說：「臣子有罪，捕捉他的君王；兒子有罪，捕捉他的父親；這是判決訟案的最大失誤。現在這件事是我的罪過，放過我本人，卻捕捉我的君主，我恐怕這樣的判斷失誤會成為國家宗廟的羞辱。」於是就捕捉了季孫行父。

冬天，十月乙亥這天，魯國叔孫僑如出逃到齊國。

十二月乙丑這天，季孫行父和晉國郤州在扈這個地方會盟。

魯成公從與諸侯會見的地方回到魯國都城。

乙酉這天，魯國刺殺了公子偃。

【說　明】本年《春秋》記載十四事，二事有傳。「九月辛丑，用郊」條，傳以「用」字為義，認為用有二義，一義是行的意思，謂九月行郊祭不合於禮，郊天當於正月上辛日舉行，因以用為不應當用。另一義是先享后稷然後祭天。十一月「壬申，公孫嬰齊卒于貍軫」條，經把嬰齊的死繫於十一月，但十一月無壬申日，傳的說法是嬰齊並不是死於這月，而是上月壬申，經繫於十一月，是因為要等到魯君回國答應命他為大夫後，才補書於此的原故。

成公十有七年

十有七年，春，衛北宮結[1]率師侵鄭。

夏，公會尹子、單子[2]、晉侯、齊侯、宋公、衛侯、曹伯、邾婁人伐鄭。

六月乙酉，同盟于柯陵❸。

秋，公至自會。

齊高無咎出奔莒。

九月辛丑，用郊。用者何？用者不宜用也，九月非所用郊也。然則郊曷用？郊用正月上辛，或曰用然後郊❹。

晉侯使荀罃❺來乞師。

冬，公會單子、晉侯、宋公、衛侯、曹伯、齊人、邾婁人伐鄭。

十有一月，公至自伐鄭。

壬申，公孫嬰齊卒于貍軫❻。非此月日也，曷為以此月日卒之？待君命然後卒大夫。曷為待君命然後卒大夫？前此者，嬰齊走之晉，公會晉侯，將執公。嬰齊為公請，公許之反為大夫，歸至于貍軫而卒。無君命不敢卒大夫，公至，曰：「吾固許之反為大夫。」然後卒之。

十有二月丁巳朔，日有食之。

邾婁子貜且❼卒。

晉殺其大夫郤錡、郤州、郤至❽。

楚人滅舒庸❾。

【注釋】❶北宮結　結又見於定公七年和十四年，距此已逾七十年，以此時北宮結二十歲計算，到定公十四年已九十八歲，不可能再有奔魯的事。此當從《左傳》經作「北宮括」，即北宮懿子。❷單子　周王室大臣。即單襄公。❸柯陵　鄭邑，在今河南省臨潁縣北。❹用然後郊　先享后稷，然後祭天。何休說：「用者，先有事存后稷神也。」這是用的又一義。❺荀罃　晉大夫。即知武子，亦稱知伯。字子羽，知莊子的兒子。❻貍軫　魯邑，在今山東省曲阜市西南。《左傳》軫作「脤」，字通。❼邾婁子貜且　邾婁定公，名貜且。在位四十年，其子牼繼立，為宣公。《左傳》作「邾子貜且」。❽郤錡郤州郤至　世稱三郤。郤錡，見成公十三年注。郤州，見成公十一年注。郤至，晉卿。即季子，亦稱溫季。鄢陵之戰，晉厲公用郤至之謀，大勝楚軍。歸晉後，欲立左右寵信的人，聽從胥童的話，發難攻殺了三郤。❾舒庸　國名。舒有舒庸、舒蓼、舒鳩、舒龍、舒鮑、舒龔六稱。舒庸為群舒之一。參見僖公三年注。

【語譯】十七年，春天，衛國北宮結率領軍隊入侵鄭國。

夏天，魯成公會同尹子、單子、晉侯、齊侯、宋公、衛侯、曹伯、邾婁人討伐鄭國。

六月乙酉這天，魯成公和尹子等共同在柯陵這個地方會盟。

秋天，魯成公從會盟的地方回到魯國都城。

齊國高無咎出逃到莒國。

九月辛丑這天，用郊祭。用是什麼意思？用是表示不應該用，九月不是舉行郊祭的時候。那麼郊祭應在什麼時候舉行呢？郊祭應該在正月第一個辛日那天舉行。有人說指的是先享后稷，然後才祭天。

晉侯派遣荀罃來魯國請求出兵援助。

冬天，魯成公會同單子、晉侯、宋公、衛侯、曹伯、齊國人、邾婁國人討伐鄭國。

十一月間，魯成公從討伐鄭國的駐地回到魯國都城。

壬申這天，公孫嬰齊死在貍軫這個地方。他並不是死在十一月壬申這天，為什麼記載他死在這個月日呢？

因為要等待君王命令下來才能記載大夫死亡。為什麼要等待君王命令下來才能記載大夫死亡呢？因為在這以前，公孫嬰齊逃到晉國，魯成公會見晉侯，晉侯準備捕捉成公。公孫嬰齊替成公說情，為此，成公答應他讓他回國當大夫。他在回國時到了貍軫這個地方就死了。沒有接到君王的命令，史官不敢記載大夫死亡，等到成公回來，說：「我本來已經答應了他，讓他回國當大夫。」於是這才記載了公孫嬰齊的死。

十二月丁巳初一這天，魯國發生日食。

邾婁國君貜且死了。

晉國殺了它的大夫郤錡、郤州、郤至。

楚國滅掉了舒庸國。

成公十有八年

【說　明】本年《春秋》記載十六事，八月「築鹿囿」一事有傳。認為經書記此事，是譏責魯國已有苑囿，還要再建新苑。

十有八年，春，王正月，晉殺其大夫胥童❶。

庚申，晉弒其君州蒲❷。

齊殺其大夫國佐。

公如晉。

夏，楚子、鄭伯伐宋。

宋魚石復入于彭城❸。

公至自晉。

晉侯使士匄❹來聘。

秋，杞伯來朝。

八月，邾婁子來朝。

築鹿囿。何以書？譏。何譏爾？有囿矣，又為也。

己丑，公薨于路寢。

冬，楚人、鄭人侵宋。

晉侯使士彭❺來乞師。

十有二月，仲孫蔑會晉侯、宋公、衛侯、邾婁子、齊崔杼❻同盟于虛朾❼。

丁未，葬我君成公。

【注釋】❶胥童　晉卿。他引導厲公誅殺三郤，被欒書、中行偃殺死。❷州蒲　晉厲公，名州蒲。在位七年。被欒書、中行偃派程滑弒殺。❸彭城　宋邑。在今江蘇省徐州市。❹士匄　晉臣，即范宣子，亦稱范匄。范文子（士燮）的兒子。此時年紀尚輕，後執掌國政。❺士彭　晉悼公命為卿。《左傳》彭作「魴」。古音近，字通。❻崔杼　齊卿。即崔武子，亦稱崔子。

❼虛朾　宋邑。即桓公十二年的「郯」，《左傳》作「虛」。見該注。

【語　譯】十八年，春天，周王正月間，晉國殺了它的大夫胥童。

庚申這天，晉國弒殺了它的君主州蒲。

齊國殺了它的大夫國佐。

魯成公到晉國去。

夏天，楚子、鄭伯討伐宋國。

宋國魚石又進入彭城。

魯成公從晉國回到魯國都城。

晉侯差遣士匄來魯國聘問。

秋天，杞伯來魯國朝見。

八月間，邾婁子來魯國朝見。

魯國在鹿地修建苑囿。為什麼記載這件事？是譏諷。為什麼譏諷？因為已經有了苑囿，還要再建造一所。

己丑這天，魯成公死在正廳裡。

冬天，楚國人、鄭國人入侵宋國。

晉侯派遣士彭來魯國請求出兵援助。

十二月，魯國仲孫蔑和晉侯、宋公、衛侯、邾婁子、齊國崔杼會見，共同在虛朾這個地方結盟。

丁未這天，葬了我魯國國君成公。

卷一九 襄公上

襄公元年

【說明】本年《春秋》記載九事，有傳者「仲孫蔑會晉欒黶等圍宋彭城」一事。傳以經書「宋彭城」為義，認為宋華元參與諸侯圍宋彭城的原因，是因為宋魚石奔楚，楚為魚石伐宋取彭城，此時彭城已被楚奪取並封給了魚石，所以華元參與了為宋誅伐魚石而包圍彭城的軍事行動。既然彭城已被楚奪取，經仍繫之於宋者，傳以為這是不贊成諸侯有擅自封賜的權力。

元年，春，王正月，公[1]即位。

仲孫蔑會晉欒黶[2]、宋華元、衛甯殖[3]、曹人、莒人、邾婁人、滕人、薛人圍宋彭城[4]。宋華元曷為與諸侯圍宋彭城？為宋誅也。其為宋誅奈何？魚石走之楚，楚為之伐宋取彭城以封魚石。魚石之罪奈何？以入是為罪也。楚已取之矣，曷為繫之宋？不與諸侯專封也。

夏，晉韓屈❺帥師伐鄭。

仲孫蔑會齊崔杼、曹人、邾婁人、杞人，次于合❻。

秋，楚公子王夫❼帥師侵宋。

九月辛酉，天王❽崩。

邾婁子來朝。

冬，衛侯使公孫剽❾來聘。

晉侯使荀罃❿來聘。

【注釋】❶公　指魯襄公。名午，成公的兒子，母定姒。在位三十一年。❷欒黶　晉臣。見成公十六年注。❸甯殖　衛臣。即甯惠子，亦稱甯子。❹彭城　見上年注。❺韓屈　晉大夫。即韓獻子。《左傳》、《穀梁傳》屈作「厥」，古音近，字通。❻合　合字誤，當從《左傳》作「鄫」。鄫邑，在今河南省睢縣東南。❼公子王夫　楚宗室。即子辛。曾為右尹、令尹。❽天王　指周簡王夷。周定王的兒子，在位十四年。❾公孫剽　即衛殤公。西元前五五八年繼獻公而立。他是衛穆公的孫子，子叔黑背的兒子。❿荀罃　見成公十七年注。

【語譯】元年，春天，周王正月，魯襄公即位為君。

魯國仲孫蔑會同晉國欒黶、宋國華元、衛國甯殖、曹國人、莒國人、邾婁國人、滕國人、薛國人包圍了宋國的彭城。宋國華元為什麼與各國諸侯包圍宋國彭城呢？是為宋國來誅討的。為宋國來誅討是怎麼回事呢？因為魚石逃跑到楚國，楚國為他而討伐宋國，奪取了彭城封給魚石。魚石的罪是什麼呢？進入彭城，這就是他的罪。楚國已經奪取了彭城，為什麼還要把彭城繫屬於宋國呢？因為不贊成諸侯有擅自封賜的權力。

夏天，晉國韓屈率領軍隊討伐鄭國。

魯國仲孫蔑會合齊國崔杼、曹國人、邾婁國人、杞國人，把軍隊停留在合這個地方。

秋天，楚國公子王夫率領軍隊入侵宋國。

九月辛酉這天，周王夷死了。

邾婁子來魯國朝見。

冬天，衛侯差遣公孫剽來魯國聘問。

晉侯差遣荀罃來魯國聘問。

襄公二年

【說　明】本年《春秋》記載十事，二事有傳。七月「己丑，葬我小君齊姜」條，按：魯宣公和成公夫人都是姜氏，作傳者不清楚齊姜和繆姜誰是婆婆，誰是兒媳，所以用了存疑的說法。根據《左傳》，齊姜是成公夫人，這時婆婆繆姜還活著。「冬，仲孫蔑會晉荀罃等于戚，遂城虎牢」條，傳以虎牢為鄭邑，以城為取。認為經書城不書取，是為中原各國諸侯避諱，避諱他們在鄭喪期間討伐鄭國，與書虎牢而不書「鄭」的用意相同。至於經書「遂」字，也有為中原各國諸侯避諱的意思，表示這次伐鄭取虎牢，是大夫在外的專行，不是受有君命，把罪過推到大夫們的身上。

二年，春，王正月，葬簡王。

鄭師伐宋。

夏，五月庚寅，夫人姜氏❶薨。

六月庚辰，鄭伯睔❷卒。

晉師、宋師、衛甯殖侵鄭。

秋，七月，仲孫蔑會晉荀罃、宋華元、衛孫林父、曹人、邾婁人于戚❸。

己丑，葬我小君齊姜。齊姜者何？齊姜與繆姜❹，則未知其為宣夫人與？成夫人與？

叔孫豹❺如宋。

冬，仲孫蔑會晉荀罃、齊崔杼、宋華元、衛孫林父、曹人、邾婁人、滕人、薛人❻、小邾婁❼人于戚，遂城虎牢❽。虎牢者何？鄭之邑也。其言城之何？取之也。取之則曷為不言取之？為中國諱也。曷為為中國諱？諱伐喪也。曷為不繫乎鄭？為中國諱也。大夫無遂事，此其言遂何？歸惡乎大夫也。

楚殺其大夫公子申❾。

【注釋】❶姜氏　《左傳》以為指魯成公夫人齊姜。❷鄭伯睔　鄭成公，名睔。鄭襄公的兒子，繼其兄悼公為君，在位十四年。❸戚　衛邑。見文公元年注。❹繆姜　《左傳》以為是魯宣公夫人，成公的母親，齊姜的婆婆。❺叔孫豹　魯大夫。即叔孫穆子，亦稱穆叔。叔孫僑如的弟弟。❻薛人　已見上年經。薛，任姓國。在今山東省滕州市南。戰國初滅於齊。❼小

郳婁　國名，曹姓。故城在今山東省滕州市東南。❽虎牢　鄭邑，在今河南省滎陽市西北汜水鎮。❾公子申　楚宗室。時為楚右司馬，因逼奪子重、子辛之權而被殺。與魯哀公時的楚公子申（子西）不是一人。

【語　譯】二年，春天，周王正月，葬了周簡王。

鄭國軍隊討伐宋國。

夏天，五月庚寅這天，魯君夫人姜氏死了。

六月庚辰這天，鄭君睔死了。

晉國軍隊、宋國軍隊、衛國甯殖入侵鄭國。

秋天，七月間，魯國仲孫蔑和晉國荀罃、宋國華元、衛國孫林父、曹國人、郳婁國人在戚這個地方會見。己丑這天，葬了魯君夫人齊姜。齊姜是什麼人呢？齊姜和繆姜不知道兩位誰是宣公夫人？誰是成公夫人？

魯國叔孫豹到宋國去。

冬天，魯國仲孫蔑和晉國荀罃、齊國崔杼、宋國華元、衛國孫林父、曹國人、郳婁國人、滕國人、薛國人、小郳婁國人在戚這個地方會見，順便就城虎牢。虎牢是什麼地方？是鄭國的一個城邑。說城是什麼意思呢？是表示佔取了它。佔取了它那為什麼不說佔取呢？為了給中原諸侯國避諱。為什麼為中原諸侯國避諱呢？是避諱討伐有喪事的鄭國。為什麼不把虎牢繫屬於鄭國呢？這是為中原諸侯國避諱。大夫出使外國，未受君命，是不可以順便辦理另外事情的。這裡說順便是為什麼呢？是把罪過歸在大夫們的身上。

楚國殺了它的大夫公子申。

襄公三年

【說　明】本年《春秋》記載九事，二事有傳。六月「陳侯使袁僑如會」事，按：上經言魯襄公會單子等同盟於雞澤，這裡記「袁僑如會」，是指他來參與雞澤之盟。傳以「如會」為後會，意思是說他會盟以後才到達。下「戊寅，叔孫豹及諸侯之大夫及陳袁僑盟」條，是繼袁僑後會而記事。按：此事繫於「袁僑如會」後，「秋，公至自會」前，當為六月戊寅，但六月無戊寅，可能有誤字。傳釋此經，著眼於兩個「及」字，認為前「及」是表示叔孫豹和諸侯大夫一起與遲到的袁僑會盟。這樣就把以上三條經文的意思，連貫了起來。

三年，春，楚公子嬰齊帥師伐吳。

公如晉。

夏，四月壬戌，公及晉侯盟于長樗❶。

公至自晉。

六月，公會單子、晉侯、宋公、衛侯、鄭伯、莒子、邾婁子、齊世子光❷。

己未，同盟于雞澤❸。

陳侯使袁僑❹如會。其言如會何？後會也。

戊寅，叔孫豹及諸侯之大夫及陳袁僑盟。曷為殊及陳袁僑？為其與袁僑盟也。

秋，公至自會。

冬，晉荀罃帥師伐許。

【注釋】❶長樗　晉國都城新田附近的地名。在今山西省曲沃縣一帶。❷世子光　即齊莊公光。此時他尚為太子，西元前五五三至五四八年在位。❸雞澤　晉地。在今河北省永年縣東南。❹袁僑　陳臣。袁濤塗的四世孫，謚桓子。

【語　譯】三年，春天，楚國公子嬰齊率領軍隊討伐吳國。

魯襄公到晉國去。

夏天，四月壬戌這天，魯襄公和晉侯在長樗這個地方會盟。

魯襄公從晉國回到魯國都城。

六月間，魯襄公和單子、晉侯、宋公、衛侯、鄭伯、莒子、邾婁子、齊國世子光會見。己未這天，共同在雞澤這個地方結盟。

陳侯差遣袁僑如會。這裡說如會是什麼意思？是表示會盟結束後他才到達。

戊寅這天，魯國叔孫豹和諸侯們的大夫，以及陳國袁僑會盟。為什麼特別說到和陳國袁僑呢？為了叔孫豹是在和袁僑會盟。

秋天，魯襄公從會盟的地方回到魯國都城。

冬天，晉國荀罃率領軍隊討伐許國。

襄公四年

【說　明】本年《春秋》記載七事，傳於「八月辛亥，葬我小君定弋」條，釋定弋為魯襄公的母親，未涉義例。其餘各條均無說解。

四年，春，王三月己酉，陳侯午❶卒。

夏，叔孫豹如晉。

秋，七月戊子，夫人弋氏❷薨。

葬陳成公。

八月辛亥，葬我小君定弋。定弋者，襄公之母也。

冬，公如晉。

陳人圍頓❸。

【注釋】❶陳侯午　陳成公，名午。陳靈公的兒子，在位三十年。❷夫人弋氏　定弋，魯成公的妾，襄公的母親。《左傳》弋作「姒」，字可通。❸頓　國名。國都原在今河南省商水縣東南，後遷於今項城市西。滅於楚。

【語譯】四年，春天，周王三月己酉這天，陳君午死了。

夏天，魯國叔孫豹到晉國去。

秋天，七月戊子這天，魯國夫人弋氏死了。

葬了陳成公。

八月辛亥這天，葬了我魯國夫人定弋。定弋，是魯襄公的母親。

冬天，魯襄公到晉國去。

陳國人包圍了頓國都城。

襄公五年

【說 明】本年《春秋》記載十三事，三事有傳。夏「叔孫豹、鄫世子巫如晉」條，傳以經不書國外人到別國去為例，這裡書「鄫世子如晉」者，因為他是襄公的舅出，是由叔孫豹帶領他去的原故。至於為什麼要帶他去，是因為鄫君娶了莒女為後夫人，鄫君想立她女兒生的兒子為鄫君，而她的女兒是還嫁給莒國人的，這樣一來，鄫國就將滅國絕祀，所以叔孫豹帶他去晉說理、求救。秋「公會晉侯……吳人、鄫人于戚」條，傳認為本年夏善稻之會，經稱吳而不書吳人，這裡也不應當書「吳人」，但如果只書「吳」不加上個「人」字，寫成「吳鄫人」，那文辭就不通順了。對於「冬，戍陳」條，傳認為這是諸侯戍陳，因為各國戍陳的軍隊先後到達，無法分列次序，只好獨書魯戍陳了。

五年，春，公至自晉。

夏，鄭伯使公子發❶來聘。

叔孫豹、鄫世子巫❷如晉。外相如不書，此何以書？為叔孫豹率而與之俱也。叔孫豹則曷為率而與之俱？蓋舅出也。莒將滅之❸，故相與往殆❹乎晉也。莒將滅之，則曷為相與往殆乎晉？取後乎莒也。其取後乎莒奈何？莒女有為鄫夫人者，蓋欲立其出也。

仲孫蔑、衛孫林父會吳于善稻❺。

秋，大雩。

楚殺其大夫公子壬夫❻。

公會晉侯、宋公、陳侯、衛侯、鄭伯、曹伯、莒子、邾婁子、滕子、薛伯、齊世子光、吳人、鄫人于戚。吳何以稱人？吳鄫人云則不辭。

公至自會。

冬，戍陳。孰戍之？諸侯戍之。曷為不言諸侯戍之？離至不可得而序，故言我也。

楚公子貞❼帥師伐陳。

公會晉侯、宋公、衛侯、鄭伯、曹伯、莒子、邾婁子、滕子、薛伯、齊世子光救陳。

十有二月，公至自救陳。

辛未，季孫行父卒。

【注釋】❶公子發　鄭卿，字子國。子產（公孫僑）的父親。❷鄫世子巫　鄫國太子巫。鄫，魯的附庸國。見僖公十四年注。❸莒將滅之　這裡指鄫子想立他的外孫為鄫君，外孫是莒國人，如果得立為君，就斷絕了鄫國的祭祀。❹殆　理；講理。❺善稻　吳邑，在今江蘇省盱眙縣東北。❻公子壬夫　見襄公元年注。❼楚公子貞　字子囊。楚莊王的兒子，共王的弟弟，代公子壬夫為令尹。以後數年間幾次率兵圍陳、伐鄭、伐宋、救鄭、侵宋、伐吳等。

【語譯】五年，春天，魯襄公從晉國回到魯國都城。

夏天，鄭伯差遣公子發來魯國聘問。

魯國叔孫豹、鄫國太子巫到晉國去。魯國以外的人到別的國家去，依例不作記載，這裡為什麼記載呢？因為鄫太子巫是叔孫豹帶領他一塊去的。叔孫豹為什麼帶領他一塊去呢？為了太子巫是魯襄公的舅父所出。莒國將要斷絕鄫國的祭祀，所以兩人一塊到晉國去說理。莒國將要斷絕鄫國的祭祀，為什麼兩人一塊到晉國去說理呢？因為鄫君娶了莒國女為後夫人。說他娶莒女為後夫人怎麼樣了呢？莒女有成為鄫君夫人的，鄫君想立她嫁給莒國的女兒生的兒子為鄫國君主。

魯國仲孫蔑、衛國孫林父和吳國在善稻這個地方會見。

秋天，魯國舉行盛大的求雨祭祀。

楚國殺了它的大夫公子壬夫。

魯襄公和晉侯、宋公、陳侯、衛侯、鄭伯、曹伯、莒子、邾婁子、滕子、薛伯、齊國世子光、吳國人、鄫國人在戚這個地方會見。吳為什麼稱為人呢？因為如果說吳鄫人，那文辭就不通順了。

魯襄公從會見的地方回到魯國都城。

冬天，派兵守衛陳國都城。是誰來守衛呢？是諸侯派兵來守衛。為什麼不說諸侯派兵來守衛呢？因為各國軍隊先後陸續到來的，沒有辦法分列次序，所以在這裡就說是我魯國派兵來守衛。

楚國公子貞率領軍隊討伐陳國。

魯襄公會同晉侯、宋公、衛侯、鄭伯、曹伯、莒子、邾婁子、滕子、薛伯、齊國世子光救助陳國。

十二月間，魯襄公從救陳的駐地回到魯國都城。

辛未這天，魯國季孫行父死了。

襄公六年

【說　明】本年《春秋》書記八事，傳以「十有二月，齊侯滅萊」條，經不言萊君出奔者，是因為國君已死，認為國君為國滅而死，是正當的。餘均無說。

六年，春，王三月壬午，杞伯姑容❶卒。

夏，宋華弱❷來奔。

秋，葬杞桓公。

滕子來朝。

莒人滅鄫。

冬，叔孫豹如邾婁。

季孫宿❸如晉。

十有二月，齊侯滅萊❹。曷為不言萊君出奔？國滅君死之，正也。

【注釋】❶杞伯姑容　杞桓公，名姑容。杞成公的弟弟，在位七十年。❷華弱　宋國卿大夫，官司馬。宋戴公的後裔，為宋平公所逐。❸季孫宿　即季武子。季孫行父的兒子，後執掌魯政二十年。❹萊　國名。見宣公七年注。

【語譯】六年，春天，周王三月壬午這天，杞君姑容死了。

夏天，宋國華弱逃到魯國來。

秋天，葬了杞桓公。

滕子來魯國朝見。

莒國人斷絕了鄫國的祭祀。

冬天，魯國叔孫豹到邾婁國去。

魯國季孫宿到晉國去。

十二月間，齊侯滅掉了萊國。為什麼不說萊君出逃呢？國家被滅亡，君王為國而死，這是正當的。

襄公七年

【說明】本年《春秋》記載十一事，十二月「鄭伯髡原如會，未見諸侯，丙戌卒于操」條有傳。按：這條接上經「公會晉侯等于鄬」為言，傳以操為鄭邑，認為諸侯死於封內依例不書地，這裡書卒地，是諱言髡原是被鄭大夫弒殺而死的。經不書鄭大夫弒而書卒，是為中原諸侯避諱。因為禍是由中原諸侯無義，在鄭國喪期中征伐它所引起的。至於經書鄭伯之名，是因他受傷而返，未到住舍就死了。他來參與鄬之會，還未和諸侯會面，經書「如會」者，只是表示他有歸服中原諸侯的意願而已。

七年，春，郯子❶來朝。

夏，四月，三卜郊不從，乃免牲。

小邾婁子❷來朝。

城費❸。

秋，季孫宿如衛。

八月，螽。

冬，十月，衛侯使孫林父來聘。壬戌，及孫林父盟。

楚公子貞帥師圍陳。

十有二月，公會晉侯、宋公、陳侯、衛侯、曹伯、莒子、邾婁子于鄬❹。

鄭伯髡原❺如會，未見諸侯，丙戌卒于操❻。操者何？鄭之邑也。諸侯卒其封內不地，此何以地？隱之也。何隱爾？弒也。孰弒之？其大夫弒之。曷為不言其大夫弒之？為中國諱也。曷為為中國諱？鄭伯將會諸侯于鄬，其大夫諫曰：「中國不足歸也，則不若與楚。」鄭伯曰：「不可。」其大夫曰：「以中國為義，則伐我喪，以中國為彊，則不若楚。」於是弒之。鄭伯髡原何以名？傷而反，未至乎舍而卒也。未見諸侯其言如會何？致其意也。

陳侯逃歸。

【注釋】❶郯子　郯國國君。郯，國名，己姓。在今山東省郯城縣北。戰國初滅於越。❷小邾婁子　指小邾婁國君穆公。❸費　魯地，為季氏的私邑。在今山東省魚臺縣西南。❹鄬　鄭邑，確址不詳。一說在今河南省魯山縣境。❺鄭伯髡原　鄭僖公，名髡原。《左傳》原作「頑」，原、頑音同，字通。在位五年。因對子罕、子豐、子駟無禮，被子駟遣人弒殺。❻操　鄭地。確址不詳。當在今河南省新鄭市至魯山縣之間。《左傳》操作「鄵」，字通。

【語譯】七年，春天，郯子來魯國朝見。

夏天，四月間，三次占卜郊祭的日期，都不吉利，於是就免除供祭祀用的牛牲，不舉行郊祭。

小邾婁子來魯國朝見。

魯國在費邑築城。

秋天，魯國季孫宿到衛國去。

八月間，魯國發生蝗害。

冬天，十月間，衛侯派遣孫林父來魯國聘問。壬戌這天，魯國和孫林父會盟。

楚國公子貞率領軍隊包圍了陳國都城。

十二月間，魯襄公和晉侯、宋公、陳侯、衛侯、曹伯、莒子、邾婁子在鄬這個地方會見。

鄭君髡原到會，還沒和各國諸侯相見，就在丙戌這天死在操邑。操是什麼地方？是鄭國的一個城邑。諸侯死在自己封地內，依例不記載地點，這裡為什麼記載地點呢？是為了隱諱。隱諱什麼呢？他被人弒殺了。誰把他弒殺掉的呢？是鄭國的大夫把他弒殺了。為什麼不說鄭國大夫把他弒殺了呢？這是在為中原各國避諱。為什麼要為中原各國避諱呢？鄭君將和諸侯在鄬邑會見，他的大夫進諫說：「中原各國不值得我們歸服，不如與楚國交好。」鄭君說：「不可以這樣！」他的大夫說：「如果說中原各國是講仁義的，可是他們卻在我國有喪事時來討伐我們；如果認為中原各國強大，可是他們卻趕不上楚國。」於是就把鄭君弒殺了。鄭君髡原為什麼稱他的名字呢？因為他受傷後就返回鄭國，沒到住的地方就死了。既然他還沒和諸侯相見，為什麼說他到會呢？這是為了表達他歸服中原各國的意願。

陳侯逃回了陳國。

襄公八年

【說明】本年《春秋》記載九事，二事有傳。「夏，葬鄭僖公」條，上年十二月鄭伯髡原被鄭大夫弒殺而死，依例賊未討經不書葬，傳認為這裡書其葬事，是為中原各國諸侯避諱。夏，「鄭人侵蔡，獲蔡公子燮」條，傳認為侵不當言獲，今經言侵又言獲，是表示恰好捉住了這個人。

八年，春，王正月，公如晉。

夏，葬鄭僖公。賊未討，何以書葬？為中國諱也。

鄭人侵蔡，獲蔡公子燮❶。此侵也，其言獲何？侵而言獲者，適得之也。

季孫宿會晉侯、鄭伯、齊人、宋人、衛人、邾婁人于邢丘❷。

公至自晉。

莒人伐我東鄙。

秋，九月，大雩。

冬，楚公子貞帥師伐鄭。

晉侯使士匄❸來聘。

【注釋】❶蔡公子燮　蔡莊公的兒子，曾為蔡司馬。❷邢丘　晉邑，在今河南省溫縣東北。❸士匄　見成公十八年注。

【語譯】八年，春天，周王正月間，魯襄公到晉國去。

夏天，葬了鄭僖公。弒君的賊子還沒有誅討，為什麼記載他的葬事呢？是為了給中原各國避諱。

鄭國人入侵蔡國，俘獲了蔡國公子燮。這是入侵，說俘獲是為什麼呢？入侵又言俘獲，是表示恰好捉住了這個人。

魯國季孫宿和晉侯、鄭伯、齊國人、宋國人、衛國人、邾婁國人在刑丘這個地方會見。

魯襄公從晉國回到魯國都城。

莒國人討伐我魯國東部邊境地區。

秋天，九月間，魯國舉行盛大的求雨祭祀。

冬天，楚國公子貞率領軍隊討伐鄭國。

晉侯派遣士匄來魯國聘問。

襄公九年

【說明】本年《春秋》記載六事，「春，宋火」條有傳，餘均無說。傳謂經或書災或書火，兩者的區別是：大火稱災，小火稱火。但是魯國火災，無論大小，全稱災而不書火，是因為《春秋》王魯，即使小火也必書災，誇大其辭，以為天下戒。至於經書此事是為記災害，依例外災不書，今書「宋火」者，是為商王後裔記災。

九年，春，宋火。曷為或言災？或言火？大者❶曰災，小者曰火，然則內何以不言火？內不言火者，甚之也。何以書？記災也。外災不書，此何以書？為王者之後❷記災也。

夏，季孫宿如晉。

五月辛酉，夫人姜氏❸薨。

秋，八月癸未，葬我小君繆姜。

冬，公會晉侯、宋公、衛侯、曹伯、莒子、邾婁子、滕子、薛伯、杞伯、小邾婁子、齊世子光伐鄭。十有二月己亥，同盟于戲❹。

楚子伐鄭。

【注釋】❶大者　何休認為：大者指正寢、社稷、宗廟和朝廷等場所；下小者，小與大相對，指大以外的普通場所。❷王者之後　宋公為商王的後裔，所以稱王者之後。❸姜氏　指魯宣公夫人繆姜。成公的母親。❹戲　鄭邑，在今河南省舊鞏縣東南。

【語譯】九年，春天，宋火。為什麼有的時候說災，有的時候說火呢？大火稱為災，小火稱為火。那麼魯國為什麼小火不稱火而稱災呢？魯國不稱火而稱災，是為了誇大火災，以為天下戒。為什麼記載宋國發生火災的事呢？這是記載災害。魯國以外國家的災害，依例不作記載，這裡為什麼記載呢？是為了給商王的後裔記載災害。

夏天，魯國季孫宿到晉國去。

五月辛酉這天，魯宣公夫人姜氏死了。

秋天，八月癸未這天，葬了我宣公夫人繆姜。

冬天，魯襄公會同晉侯、宋公、衛侯、曹伯、莒子、邾婁子、滕子、薛伯、杞伯、小邾婁子、齊世子光討伐鄭國。十二月己亥這天，共同在戲這個地方結盟。

楚子討伐鄭國。

襄公十年

【說　明】本年《春秋》書記十一事，冬「戍鄭虎牢」一事有傳，餘均無說。傳以為這是各國諸侯戍虎牢，因為各國戍虎牢之師先後到達，無法分列次序，只得獨書魯戍了。既然虎牢已被諸侯佔領，仍繫虎牢於鄭者，是因為諸侯共同佔領，沒有誰能主有這個地方。

十年，春，公會晉侯、宋公、衛侯、曹伯、莒子、邾婁子、滕子、薛伯、杞伯、小邾婁子、齊世子光會吳于柤❶。

夏，五月甲午，遂滅偪陽❷。

公至自會。

楚公子貞、鄭公孫輒❸帥師伐宋。

晉師伐秦。

秋，莒人伐我東鄙。

公會晉侯、宋公、衛侯、曹伯、莒子、邾婁子、齊世子光、滕子、薛伯、杞伯、小邾婁子伐鄭。

冬，盜殺鄭公子斐❹、公子發❺、公孫輒。

戍鄭虎牢。孰戍之？諸侯戍之。曷為不言諸侯戍之？離至不可得而序，故言我也。諸侯已取之矣，曷為繫之鄭？諸侯莫之主有，故反繫之鄭。

楚公子貞帥師救鄭。

公至自伐鄭。

【注釋】❶柤　吳邑，在今江蘇省邳州市西北。❷偪陽　西周封國，妘姓。在今山東省嶧縣廢治嶧城南。與柤相距約二十餘公里。❸公孫輒　鄭卿，字子耳。❹公子斐　鄭卿，字子駟。《左傳》斐作「騑」，字通。❺公子發　見襄公五年注。

【語譯】十年，春天，魯襄公會同晉侯、宋公、衛侯、曹伯、莒子、邾婁子、滕子、薛伯、杞伯、小邾婁子、齊世子光在柤這個地方和吳國君主會見。

夏天，五月甲午這天，就滅掉了偪陽國。

魯襄公從與諸侯會見的地方回到魯國都城。

楚國公子貞、鄭國公孫輒率領軍隊討伐宋國。

晉國軍隊討伐秦國。

秋天，莒國人侵犯我魯國東部邊境地區。

魯襄公會同晉侯、宋公、衛侯、曹伯、莒子、邾婁子、齊世子光、滕子、薛伯、杞伯、小邾婁子討伐鄭國。

冬天，強盜殺害了鄭國公子斐、公子發、公孫輒。

派兵守衛鄭國的虎牢邑。是誰來守衛呢？是諸侯派兵來守衛。為什麼不說諸侯派兵來守衛呢？因為各國軍隊先後陸續到來，沒有辦法分次序，所以在這裡就說是我魯國派兵來守衛。諸侯已經佔取了虎牢邑，為什麼還要把它連屬於鄭國呢？諸侯們沒有誰能主有這個地方，所以反過來仍舊連屬於鄭國。

楚國公子貞率領軍隊救援鄭國。

魯襄公從討伐鄭國的駐地回到魯國都城。

襄公十有一年

【說明】本年《春秋》記載十一事，二事有傳。「春，王正月，作三軍」條。周代軍制，軍將皆命卿，故傳以「作三軍」為設三卿，即上卿、中卿和下卿。認為經書此事，是譏魯設三卿不合禮制。在作傳者看來，依古制魯只應設二卿，即上卿和下卿，另外還有上士和下士。秋「公會晉侯等伐鄭，會于蕭魚」條，傳認為此經先言諸侯伐鄭，繼言會於蕭魚，是表示這次討伐已有結果，鄭已歸服於晉，參與了在蕭魚的會面。

十有一年，春，王正月，作三軍❶。三軍者何？三卿也。作三軍何以書？譏。何譏爾？古者上卿、下卿，上士、下士。

夏，四月，四卜郊不從，乃不郊。

鄭公孫舍之❷帥師侵宋。

公會晉侯、宋公、衛侯、曹伯、齊世子光、莒子、邾婁子、滕子、薛伯、杞伯、小邾婁子伐鄭。

秋，七月己未，同盟于京城❸北。

公至自伐鄭。

楚子、鄭伯伐宋。

公會晉侯、宋公、衛侯、曹伯、齊世子光、莒子、邾婁子、滕子、薛伯、杞伯、小邾婁子伐鄭，會于蕭魚❹。此伐鄭也，其言會于蕭魚何？蓋鄭與會爾。

公至自會。

楚人執鄭行人良霄❺。

冬，秦人伐晉。

【注　釋】❶三軍　周代軍制，諸侯大國三軍。中軍最尊，上軍次之，下軍為下。每軍一萬二千五百人，三軍共三萬七千五百人，分別由卿擔任統帥。❷公孫舍之　鄭卿。字子展，諡桓子。子罕的兒子。❸京城　鄭地。在今河南省滎陽市。按：京城，《左傳》作「亳城」。鄭地。❹蕭魚　鄭邑。在今河南省許昌市。❺良霄　鄭卿，即伯有。公孫輒（子耳）的兒子。

【語　譯】十一年，春天，周王正月間，魯國設立三軍。三軍是什麼呢？是三個高級官員卿。設立三軍為什麼記載呢？是譏諷。為什麼譏諷呢？因為設三卿不合古制，古代只設上卿、下卿，上士、下士。

夏天，四月間，四次占卜郊祭的日期，都不吉祥，於是就停止舉行郊祭。

鄭國公孫舍之率領軍隊入侵宋國。

魯襄公會同晉侯、宋公、衛侯、曹伯、齊世子光、莒子、邾婁子、滕子、薛伯、杞伯、小邾婁子討伐鄭國。

秋天，七月己未這天，伐鄭諸侯共同在京城的北面結盟。

魯襄公從討伐鄭國的駐地回到魯國都城。

楚子、鄭伯討伐宋國。

魯襄公會同晉侯、宋公、衛侯、曹伯、齊世子光、莒子、邾婁子、滕子、薛伯、杞伯、小邾婁子討伐鄭國，在蕭魚這個地方會見。這是討伐鄭國，說在蕭魚會見是為什麼呢？是因為鄭國也參加了這次會見。

魯襄公從會見的地方回到魯國都城。

楚國人捕捉了鄭國行人官良霄。

冬天，秦國人討伐晉國。

卷二〇 襄公中

襄公十有二年

【說明】本年《春秋》記載六事，二事有傳。「春，王三月，莒人伐我東鄙，圍台」條，傳認為依例邑不言圍，此經書伐又言圍者，是掩飾莒人佔領台邑的文辭。僅書伐而不書圍者，不是佔領城邑的文辭。下條經文「季孫宿帥師救台，遂入運」，記季孫宿救台的軍隊攻入莒國的運邑，傳以「遂」字為義，認為經書遂，是惡公孫宿未受君命擅自攻入運邑，這表明襄公已大權旁落，不能執掌政權了。

十有二年，春，王三月，莒人伐我東鄙，圍台❶。邑不言圍，此其言圍何？伐而言圍者，取邑之辭也，伐而不言圍者，非取邑之辭也。

季孫宿❷帥師救台，遂入運❸。大夫無遂事，此其言遂何？公不得為政爾。

夏，晉侯使士彭❹來聘。

秋，九月，吳子乘❺卒。

冬，楚公子貞帥師侵宋。

公如晉。

【注釋】❶台 魯邑，在今山東省費縣東南。《穀梁傳》作「邰」，字通。❷季孫宿 見襄公六年注。❸運 指東運。見文公十二年注。❹士彭 《左傳》作「士魴」，見成公十八年注。❺吳子乘 即吳君壽夢。仲雍十九代孫，在位二十五年。

【語譯】十二年，春天，周王三月間，莒國人攻擊我魯國東部邊境地區，包圍了台這個地方。依例攻擊某城是不說包圍的，這裡說包圍是為什麼呢？攻擊某城而說包圍了它，是已佔領了這個城邑的文辭。只說攻擊某城而不說包圍了它，是沒有佔領這個城邑的文辭。

魯國季孫宿率領軍隊救援台邑，於是順便進佔了運這個地方。依例大夫未受君命是不可以順便另外辦理事情的，這裡為什麼說順便呢？因為魯襄公大權旁落，已不能執掌政權了。

夏天，晉侯派遣士彭來魯國聘問。

秋天，九月間，吳國君主乘死了。

冬天，楚國公子貞率領軍隊入侵宋國。

魯襄公到晉國去。

襄公十有三年

【說明】本年《春秋》於春、夏、秋、冬四季各書一事，有傳的「夏，取詩」一條。傳以詩為邿婁之邑，認為經不把詩邑連屬於邿婁國，是想掩飾取詩這件事，因為前年各國諸侯蕭魚之會，邿婁子亦在，今魯背信而佔領邿婁城邑，實在太急切了。

十有三年，春，公至自晉。

夏，取詩❶。詩者何？邾婁之邑也。曷為不繫乎邾婁？諱亟也。

秋，九月庚辰，楚子審❷卒。

冬，城防❸。

【注釋】❶詩 《公羊傳》認為詩是邾婁國的城邑。《左傳》作「邿」，字通。認為邿國發生動亂，分裂為三，魯軍救邿，就乘機佔取了它。❷楚子審 楚共王，名審。楚莊王的兒子，在位三十一年。❸防 即隱公九年的「邴」，見該注。

【語譯】十三年，春天，魯襄公從晉國回到魯國都城。

夏天，佔領了詩這個地方。詩是什麼地方呢？是邾婁國的一個城邑。為什麼不把詩邑連屬於邾婁國呢？是避諱過於急切了。

秋天，九月庚辰這天，楚國君主審死了。

冬天，修建防邑城。

襄公十有四年

【說明】本年《春秋》書記七件事，《公羊傳》均無說解。

十有四年，春，王正月，季孫宿、叔老❶會晉士匄、齊人、宋人、衛人、鄭公孫蠆❷、曹人、莒人、邾婁人、滕人、薛人、杞人、小邾婁人會吳于向❸。

二月乙未朔，日有食之。

夏，四月，叔孫豹會晉荀偃❹、齊人、宋人、衛北宮結❺、鄭公孫蠆、曹人、莒人、邾婁人、滕人、薛人、杞人、小邾婁人伐秦。

己未，衛侯衎❻出奔齊。

莒人侵我東鄙。

秋，楚公子貞帥師伐吳。

冬，季孫宿會晉士匄、宋華閱❼、衛孫林父、鄭公孫蠆、莒人、邾婁人于戚❽。

【注釋】❶叔老　魯臣。即子叔齊子。亦稱齊子。❷公孫蠆　鄭卿，字子蟜。❸向　吳邑，在今安徽省懷遠縣西。❹荀偃　晉卿，字伯游，即中行獻子，亦稱中行偃。代荀罃為中軍統帥。❺北宮結　當從《左傳》、《穀梁傳》經作「北宮括」。參見成公十七年注。❻衛侯衎　衛獻公，名衎。本年出奔晉，襄公二十六年復歸於衛。❼華閱　宋大夫。華元的兒子，繼承華元為右師。死於襄公十七年。❽戚　衛邑，在今河南省濮陽市東北。

【語譯】十四年，春天，周王正月間，魯國季孫宿、叔老會同晉國士匄、齊國人、宋國人、衛國人、鄭國公孫蠆、曹國人、莒國人、邾婁國人、滕國人、薛國人、杞國人、小邾婁國人在向這個地方和吳國人會見。

二月乙未初一這天，魯國發生日食。

夏天，四月間，魯國叔孫豹會同晉國荀偃、齊國人、宋國人、衛國北宮結、鄭國公孫蠆、曹國人、莒國人、邾婁國人、滕國人、薛國人、杞國人、小邾婁國人討伐秦國。

己未這天，衛國君王衎出逃到齊國去。

莒國人入侵我魯國東部邊境地區。

秋天，楚國公子貞率領軍隊討伐吳國。

冬天，魯國季孫宿和晉國士匄、宋國華閱、衛國孫林父、鄭國公孫蠆、莒國人、邾婁國人在戚這個地方會見。

襄公十有五年

【說明】本年《春秋》記載七事，有傳者二事。春，「劉夏逆王后于齊」條，傳以劉夏為周大夫，劉為邑稱，說他是以劉為氏。認為國外逆女之事依例不書，因為劉夏去齊迎娶周靈王夫人路經魯國，所以加以記載。「夏，齊侯伐我北鄙，圍成。公救成，至遇」條，傳認為經書「至遇」，是表示魯襄公兵力不足，不敢再往前進了。

十有五年，春，宋公使向戌❶來聘。二月己亥，及向戌盟于劉❷。

劉夏❸逆王后于齊。劉夏者何？天子之大夫也。劉者何？邑也。其稱劉何？以邑氏也。外逆女不書，此何以書？過我也。

夏，齊侯伐我北鄙，圍成❹。公救成，至遇❺。其言至遇何？不敢進也。

季孫宿、叔孫豹帥師城成郛❻。

秋，八月丁巳，日有食之。

邾婁人伐我南鄙。

冬，十有一月癸亥，晉侯周❼卒。

【注釋】❶向戌 宋左師。因封邑在合，亦稱合左師，宋執政賢臣。宋桓公曾孫。❷劉 魯國都城曲阜近郊的地名。❸劉夏 周王室卿士。即劉定公，亦稱劉子。❹成 魯邑，在今山東省寧陽縣東北四十五公里。❺遇 魯地。確址不詳，當在曲阜與寧陽之間。❻郛 外城，即郭。❼晉侯周 晉悼公，名周。繼厲公而立，在位十六年。

【語譯】十五年，春天，宋公差遣向戌來魯國聘問。二月己亥這天，魯國和向戌在劉這個地方會盟。

劉夏到齊國去迎娶周天子夫人。劉夏是什麼人呢？是周天子的卿大夫。劉是什麼意思？是邑的名稱。稱他為劉是為什麼呢？因為他以邑為氏。依例魯國以外國家迎娶夫人不作記載，這裡為什麼記載呢？因為去齊迎娶路過我國。

夏天，齊侯攻擊我魯國北部邊境地區，包圍了成這個地方。魯襄公率軍救援成邑到了遇這個地方。這裡說到了遇這個地方是為什麼呢？表示不敢再往前進了。

魯國季孫宿、叔孫豹率領軍隊修建成邑的外城。

秋天，八月丁巳這天，魯國發生日食。

邾婁國人攻擊我魯國南部邊境地區。

冬天，十一月癸亥這天，晉君周死了。

襄公十有六年

【說明】本年《春秋》記載十一事，「三月，公會晉侯等于溴梁。戊寅，大夫盟」一事有傳。作傳者認為信公九年的葵丘之盟，諸侯都在，各國大夫也在，經並未言大夫盟。這次溴梁之盟，同樣是諸侯都在，卻書大夫盟者，是因為大夫專權，信義全在大夫身上。這樣寫是普遍譏責天下大夫不臣，使國君像旗子上的飄帶，成了點綴品。按：此義與《穀梁傳》刺大夫不臣義同，而與《左傳》敘事不合。據《左傳》此「大夫盟」，是因為齊高厚代替齊侯參與會見，高厚詠唱的詩與舞蹈不相配合，違反了晉侯的旨意，荀偃怒而使到會的各國大夫與高厚盟。從《左傳》的記事來看，高厚只是大夫，只能由各國大夫和他盟誓，諸侯是不得降尊與他盟誓的。

十有六年，春，王正月，葬晉悼公。

三月，公會晉侯、宋公、衛侯、鄭伯、曹伯、莒子、邾婁子、薛伯、杞伯、小邾婁子于溴梁❶。戊寅，大夫盟。諸侯皆在是，其言大夫盟何？信在大夫也。何言乎信在大夫？偏刺天下之大夫也。曷為偏刺天下之大夫？君若贅旒❷然。

晉人執莒子、邾婁子以歸。

齊侯伐我北鄙。

夏，公至自會。

五月甲子，地震。

叔老會鄭伯、晉荀偃、衛甯殖、宋人伐許。

秋，齊侯伐我北鄙，圍成❸。

大雩。

冬，叔孫豹❹如晉。

【注釋】❶湨梁　築在湨水旁的大堤。在今河南省濟源市北。湨水即今河南濟源、孟縣境黃河支流漭河。❷贅旒　連綴在旌旗上的飄帶。比喻君權旁落，被大臣挾持的君主。❸成　見上年注。❹叔孫豹　魯大夫。見襄公二年注。

【語譯】十六年，春天，周王正月，葬了晉悼公。

三月間，魯襄公和晉侯、宋公、衛侯、鄭伯、曹伯、莒子、邾婁子、薛伯、杞伯、小邾婁子在湨梁會見。戊寅這天，各國大夫會盟。各國諸侯都在這裡，說大夫會盟是為什麼呢？因為大夫專權，諸侯國的信義全在大夫們的身上。為什麼說信義全在大夫們身上呢？這是普遍諷刺天下的大夫。為什麼普遍諷刺天下的大夫呢？因為諸侯國君大權旁落受到大夫的挾持，好像連綴在旗子上的飄帶一樣。

晉國人捕捉了莒國君主、邾婁國君主回到晉國。

齊侯攻擊我國北部邊境地區。

夏天，魯襄公從與諸侯會見的地方回到魯國都城。

五月甲子這天，魯國發生地震。

魯國叔老會同鄭伯、晉國荀偃、衛國甯殖、宋國人討伐許國。

秋天，齊侯攻擊我國北部邊境地區，包圍了成這個地方。

魯國舉行盛大的求雨祭祀。

冬天，魯國叔孫豹到晉國去。

襄公十有七年

【說明】本年《春秋》記載八事，《公羊傳》均無說解。

十有七年，春，王二月庚午，邾婁子瞷❶卒。

宋人伐陳。

夏，衛石買❷帥師伐曹。

秋，齊侯伐我北鄙，圍洮❸。

齊高厚❹帥師伐我北鄙，圍防❺。

九月，大雩。

宋華臣❻出奔陳。

冬，邾婁人伐我南鄙。

【注釋】❶邾婁子瞷　邾婁宣公，名瞷。《左傳》作「邾子牼」。❷石買　宋大夫。即石共子，石稷的兒子，此時為衛軍元帥，死於襄公十九年。❸洮　魯邑，在今山東省汶上縣東北。《左傳》作「桃」，字通。❹高厚　齊大夫。亦稱高子，為公子牙的太傅。❺防　指東防。即隱公九年的「邴」。❻華臣　宋卿大夫。華閱的弟弟。因殘殺宗室的人，並且禍亂宋國政事而逃亡。

【語　譯】十七年，春天，周王二月庚午這天，邾婁國君瞷死了。

宋國人討伐陳國。

夏天，衛國石買率領軍隊討伐曹國。

秋天，齊侯攻擊我國北部邊境地區，包圍了洮這個地方。

齊國高厚率領軍隊攻擊我國北部邊境地區，包圍了防這個地方。

九月間，魯國舉行盛大的求雨祭祀。

宋國華臣出逃到陳國。

冬天，邾婁國人攻擊我國南部邊境地區。

襄公十有八年

【說　明】本年《春秋》記載六事，「春，白狄來」條有傳。傳以白狄為夷狄之君，認為經言「來」不言「來朝」，是因為他不熟悉朝見的禮節，不能朝見。按：狄有赤狄、白狄，白狄是狄的一種，傳以族名為君，欠通。

十有八年，春，白狄❶來。白狄者何？夷狄之君也。何以不言朝，不能朝也。

夏，晉人執衛行人石買。

秋，齊師伐我北鄙。

冬，十月，公會晉侯、宋公、衛侯、鄭伯、曹伯、莒子、邾婁子、滕子、薛伯、杞伯、小邾婁子同圍齊。

曹伯負芻❷卒于師。

楚公子午❸帥師伐鄭。

【注釋】❶白狄 見宣公八年注。❷曹伯負芻 曹成公，名負芻。在位二十三年。❸公子午 楚宗室。字子庚，曾為司馬，繼子囊為令尹。

【語譯】十八年，春天，白狄來到魯國。白狄指什麼人呢？是夷狄國的君主。為什麼不說來朝見呢？因為他不懂朝見的禮節。

夏天，晉國人捕捉了衛國行人官石買。

秋天，齊國軍隊攻擊我魯國北部邊境地區。

冬天，十月間，魯襄公會合晉侯、宋公、衛侯、鄭伯、曹伯、莒子、邾婁子、滕子、薛伯、杞伯、小邾婁子共同包圍了齊國都城。

曹君負芻死在軍中。

楚國公子午率領軍隊討伐鄭國。

襄公十有九年

【說明】本年《春秋》記載十六事，三事有傳。正月「公至自伐齊」條，傳鑒於僖公二十八年冬諸侯圍許，二十九年經書「公至自圍許」，和去年冬十月「公會晉侯等同圍齊」，圍許和圍齊都是圍，為什麼今春襄公回魯不書「至自圍」而言「自至伐」呢？解說是：去冬諸侯並未圍齊，經書圍齊，是為了遏止齊侯急切伐我，或是因為齊侯驕橫，讓他的世子處在諸侯之上的原故。正月「取邾婁田自漷水」條，傳認為經言「自漷水」，是表示魯、邾兩國以漷水為界，而漷水前已改道移入邾婁國境內了。按照這樣的說法，是魯國暗自把國境推移到邾婁國內，與《左傳》的述事不合。七月「晉士匄帥師侵齊，至穀，聞齊侯卒，乃還」條，傳從「還」字立說，而以贊揚士匄不伐有喪事的國家為義。認為士匄受君命伐齊，遇齊侯之喪即還，是依常禮而行事，不必再請君命，進退全可由大夫自己作主。

十有九年，春，王正月，諸侯盟于祝阿❶。

晉人執邾婁子。

公至自伐齊。此同圍齊也，何以致伐？未圍齊也。未圍齊則其言圍齊何？抑齊也。曷為抑齊？為其亟伐也。或曰為其驕蹇❷，使其世子處乎諸侯之上也。

取邾婁田自漷水❸。其言自漷水何？以漷為竟也。何言乎以漷為竟？漷移也。

季孫宿如晉。

葬曹成公。

夏，衛孫林父帥師伐齊。

秋，七月辛卯，齊侯瑗❹卒。

晉士匄帥師侵齊，至穀❺，聞齊侯卒，乃還。還者何？善辭也。何善爾？大其不伐喪也。此受命乎君而伐齊，則何大乎其不伐喪？大夫以君命出，進退在大夫也。

八月丙辰，仲孫蔑卒。

齊殺其大夫高厚❻。

鄭殺其大夫公子喜❼。

冬，葬齊靈公。

城西郛。

叔孫豹會晉士匄于柯❽。

城武城❾。

【注釋】❶祝阿　齊邑，在今山東省長清縣北。《左傳》、《穀梁傳》作「祝柯」。阿、柯，字通。❷驕蹇　傲慢；不順從。❸漷水　杜預認為漷水出東海合鄉縣（今山東嶧城）西南，流經魯國，至高平湖陸縣（今山東魚臺）入泗水。《清一統志》說有不同。《公羊傳》的意思是魯、邾兩國本以漷水為界，後漷水改道移入邾婁國境，魯國因而侵佔了漷水以西的邾婁土地，仍以漷水為兩國邊界。❹齊侯瑗　齊靈公，名瑗。《左傳》、《穀梁傳》瑗作「環」，音近，字通。❺穀　齊地。見莊公七年注。❻高厚　見襄公十七年注。❼公子喜　字子罕，鄭穆公的兒子。《左傳》、《穀梁傳》喜作「嘉」。按：嘉，字子孔，亦鄭穆公的兒子，兩者不是一人。❽柯　衛邑，在今河南省內黃縣北。與莊公十三年齊邑的柯，不是一地。❾武城　魯地，在今山東省費縣西南。一說在今嘉祥縣南。

【語譯】十九年，春天，周王正月間，各國諸侯在祝阿這個地方會盟。

晉國人捕捉了邾婁國君主。

魯襄公從討伐齊國的駐地回到魯國都城。這是各國諸侯共同包圍了齊國都城，為什麼說討伐呢？因為並沒有包圍齊國都城。既然沒有包圍齊國都城，那麼說包圍齊國都城是為什麼呢？這是為了遏止齊國。為什麼遏止齊國呢？因為它迫切攻伐別的國家。有人說是因為齊侯驕傲，讓他的世子處在諸侯的上面。

魯國侵佔了邾婁的土地，自漷水。這裡說自漷水是什麼意思？是表示以漷水為兩國邊界。為什麼說以漷水為兩國邊界呢？因為漷水改道移入邾婁國境內了。

魯國季孫宿到晉國去。

葬了曹成公。

夏天，衛國孫林父率領軍隊討伐齊國。

秋天，七月辛卯這天，齊君瑗死了。

晉國士匄率領軍隊入侵齊國，到了穀這個地方，聽說齊侯死了，乃還。還是什麼意思呢？這是一種好的文辭。為什麼說是好文辭呢？是贊揚士匄不討伐有喪事的國家。這是領受君命去討伐齊國，那為什麼贊揚他不討伐有喪事的國家呢？大夫領受君命出征後，進還是退全由大夫自主。

八月丙辰這天，魯國仲孫蔑死了。

齊國殺了它的大夫高厚。

鄭國殺了它的大夫公子喜。

冬天，葬了齊靈公。

魯國修建都城的外城。

魯國叔孫豹和晉國士匄在柯這個地方會見。

魯國修建武城邑。

襄公二十年

【說明】本年《春秋》記載十事，《公羊傳》均無說解。

二十年，春，王正月辛亥，仲孫遬❶會莒人盟于向❷。

夏，六月庚申，公會晉侯、齊侯、宋公、衛侯、鄭伯、曹伯、莒子、邾婁子、滕子、薛伯、杞伯、小邾婁子盟于澶淵❸。

秋，公至自會。

仲孫遬帥師伐邾婁。

蔡殺其大夫公子燮❹。

蔡公子履❺出奔楚。

陳侯之弟光❻出奔楚。

叔老❼如齊。

冬，十月丙辰朔，日有食之。

季孫宿如宋。

【注　釋】❶仲孫遬　魯宗族，亦稱孟孫，謚莊子。獻子的兒子，死於襄公二十三年。❷向　見隱公二年注。與襄公十四年吳邑的向，不是一地。❸澶淵　衛邑，在今河南省濮陽市西。❹公子燮　見襄公八年注。❺公子履　蔡莊公的兒子，公子燮的同母弟弟。❻光　陳公子。哀公的弟弟。《左傳》作「黃」，字通。❼叔老　見襄公十四年注。

【語　譯】二十年，春天，周王正月辛亥這天，魯國仲孫遬和莒國人會見，在向這個地方結盟。

夏天，六月庚申這天，魯襄公和晉侯、齊侯、宋公、衛侯、鄭伯、曹伯、莒子、邾婁子、滕子、薛伯、杞伯、小邾婁子會見，在澶淵這個地方結盟。

秋天，魯襄公從與諸侯會盟的地方回到魯國都城。

魯國仲孫遬率領軍隊討伐邾婁國。

蔡國殺了它的大夫公子燮。

蔡國公子履出逃到楚國。

陳侯的弟弟名叫光的出逃到楚國。

魯國叔老到齊國去。

冬天，十月丙辰初一這天，魯國發生日食。

魯國季孫宿到宋國去。

襄公二十有一年

【說　明】本年《春秋》記載九事，正月「邾婁庶其以漆、閭丘來奔」一事有傳。傳以庶其為邾婁大夫。據昭公二十七年經書「邾婁快來奔」，快無氏，知邾婁無大夫，就不當書其來奔，今經書來奔者，是因看重他獻出邑地的原故。與《左傳》釋經「庶其，非卿也，以地來，雖賤必書，重地也」之義略同。

二十有一年，春，王正月，公如晉。

邾婁庶其以漆❶、閭丘❷來奔。邾婁庶其者何？邾婁大夫也。邾婁無大夫，此何以書？重地也。

夏，公至自晉。

秋，晉欒盈❸出奔楚。

九月庚戌朔，日有食之。

冬，十月庚辰朔，日有食之。

曹伯來朝。

公會晉侯、齊侯、宋公、衛侯、鄭伯、曹伯、莒子、邾婁子于商任❹。

十有一月庚子，孔子生❺。

【注釋】❶漆　邾婁邑，在今山東省鄒城市東北。❷閭丘　邾婁邑，在漆邑的東北。❸欒盈　即懷子，曾為晉公族大夫。欒黶（桓子）的兒子，死於襄公二十三年。❹商任　晉邑，在今河北省任縣東。一說是衛邑，在今河南省安陽市。❺十有一月庚子二句　按：《左傳》經無此條。《穀梁傳》經作「庚子孔子生」，沒有「十有一月」四字，三傳經有不同。歷來眾說紛紜，這裡不作詳究。

【語譯】二十一年，春天，周王正月間，魯襄公到晉國去。

邾婁庶其獻出漆和閭丘兩邑逃奔到魯國。邾婁庶其是什麼人呢？是邾婁國的大夫。邾婁國沒有大夫，這裡為什麼記載呢？因為看重他獻出的邑地。

夏，魯襄公從晉國回到魯國都城。

秋天，晉國欒盈出逃到楚國。

九月庚戌初一這天，魯國發生日食。

冬天，十月庚辰初一這天，魯國發生日食。

曹伯來魯國朝見。

魯襄公和晉侯、齊侯、宋公、衛侯、鄭伯、曹伯、莒子、邾婁子在商任這個地方會見。

十一月庚子這天，孔子出生。

襄公二十有二年

【說明】本年《春秋》書記五事，另書「夏，四月」表明時序，未記事。《公羊傳》均無說解。

二十有二年，春，王正月，公至自會。

夏，四月。

秋，七月辛酉，叔老卒。

冬，公會晉侯、齊侯、宋公、衛公、鄭伯、曹伯、莒子、邾婁子、滕子❶、薛伯、杞伯、小邾婁子于沙隨❷。

公至自會。

楚殺其大夫公子追舒❸。

【注釋】❶滕子　《左傳》經無滕子。❷沙隨　宋邑。見成公十六年注。❸公子追舒　楚公子，字子南。楚莊王的兒子。曾為諫官箴尹，此時為令尹，被殺於朝。

【語譯】二十二年，春天，周王正月間，魯襄公從與諸侯會見的地方回到魯國都城。

夏天，四月。

秋天，七月辛酉這天，魯國叔老死了。

冬天，魯襄公和晉侯、齊侯、宋公、衛公、鄭伯、曹伯、莒子、邾婁子、滕子、薛伯、杞伯、小邾婁子在沙隨這個地方會見。

魯襄公從會見的地方回到魯國都城。

楚國殺了它的大夫公子追舒。

襄公二十有三年

【說　明】本年《春秋》記載十三事，三事有傳。「夏，邾婁鼻我來奔」條，按：前年庶其來奔，是因重地而書。鼻我的身份，傳認為和庶其相同，亦是邾婁大夫，他來奔則說是因近而書。而近的意思，按照何休的說法，是說鼻我把邾婁國治理得近於太平。夏「晉欒盈復入于晉，入于曲沃」條，傳言曲沃為晉邑，經先書入於晉，是晉人不接納；後書入於曲沃，是改由曲沃而入晉。「八月，叔孫豹帥師救晉，次于雍渝」條，傳鑒於僖公元年諸侯軍次於聶北救邢，經先言次後言救，援軍行動遲緩，致使邢國滅亡，傳以此為刺不及事。今此經先言救後言次，是因為救晉乃魯君之命，先通報魯君救晉之命，而後言次用以表示叔孫豹的行止。

二十有三年，春，王二月癸酉朔，日有食之。

三月己巳，杞伯匄❶卒。

夏，邾婁鼻我❷來奔。邾婁鼻我者何？邾婁大夫也。邾婁無大夫，此何以書？以近書也❸。

葬杞孝公。

陳殺其大夫慶虎及慶寅❹。

陳侯之弟光❺自楚歸于陳。

晉欒盈❻復入于晉，入于曲沃❼。曲沃者何？晉之邑也。其言入于晉，入于曲沃何？欒盈將入晉，晉人不納，由乎曲沃而入也。

秋，齊侯伐衛，遂伐晉。

八月，叔孫豹帥師救晉，次于雍渝❽。曷為先言救而後言次？先通君命也。

己卯，仲孫遬❾卒。

冬，十月乙亥，臧孫紇❿出奔邾婁。

晉人殺欒盈。曷為不言殺其大夫？非其大夫也。

齊侯襲莒。

【注釋】❶杞伯匄　杞孝公，名匄。在位十七年。❷鼻我　《公羊傳》認為他是邾婁大夫。《左傳》、《穀梁傳》鼻作「畀」，字通。❸以近書也　何休說：「以其治近於升平，故復書之。」❹慶虎及慶寅　二慶皆為陳卿，執陳政。虎為陳桓公五世孫。❺光　見襄公二十年注。❻欒盈　見襄公二十一年注。❼曲沃　晉地，在今山西省聞喜縣東北。曲沃，原為晉國都城，穆公時遷都於絳（今山西翼城東南），遂為邑。❽雍渝　即《左傳》的「雍榆」。晉邑，在今河南省浚縣西南。❾仲孫遬　見襄公二十年注。❿臧孫紇　即臧武仲，亦稱臧紇，時為魯司寇。

【語譯】二十三年，春天，周王二月癸酉初一這天，魯國發生日食。

三月己巳這天，杞國君主匄死了。

夏天，邾婁鼻我逃到魯國來。邾婁鼻我是什麼人呢？是邾婁國的大夫。邾婁國沒有大夫，這裡為什麼記載呢？因為他把邾婁國治理得近於太平，所以作了記載。

葬了杞孝公。

陳國殺了它的大夫慶虎和慶寅。

陳侯的弟弟光從楚國回到陳國。

晉國欒盈又進入晉國，進入曲沃。曲沃是什麼地方？是晉國的一個城邑。這裡說進入晉國，進入曲沃是怎麼回事呢？欒盈準備進入晉國，晉國人不接納，就經由曲沃進入了晉國。

秋天，齊侯討伐衛國，順便討伐晉國。

八月間，魯國叔孫豹率領軍隊救援晉國，停留在雍渝這個地方。為什麼先說救援以後再說停留呢？是為了先通報魯君救晉的命令。

己卯這天，魯國仲孫遬死了。

冬天，十月乙亥這天，魯國臧孫紇出逃到邾婁國。

晉國人殺了欒盈。為什麼不說殺了它的大夫？因為他不是晉國的大夫。

齊侯襲擊莒國。

襄公二十有四年

【說明】本年《春秋》書記十三事，《公羊傳》均無說解。

二十有四年，春，叔孫豹如晉。

仲孫羯❶帥師侵齊。

夏，楚子伐吳。

秋，七月甲子朔，日有食之，既。

齊崔杼❷帥師伐莒。

大水。

八月癸巳朔，日有食之。

公會晉侯、宋公、衛侯、鄭伯、曹伯、莒子、邾婁子、滕子、薛伯、杞伯、小邾婁子于陳儀❸。

冬，楚子、蔡侯、陳侯、許男伐鄭。

公至自會。

陳鍼宜咎❹出奔楚。

叔孫豹如京師。

大饑。

【注釋】❶仲孫羯　魯大夫。即孟孝伯，亦稱孟孫。孟莊子的庶子，孺子秩的弟弟。死於襄公三十一年。❷崔杼　見成公十八年注。❸陳儀　衛地。在今河北省邢臺市西。《左傳》、《穀梁傳》作「夷儀」。❹鍼宜咎　本陳大夫而奔楚，為楚箴尹。陳鍼子的後代。

【語譯】二十四年，春天，魯國叔孫豹到晉國去。

魯國仲孫羯率領軍隊入侵齊國。

夏天，楚子討伐吳國。

秋天，七月甲子初一這天，魯國發生日全食。

齊國崔杼率領軍隊討伐莒國。

魯國發大水。

八月癸巳初一這天，魯國發生日食。

魯襄公和晉侯、宋公、衛侯、鄭伯、曹伯、莒子、邾婁子、滕子、薛伯、杞伯、小邾婁子在陳儀這個地方會見。

冬天，楚子、蔡侯、陳侯、許男討伐鄭國。

魯襄公從與諸侯會見的地方回到魯國都城。

陳國鍼宜咎出逃到楚國。

魯國叔孫豹到周京城去。

魯國發生大饑荒。

卷二一　襄公下

襄公二十有五年

【說明】本年《春秋》記載十事，有傳者二事。八月「衛侯入于陳儀」條，按：此衛侯是失國居於齊的衛獻公衎，不是在位的衛君剽。傳以陳儀為衛邑，因為衎願意臣事剽而得以進入陳儀。今經不書其入衛而書入衛邑，是揭示他為謀復君位而詐入，並在明春使甯喜弒殺殤公剽的罪過。「十有二月，吳子謁伐楚，門于巢卒」條，傳認為經書「門于巢卒」，意思是吳子進入巢門就死了。諸侯生前按禮不稱名，這裡書吳子名者，是因為他入巢門時受傷，在返回駐地的途中就死了的原故。

二十有五年，春，齊崔杼帥師伐我北鄙。

夏，五月乙亥，齊崔杼弒其君光❶。

公會晉侯、宋公、衛侯、鄭伯、曹伯、莒子、邾婁子、滕子、薛伯、杞伯、小邾婁子于陳儀❷。

六月壬子，鄭公孫舍之❸帥師入陳。

秋，八月己巳，諸侯同盟于重丘❹。

公至自會。

衛侯入于陳儀。陳儀者何？衛之邑也。曷為不言入于衛？諼❺君以弒也。

楚屈建❻帥師滅舒鳩❼。

冬，鄭公孫蠆❽帥師伐陳。

十有二月，吳子謁❾伐楚，門于巢❿卒。門于巢卒者何？入門乎巢而卒也。入門乎巢而卒者何？入巢之門而卒也。吳子謁何以名？傷而返，未至乎舍而卒也。

【注　釋】❶光　齊莊公，名光。因與棠姜私通，被崔杼弒殺，在位六年。❷陳儀　衛地。見上年注。❸公孫舍之　見襄公十一年注。❹重丘　齊邑，在今山東省茌平縣西南。或說在今德州市東北。❺諼　欺詐。❻屈建　字子木。屈到的兒子，嗣其父為楚莫敖，此時為令尹。❼舒鳩　群舒之一，偃姓國。在今安徽省舒城縣東南。❽公孫蠆　見襄公十四年注。❾吳子謁　吳君諸樊，名謁，在位十三年。《左傳》謁作「遏」，字通。❿巢　國名，在今安徽省巢湖市境。

【語　譯】二十五年，春天，齊國崔杼率領軍隊攻擊我國北部邊境地區。

夏天，五月乙亥這天，齊國崔杼殺了他的君主光。

魯襄公和晉侯、宋公、衛侯、鄭伯、曹伯、莒子、邾婁子、滕子、薛伯、杞伯、小邾婁子，在陳儀這個地方會見。

六月壬子這天，鄭國公孫舍之率領軍隊入侵陳國。

秋天，八月己巳這天，各國諸侯共同在重丘這個地方會盟。

魯襄公從會盟的地方回到魯國都城。

衛侯進入陳儀。陳儀是什麼地方？是衛國的一個城邑。為什麼不說進入衛國呢？這是表示他欺騙在位的衛君，目的是想弒殺在位的衛君，以恢復自己的君位。

楚國屈建率領軍隊滅掉了舒鳩國。

冬天，鄭國公孫囆率領軍隊討伐陳國。

十二月間，吳子謁討伐楚國，門于巢卒。門于巢卒是什麼意思呢？是攻打巢邑的城門時死了。攻打巢邑的城門時死了是什麼意思呢？是攻進巢邑城門就死了。吳子謁為什麼記上他的名字呢？因為他受了傷就返回駐地，還沒到住處就死了。

襄公二十有六年

【說　明】本年《春秋》記載十事，二事有傳。二月「甲午，衛侯衎復歸于衛」條，傳認為衎是用欺詐的手段入國並弒殺了衛君剽，經不揭示他的罪惡而說他又回到衛國，是因為剽本來就不應當立，衛國沒有人喜歡他，因而歸惡於他的原故。至於經不記載剽立為國君的事情，同樣也是因為厭惡他。秋「晉人執衛甯喜」條，按：甯喜於今年二月弒其君剽，在這裡經書「晉人執」，並沒有用伯主的名義，根據甯喜的罪行而加以誅討者，是因為晉國執捉他並不是因為他的弒君之罪，而是為了別的原故。

二十有六年，春，王二月辛卯，衛甯喜❶弒其君剽❷。

衛孫林父入于戚❸以叛。

甲午，衛侯衎❹復歸于衛。此諼君以弒也，其言復歸何？惡剽也。曷為惡剽？剽之立，於是未有說❺也。然則曷為不言剽之立？不言剽之立者，以惡衛侯也。

夏，晉侯使荀吳❻來聘。

公會晉人、鄭良霄❼、宋人、曹人于澶淵❽。

秋，宋公殺其世子痤❾。

晉人執衛甯喜。此執有罪，何以不得為伯討？不以其罪執之也。

八月壬午，許男甯❿卒于楚。

冬，楚子、蔡侯、陳侯伐鄭。

葬許靈公。

【注釋】❶甯喜　衛大夫，即悼子，亦稱甯子。因弒殺殤公，把持朝政，明年被殺掉。❷剽　即公孫剽。見襄公元年注。❸戚　衛邑。見襄公十四年注。❹衛侯衎　衛獻公。他從魯襄公十四年出奔齊，至此時回國復位。❺說　通「悅」。喜歡。❻荀吳　晉卿。即中行伯，亦稱中行穆子，荀偃的兒子。昭公時為三軍將佐，位在韓起之下。❼良霄　見襄公十一年注。❽澶淵　衛邑。見襄公二十年注。❾世子痤　宋平公的太子，名痤。被譖自縊而死。《穀梁傳》痤作「座」，字通。❿許男甯　許靈公，名甯。在位四十五年。

【語　譯】二十六年，春天，周王二月辛卯這天，衛國甯喜弒殺了他的君主剽。

衛國孫林父進入他的封邑戚就反叛了衛國。

甲午這天，衛國君主衎又回到衛國。這是欺騙衛君並且弒殺了他，說又回到衛國是為什麼呢？因為痛恨殤公剽。為什麼痛恨剽呢？因為剽立為國君，直到現在沒有人喜歡他。那麼為什麼不記載剽立為國君的事呢？不記載剽立為國君，是因為憎恨他的僭位。

夏天，晉侯差遣荀吳來魯國聘問。

魯襄公和晉國人、鄭國良霄、宋國人、曹國人在澶淵這個地方會見。

秋天，宋公殺了他的太子痤。

晉國人捕捉了衛國甯喜。這是捕捉有罪的人，為什麼不用伯主討伐有罪諸侯的名義呢？因為不是為他所犯的弒君罪行而捕捉他的。

八月壬午這天，許君甯死在楚國。

冬天，楚子、蔡侯、陳侯討伐鄭國。

葬了許靈公。

襄公二十有七年

【說　明】本年《春秋》書記五事，二事有傳。夏「衛殺其大夫甯喜，衛侯之弟鱄出奔晉」條，傳釋此經，專就鱄逃晉事立說，認為他是為甯喜被殺而攜其妻子出奔的。傳歷述獻公被逐，甯喜欲納獻公而信任公子鱄，獻公迫使鱄與甯喜相約，以及獻公入衛即背信棄義殺了甯喜的事實經過，在敘事中隱見其義，表露出對鱄無罪而出逃的深切同情。「秋，七月辛巳，豹及諸侯之大夫盟于宋」條，傳鑒於僖公五年夏經書「公及齊侯等盟于首戴」而於秋八月即書「諸侯盟于首戴」，不再重出「公」，此經已於夏書「叔孫豹會晉趙武等于宋」，這條又重出「豹」者，是為了使諸侯感到有危險，因為衛大夫石惡參與這次會盟，他與弒殺衛君的甯喜是同黨，他在這裡，則諸侯都有被大夫弒殺的危險。

二十有七年，春，齊侯使慶封❶來聘。

夏，叔孫豹會晉趙武❷、楚屈建❸、蔡公孫歸生❹、衛石惡❺、陳孔瑗❻、鄭良霄、許人、曹人于宋。

衛殺其大夫甯喜，衛侯之弟鱄❼出奔晉。衛殺其大夫甯喜，則衛侯之弟鱄曷為出奔晉？為殺甯喜出奔也。曷為為殺甯喜出奔？衛甯殖❽與孫林父逐衛侯而立公孫剽，甯殖病將死，謂喜曰：「黜公者，非吾意也，孫氏為之。我即死，女能因納公乎？」喜曰：「諾。」甯殖死，喜立為大夫。使人謂獻公曰：「黜公者，非甯氏也，孫氏為之。吾欲納公何如？」獻公曰：「子苟納我，吾請與子盟。」喜曰：「無所用盟，請使公子鱄約❾之。」獻公謂公子鱄曰：「甯氏將納我，吾欲與之盟。其言曰：『無所用盟，請使公子鱄約之。』子固為我與之約矣。」公子鱄辭曰：「夫負羈縶❿，執鈇鑕⓫，從君東西南北，則是臣僕庶孽之事也。若夫約言為信，則非臣僕庶孽之所敢與也。」獻公怒曰：「黜我者，非甯氏與孫氏，凡在爾。」公子鱄不得已而與之約，已約，歸至，殺甯喜。公子鱄挈其妻子而去之，將濟于河，攜其妻子而與之盟，曰：「苟有履衛地食衛粟者，昧雉彼視。」

秋，七月辛巳，豹⓬及諸侯之大夫盟于宋。曷為再言豹？殆諸侯也。曷為殆諸侯？為衛石惡在是也，曰惡人之徒在是矣。

冬，十有二月乙亥朔，日有食之。

【注釋】❶慶封　字子家。因他行第最幼，亦稱慶季。齊崔杼弒莊公，立景公，以慶封為左相。❷趙武　晉卿。即趙文子，亦稱趙孟。歷任新軍、上軍、中軍將。代士匄執晉國政。❸屈建　見襄公二十五年注。❹公孫歸生　蔡宗室，字子家，亦稱聲子，即公孫姓，公子朝的兒子。❺石惡　衛大夫，石碏的後人。❻孔瑗　陳大夫，魯昭公八年楚滅陳時被殺。《左傳》瑗作「奐」，字通。❼鱄　衛公子，字子鮮，衛獻公的母弟。❽甯殖　衛大夫。即甯惠子。亦稱甯子。甯喜的父親。❾約　相互約定共守的條件，不必盟誓。❿羈縶　馬絡頭和馬繮繩。⓫鈇鑕　斬人的刑具。鈇，鍘刀。鑕，墊在下面的砧板。⓬豹　指魯大夫叔孫豹。

【語譯】二十七年，春天，齊侯差遣慶封來魯國聘問。

夏天，魯國叔孫豹和晉國趙武、楚國屈建、蔡國公孫歸生、衛國石惡、陳國孔瑗、鄭國良霄、許國人、曹國人在宋國都城會見。

衛國殺了它的大夫甯喜，衛侯的弟弟鱄出逃到晉國。衛國殺了它的大夫甯喜，那衛侯的弟弟鱄為什麼要出逃到晉國呢？是為了甯喜被殺而出逃的。為什麼為了甯喜被殺而出逃呢？原因是衛國甯殖和孫林父驅逐衛侯衎，另立公孫剽為君，甯殖重病，快要死的時候，對甯喜說：「廢黜衛侯衎，不是我的意願，是孫林父要這樣做的。我如果死了，你能夠把衛侯衎接納回國嗎？」喜說：「可以。」甯殖死後，喜承襲為大夫，派人對衛獻公說：「廢黜您的，不是我們甯氏，是孫氏做的。我想接納您回國，您看怎麼樣呢？」獻公說：「您如果接納我，請和您盟誓。」喜說：「用不著盟誓，請派公子鱄來約定就行了。」獻公對公子鱄說：「甯氏準備接納我，我想和他盟誓，他說：『用不著盟誓，請派公子鱄來約定就行了。』你一定要為我的事去和他約定。」公子鱄辭謝說：「扛著馬籠頭和繮繩，拿著斬人的刑具，跟隨君主到東西南北四方去，那是像我這樣臣僕庶孽地位低微的人的事情，至於立條約以為憑信，那不是像我這樣臣僕庶孽地位低微的人所敢參與的。」獻公發怒說：「廢黜我的，不是甯氏和孫氏，全是因為你！」公子鱄迫不得已和甯喜訂了約。訂約以後，獻公回到衛國，就殺了甯喜。公子鱄帶領著他的妻子兒女逃離了衛國，將要渡黃河的時候，帶著他的妻子兒女和他們盟誓，說：「如果有踏上衛國土地，吃衛國糧食的，就像這隻被殺的野雞一樣！」

秋天，七月辛巳這天，魯國叔孫豹和諸侯的大夫們在宋國都城會盟。為什麼第二次說到叔孫豹呢？是為使諸侯感覺到危險。為什麼為使諸侯感覺到危險呢？因為衛國石惡在這裡，這等於說惡人的黨徒全在這裡。

冬天，十二月乙亥初一這天，魯國發生日食。

襄公二十有八年

【說明】本年《春秋》書記九事，《公羊傳》均無說解。

二十有八年，春，無冰。

夏，衛石惡出奔晉。

邾婁子來朝。

秋，八月，大雩。

仲孫羯❶如晉。

冬，齊慶封來奔。

十有一月，公如楚。

十有二月甲寅，天王❷崩。

乙未，楚子昭❸卒。

【注　釋】❶仲孫羯　魯宗族臣，見襄公二十四年注。❷天王　指周靈王。周簡王的兒子，在位二十七年。❸楚子昭　楚康王，名昭。楚共王的兒子，在位十五年。

【語　譯】二十八年，春天，魯國河流水泊沒有結冰。

夏天，衛國石惡出逃到晉國。

邾婁子來魯國朝見。

秋天，八月間，魯國舉行盛大的求雨祭祀。

魯國仲孫羯到晉國去。

冬天，齊國慶封逃到魯國來。

十一月間，魯襄公到楚國去。

十二月甲寅這天，周靈王死了。

乙未這天，楚君昭死了。

襄公二十有九年

【說明】本年《春秋》記載十一事，三事有傳。經於春正月書「公在楚」，傳認為歲首記此事，是因為襄公久在夷狄國家，臣子存念君主。夏「閽弒吳子餘祭」條，傳以閽字為義，認為閽是門人，用刑人充當。刑人性惡，不是常人，所以君子不近刑人，吳子接近刑人，是輕視死亡的做法。「吳子使札來聘」條，吳是夷狄國家，一向被看作無君無大夫，傳認為此經因推重季子讓國之賢，故書吳子以承認吳國有君，稱使札來聘，以承認吳國有大夫。傳文詳述季札幾次讓國的事情，表明他不受、不殺的賢明。並提出札是季子之名，依《春秋》書例賢者不稱名，這裡經稱其名，是因為稱許夷狄國家的君臣，不是一次就能徹底的。如果經書札的字號，是違離君前臣名、父前子名之義的。

二十有九年，春，王正月，公在楚。何言乎公在楚？正月以存君也。

夏，五月，公至自楚。

庚午，衛侯衎❶卒。

閽弒吳子餘祭❷。閽者何？門人也，刑人也。刑人則曷為謂之閽？刑人非其人也。君子不近刑人，近刑人則輕死之道也。

仲孫羯會晉荀盈❸、齊高止❹、宋華定❺、衛世叔齊❻、鄭公孫段❼、曹人、莒人、邾婁人、滕人、薛人、小邾婁人城杞。

晉侯使士鞅⑧來聘。

杞子來盟。

吳子使札⑨來聘。吳無君無大夫，此何以有君有大夫？賢季子也。何賢乎季子？讓國也。其讓國奈何？謁也、餘祭也、夷昧也，與季子同母者四，季子弱而才，兄弟皆愛之，同欲立之以為君。謁曰：「今若是迮⑩而與季子國，季子猶不受也，請無與子而與弟，弟兄迭為君，而致國乎季子。」皆曰：「諾。」故諸為君者，皆輕死為勇，飲食必祝，曰：「天苟有吳國，尚速有悔於予身。」故謁也死，餘祭也立。餘祭也死，夷昧也立。夷昧也死，則國宜之季子者也。季子使而亡焉。僚者長庶也，即之，季子使而反至而君之爾。闔廬⑪曰：「先君之所以不與子國而與弟者，凡為季子故也。將從先君之命與，則國宜之季子者也；如不從先君之命與，則我宜立者也，僚惡得為君乎？」於是使專諸刺僚，而致國乎季子。季子不受曰：「爾弒吾君，吾受爾國，是吾與爾為篡也。爾殺吾兄，吾又殺爾，是父子兄弟相殺終身無已也。」去之延陵⑫，終身不入吳國。故君子以其不受為義，以其不殺為仁。賢季子則吳何以有君有大夫？以季子為臣，則宜有君者也。札者何？吳季子之名也。《春秋》賢者不名，此何以名？許夷狄者不壹而足也。

季子者所賢也，曷為不足乎季子？許人臣者必使臣，許人子者必使子也⑬。

秋，九月，葬衛獻公。

齊高止出奔北燕⑭。

冬，仲孫羯如晉。

【注　釋】❶衛侯衎　衛獻公衎，定公的兒子，在位三十三年，參見襄公二十六年注。❷吳子餘祭　吳君餘祭。諸樊的弟弟，在位四年。❸荀盈　晉臣。即知悼子，亦稱知伯、知盈。知罃的兒子，此時二十三歲。❹高止　齊大夫。字子容，亦稱高氏，因好生事居功，專權，於本年被放逐至北燕。❺華定　宋司徒。華椒的孫子。於昭公二十年奔陳，第二年自陳入宋以叛，後又奔楚。❻世叔齊　衛大夫。即大叔疾，亦稱大叔。《左傳》經作「世叔儀」。齊與儀不是一人，以《左傳》為是。❼公孫段　鄭大夫，字子石。亦稱伯石。襄公三十年，三次偽辭卿位，終於接受策命，位僅次於子產。❽士鞅　晉卿，即范鞅。亦稱范叔、獻子。范宣子（士匄）的兒子。❾札　即吳公子季札。吳王諸樊的母弟，多次推讓君位。封於延陵，後又封州來，因稱延陵季子、延州來季子。❿迮　倉促。⓫闔廬　吳王闔廬。吳王諸樊的兒子，即公子光。弒僚而自立。⓬延陵　吳邑，在今江蘇省常州市。⓭許人臣者二句　《公羊傳》認為君前臣名，父前子名。如果《春秋》在「吳子使札來聘」條不稱札而稱季子字，那就違背了君前臣名的原則，季子就不能稱為人臣了。⓮北燕　即燕國，姬姓，開國君主是召公奭。地在今河北省北部和遼寧省西端。

【語　譯】二十九年，春天，周王正月，魯襄公在楚國。為什麼記載襄公在楚國呢？在歲首正月記載這件事，是表示臣子存念君主。

夏天，五月間，魯襄公從楚國回到魯國都城。

庚午這天，衛侯衎死了。

閽弒殺了吳國君主餘祭。閽是什麼人？是守門的人，受過刑的人。受過刑的人為什麼叫他看門呢？因為受過刑的人是不應當用為守門人的。君子是不應當接近受過刑的人的，接近受過刑的人是輕視死亡的做法。

魯國仲孫羯會同晉國荀盈、齊國高止、宋國華定、衛國世叔齊、鄭國公孫段、曹國人、莒國人、邾婁國人、滕國人、薛國人、小邾婁國人修建杞國都城。

晉侯差遣士鞅來魯國聘問。

杞子來魯國盟誓。

吳子差遣季札來魯國聘問。吳國被視為沒有君主、沒有大夫，這裡為什麼承認吳國有君主、有大夫呢？因為推重季子的賢明。為什麼推賢季子呢？因為他辭讓君位。他怎樣辭讓君位呢？謁、餘祭、夷昧和季子是同母四兄弟，季子年少而有才能，三位兄長全都很喜歡他，都想立他為國君。謁說：「現在如果倉促地把君位交給他，季子不會接受。請不要把君位傳給兒子而傳給弟弟，兄弟更迭做君主，最終把君位傳給季子。」餘祭和夷昧都說：「好。」所以幾位當君主的，都或輕視死亡，或行為勇敢，吃飯時必定禱告，說：「上天如果想保有吳國，望盡快降災到自己身上。」所以謁死，餘祭繼立；餘祭死，夷昧繼立；夷昧死，那繼立的就應當是季子了。季子藉出使的機會逃避了。僚是長庶子，繼立為君。季子出使回到國都，遵奉僚為君主。闔廬說：「先君所以不把君位傳給兒子而傳給弟弟，都是為立季子為君的原故。如果要遵從先君的命令，那麼君主應當是季子；如果不遵從先君的命令，那麼我應當立為君主，僚怎麼能當君主呢？」於是派專諸刺殺了僚，並把君位交給季子。季子不接受，說：「你弒殺了我的君主，我如果接受你交給的君位，是我和你一起篡奪了君位。你殺了我的哥哥，如果我又殺了你，是父子兄弟骨肉相殘，終身不能停止了。」遂就離開吳都到了延陵，從此終生不再進入吳國。所以君子認為他不受君位是講道義，認為他不殺闔廬是講仁慈。推賢季子那為什麼承認吳國有君、有大夫呢？認為季子是臣，則應當有君主才行。札是什麼意思？是吳國季子的名。《春秋》對於賢明的人士，依例不稱名而稱字，這裡為什麼稱用他的名呢？因為稱許夷狄國家的君臣，不是一次就能徹底的。季子是被推賢的人，為什麼不完全按照對賢者稱字的書例稱呼他呢？因為稱許一個臣子，他一定確實是位人臣；稱許一個兒子，他一定確實是位人子。

秋天，九月間，葬了衛獻公。

齊國高止出逃到北燕。

冬天，魯國仲孫羯到晉國去。

襄公三十年

【說　明】本年《春秋》記載九事，三事有傳。「秋，七月，叔弓如宋葬宋共姬」條，傳以為此經有二義，一是書外夫人葬，意在隱諱此事；二是因為褒贊伯姬守禮不下堂、終被燒死的操行，而稱她的諡號共姬。「冬，十月，葬蔡景公」條，按：本年「夏，四月，蔡世子般弒其君固」，因賊未討經不書其葬事，本條同樣也是賊未討卻書記景公的葬事，傳認為這是君子諱言弒君之事的一種恕辭。十月「晉人等會于澶淵」條，傳認為「宋災故」的意思，是說這次諸侯之會全是為了宋國發生火災的原故，這是記錄有關伯姬的事情。同時藉此聚會，商定歸還過去侵佔宋國的財物。認為這次與會者是各國之卿，經不稱卿而稱人，是貶責他們作為諸侯國卿，不應當為它國諸侯的事情而憂慮。

三十年，春，王正月，楚子使薳頗❶來聘。

夏，四月，蔡世子般❷弒其君固❸。

五月甲午，宋災，伯姬❹卒。

天王殺其弟年夫❺。

王子瑕❻奔晉。

秋，七月，叔弓❼如宋葬宋共姬。外夫人不書葬，此何以書？隱之也。何隱爾？宋災，伯姬卒焉。其稱諡何？賢也。何賢爾？宋災，伯姬存焉，有司復曰：「火至矣，請出。」伯姬曰：「不可。吾聞之也，婦人夜出，不見傅、母不下堂。傅至矣，母未至也。」逮乎火而死。

鄭良霄出奔許，自許入于鄭，鄭人殺良霄。

冬，十月，葬蔡景公。賊未討何以書葬？君子辭也。

晉人、齊人、宋人、衛人、鄭人、曹人、莒人、邾人、滕人、薛人、杞人、小邾婁人會于澶淵❽，宋災故。宋災故者何？諸侯會于澶淵，凡為宋災故也。會未有言其所為者，此言所為何？錄伯姬也。諸侯相聚，而更宋之所喪，曰死者不可復生，爾財復矣。此大事也，曷為使微者？卿也。卿則其稱人何？貶。曷為貶？卿不得憂諸侯也。

【注釋】❶蘧頗　楚令尹，即子蕩。《左傳》、《穀梁傳》頗作「罷」，字通。❷世子般　即蔡靈公。他弒殺景公而自立。❸固　蔡景公，名固。繼文侯而立，在位四十九年。❹伯姬　魯女嫁與宋者，諡共姬。❺年夫　周靈王的兒子，景王的弟弟。被周大夫尹言多等殺死。《左傳》、《穀梁傳》作「佞夫」。年、佞音近，字通。❻王子瑕　周王子。❼叔弓　魯宗族。魯宣公的曾孫，叔老的兒子。又稱子叔敬叔、子叔子。❸澶淵　見襄公二十年注。

【語　譯】三十年，春天，周王正月間，楚子差遣薳頗來魯國聘問。

夏天，四月間，蔡國太子般弒殺了他的君主固。

五月甲午這天，宋國發生火災，伯姬死了。

周王殺了他的弟弟年夫。

周室王子瑕逃到晉國。

秋天，七月間，魯國叔弓到宋國去，安葬宋共姬。魯國以外國家的夫人不記載她的葬事，這裡為什麼記載呢？為了隱諱。隱諱什麼事呢？宋國發生火災，伯姬死了。這裡稱她的謚號是為什麼呢？是認為她賢慧守禮。為什麼認為她賢慧守禮呢？宋國發生火災，伯姬留在寢宮裡，官員稟報說：「火已經燒到這裡了，請您出去吧！」伯姬說：「不可以。我聽說，婦人夜間外出，不見到師傅和保姆是不能走下寢宮臺階的，現在師傅已經到了，保姆還沒有到。」火燒到這裡她就被燒死了。

鄭國良霄出逃到許國，又從許國回到鄭國。鄭國人殺了良霄。

冬天，十月間，葬了蔡景公。弒君的賊子尚未被誅討，為什麼記載他的葬事呢？這是君子一種寬恕的文辭。

晉國人、齊國人、宋國人、衛國人、鄭國人、曹國人、莒國人、邾婁國人、滕國人、薛國人、杞國人、小邾婁國人在澶淵這個地方會見，宋災故。宋災故是什麼意思？是說各國諸侯在澶淵會見，都是為宋國發生火災的原故。會見沒有說原故的，這裡說原故是為什麼呢？為了記錄伯姬的賢慧守禮。各國諸侯聚會，商定歸還宋國喪失的財物，說：「死了的人不能復生，你們宋國財物是可以歸還的。」這是一件大事，為什麼要派地位低微的人與會呢？與會者是身居高位的卿。既然是卿，那麼稱他們為人是為什麼呢？是貶責。為什麼貶責呢？因為卿不應當為諸侯的事情而憂慮。

襄公三十有一年

【說明】本年《春秋》首書「春，王正月」表明時序，全年書記五事，《公羊傳》均無說解。

三十有一年，春，王正月。

夏，六月辛巳，公薨于楚宮❶。

秋，九月癸巳，子野❷卒。

己亥，仲孫羯卒。

冬，十月，滕子來會葬。

癸酉，葬我君襄公。

十有一月，莒人弒其君密州❸。

【注釋】❶楚宮　魯襄公在國都所築宮名。❷子野　魯公子。襄公的兒子，母敬歸，襄公的妾。❸密州　莒君名。《春秋》僅一見。《左傳》釋經作「買朱鉏」。

【語譯】三十一年，春天，周王正月。

夏天，六月辛巳這天，魯襄公死在楚宮裡。

秋天，九月癸巳這天，魯國子野死了。

己亥這天，魯國仲孫羯死了。

冬天，十月間，滕子來魯國參與襄公的葬禮。

癸酉這天，葬了我魯國君主襄公。

十一月間，莒國人弒殺了他的君主密州。

卷二二　昭公上

昭公元年

【說　明】本年《春秋》記載十二事，五事有傳。正月「叔孫豹會晉趙武等于漷」條，傳以公子招為陳侯之弟，認為經不稱弟，是因他殺了太子偃師而貶抑他（招殺偃師事在昭公八年，依傳意，經是在預貶了）。大夫相殺，依例稱人，昭公八年經不稱陳人殺而稱招殺，是表示招將從此而弒君。按照《春秋》「君親無將，將而必誅」之義，將弒與親弒罪同。如果等他親手弒殺了君主，他的罪惡不待貶抑就已充份顯示了出來，所以要在將弒而未弒時加以貶抑，以顯示招罪的嚴重性，其嚴重性在於楚國藉口誅伐他而滅了陳國。「三月，取運」條，傳認為說取，是因為運邑人反叛了魯國。「夏，秦伯之弟鍼出奔晉」條，傳從經書鍼之名，書其出奔而立義。認為依例經非大夫不書名，秦無大夫而書鍼之名者，是因為他仕於晉為大夫。秦伯乃千乘國的國君，竟容不下自己的母弟，所以經書鍼出奔，以彰顯秦景公的罪過。六月「晉荀吳帥師敗狄于大原」條，傳以大原即大鹵，說大原是中國的名稱，大鹵是狄人的名稱。地、物當從中國的名稱，邑、人當從主人的名稱。並對原字以及由原而說到的隰字的詞義，作了析解。秋「叔弓帥師疆運田」條，傳以疆田為劃分魯、莒兩國國境。劃分國境要帥師前往，是因為懼怕莒國。

元年，春，王正月，公❶即位。

叔孫豹會晉趙武❷、楚公子圍❸、齊國酌❹、宋向戌❺、衛石惡、陳公子招❻、蔡公孫歸生❼、鄭軒虎❽、許人、曹人于漷❾。此陳侯之弟招也，何以不稱弟？貶。曷為貶？為殺世子偃師❿貶，曰陳侯之弟招殺陳世子偃師。大夫相殺稱人，此其稱名氏以殺何？言將自是弒君也。今將爾，詞曷為與親弒者同？君親無將，將而必誅焉。然則曷為不於其弒焉貶？以親者弒，然後其罪惡甚，《春秋》不待貶絕而罪惡見者，不貶絕以見罪惡也。貶絕然後罪惡見者，貶絕以見罪惡也。今招之罪已重矣，曷為復貶乎此？著招之有罪也。何著乎招之有罪？言楚之託乎討招以滅陳也。

三月，取運⓫。運者何？內之邑也。其言取之何？不聽也。

夏，秦伯之弟鍼⓬出奔晉。秦無大夫，此何以書？仕諸晉也。曷為仕諸晉？有千乘之國，而不能容其母弟，故君子謂之出奔也。

六月丁巳，邾婁子華⓭卒。

晉荀吳⓮帥師敗狄于大原⓯。此大鹵也，曷為謂之大原？地、物從中國，邑、人名從主人。原者何？上平曰原，下平曰隰。

秋，莒去疾⑯自齊入于莒。莒展⑰出奔吳。叔弓⑱帥師疆⑲運田。疆運田者何？與莒為竟也。與莒為竟，則曷為帥師而往？畏莒也。

葬邾婁悼公。

冬，十有一月己酉，楚子卷⑳卒。

楚公子比㉑出奔晉。

【注釋】❶公　指魯昭公。名裯，或作稠。襄公的兒子，齊歸所生，在位三十二年。❷趙武　見襄公二十七年注。❸公子圍　即楚靈王，魯昭公二年即位。此時尚為楚公子，官令尹。❹國酌　齊大夫。即國景子，亦稱國子。《左傳》作「國弱」，酌、弱字通。❺向戌　見襄公十五年注。❻公子招　陳宗室。陳哀公的弟弟，官司徒。❼公孫歸生　見襄公二十七年注。❽軒虎　即子皮。代父子展為鄭上卿，位在子產以上。❾漷　即《左傳》的「虢」、《穀梁傳》的「郭」。國名，姬姓。此為東虢，在今河南省滎陽市。為鄭所滅。❿世子偃師　陳哀公的大子，名偃師，元妃所生。諡為悼，故亦稱悼大子。⓫運　此指東運。見文公十二年注。《左傳》經作「鄆」，字通。⓬鍼　即伯車，亦稱后子。秦桓公的兒子，景公的母弟，有寵於桓公。⓭邾婁子華　邾婁悼公，名華，在位十五年。⓮荀吳　晉卿。見襄公二十六年注。⓯大原　即《左傳》經的「大鹵」，在今山西省太原市及其附近一帶。⓰莒去疾　莒君著丘公，名去疾。莒子密州的兒子。⓱莒展　即展輿，莒子密州的廢太子，弒殺密州自立為莒君。⓲叔弓　見襄公三十年注。⓳疆　邊界。這裡是動詞用法，謂劃疆界。⓴楚子卷　楚君郟敖。康王的兒子，在位四年。㉑公子比　楚宗室。即子干，亦稱訾敖，時為楚右尹。共王的兒子，康王、靈王的弟弟。魯昭公十三年，靈王自縊而死，他即君位，不久因亂而自殺。

【語譯】元年，春天，周王正月，魯昭公即位為君。

魯國叔孫豹和晉國趙武、楚國公子圍、齊國國酌、宋國向戌、衛國石惡、陳國公子招、蔡國公孫歸生、鄭國軒虎、許國人、曹國人在漷這個地方會見。這是陳國君主的弟弟招，為什麼不稱他弟弟呢？是貶責。為什麼貶責？因為殺了太子偃師而貶責他。《春秋》昭公八年，說陳君的弟弟招殺了陳國太子偃師。大夫殺大夫稱為人，昭公八年稱他的名氏記載他殺太子的事是為什麼呢？這是說公子招將從此弒殺陳國君主。目前只是將要弒殺君主，所用的文詞為什麼和他已親手弒殺了君主相同呢？因為對於君主和父母是不能有叛逆念頭的，如果有了這種念頭，就必定要被誅殺。既然這樣，那麼為什麼不在他弒殺君主時貶責他呢？他親手弒殺了君主，這樣他的罪惡就更為嚴重了。《春秋》對於不用貶責、黜絕其罪惡已很明顯的，不必等待貶責、黜絕就可以表現出來。如果要貶責、黜絕其罪惡才能顯現出來，就加以貶責、黜絕，以顯示其罪惡。現今公子招的罪惡已經很嚴重了，為什麼在這裡又貶責他呢？是為了顯示招的罪惡。為什麼顯示招的罪惡呢？這是說楚國藉口誅伐公子招而滅了陳國。

三月，魯國佔取了運邑。運是什麼地方呢？是魯國的一個城邑。既然是魯邑，說佔取了它是為什麼呢？因為運邑人反叛了魯國，不聽從魯國的命令。

夏天，秦國君主的弟弟鍼出逃到晉國。秦國沒有被承認有大夫，這裡為什麼記載呢？因為鍼在晉國做了官。秦是有千輛兵車的國家，可是秦君竟容不下自己的母弟，所以君子說他出逃了。

六月丁巳這天，邾婁國君華死了。

晉國荀吳率領軍隊在大原這個地方打敗狄人。這兒是大鹵，為什麼說大原呢？地和物品的名稱遵從中原各國，邑和人的名稱遵從各自的主人。原是什麼意思？地勢高廣而平坦的地方叫原，地勢低下而平坦的地方叫隰。

秋天，莒國去疾從齊國進入莒國。

莒國君主展出逃到吳國。

魯國叔弓率領軍隊疆運田。疆運田是什麼意思？是與莒國劃定邊界。與莒國劃定邊界，那為什麼要率領軍隊前去呢？因為懼怕莒國。

葬了邾婁悼公。

冬天，十一月己酉這天，楚君卷死了。

楚國公子比出逃到晉國。

昭公二年

【說　明】本年《春秋》記載五事，有傳的「冬，公如晉，至河乃復」一事。認為經言至河乃復，是表示魯昭公不敢再往前進。

二年，春，晉侯使韓起❶來聘。

夏，叔弓如晉。

秋，鄭殺其大夫公孫黑❷。

冬，公如晉，至河乃復。其言至河乃復何？不敢進也。

季孫宿❸如晉。

【注　釋】❶韓起　即韓宣子。從本年起為韓中軍元帥。❷公孫黑　鄭大夫。字子晳。子駟的兒子。❸季孫宿　即季武子。見襄公六年注。

【語譯】二年，春，晉侯差遣韓起來魯國聘問。

夏天，魯國叔弓到晉國去。

秋天，鄭國殺了它的大夫公孫黑。

冬天，魯昭公到晉國去，到了黃河邊上就回來了。說到了黃河邊上就回來了是為什麼呢？因為他不敢再往前走了。

魯國季孫宿到晉國去。

昭公三年

【說明】本年《春秋》記載七事，《公羊傳》均無說解。

三年，春，王正月丁未，滕子泉❶卒。

夏，叔弓如滕。

五月，葬滕成公。

秋，小邾婁子來朝。

八月，大雩。

冬，大雨雹。

北燕伯款❷出奔齊。

【注　釋】❶滕子泉　滕成公，名泉。滕文公的兒子。《左傳》泉作「原」，聲系同，字通。❷北燕伯款　《左傳》以為即燕簡公。《史記》以為是燕惠公。

【語　譯】三年，春天，周王正月丁未這天，滕國君主泉死了。

夏天，魯國叔弓到滕國去。

五月間，葬了滕成公。

秋天，小邾婁國君主來魯國朝見。

八月間，魯國舉行盛大的求雨祭祀。

冬天，魯國下了大冰雹。

北燕國君主款出逃到齊國。

昭公四年

【說　明】本年《春秋》書記七事，二事有傳。「秋，七月，楚子等伐吳，執齊慶封殺之」條，傳認為經書伐吳而言執齊慶封，是因為慶封逃到吳國、被吳封於防，楚子是為齊國而誅殺他。經書伐吳而不書伐防，是不贊許吳有擅自封邑的權力。至於慶封的罪行，是他逼迫齊君並給齊國造成禍亂。「九月，取鄫」條，傳認為「取」即滅，滅而言取，是避諱魯國做的大壞事。其實，襄公六年經已明書「莒人滅鄫」，據本年《左傳》記事，今莒亂，著丘公即位而不安撫鄫國，鄫遂叛莒而投魯，所以經說取。《公羊傳》釋經，往往有不究史實而為說的情況。

四年，春，王正月，大雨雪。

夏，楚子、蔡侯、陳侯、鄭伯、許男、徐❶子、滕子、頓❷子、胡❸子、沈❹子、小邾婁子、宋世子佐❺、淮夷❻會于申❼。

楚人執徐子。

秋，七月，楚子、蔡侯、陳侯、許男、頓子、胡子、沈子、淮夷伐吳，執齊慶封殺之。此伐吳也，其言執齊慶封何？為齊誅也。其為齊誅奈何？慶封走之吳，吳封之於防❽。然則曷為不言伐防？不與諸侯專封也。慶封之罪何？脅齊君而亂齊國也。

遂滅厲❾。

九月，取鄫❿。其言取之何？滅之也。滅之則其言取之何？內大惡諱也。

冬，十有二月乙卯，叔孫豹⓫卒。

【注釋】❶徐　國名。周初徐戎所建，在今安徽省泗縣一帶。❷頓　國名。在今河南省項城市西。後滅於楚。❸胡　國名，歸姓。在今安徽省阜陽市。後滅於楚。❹沈　國名，姬姓，一說姒姓。在今河南省汝陽縣東南。後滅於蔡。❺世子佐　即宋元公，於魯昭公十一年即位。❻淮夷　國名。其族散居在淮北、淮南，不止一種。❼申　本西周封國，姜姓。被楚文王所滅，此時已為楚邑，在今河南省南陽市北。❽防　本莒邑，後歸魯，在今山東省安丘市西南。與魯的西、東二防不是一地。❾厲　國名，在今湖北省隨州市東北。《左傳》作「賴」，聲系同，字通。❿鄫　本為姒姓國，滅於莒，此時已為莒邑。在今山東省棗莊市東。⓫叔孫豹　見襄公二年注。

【語　譯】四年，春天，周王正月間，魯國下了大雪。

夏天，楚子、蔡侯、陳侯、鄭伯、許男、徐子、滕子、頓子、胡子、沈子、小邾婁子、宋國太子佐、淮夷人在申這個地方會見。

楚國人捕捉了徐國君主。

秋天，七月間，楚子、蔡侯、陳侯、許男、頓子、胡子、沈子、淮夷人討伐吳國，捕捉住齊國慶封把他殺掉了。這是討伐吳國，說捕捉住齊國慶封把他殺掉是為什麼呢？這是為齊國誅殺他。為齊國誅殺他是怎麼回事呢？事情是慶封逃跑到吳國，吳國把他封在防邑。那麼為什麼不說討伐防邑呢？因為不贊成諸侯有擅自封賜的權力。慶封的罪行是什麼呢？是逼脅齊君並且給齊國造成禍亂。

順便滅掉了厲國。

九月間，魯國攻佔了鄫國。這裡說攻佔是什麼意思呢？是把鄫國滅掉了。滅掉鄫國說攻佔了它是為什麼呢？為了對魯國做的大壞事避諱的原故。

冬天，十二月乙卯這天，魯國叔孫豹死了。

昭公五年

【說　明】本年《春秋》記載八事，四事有傳。「春，王正月，舍中軍」條，按：襄公十一年魯作三軍，傳以為譏立三卿。今經言舍中軍，也就是恢復二軍的舊制，所以傳說「復古也」，隱含褒贊的意思。至於傳云「曷為不言三卿」，則是針對前經魯作三軍而立言，在作傳者看來，魯本來只有二卿，說作三軍就是多立一軍，也就是多立一卿，意思清楚明白；如果那時說立中軍，三和五都有中，就不清楚是作三軍還是作五軍了。不像這裡書舍中軍，一看就明白是三中舍一，不會產生誤解。「夏，莒牟夷以牟婁及防、茲來奔」條，傳以莒牟夷為莒國大夫。依例經非大夫不書名，莒國又沒有被承認有大夫，今經書其名，是因為重地。並就「及」字立義，認為先言牟婁，再言防、茲，公邑和私邑之間用「及」，表示兩者不能等列。七月「戊辰，叔弓帥師敗莒師于濆泉」條，傳以濆泉為涌泉，未涉及義例。同月「秦伯卒」，傳認為經不書秦伯的名字，是因秦是夷族，夷俗國君生嫡長子隱匿其名，待後選擇勇猛過人者立為君，所以不知道這位秦君的名字。至於經有時又書記秦君的名字，則是因為嫡長子被立為君，便可以公開他的名字的原故。

五年，春，王正月，舍中軍❶。舍中軍者何？復古也。然則曷為不言三卿？五亦有中，三亦有中。

楚殺其大夫屈申❷。

公如晉。

夏，莒牟夷以牟婁❸及防、茲❹來奔。莒牟夷者何？莒大夫也。莒無大夫，此何以書？重地也。其言及防、茲來奔何？不以私邑累公邑也。

秋，七月，公至自晉。

戊辰，叔弓帥師敗莒師于濆泉❺。濆泉者何？直泉也。直泉者何？涌泉也。

秦伯❻卒。何以不名？秦者夷也，匿嫡之名❼也。其名❽何？嫡得之也。

冬，楚子、蔡侯、陳侯、許男、頓子、沈子、徐人、越人伐吳。

【注釋】❶舍中軍　廢除三軍中的中軍，恢復原先的二軍制。❷屈申　楚大夫。屈蕩的兒子。❸牟婁　莒地，在今山東省諸城市西。❹防茲　防，見上年注。茲，莒地。在今山東省諸城市北。❺濆泉　魯邑，在今山東省沂南縣西南。《左傳》濆作「蚡」，聲系同，字通。❻秦伯　指秦景公。秦桓公的兒子，在位四十年。❼匿嫡之名　何休說：「嫡子生不以名，令于四竟擇勇猛者而立之。」❽其名　指《春秋》文公十八年書「秦伯罃卒」、宣公四年書「秦伯稻卒」等，書記秦君名字而言。

【語　譯】五年，春天，周王正月間，魯國廢除中軍。廢除中軍是為什麼？是恢復古代的舊制。那麼為什麼不說三卿而說中卿呢？五卿也有中，三卿也有中。

楚國殺了它的大夫屈申。

魯昭公到晉國去。

夏天，莒國牟夷獻出牟婁及防、茲三邑逃來魯國。莒牟夷是什麼人呢？是莒國的大夫。莒國沒被承認有大夫，這裡為什麼記載這件事呢？因為重視土地。《春秋》說「及防、茲來奔」是什麼意思呢？因為地有公私之分，用「及」是表示不能以防、茲兩個私邑和牟婁公邑同等對待。

秋天，七月間，魯昭公從晉國回到魯國都城。

戊辰這天，魯國叔弓率領軍隊在濆泉這個地方打敗莒國軍隊。濆泉是什麼意思？是直泉。直泉是什麼意思？是水向上冒的地下水泉。

秦景公死了。為什麼不書記他的名字。因為秦國是夷族，國君生了嫡長子後，隱匿他的名字不讓外人知道，擇勇猛的人為君主。為什麼有時又書記秦君的名字呢？因為國君的嫡長子被立為君主的原故。

冬天，楚子、蔡侯、陳侯、許男、頓子、沈子、徐國人、越國人討伐吳國。

昭公六年

【說　明】本年《春秋》記載九事，《公羊傳》均無說解。

六年，春，王正月，杞伯益姑❶卒。

葬秦景公。

夏，季孫宿如晉。

葬杞文公。

宋華合比❷出奔衛。

秋，九月，大雩。

冬，叔弓如楚。

楚薳頗❸帥師伐吳。

齊侯伐北燕。

【注釋】❶杞伯益姑　杞文公，名益姑。杞桓公的兒子，孝公的弟弟，在位十四年。❷華合比　宋大夫。時為右師。華亥的哥哥。❸薳頗　《左傳》作「薳罷」。見襄公三十年注。

【語譯】六年，春天，周王正月，杞國君主益姑死了。

葬了秦景公。

夏天，魯國季孫宿到晉國去。

葬了杞文公。

宋國華合比出逃到衛國。

秋天，九月間，魯國舉行盛大的求雨祭祀。

楚國薳頗率領軍隊討伐吳國。

冬天，魯國叔弓到楚國去。

齊侯討伐北燕國。

昭公七年

【說明】本年《春秋》記載八事，《公羊傳》均未作說解。

七年，春，王正月，暨齊平。

三月，公如楚。

叔孫舍❶如齊莅盟。

夏，四月甲辰朔，日有食之。

秋，八月戊辰，衛侯惡❷卒。

九月，公至自楚。

冬，十有一月癸未，季孫宿❸卒。

十有二月癸亥，葬衛襄公。

【注釋】❶叔孫舍　魯大夫。即叔孫昭子，死於昭公二十五年。《左傳》舍作「婼」，聲系同，字通。❷衛侯惡　衛襄公，名惡。衛獻公的兒子，靈公的父親，在位九年。❸季孫宿　見襄公六年注。

【語譯】七年，春天，周王正月間，魯國和齊國媾和。

三月間，魯昭公到楚國去。

魯國叔孫舍到齊國去參加會盟。

夏天，四月甲辰初一這天，魯國發生日食。

秋天，八月戊辰這天，衛國君主惡死了。

九月，魯昭公從楚國回到魯國都城。

冬天，十一月癸未這天，魯國季孫宿死了。

十二月癸亥這天，葬了衛襄公。

【說明】本年《春秋》記載十事，「秋，蒐于紅」一事有傳。傳以蒐為檢閱兵車和步兵，因蒐事罕見而加以記載。

昭公八年

八年，春，陳侯之弟招❶殺陳世子偃師❷。

夏，四月辛丑，陳侯溺❸卒。

叔弓如晉。

楚人執陳行人于徵師❹殺之。

陳公子留❺出奔鄭。

秋，蒐❻于紅❼。蒐者何？簡車徒也。何以書？蓋以罕書也。

陳人殺其大夫公子過❽。

大雩。

冬，十月壬午，楚師滅陳，執陳公子招，放之于越❾。殺陳孔瑗❿。

葬陳哀公。

【注釋】❶招　即陳公子招。見昭公元年注。❷世子偃師　見昭公元年注。❸陳侯溺　陳哀公，名溺。成公的兒子，在位三十五年。❹于徵師　陳國行人。按：公子昭殺悼太子，立留為陳君，並逼迫哀公自縊而死。陳使于徵師赴楚，楚靈王聞陳亂，就殺了使者。❺公子留　陳哀公的兒子，嬖妾所生，有寵於哀公。❻蒐　因田獵而大閱兵。據《左傳》魯這次蒐狩，由根牟到宋、衛邊界，動用革車千輛，規模甚大。❼紅　魯地。在今山東省泰安市東北。❽公子過　陳哀公的弟弟。因參與殺害悼太子，公子昭歸罪於他而被殺掉。❾越　國名。姒姓。建都會稽。疆域有今江蘇北部運河以東地、江蘇南部、安徽南部、江西東部和浙江北部地區。❿孔瑗　見襄公二十七年注。

【語譯】八年，春天，陳侯的弟弟招殺了陳國太子偃師。

夏天，四月辛丑這天，陳國君主溺死了。

魯國叔弓到晉國去。

楚國人捕捉住陳國行人于徵師，把他殺掉了。

陳國公子留出逃到鄭國。

秋天，在紅這個地方蒐。蒐是什麼呢？是檢閱兵車和步兵。為什麼記載這件事呢？應該是因為極少舉行的原故吧。

陳國人殺了他的大夫公子過。

魯國舉行盛大的求雨祭祀。

冬天，十月壬午這天，楚國軍隊滅掉了陳國，捕捉了陳國公子招，把他放逐到越國。殺掉了陳國的孔瑗。

葬了陳哀公。

昭公九年

【說明】本年《春秋》記載五事，有傳者「夏，四月，陳火」一條。傳認為陳已被楚滅，經仍書陳火，是為了保存陳國，悲傷陳國的滅亡。至於保存陳國的原因，是因為楚人滅掉了陳國，捕捉了陳國的罪人，誅殺了陳國弒君的賊子，葬了陳國的君主，這表明保存陳國是可悲的事情。

九年，春，叔弓會楚子于陳。

許遷于夷❶。

夏，四月，陳火。陳已滅矣，其言陳火何？存陳也。曰存陳悕矣。曷為存陳？滅人之國，執人之罪人，殺人之賊，葬人之君，若是則陳存悕矣。

秋，仲孫貜❷如齊。

冬，築郎囿❸。

【注釋】❶夷 即城父邑。許國由葉遷都至此。在今安徽省亳州市東南的城父集。❷仲孫貜 魯宗族臣。即孟僖子。仲孫蔑的兒子，速的弟弟。死於昭公二十四年。❸郎囿 郎地的苑囿。郎，見隱公九年注。

【語譯】九年，春天，魯國叔弓和楚子在陳國會見。

許國把都城遷移到夷這個地方。

夏天，四月間，陳國發生火災。陳國已經滅亡了，為什麼還說陳國發生火災呢？這是為了保存陳國。說保存陳國是因為悲傷陳國的滅亡。為什麼要保存陳國呢？滅掉了這個國家，捕捉了這個國家的罪人，殺掉了這個國家弒君的賊子，葬了這個國家的君主，這樣做就表明陳國的保存是件可悲的事情。

秋天，魯國仲孫貜到齊國去。

冬天，魯國修建郎邑的苑囿。

昭公十年

【說明】本年《春秋》首書「春，王正月」表明時序，未記事，全年書記六事，《公羊傳》均無說解。

十年，春，王正月。

夏，齊欒施❶來奔。

秋，七月，季孫隱如❷、叔弓、仲孫貜帥師伐莒。

戊子，晉侯彪❸卒。

九月，叔孫舍如晉。

葬晉平公。

十有二月甲子，宋公戌❹卒。

【注釋】❶齊欒施　齊臣。亦稱子旗。齊惠公的孫子，公孫竈的兒子。《公羊傳》齊作「晉」，誤。此據《左傳》經校改。❷季孫隱如　魯臣。即季平子。後繼代叔孫舍執魯政，死於魯定公五年。《左傳》隱作「意」，聲系同，字通。後同。❸晉侯彪　晉平公，名彪。悼公的兒子，在位二十六年。❹宋公戌　宋平公，名戌。共公的少子，在位四十四年。《左傳》戌作「成」，以《公羊傳》經為正。

【語譯】十年，春天，周王正月。

夏天，齊國欒施逃到魯國來。

秋天，七月間，魯國季孫隱如、叔弓、仲孫貜率領軍隊討伐莒國。

戊子這天，晉君彪死了。

九月間，魯國叔孫舍到晉國去。

葬了晉平公。

十二月甲子這天，宋君戌死了。

昭公十有一年

【說　明】本年《春秋》記載十事，四事有傳。五月「大蒐于比蒲」和「九月己亥，葬我小君齊歸」兩條，前條傳釋「大蒐」，與八年的釋「蒐」義全同，仍以為因罕而書。其實，三年之內經已兩次記載蒐事，這次怎能還說「罕」呢？後條傳以齊歸為昭公生母，無關義例。「夏，四月丁巳，楚子虔誘蔡侯般殺之于申」條，傳以誘字為義。認為在世之君依禮不當書名，今經書楚子的名字，是表示應該廢絕他的君位，原因是他用欺騙的手段誘殺了蔡侯般（靈公）。般是弒君之賊，理應誅討，誘討只是手段不正而已，為什麼要廢絕討賊之人的君位呢？傳認為楚子虔本人就是弒君自立的，如今他以有罪之身誅討有罪之人，君子是不認可的。至於「冬，十有一月丁酉，楚師滅蔡，執蔡世子有以歸，用之」條，傳認為太子有是他父親蔡侯般死後即位未踰年的君主，禮當稱蔡子。經稱他世子，是因為不承認蔡侯般為君，也就不用未踰年之君的稱呼稱他為蔡子，這並不是遷怒於他，為的是被誅殺的君主不應當有後繼。另外，傳釋「用之」是用之於修築堤防。

十有一年，春，王正月，叔弓如宋。

葬宋平公。

夏，四月丁巳，楚子虔❶誘蔡侯般❷殺之于申❸。楚子虔何以名？絕。曷為絕之？為其誘討也。此討賊也，雖誘之則曷為絕之？懷惡而討不義，君子不予也。

楚公子棄疾❹帥師圍蔡。

五月甲申，夫人歸氏❺薨。

大蒐于比蒲❻。大蒐者何？簡車徒也。何以書？蓋以罕書也。

仲孫貜會邾婁子，盟于侵羊❼。

秋，季孫隱如會晉韓起❽、齊國酌❾、宋華亥❿、衛北宮佗⓫、鄭軒虎⓬、曹人、杞人于屈銀⓭。

九月己亥，葬我小君齊歸。齊歸者何？昭公之母也。

冬，十有一月丁酉，楚師滅蔡，執蔡世子有⓮以歸，用之。此未踰年之君也，其稱世子⓯何？不君靈公，不成其子也。不君靈公，則曷為不成其子？誅君之子不立。非怒也，無繼也。惡乎用之？用之防也。其用之防奈何？蓋以築防也。

【注　釋】❶楚子虔　即楚靈王。共王的兒子。弒殺了他的姪子郟敖而立為君，在位十二年。《穀梁傳》虔作「乾」，字通。❷蔡侯般　即蔡靈公。弒父蔡景侯而立為君，在位十二年。❸申　楚邑。見昭公四年注。❹公子棄疾　即楚平王。此時為楚公子，魯昭公十四年即位。❺夫人歸氏　魯襄公夫人敬歸的娣妾齊歸，昭公的生母。❻比蒲　魯地，確址不詳。於本年以及定公十三年、十四年三次大蒐於此。❼侵羊　魯邑，在今山東省曲阜市境。《左傳》、《穀梁傳》作「祲祥」，音同，字通。❽韓起　見昭公二年注。❾國酌　見昭公元年注。❿華亥　華合比的弟弟。⓫北宮佗　衛大夫。即北宮文子，北宮括（北宮懿子）的兒子。⓬軒虎　見昭公元年注。⓭屈銀　衛邑，在今河南省新鄉市境。《左傳》作「厥慭」，音近，字通。⓮世子有　蔡靈王的太子。諡號隱，故稱隱太子。《公羊傳》所記楚滅蔡，執世子有用之於築防，與《左傳》和《史記》的說法互異。⓯稱世子　《公羊傳》說：「君存稱世子，君薨稱子某，既葬稱子，踰年稱公。」在這裡《傳》以為太子有是即位未逾年的君主，依例當稱子。所以發出了「其稱世子何」的疑問。

【語　譯】十一年，春天，周王正月間，魯國叔弓到宋國去。

葬了宋平公。

夏天，四月丁巳這天，楚君虔誘騙蔡侯般到申這個地方，把他殺掉了。楚君虔為什麼稱他的名字？表示應該廢了他的君位。為什麼應該廢了他的君位呢？因為他用誘騙的手段討伐蔡侯般。這是在誅討弒殺君主的賊子，雖然用了誘騙的手段，為什麼要廢了他的君位呢？因為他以有罪之身誅討弒君的罪人，君子是不認可的。

楚國公子棄疾率領軍隊包圍了蔡國都城。

五月甲申這天，魯襄公夫人歸氏死了。

魯國在比蒲這個地方大蒐。大蒐是什麼呢？是檢閱兵車和步兵。為什麼記載這件事呢？應該是因為極少舉行的原故吧！

魯國仲孫貜和邾婁子會見，在侵羊這個地方結盟。

秋天，魯國季孫隱如和晉國韓起、齊國國酌、宋國華亥、衛國北宮佗、鄭國軒虎、曹國人、杞國人在屈銀這個地方會見。

九月己亥這天，葬了我國君夫人齊歸。齊歸是什麼人呢？是魯昭公的母親。

冬天，十一月丁酉這天，楚國軍隊滅掉了蔡國，捕捉了蔡國太子有回楚國，並且使用他。太子有是繼位不滿一年的君主，稱他太子是為什麼呢？因為不承認蔡靈公為君主，也就不以太子有為繼位不滿一年的君主稱為子。不承認蔡靈公為君主，為什麼不以太子有為繼位不滿一年的君主稱為子呢？因為被誅殺的君主的兒子是不能繼立為君的。這並不是遷怒於靈公的太子，而是因為被誅殺的君主是不應當有後繼的。《春秋》說「用之」，是怎樣使用他呢？是用他去防。說用他去防是什麼意思呢？大概是讓他去修築堤防。

昭公十有二年

【說　明】本年《春秋》記載九事，另書「秋，七月」表明時序，有傳的一事。「春，齊高偃帥師納北燕伯于陽」條，傳以伯于陽為人名，認為伯于陽三字是公子陽生的誤書。以下記述孔子身邊人的一段對話，說明孔子在修訂《春秋》時就知道這裡有脫誤，而不作改正。按照孔子的意思，如果改了，別人就不知道原來有脫誤，不改是為了保存《春秋》作為一部信史的本來面目。《春秋》的次序，是按齊桓公、晉文公的霸業；所記會盟的事情則是按照主盟者的意志書寫，這些都不能更動。至於用言詞褒貶諸侯，是孔丘竊代天子的權力而立義，如有失誤，那是我孔丘的罪過。按：史書未見公子陽生這個人。這條經文，《左傳》作「納北燕伯款于唐」，伯下多一「款」字，陽作「唐」。北燕伯，即燕簡公，名款。陽、唐字通，為燕國地名。這是《公羊傳》不明古史、誤讀經文而造成的錯誤。

十有二年，春，齊高偃帥師納北燕伯于陽❶。伯于陽者何？公子陽生也。子曰：「我乃知之矣❷。」在側者曰：「子苟知之，何以不革？」曰：「如爾所不知何？《春秋》之信史也，其序則齊桓、晉文，其會則主會者為之也，其詞則丘有罪焉耳。」

三月壬申，鄭伯嘉❸卒。

夏，宋公使華定❹來聘。

公如晉，至河乃復。

五月，葬鄭簡公。

楚殺其大夫成然❺。

秋，七月。

冬，十月，公子整❻出奔齊。

晉伐鮮虞❼。

【注　釋】❶納北燕伯于陽　納北燕伯在陽這個地方。北燕伯，即燕簡公，名款。陽，燕地。在今河北省唐縣東北。《公羊傳》以伯連下于陽為人，謂指公子陽生，誤。譯文仍從《公羊傳》。❷我乃知之矣　孔子的意思是《春秋》伯于陽三字，有脫誤。其中伯為公字之誤，于為子字之誤，陽後脫一生字。❸鄭伯嘉　鄭簡公，名嘉，釐公的兒子。五歲即位，在位三十六年。❹華定　見襄公二十九年注。❺成然　楚臣。即鬭成然。食采於蔓，亦稱蔓成然，韋龜的兒子。《左傳》作「成熊」。成熊，即成虎。與成然不是一人。當從《左傳》。❻公子整　據《左傳》、《穀梁傳》當作公子憖。憖為魯公子，即子仲。此因謀逐季氏不成而奔齊。❼鮮虞　國名，白狄的別種，在今河北省正定縣一帶。

【語　譯】十二年，春天，齊國高偃率領軍隊接納北燕伯于陽。伯于陽是什麼人呢？就是公子陽生。孔子說：「我已經知道伯于陽三字有脫誤了。」在他身邊的人說：「您既然已經知道有脫誤，為什麼不改正呢？」回答說：「我改正了你們怎麼知道原來有脫誤呢？我不加改正，是因為《春秋》是一部信史，它是以齊桓公、晉文公的霸業為次序，它所記會盟的事，是按照主持會盟者的意志去寫的。至於在用詞上，如果褒貶有誤，那麼我是有罪的。」

三月壬申這天，鄭國君主嘉死了。

夏天，宋公差遣華定來魯國聘問。

魯昭公到晉國去，到了黃河邊就回來了。

五月間，葬了鄭簡公。

楚國殺了它的大夫成然。

秋天，七月。

冬天，十月間，魯國公子整出逃到齊國。

楚子討伐徐國。

晉國討伐鮮虞國。

卷二三 昭公中

昭公十有三年

【說 明】本年《公羊傳》釋《春秋》四事。「夏，四月，楚公子比自晉歸于楚，弒其君虔于乾谿」條，傳從歸、弒二字立義。認為歸是出入無惡的文辭，經先言歸後言弒，是表示比的回國和弒君以及自己被立為楚君的事沒有關係。只因他沒能堅持拒絕公子棄疾的迫脅而立為國君，致使楚靈王自殺而死，所以雖然他並沒有弒君，仍落了個弒君之名。在這條經文下，接言「楚公子棄疾弒公子比」事，傳以經稱比為公子、書弒以及稱棄疾名氏為義。認為比已立為楚君，而經仍稱公子，是因為他本不願意做國君。書弒，是責難比在受迫脅的情況下，沒能堅持己意，寧死不做國君。至於棄疾殺比，是大夫相殺，例當稱人，經不書楚人殺而稱棄疾名氏以殺者，是因為他弒比後就自立為國君。這樣的說解，就把經書「弒」字的含義，從弒比擴大到連弒楚靈王在內了。「公不與盟」條，按：傳於此條，連上經「八月甲戌，同盟于平丘」，以及下「晉人執季孫隱如以歸。公至自會」諸事作釋。認為經言公不與盟，是說平丘之會，晉侯不允許昭公參與盟誓。昭公沒能參與盟誓，季孫氏又被晉侯拘捕，這是國恥，而經仍用「得意致會」的書例稱「公至自會」者，是因為不認為這是恥辱，並對不認為是恥辱的原因作了說解。秋「蔡侯廬歸于蔡」、「陳侯吳歸于陳」兩事，傳認為蔡、陳都是被滅亡的國家，由於楚平王復封，兩國的嗣子才得以回國主政。這裡經言「歸」，是不贊成諸侯有擅自封賜的權力。

十有三年，春，叔弓帥師圍費❶。

夏，四月，楚公子比❷自晉歸于楚，弒其君虔❸于乾谿❹。此弒其君，其言歸何？歸無惡於弒立也。歸無惡於弒立者何？靈王為無道，作乾谿之臺，三年不成，楚公子棄疾❺脅比而立之。然後令于乾谿之役曰：「比已立矣，後歸者不得復其田里。」眾罷而去之，靈王經而死。楚公子棄疾弒公子比，比已立矣，其稱公子何？其意不當也。其意不當，則曷為加弒焉爾？比之義宜乎效死不立。大夫相殺稱人，此其稱名氏以弒何？言將自是為君也。

秋，公會劉子❻、晉侯、齊侯、宋公、衛侯、鄭伯、曹伯、莒子、邾婁子、滕子、薛伯、杞伯、小邾婁子于平丘❼。

八月甲戌，同盟于平丘。公不與盟。晉人執季孫隱如以歸。公至自會。公不與盟者何？公不見與盟也。公不見與盟，大夫執，何以致會？不恥也。曷為不恥？諸侯遂亂，反陳蔡，君子恥❽不與焉。

蔡侯廬❾歸于蔡。

陳侯吳❿歸于陳。此皆滅國也，其言歸何？不與諸侯專封也。

冬，十月，葬蔡靈公。

公如晉，至河乃復。

吳滅州來⓫。

【注　釋】❶費　魯邑。見襄公七年注。❷公子比　見昭公元年注。❸虔　即楚靈王。共王的兒子，康王的弟弟，在位十二年。❹乾谿　楚邑，在今安徽省亳州市東南。❺公子棄疾　見昭公十一年注。❻劉子　周卿士，名摯。即劉獻公，劉定公的兒子，死於魯昭公二十二年。❼平丘　衛邑，在今河南省封丘縣東。❽君子恥　子下脫「不」字，當補。❾蔡侯廬　蔡平公，名廬。於本年即位。此時蔡的國都在新蔡，即今河南省新蔡縣。❿陳侯吳　陳惠公，名吳。本年楚平王立他為君，在位三十八年。⓫州來　見成公七年注。

【語　譯】十三年，春天，魯國叔弓率領軍隊包圍費這個地方。

夏天，四月間，楚國公子比從晉國回到楚國，在乾谿這個地方弒殺了他的君主楚子虔。這是弒殺他的君主，說他回到楚國是為什麼呢？因為他的回國和弒殺楚子虔、自己被立為楚君的事沒有關係。說他的回國和弒殺楚子虔以及自己被立為楚君沒有關係是為什麼呢？楚靈王暴虐無道，在乾谿建臺，三年沒有建成，楚國公子棄疾迫脅公子比，把他立為君主，然後命令在乾谿服役的人說：「公子比已經立為國君了，返還家鄉晚的，不能恢復自己的田園。」大家都停工離開了這裡。靈王於是就上吊死了。楚國公子棄疾又弒殺了公子比。公子比已被立為國君，為什麼還稱他為公子呢？因為他不願意當國君。既然不願意當國君，那為什麼要把弒君的罪名加在他頭上呢？因為公子比作為臣子，從道理上說，是應當寧死也不當國君的。大夫相互殺害稱為人，這裡稱呼棄疾的名氏而用弒殺一詞是為什麼呢？是表示公子棄疾將從此成為楚國的君主。

秋天，魯昭公和劉子、晉侯、齊侯、宋公、衛侯、鄭伯、曹伯、莒子、邾婁子、滕子、薛伯、杞伯、小邾婁子，在平丘這個地方會見。

八月甲戌這天，各國諸侯共同在平丘這個地方結盟。魯昭公沒有參加盟誓。晉國人捕捉了魯國的季孫隱如把他帶回晉國。魯昭公從會盟的地方回到魯國都城。魯昭公沒有參加盟誓是為什麼呢？因為晉侯沒有允許昭公參加盟誓。晉侯沒有允許昭公參加盟誓、魯大夫被捕捉，為什麼還說昭公從會盟的地方回到魯國呢？因為不認為這是恥辱。為什麼不認為這是恥辱呢？因為中原各國諸侯聽從了陳侯、蔡侯的勸說，不討伐公子棄疾而各自回國，使公子棄疾變亂楚國的謀算得以實現，所以君子不認為不參加盟誓是恥辱。

蔡國君主廬回到蔡國。

陳國君主吳回到陳國。這兩個都是已經滅亡了的國家，說回國是為什麼呢？因為不贊成諸侯有擅自封賜的權力。

冬天，十月間，葬了蔡靈公。

魯昭公到晉國去，到了黃河邊就回來了。

吳國滅掉了州來國。

昭公十有四年

【說明】本年《春秋》記載五事，另書「夏，四月」表明時序，《公羊傳》均無說解。

十有四年，春，隱如至自晉。

三月，曹伯滕❶卒。

夏，四月。

秋，葬曹武公。

八月，莒子去疾❷卒。

冬，莒殺其公子意恢❸。

【注　釋】❶曹伯滕　曹武公，名滕。繼成公而立，在位二十七年。❷莒子去疾　即莒去疾。見昭公元年注。❸公子意恢　莒群公子。被莒大夫茲夫謀殺。

【語　譯】十四年，春天，魯國季孫隱如從晉國返回魯國。

三月間，曹君滕死了。

夏天，四月。

秋天，葬了曹武公。

八月間，莒君疾死了。

冬天，莒國殺了它的公子意恢。

昭公十有五年

【說　明】本年《春秋》記載六事，有傳者「二月癸酉，有事于武宮。籥入，叔弓卒，去樂卒事」一事。有事指祭祀，傳以昭公祭於武宮，聞叔弓之喪，就去樂卒事，是合於祭祀之禮的做法，經書此事，含有褒揚昭公的意思。傳並列舉國君祭於太廟聽到大夫的喪事，和大夫主持祭祀時聽到國君的喪事，以及大夫聽到大夫的喪事種種不同的做法，以明廟祭之禮的要求。

十有五年，春，王正月，吳子夷昧❶卒。

二月癸酉，有事于武宮❷。籥入，叔弓卒，去樂卒事。其言去樂卒事何？禮也。君有事于廟，聞大夫之喪，去樂卒事。大夫聞君之喪，攝主❸而往。大夫聞大夫之喪，尸事❹畢而往。

夏，蔡昭吳❺奔鄭。

六月丁巳朔，日有食之。

秋，晉荀吳帥師伐鮮虞。

冬，公如晉。

【注釋】❶吳子夷昧　吳君夷昧。繼餘祭（夷昧的哥哥）即位，在位十七年。《左傳》、《穀梁傳》昧作「末」，《史記》夷作「餘」，皆聲系同，字通。❷武宮　魯武公敖的廟。武公，魯公伯禽的玄孫。❸攝主　指代理主事。主，謂原主祭者。❹尸事　指大夫的祭禮。❺蔡昭吳　蔡大夫。聲子的兒子。《左傳》、《穀梁傳》昭作「朝」，字通。

【語譯】十五年，春天，周王正月間，吳國君主夷昧死了。

二月癸酉這天，在魯武公的廟裡舉行祭祀。當伴舞者拿著籥管進來時，叔弓死訊傳來。於是，免除奏樂繼續做完祭祀。這裡說免除奏樂、繼續做完祭祀是為什麼呢？這是合於禮數的。國君在太廟舉行祭祀，聽到大夫的喪事，就免除奏樂，把祭祀做完。大夫聽到國君的喪事，就另指定人代理主持祭祀，自己立即前去。大夫聽到大夫的喪事，等祭祀完畢再去。

夏天，蔡國昭吳逃到鄭國。

六月丁巳初一這天，魯國發生日食。
秋天，晉國荀吳率領軍隊討伐鮮虞國。
冬天，魯昭公到晉國去。

昭公十有六年

【說明】本年《春秋》記載七事，春「楚子誘戎曼子殺之」條有傳，傳以昭公十一年楚子虔誘殺蔡侯般經書楚子的名字，是憎夷狄人誘殺中原的諸侯國君。這條經文記載楚誘殺戎曼子而不書楚子的名字，是因為楚和戎曼（蠻）都是夷狄國家，他們相互誘騙，君子並不憎恨。說不憎恨，其實是憎恨的。

十有六年，春，齊侯伐徐。

楚子誘戎曼子❶殺之。楚子何以不名？夷狄相誘，君子不疾也。曷為不疾？若不疾，乃疾之也。

夏，公至自晉。

秋，八月己亥，晉侯夷❷卒。

九月，大雩。

季孫隱如如晉。

冬，十月，葬晉昭公。

【注釋】❶戎曼子 戎蠻之君。戎蠻在今河南省臨汝縣西南。《左傳》、《穀梁傳》曼作「蠻」，音近，字通。❷晉侯夷 晉昭公，名夷。平公的兒子。在位六年。

【語譯】十六年，春天，齊侯討伐徐國。

楚子誘騙戎曼子，把他殺掉了。楚子，為什麼不寫出他的名字呢？因為夷人、狄人相互誘騙，君子是不憎恨的。為什麼不憎恨呢？看起來好像不憎恨，其實是憎恨的。

夏天，魯昭公從晉國回到魯國都城。

秋天，八月己亥這天，晉國君主夷死了。

九月間，魯國舉行盛大的求雨祭祀。

魯國季孫隱如到晉國去。

冬天，十月間，葬了晉昭公。

【說明】本年《春秋》記載六事，二事有傳。「冬，有星孛于大辰」條，傳以孛為彗星，經言「于大辰」是說彗星進入大辰星座。大辰星就是大火星，又叫參伐，也稱北辰，一星有三個名稱。認為經書此事是記異。冬「楚人及吳戰于長岸」條，傳認為這是沒有約定時日的詐戰，依例不當言戰，經書戰，是因為楚、吳兩國勢均力敵，不分勝負。

昭公十有七年

十有七年，春，小邾妻子來朝。

夏，六月甲戌朔，日有食之。

秋，郯❶子來朝。

八月，晉荀吳帥師滅賁渾戎❷。

冬，有星孛于大辰❸。孛者何？彗星也。其言于大辰何？在大辰也。大辰者何？大火也。大火為大辰，伐為大辰，北辰亦為大辰。何以書？記異也。

楚人及吳戰于長岸❹。詐戰不言戰，此其言戰何？敵也。

【注釋】❶郯　見宣公四年注。❷賁渾戎　即《左傳》、《穀梁傳》的陸渾戎（《左傳》渾下有「之」字）。見宣公三年注。❸大辰　即心宿，又名大火。亦指伐星與北辰。古人視大火、伐星以定時，視北辰以辨別方向，所以都稱為大辰。❹長岸　地名，在今安徽省當塗縣西南西梁山。

【語譯】十七年，春天，小邾妻子來魯國朝見。

夏天，六月甲戌初一這天，魯國發生日食。

秋天，郯子來魯國朝見。

八月間，晉國荀吳率領軍隊滅掉了賁渾戎。

冬天，星孛于大辰。孛是什麼意思？是彗星。說于大辰是什麼意思呢？是彗星進入大辰星座。大辰是什麼呢？是大火星。大火星叫大辰，參伐星叫大辰，北辰星也叫大辰。為什麼記載這件事呢？為的是記載奇異的事情。

楚國人和吳國在長岸這個地方交戰。沒有約定時日的戰事不稱戰，這裡說戰是為什麼呢？因為雙方勢均力敵，不分勝敗。

昭公十有八年

十有八年，春，王三月，曹伯須❶卒。

夏，五月壬午，宋、衛、陳、鄭災。何以書？記異也。何異爾？異其同日而俱災也。外異不書，此何以書？為天下記異也。

六月，邾婁人入鄅❷。

秋，葬曹平公。

冬，許遷于白羽❸。

【說明】本年《春秋》記載五事，「夏，五月壬午，宋、衛、陳、鄭災」一事有傳，其餘均無說解。認為經書此事是記災異，異在四國同一天都發生火災。依例外異不書，這裡書外異，是為天下記異。

【注釋】❶曹伯須　曹平公，名須。繼武公為君，在位四年。❷鄅　國名，妘姓。在今山東省臨沂市境。❸白羽　許都由葉（今河南省葉縣南）遷此，在今河南省西峽縣。或說在今內鄉縣。

【語　譯】十八年，春天，周王三月間，曹國君主須死了。

夏天，五月壬午這天，宋國、衛國、陳國、鄭國發生火災。為什麼記載這件事呢？為了記載災異。火災有什麼奇異呢？奇異在於四國同一天都遭受火災。魯國以外國家發生災異的事情，依例不作記載，這裡為什麼記載呢？這是為天下記載災異。

六月間，邾婁人入侵鄅國。

秋天，葬了曹平公。

冬天，許國遷移都城到白羽這個地方。

昭公十有九年

【說　明】本年《春秋》記載五事，「冬，葬許悼公」一事有傳。按：本年五月戊辰，經書「許世子止弒其君買」，傳認為《春秋》之義，君被弒賊未討例不書葬。此經於五月間既書弒，直到冬天未見討賊的文字，卻書悼公的葬事，是因為太子止並沒有弒君的心，不能算是弒殺君主，只是由於許悼公喝了止送來的藥後不治而死，他不能逃脫沒有盡到做兒子責任的責難，應當承擔過失殺人的罪名，所以經說他弒君。但這僅是過失，他畢竟沒有弒君的事實，所以經書葬許悼公事，以寬免太子止弒殺君主的罪行。

十有九年，春，宋公伐邾婁。

夏，五月戊辰，許世子止❶弒其君買❷。

己卯，地震。

秋，齊高發❸帥師伐莒。

冬，葬許悼公。賊未討何以書葬？不成于弒也。曷為不成于弒？止進藥而藥殺也。止進藥而藥殺，則曷為加弒焉爾？譏子道之不盡也。其譏子道之不盡奈何？曰：「樂正子春❹之視疾也，復加一飯則脫然❺愈，復損一飯則脫然愈，復加一衣則脫然愈，復損一衣則脫然愈。」止進藥而藥殺，是以君子加弒焉爾，曰：「許世子止弒其君買，是君子之聽止也。葬許悼公，是君子之赦止也。赦止者，免止之罪辭也。」

【注釋】❶世子止　許國太子。《左傳》說許悼公患瘧疾，喝了太子送來的藥就死了。❷買　即許悼公。靈公的兒子，在位二十七年。❸高發　齊臣。據《左傳》齊這次伐莒，莒子逃奔紀鄣。❹樂正子春　曾子的弟子，以孝著稱。❺脫然　形容疾病脫體，舒適的樣子。

【語　譯】十九年，春天，宋公討伐邾婁國。

夏天，五月戊辰這天，許國太子止弒殺了他的君主買。

己卯這天，魯國發生地震。

秋天，齊國高發率領軍隊討伐莒國。

冬天，葬了許悼公。弒殺君主的賊子還沒有誅討，為什麼要記載下葬的事呢？因為不能算是弒殺君主。為什麼不能算是弒殺君主呢？因為太子止送藥給許悼公喝，藥無效殺死了他。既然是太子止送藥給許悼公喝，藥無效殺死了他，那為什麼把弒殺君主的罪名加在他頭上呢？這是譏責公子止沒有盡到做兒子的責任。譏責公子止沒有盡到做兒子的責任是為什麼呢？回答說：「樂正子春侍奉父母的疾病，細心調治，有時候加一點飯病就安然痊癒，有時候減少一點飯病就安然痊癒，有時候加一件衣服病就安然痊癒，有時候減少一件衣服病就安然痊癒。」如今太子止送藥，藥無效殺死了悼公，所以君子把弒殺君主的罪名加在他的頭上。說：「《春秋》記載許國太子止弒殺了他的君主買，是君子聽信太子止過失殺人的罪過。《春秋》記載安葬許悼公事，是君子赦免了太子止。赦止，是免除太子止弒君之罪的文辭。」

昭公二十年

【說　明】本年《春秋》首書「春，王正月」表明時序，並於夏、秋、冬三季書記四事，二事有傳。「夏，曹公孫會自鄸出奔宋」條，傳認為《春秋》記「出奔」沒有書「自」的，這裡書自，是因為公孫會反叛了曹國。既然是叛曹經不說叛者，是為了給賢者公子喜時的後人避諱。《春秋》為賢明的人士避諱，傳記述有關史實，表明喜時之賢，是他把君位辭讓給庶兄公子負芻。至於為喜時的後人避諱，則是善善從長、下及子孫，惡惡止於本身、不連及子孫的原故。「秋，盜殺衛侯之兄輒」條，傳從「兄」字立義。認為同母哥哥才稱兄，既然輒是衛侯的母兄，依禮立嫡以長，為什麼不立輒為衛君呢？傳的解釋是，因為輒有惡疾。至於是怎樣的惡疾，並未作交代。

二十年，春，王正月。

夏，曹公孫會❶自鄸❷出奔宋。奔未有言自者，此其言自何？畔❸也。畔則曷為不言其畔？為公子喜時❹之後諱也。《春秋》為賢者諱，何賢乎公子喜時？讓國也。其讓國奈何？曹伯廬❺卒于師，則未知公子喜時從與，公子負芻❻從與，或為主于國，或為主于師。公子喜時見公子負芻之當主也，逡巡而退。賢公子喜時則曷為為會諱？君子之善善也長，惡惡也短，惡惡止其身，善善及子孫，賢者子孫，故君子為之諱也。

秋，盜殺衛侯之兄輒❼。母兄稱兄，兄何以不立？有疾也。何疾爾？惡疾也。

冬，十月，宋華亥❽、向甯❾、華定❿出奔陳。

十有一月辛卯，蔡侯廬⓫卒。

【注釋】❶公孫會　曹臣。曹宣公的孫子，子臧的兒子。❷鄸　曹邑，在今山東省荷澤市。❸畔　通「叛」。❹公子喜時　字子臧，曹宣公的庶子。《左傳》於成公十五年記有他讓國的事，喜時作「欣時」，喜、欣聲系同，字通。❺曹伯廬　曹宣公，名廬。繼文公而立，死於魯成公十三年。❻公子負芻　曹成公，名負芻。曹宣公的庶子，繼宣公而立。❼輒　衛靈公的哥哥。《左傳》作「縶」，字通。❽華亥　見昭公十一年注。❾向甯　宋卿。向戌的兒子。❿華定　見襄公二十九年注。⓫蔡侯廬　蔡平公，名廬。蔡靈公的孫子，隱太子的兒子，在位八年。

【語譯】二十年，春天，周王正月。

夏天，曹國公孫會從鄸這個地方出逃到宋國。依照書例，出逃沒有說從什麼地方的，這裡說從鄸這個地方是為什麼呢？因為他反叛了。既然是反叛了，那為什麼不說他反叛了呢？這是給公子喜時的後人避諱。《春秋》給賢明的人士避諱，為什麼認為公子喜時賢明呢？因為他辭讓了君位。他怎樣辭讓君位呢？曹國君主廬死在軍隊中，並不知道是公子喜時隨從曹君，還是公子負芻隨從曹君。他們兩人，有的在國內主理國政，有的隨君出征，佐助曹君主理軍務。公子喜時意識到公子負芻應當繼位為君，就退卻辭讓了。既然認為公子喜時賢明，那為什麼要為他的後人公孫會避諱呢？君子贊揚好人好事，時間延續很久；指責壞人壞事，時間很短暫。指責壞人壞事只限於當事人自身，贊揚好人好事會延續到他的子孫，會是賢明人士的子孫，所以君子要為他避諱。

秋天，強盜殺了衛國君主的哥哥輒。同母的哥哥才稱兄，按禮輒是嫡長子，應當立為國君，為什麼不立兄輒為君呢？因為他有疾病。有什麼疾病？是非常難治的疾病。

冬天，十月間，宋國華亥、向甯、華定出逃到陳國。

十一月，辛卯這天，蔡君盧死了。

昭公二十有一年

【說　明】本年《春秋》書記六事，傳就夏「宋華亥、向甯、華定自陳入于宋南里以畔」事作解說，指出宋南里，就像齊國人說因諸一樣，是囚禁犯人的地方。沒有涉及經義。

二十有一年，春，王三月，葬蔡平公。

夏，晉侯使士鞅來聘。

宋華亥、向甯、華定自陳入于宋南里❶以畔。宋南里者何？若曰因諸❷者然。

秋，七月壬午朔，日有食之。

八月乙亥，叔痤❸卒。

冬，蔡侯朱❹出奔楚。

公如晉，至河乃復。

【注釋】❶南里　宋都城內里名，在今河南省商邱市。❷因諸　齊國刑人的地方。❸叔痤　魯大夫，即子叔。叔弓的兒子。《左傳》、《穀梁傳》痤作「輒」，聲系同，字通。❹蔡侯朱　蔡平公的太子，名朱。初即位，就逃奔到楚國。

【語　譯】二十一年，春天，周王三月間，葬了蔡平公。

夏天，晉侯差遣士鞅來魯國聘問。

宋國華亥、向甯、華定從陳國進入宋國南里就反叛了。宋國南里是什麼地方？就像齊國人說的困諸一樣，是囚禁犯人的地方。

秋天，七月壬午初一這天，魯國發生日食。

八月乙亥這天，魯國叔痤死了。

冬天，蔡國君主朱出逃到楚國。

魯昭公到晉國去，到了黃河邊就回來了。

昭公二十有二年

【說　明】本年《春秋》記載十一事，四事有傳。六月「王室亂」條，傳認為這裡說的王室亂，是變亂不涉及王室以外的意思。「劉子、單子以王猛居于皇」，經接上「王室亂」而記事，傳以經書「王猛」為義，認為稱王猛而不稱天王，是譏責他自以為君而當國執掌政權。「秋，劉子、單子以王猛入于王城」條，傳以王城為都城西周，說經書「入」字，是表示猛篡位的文辭。至於「冬，十月，王子猛卒」條，傳認為猛是即位未踰年的君王，經稱王子猛卒，是不贊同他自以為君、當國執掌政權，與前經書王猛之義同。說不贊同，是不贊同他以父死子繼、兄終弟及的正當方式繼承天子之位的一種文辭。

二十有二年，春，齊侯伐莒。

宋華亥、向甯、華定自宋南里出奔楚。

大蒐于昌姦❶。

夏，四月乙丑，天王❷崩。

六月，叔鞅❸如京師。

葬景王。

王室亂。何言乎王室亂？言不及外也。

劉子❹、單子❺以王猛❻居于皇❼。其稱王猛何？當國也。

秋，劉子、單子以王猛入于王城❽。王城者何？西周❾也。其言入何？篡辭也。

冬，十月，王子猛卒。此未踰年之君也，其稱王子猛卒何？不與當也。不與當者，不與當父死子繼、兄死弟及之辭也。

十有二月癸酉朔，日有食之。

【注釋】❶昌姦　魯地，在今山東省鄒城市東北、泗水縣南。❷天王　指周景王貴。周靈王的兒子，在位二十五年。❸叔鞅　魯大夫。叔弓的兒子，叔痤的弟弟。❹劉子　周王室卿士。字伯蚠。即劉狄、劉卷，亦稱劉文公。❺單子　周王室卿士。即單穆公，亦稱單旗。❻王猛　王子猛，即周悼王。何休認為，因猛欲為天王，所以按照猛的意見，雖未即位，周人仍諡曰悼王。❼皇　周地，在今河南省鞏縣西南。❽王城　東周都城。在今河南省洛陽市西北隅。❾西周　王城在成周（今洛陽市東郊）以西，故稱王城為西周。

【語　譯】二十二年，春天，齊侯討伐莒國。

宋國華亥、向甯、華定從宋國南里出逃到楚國。

魯國在昌姦這個地方舉行軍事大檢閱。

夏天，四月乙丑這天，周景王死了。

六月，魯國叔鞅到周室京城去。

葬了周景王。

周王室發生變亂。為什麼說周王室發生變亂呢？這是說變亂不涉及王室以外的各諸侯國。

劉子、單子隨王猛居住在皇這個地方。稱猛為王猛是為什麼呢？因為他自認為君，執掌周王朝的政權。

秋天，劉子、單子隨王猛進入王城。王城是什麼地方？是指都城西周。這裡說「入」是什麼意思？是表示篡位的文辭。

冬天，十月間，王子猛死了。他是繼位不到一年的周王，說王子猛死了是為什麼呢？是不贊成他自認為君，當國執政。不贊成他自認為君，當國執政，就是不贊成他以父死子繼、兄終弟及的正當方式繼承王位的一種文辭。

十二月癸酉初一這天，魯國發生日食。

卷二四　昭公下

昭公二十有三年

【說　明】本年《春秋》記載十一事，四事有傳。春「晉人圍郊」條，傳以郊為天子之邑。因為不贊成諸侯討伐天子，所以經書「郊」而避諱說周郊。七月「戊辰，吳敗頓等之師于雞父。胡子髡、沈子楹滅，獲陳夏齧」條，傳以這次戰事書日，是約定時日的正規戰爭，但正規戰爭應當書戰、書日，這裡用了詐戰的文辭，不書戰而書敗，是因為不贊成夷狄之邦的吳國為中原各國的主人。由於中原各國的行為如同夷狄，所以《春秋》也不用「頓等之師及吳戰于雞父」的寫法，表示中原各國為主人。至於經說滅、說獲，則是為了區別君臣，並對君臣稱滅稱獲之義，分別作了析解。傳末還提出既然不贊成夷狄主中國，而經仍書獲陳夏齧的問題，認為這是因為吳能約日而戰，表示它有了進步的原故。同月「天王居于狄泉」條，傳認為天子之喪未滿三年，繼立的君王例不稱天王。此周景王死於上年四月乙丑，至今不過一年有餘，經所以稱周敬王為天王，是表明王室雖亂，仍有天子存在。「冬，公如晉」云云條，傳認為經言「公有疾乃復」，意在表明這次去晉和前兩次朝晉被拒絕而受辱的情況不同，說有疾而回，是減少恥辱的一種掩飾之辭。

二十有三年，春，王正月，叔孫舍❶如晉。

癸丑，叔鞅卒。

晉人執我行人叔孫舍。

晉人圍郊❷。郊者何？天子之邑也。曷為不繫于周？不與伐天子也。

夏，六月，蔡侯東國❸卒于楚。

秋，七月，莒子庚輿❹來奔。

戊辰，吳敗頓、胡、沈、蔡、陳、許之師于雞父❺。胡子髡❻、沈子楹❼滅，獲陳夏齧❽。此偏戰也，曷為以詐戰之辭言之？不與夷狄之主❾中國也。然則曷為不使中國主之？中國亦新夷狄也。其言滅獲何？別君臣也，君死于位曰滅，生得曰獲，大夫生死皆曰獲。不與夷狄之主中國，則其言獲陳夏齧何？吳少進也。

天王居于狄泉❿。此未三年，其稱天王何？著有天子也。

尹氏⓫立王子朝⓬。

八月乙未，地震。

冬，公如晉，至河，公有疾乃復。何言乎公有疾乃復？殺⓭恥也。

【注釋】❶叔孫舍　見昭公七年注。❷郊　周邑，在今河南省舊鞏縣西南。❸蔡侯東國　蔡悼公，名東國。隱太子的兒子。繼其叔蔡侯朱而立，在位三年。❹莒子庚輿　莒共公，名庚輿。犁比公的兒子，著丘公的弟弟，立於魯昭公十五年。❺雞父楚地，在今河南省固始縣東南。《穀梁傳》父作「甫」，字通。❻胡子髡　胡國國君，名髡。❼沈子楹　沈國國君，名楹。《左傳》楹作「逞」，《穀梁傳》作「盈」。三字音近，相通。❽夏齧　陳臣。夏徵舒的曾孫。❾主　《公羊傳》認為，《春秋》記載正規戰爭，以被伐者為主，伐人者為客。《春秋》贊同被伐的主方。❿狄泉　周地，在今河南省洛陽市內。⓫尹氏　周王室世卿，名字不詳。⓬王子朝　亦稱西王，周景王的長庶子。⓭殺　減少。

【語　譯】二十三年，春天，周王正月間，魯國叔孫舍到晉國去。

癸丑這天，魯國叔鞅死了。

晉國人捕捉了我國的行人官叔孫舍。

晉國人包圍了郊這個地方。郊是什麼地方？是周天子的一個城邑。為什麼不把郊邑連屬於周呢？因為不贊成攻伐周天子。

夏天，六月間，蔡君東國死在楚國。

秋天，七月間，莒君庚輿逃來魯國。

戊辰這天，吳國打敗頓國、胡國、沈國、蔡國、陳國、許國的軍隊在雞父這個地方。胡君髡、沈君楹被殺死，俘獲了陳國的夏齧。這是雙方約定時日的正規戰爭，為什麼用詐襲戰的言辭來記載這件事呢？因為不贊成夷狄為被伐的主方。那麼為什麼不以中原各國為被伐的主方呢？因為中原各國不尊王室，也等於是新的夷狄國家。這裡說胡君髡、沈君楹為「滅」、夏齧為「獲」是為什麼呢？是為了區別君主與臣子。君主死在君位上叫滅，活著被俘虜叫獲；大夫無論生或死都叫獲。既然不贊成夷狄為被伐的主方，那麼說俘獲了陳國夏齧是為什麼呢？因為吳國能用正規戰不使用詐襲，稍微有了一點進步。

周天王居住在狄泉這個地方。新君敬王即位還不滿三年，依例不能稱天王，這裡稱天王是為什麼呢？是為了表明周王朝有天子。

尹氏立王子朝為天子。

八月乙未這天，魯國發生地震。

冬天，魯昭公到晉國去，到了黃河邊，因昭公患病就回來了。為什麼說昭公患病就回來了呢？這是為了減少羞恥的原故。

昭公二十有四年

【說　明】本年《春秋》記載七事，《公羊傳》均無說解。

二十有四年，春，王二月丙戌，仲孫貜❶卒。

叔孫舍至自晉。

夏，五月乙未朔，日有食之。

秋，八月，大雩。

丁酉，杞伯鬱釐❷卒。

冬，吳滅巢❸。

葬杞平公。

【注　釋】❶仲孫貜　見昭公九年注。❷杞伯鬱釐　杞平公，名鬱釐。杞桓公的兒子，文公的弟弟。鬱或作「郁」。❸巢　見文公十二年注。

【語　譯】二十四年，春天，周王二月丙戌這天，魯國仲孫貜死了。

魯國叔孫舍從晉國回到魯國。

夏天，五月乙未初一這天，魯國發生日食。

秋天，八月間，魯國舉行盛大的求雨祭祀。

丁酉這天，杞君鬱釐死了。

冬天，吳國滅掉了巢國。

葬了杞平公。

昭公二十有五年

【說明】本年《春秋》記載九事，五事有傳。夏「有鸜鵒來巢」條，傳以鸜鵒不是中原地域的禽鳥，本來穴居，現又巢居，經為記異而書。於「秋，七月上辛大雩，季辛又雩」條，傳認為季辛的雩祀不是雩祀，而是昭公藉此聚眾驅逐季孫氏。九月「齊侯唁公于野井」條，按：魯昭公欲殺季孫氏，失敗後他逃亡到齊國。這條經文，是記載齊景公在野井慰問失國來齊的昭公的事情。傳釋此經，通過敘事以見義。傳著重記述了昭公如何欲殺僭於公室的季孫氏，子家駒如何勸阻而昭公不聽，以及昭公失國逃齊時和齊侯的以禮相見，包括昭公的隨從大夫子家駒和齊大夫高子，兩國君與君、君與臣、臣與臣之間所用的禮儀和言辭，莫不合於禮的要求。傳引述孔子的話，意在表明經義是在褒贊齊侯唁昭公的有禮。至於十一月「宋公佐卒于曲棘」和「十有二月，齊侯取運」兩條，傳認為都關係到《春秋》書例。前者，說諸侯死在封地內例不書地，書地，是因為宋元公在世時曾為魯國的內亂擔憂。後者，謂外取邑例不當書，因為這是齊景公為魯昭公取邑，事關魯國，所以經作了記載。

二十有五年，春，叔孫舍如宋。

夏，叔倪[1]會晉趙鞅[2]、宋樂世心[3]、衛北宮喜[4]、鄭游吉[5]、曹人、邾婁人、滕人、薛人、小邾婁人于黃父[6]。

有鸛鵒[7]來巢。何以書？記異也。何異爾？非中國之禽也，宜穴又巢也。

秋，七月上辛大雩，季辛又雩。又雩者何？又雩者非雩也，聚眾以逐季氏也。

九月己亥，公孫[8]于齊，次于楊州[9]。

齊侯唁公于野井[10]。唁公者何？昭公將弒季氏，告子家駒[11]曰：「季氏為無道，僭於公室久矣，吾欲弒之何如？」子家駒曰：「諸侯僭於天子，大夫僭於諸侯久矣。」昭公曰：「吾何僭矣哉？」子家駒曰：「設兩觀[12]，乘大路[13]，朱干，玉戚[14]，以舞〈大夏〉[15]，八佾以舞〈大武〉[16]，此皆天子之禮也。且夫牛馬維婁[17]，委己者也，而柔焉。季氏得民眾久矣，君無多辱焉。」昭公不從其言，終弒而敗焉。走之齊，齊侯唁公于野井，曰：「奈何君去魯國之社稷？」昭公曰：「喪人不佞，失守魯國之社稷，執事以羞。」再拜顙[18]。慶子家駒曰：「慶子免君於大難矣。」子家駒曰：「臣不佞，陷君於大難，君不忍加之以鈇鑕[19]，賜之以死。」再拜顙。高子執簞[20]食與四脡脯[21]，國子執壺漿，曰：「吾寡君聞君在外，餕饔[22]

未就，敢致糗㉓于從者。」昭公曰：「君不忘吾先君，延及喪人錫之以大禮。」再拜稽首以衽受。高子曰：「有夫不祥，君無所辱大禮。」昭公蓋祭而不嘗。景公曰：「寡人有不腆㉔先君之服，未之敢服。有不腆先君之器，未之敢用，敢以請。」昭公曰：「喪人不佞，失守魯國之社稷，執事以羞，敢辱大禮，敢辭。」景公曰：「寡人有不腆先君之服，未之敢服，有不腆先君之器，未之敢用，敢固以請。」昭公曰：「以吾宗廟之在魯地，有先君之服，未之能以服，有先君之器，未之能以出，敢固辭。」景公曰：「寡人有不腆先君之服，未之敢服，有不腆先君之器，未之敢用，請以饗乎從者。」昭公曰：「喪人其何稱？」景公曰：「孰君而無稱！」昭公於是曒然㉕而哭，諸大夫皆哭。既哭，以人為菑㉖，以幦㉗為席，以鞌為几，以遇禮相見。孔子曰：「其禮與其辭足觀矣！」

冬，十月戊辰，叔孫舍卒。

十有一月己亥，宋公佐㉘卒于曲棘㉙。曲棘者何？宋之邑也。諸侯卒其封內不地，此何以地？憂內也。

十有二月，齊侯取運㉚。外取邑不書，此何以書？為公取之也。

【注釋】❶叔倪　魯臣。死於魯昭公二十九年。《左傳》倪作「詣」，字通。❷趙鞅　晉卿。即趙簡子。又名志父，亦稱趙孟。不斷與范氏、中行氏相爭，自晉定公十五年起執政二十餘年。❸樂世心　宋大夫。曾為右師，居桐門，故亦稱「桐門右師」。樂嬰齊的四世孫。《左傳》世作「大」，聲系同，字通。❹北宮喜　衛臣，諡曰貞子。❺游吉　鄭卿，亦稱子大叔。熟悉典故，善於辭令，後繼子產執政。❻黃父　晉邑，一名黑壤。見宣公七年「黑壤」注。❼鸜鵒　即鴝鵒。鳥名，俗稱八哥。❽孫　通「遜」。流亡。❾楊州　當為齊、魯交界處城邑。在今山東省東平縣東北。❿野井　齊邑，在今山東省濟南市西北，黃河東岸。⓫子家駒　魯大夫，即子家羈、子家懿伯，公孫歸父的孫子。⓬觀　宮門外的雙闕。⓭大路　大輅。天子乘坐的車子。⓮朱干二句　紅色的盾和玉飾的斧。武舞所用。⓯大夏　與下〈大武〉均為周代六舞之一。相傳為夏禹時的樂舞。⓰大武　周武王時的樂舞。⓱維婁　繫牛馬的繮繩。⓲顙　叩頭。⓳鈇鑕　腰斬人的刑具。這裡指腰斬。⓴簞　古代盛飯用的竹器。㉑脡脯　乾肉。長條乾肉稱脡。㉒餕饔　煮熟的食物。㉓糗　乾糧。㉔不腆　謙辭。不美好；不豐厚。㉕噭然　形容哭聲響亮。㉖畜　圍牆。㉗幦　車軾上的覆蓋物。㉘宋公佐　宋元公，名佐。平公的兒子，在位十五年。㉙曲棘　宋邑，在今河南省民權縣西北。㉚運　此為魯西運，地近於齊。見成公四年注。

【語　譯】二十五年，春天，魯國叔孫舍到宋國去。

夏天，魯國叔倪和晉國趙鞅、宋國樂世心、衛國北宮喜、鄭國游吉、曹國人、邾婁國人、滕國人、薛國人、小邾婁國人在黃父這個地方會見。

鸜鵒飛來魯國築巢。為什麼記載這件事呢？是為了記載奇異的事情。有什麼奇異呢？因為牠不是中原地域的禽鳥，原來穴居，現在又築巢居棲了。

秋天，七月上旬的辛日，魯國舉行盛大的求雨祭祀，下旬的辛日又舉行求雨的祭祀。又舉行求雨的祭祀是什麼意思？又舉行求雨的祭祀並不是求雨的祭祀，而是魯昭公藉此聚集眾人以驅逐季孫氏。

九月己亥這天，魯昭公流亡到齊國去，住在楊州這個地方。

齊景公在野井這個地方慰問失國的魯昭公。慰問失國的魯昭公是為什麼呢？昭公準備殺掉季孫氏，告訴子家駒說：「季孫氏違背道義，超越本份，冒用國君權位行事已經很久了，我想殺掉他，你以為怎樣呢？」

子家駒說：「諸侯超越本份冒用天子的權位行事、大夫超越本份冒用諸侯的權位行事已經很久了。」昭公說：「我哪裡有超過本份的事呢？」子家駒說：「您在宮門外設立兩座樓臺，乘坐大輅車，樂人拿著紅色的盾和玉飾的斧來演奏〈大夏〉樂舞；用六十四人排列成八行來演奏〈大武〉樂舞，這都是天子的禮儀。而今季孫氏撫養民眾，民眾像牛馬依從繮繩那樣，順從馴養自己的人。季孫氏得到魯國民眾的擁戴已經很久了，您不要再多自取其辱了。」昭公不聽從他的話，終究試著殺掉季孫氏卻失敗了。他逃到齊國，齊景公在野井慰問失國的昭公，說：「您怎麼離開了魯國的社稷呢？」昭公說：「喪失國家的人沒有才能，不能守衛魯國的社稷，連您也受到羞辱。」就向齊景公兩次跪拜磕頭。景公隨即慶賀子家駒說：「慶賀你免除了你的君主遭受大難。」子家駒說：「臣下沒有才能，使我君主陷入大難，我的君主不忍心對我腰斬賜死。」就向齊景公兩次跪拜磕頭。高子拿著盛飯的食器和四條乾肉，國子手拿一壺酒漿，說：「齊侯沒有忘記我們前代君王，還沒有煮熟食物進餐，所以膽敢把乾糧送給您的隨從。」昭公說：「我們的君主聽說您在外邊，把盛情延續到喪失國家之人的身上，賜給我如此隆重的禮遇。」就兩次跪拜磕頭，並用衣襟接受了食物。高子說：「人們總會遇到不吉利的事情，您不必用有辱於您的大禮。」昭公用食物來祭祀而沒有吃用。齊景公說：「我有先代君王留下來的不美好的衣服，沒有敢穿；有先代君王留下來的不美好的器物，沒有敢用，膽敢請您接受。」昭公說：「喪失國家之人沒有才能，不能守衛魯國的社稷，連您也受到了羞辱，不敢羞辱您賜予我如此隆重的禮遇，請允許我辭謝不收。」景公說：「我有先代君王留下來的不好的衣服，沒有敢穿；有先代君王留下來的不好的器物，沒有敢用，膽敢堅持請您接受。」昭公說：「因為我的宗廟在魯國，有先代君王留下來的衣服，沒有能穿；有先代君王留下來的器物，沒有能帶出來，請允許我堅持辭謝不收。」景公說：「我有先代君王留下來不好的衣服，沒有敢穿；有先代君王留下來不好的器物，沒有敢用，請您的隨從人員享用。」昭公說：「我是喪失國家的人用什麼稱呼呢？」景公說：「誰說作為一位國君卻沒有稱呼呢！」昭公聽了，就放聲大哭，各位隨從大夫也都哭了。哭完了，就用人圍起來當圍牆，用覆笭車當席子，用馬鞍當桌几，魯昭公和齊景公用諸侯相遇的禮節行了相見禮。孔子說：「他們用的禮儀和言辭，是很像樣子的。」

冬天，十月戊辰這天，魯國叔孫舍死了。

十一月己亥這天，宋國君主佐死在曲棘。曲棘是什麼地方呢？是宋國的一個城邑。諸侯死在自己的封地內不記載地點，這裡為什麼記載呢？因為宋公為魯國的事情擔憂。

十二月間，齊侯攻佔了運邑。魯國以外國家攻佔城邑，依例不作記載，這裡為什麼記載呢？因為是齊侯為魯昭公而攻佔的。

昭公二十有六年

【說　明】 本年《春秋》記載八事，「冬，十月，天王入于成周」條有傳。傳以成周為東周，認為經言入，與昭公二十二年經言「王猛入」的入義不同，前經之「入」是篡辭，此經之「入」，沒有篡位的嫌疑。其實，篡位與否應該根據事實而定，用同樣一個「入」字，怎能區分篡與不篡呢？

二十有六年，春，王正月，葬宋元公。

三月，公至自齊，居于運❶。

夏，公圍成❷。

秋，公會齊侯、莒子、邾婁子、杞伯盟于剸陵❸。

公至自會，居于運。

九月庚申，楚子居❹卒。

冬，十月，天王❺入于成周❻。成周者何？東周❼也。其言入何？不嫌也。尹氏❽、召伯❾、毛伯❿以王子朝⓫奔楚。

【注釋】❶運　魯西運。下同。❷成　魯孟氏采邑。見桓公六年注。❸鄟陵　魯邑，確址不詳。或說在今山東省沂水縣東北。❹楚子居　楚平王熊居，即公子棄疾。他即位後改名熊居，亦單稱居，在位十三年。❺天王　指周敬王。❻成周　見昭公二十二年「西周」注。❼東周　因在周都城以東，故稱東周。❽尹氏　即昭公二十三年的尹氏。❾召伯　周王室卿士，即召戴公。❿毛伯　即毛伯得，亦稱毛得。魯昭公十八年殺毛伯過而代居其位。⓫王子朝　見昭公二十三年注。

【語譯】二十六年，春天，周王正月間，葬了宋元公。

三月間，魯昭公從齊國回到魯國，居住在運邑。

夏天，魯昭公包圍了成這個地方。

秋天，魯昭公和齊侯、莒子、邾婁子、杞伯會見，在鄟陵這個地方結盟。

魯昭公從會盟的地方回到魯國，居住在運邑。

九月庚申這天，楚君居死了。

冬天，十月間，周敬王入於成周。成周是什麼地方？就是東周。這裡說入是什麼意思？是表示沒有篡位的嫌疑。

尹氏、召伯、毛伯隨從王子朝逃到楚國。

昭公二十有七年

【說明】本年《春秋》記載七事，十月「邾婁快來奔」條有傳。認為快是邾婁大夫。邾婁國沒被承認有大夫，經寫他來奔之事，和襄公二十三年「邾婁鼻我來奔」一樣，都是因為邾婁鄰近魯國的原故。

二十有七年，春，公如齊。公至自齊，居于運。

夏，四月，吳弒其君僚❶。

楚殺其大夫郤宛❷。

秋，晉士鞅、宋樂祁犁❸、衛北宮喜、曹人、邾婁人、滕人會于扈❹。

冬，十月，曹伯午❺卒。

邾婁快❻來奔。邾婁快者何？邾婁之大夫也。邾婁無大夫，此何以書？以近書也。

公如齊。公至自齊，居于運。

【注釋】❶僚　吳君僚。夷昧的兒子，被公子光派專諸弒殺，在位十二年。❷郤宛　楚左尹，字子惡，因被令尹子常攻燒，自殺而死。❸樂祁犁　宋臣，字子梁，官司城，故又稱司城子梁。子罕的孫子，死於魯定公八年。❹扈　鄭邑。見文公七年注。❺曹伯午　曹悼公，名午。繼平公須為君，在位九年。❻邾婁快　邾婁國臣。《春秋》僅一見。《左傳》作「邾快」。

【語譯】二十七年，春天，魯昭公到齊國去。昭公從齊國回來，居住在運邑。

夏天，四月間，吳國把它的君主僚弒殺了。

楚國殺了它的大夫郤宛。

秋天，晉國士鞅、宋國樂祁犁、衛國北宮喜、曹國人、邾婁國人、滕國人在扈這個地方會見。

冬天，十月間，曹君午死了。

邾婁快逃到魯國來。邾婁快是什麼人？是邾婁國的大夫。邾婁國沒有被承認有大夫，這裡為什麼要這樣記載？因為邾婁國與魯國鄰近而記載。

魯昭公到齊國去。昭公從齊國回來，居住在運邑。

昭公二十有八年

【說　明】本年《春秋》書記四事，《公羊傳》均無說解。

二十有八年，春，王三月，葬曹悼公。

公如晉，次于乾侯❶。

夏，四月丙戌，鄭伯甯❷卒。

六月，葬鄭定公。

秋，七月癸巳，滕子甯❸卒。

冬，葬滕悼公。

【注　釋】❶乾侯　晉地。在今河北省成安縣東南。❷鄭伯甯　鄭定公，名甯。簡公的兒子，在位十六年。❸滕子甯　滕悼公，名甯。成公的兒子，立於魯昭公四年，在位二十八年。

【語譯】二十八年，春天，周王三月間，葬了曹悼公。

魯昭公到晉國去，住在乾侯這個地方。

夏天，四月丙戌這天，鄭君甯死了。

六月間，葬了鄭定公。

秋天，七月癸巳這天，滕君甯死了。

冬天，葬了滕悼公。

昭公二十有九年

【說明】本年《春秋》記載五事，另書「秋，七月」表明時序。有傳者「冬，十月，運潰」一事。傳以潰字為義，認為國叛稱潰，邑叛稱叛，運是魯邑並不是國都，經不書叛而書潰者，是為了修築運邑的外郭，而築外郭的原因，是魯昭公住在這裡。意思是：既然昭公住在運邑，運邑就等於是都城的外郭，今運邑百姓因不堪忍受築郭的勞役而逃散，所以經用國叛的言辭說潰。

二十有九年，春，公至自乾侯，居于運。

齊侯使高張❶來唁公。

公如晉，次于乾侯。

夏，四月庚子，叔倪❷卒。

秋，七月。

冬，十月，運潰。邑不言潰，此其言潰何？郛之也。曷為郛之？君存焉爾。

【注釋】❶高張　齊臣。即高昭子，亦稱昭子。❷叔倪　見昭公二十五年注。

【語譯】二十九年，春天，魯昭公從乾侯回來，居住在運邑。

齊侯差遣高張來運邑慰問失國的魯昭公。

魯昭公到晉國去，住在乾侯這個地方。

夏天，四月庚子這天，魯國叔倪死了。

秋天，七月。

冬天，十月間，運邑的百姓潰散逃跑了。城邑的百姓逃跑不說潰散，這裡說潰散是為什麼呢？為了修築運邑的外城。為什麼修築運邑的外城呢？因為魯昭公住在這裡。

昭公三十年

【說明】本年《春秋》書記四事，《公羊傳》均無說解。

三十年，春，王正月，公在乾侯。

夏，六月庚辰，晉侯去疾❶卒。

秋，八月，葬晉頃公。

冬，十有二月，吳滅徐，徐子章禹❷奔楚。

【注釋】❶晉侯去疾　晉頃公，名去疾。昭公夷的兒子，在位十四年。❷徐子章禹　徐國君主，名章禹。本年十二月吳滅徐，徐子章禹絞斷頭髮，帶著夫人迎接吳王，吳王送走了他，於是就逃亡到了楚國。

【語譯】三十年，春天，周王正月，魯昭公住在乾侯。

夏天，六月庚辰這天，晉君去疾死了。

秋天，八月間，葬了晉頃公。

冬天，十二月間，吳國滅掉了徐國，徐君章禹逃到楚國。

昭公三十有一年

【說明】本年《春秋》記載七事，有傳者「冬，黑弓以濫來奔」一事。傳以黑弓為邾婁大夫，濫為邾婁城邑。經不言邾婁者，是把濫看作國家。原因是，黑弓乃讓國的賢者叔術的後嗣，濫是他世襲的封邑。經如果把濫作他世襲的封邑而獻於魯，那叔術就犯了世卿之戒，理應受到譴責。鑒於叔術是賢者，雖然沒有濫這個國家，經仍把濫看作國家，藉以避免叔術受到世代為大夫的譴責。這裡要指出的是，在傳文中，有一段詳細記述邾婁顏公因淫亂被誅、叔術繼兄立為國君而以其嫂為妻、叔術終讓位於其兄顏公之子夏夫而自己僅接受了五分之一國土的文字，這是傳為了說明叔術的讓國之賢而記述的。至於它是否完全符合史實，那就是另外的問題了。

三十有一年，春，王正月，公在乾侯。

季孫隱如會晉荀櫟❶于適歷❷。

夏，四月丁巳，薛伯穀❸卒。

晉侯使荀櫟唁公于乾侯。

秋，葬薛獻公。

冬，黑弓❹以濫❺來奔。文何以無邾婁？通濫也。曷為通濫？賢者子孫宜有地也。賢者孰謂？謂叔術❻也。何賢乎叔術？讓國也。其讓國奈何？當邾婁顏之時，邾婁女有為魯夫人者，則未知其為武公❼與？懿公❽與？孝公❾幼，顏淫九公子于宮中，因以納賊，則未知其為魯公子與？邾婁公子與？臧氏之母養公者也。君幼則宜有養者，大夫之妾，士之妻，則未知臧氏之母者曷為者也？養公者必以其子入養。臧氏之母聞有賊，以其子易公，抱公以逃，賊至湊❿公寢而弒之。臣有鮑廣父與梁買子者，聞有賊，趨而至。臧氏之母曰：「公不死也，在是，吾以吾子易公矣。」於是負孝公之周訴天子，天子為之誅顏而立叔術，反孝公于魯。

顏夫人者，嫗盈⓫女也，國色也。其言曰：「有能為我殺殺顏者，吾為其妻。」叔術為之殺殺顏者，而以為妻，有子焉謂之盱。夏父者，其所為有於顏者也。盱幼而皆愛之，食必坐二子於其側而食之，有珍怪之食，盱必先取足焉。夏父曰：

「以來，人未足而盱有餘。」叔術覺焉曰：「嘻！此誠爾國也夫！」起而致國于夏父，夏父受而中分之，叔術曰：「不可！」三分之，叔術曰：「不可！」四分之，叔術曰：「不可！」五分之，然後受之。公扈子者，邾婁之父兄也，習乎邾婁之故，其言曰：「惡有言人之國賢若此者乎！」誅顏之時天子死，叔術起而致國于夏父。當此之時，邾婁人常被兵于周，曰：「何故死吾天子？」通濫則文何以無邾婁？天下未有濫也。天下未有濫則其言以濫來奔何？叔術者，賢大夫也，絕之，則為叔術；不欲絕，不絕則世大夫也，大夫之義不得世，故於是推而通之也。

十有二月辛亥朔，日有食之。

【注釋】❶荀櫟　晉臣。即知文子，亦稱文伯。荀盈（知盈）的兒子。《左傳》櫟作「躒」，字通。❷適歷　晉邑，確址不詳，或說在今河北省大名縣東北。❸薛伯穀　薛獻公，名穀。薛襄公的父親。❹黑弓　邾婁國大夫。《左傳》、《穀梁傳》弓作「肱」，聲系同，字通。❺濫　地名，在今山東省滕州市東南。❻叔術　邾婁顏公的母弟。或說是顏公的庶弟。❼武公　名敖，繼其父魯真公為君。❽懿公　名戲，魯武公的兒子。周宣王十三年，繼武公為君。❾孝公　名稱，魯懿公的弟弟。周宣王誅伯御，立其弟稱為君。❿湊　進。⓫嫗盈　顏夫人的母親。因年老尊稱為嫗。

【語譯】三十一年，春天，周王正月，魯昭公住在乾侯。

魯國季孫隱如和晉國荀櫟在適歷這個地方會見。

夏天，四月丁巳這天，薛君穀死了。

晉侯差遣荀櫟在乾侯慰問魯昭公。

秋天，葬了薛獻公。

冬天，黑弓獻出濫這個地方逃到魯國。《春秋》經文為什麼不記寫黑弓是邾婁國人呢？因為是把濫這個地方看成國家。為什麼把濫看成國家呢？因為賢良的人的子孫應當有封地。賢良的人說的是誰呢？是叔術。為什麼認為叔術賢良呢？因為他讓出了君位。他讓出君位是怎樣情形呢？在邾婁顏公的時候，邾婁君主女兒有做魯國君主夫人的，但是不知道是魯武公的夫人呢？還是魯懿公的夫人？當時魯孝公年紀幼小，邾婁顏公在宮中奸淫了魯君九個女兒，因此而招納了壞人賊子，但是不知道是魯國公子呢？還是邾婁國公子？臧氏乳母，是哺養魯孝公的人。國君年紀幼小，應當有哺養他的人，但臧氏乳母，不知道她是大夫的妾呢，還是士的妻？哺養幼君的人，必定要隨帶自己的兒子進宮哺養。臧氏乳母，聽到賊子作亂，用她的兒子替換了孝公，抱著孝公就逃跑了。賊子到來，進入孝公寢宮就把臧氏乳母的兒子殺掉了。魯大夫鮑廣父和梁買子，聽到賊子作亂，趕快跑來。臧氏乳母說：「幼君孝公沒有死，就在這裡，我用自己的兒子替換了孝公。」於是他二人背著孝公到周室都城，向天子告狀。天子為這事誅殺了邾婁顏公而立顏公的弟弟叔術為君，並使孝公返回了魯國。邾婁顏公的夫人，是盈老婦人的女兒，是邾婁國最美麗的女子。她說：「誰能為我殺掉殺害顏公的人，我就做他的妻子。」叔術為她殺掉殺害顏公的人，並娶她做妻子，生了一個兒子叫盱。夏父這孩子，是她做顏公妻子時與顏公生的。盱年紀小，父母都喜歡他，吃飯時讓兩個孩子坐在身邊吃。有珍異的食品，盱必定搶先拿來吃個夠。夏父說：「拿過來！別人還沒有吃夠，可是盱卻有剩餘。」叔術感悟了，說：「唉！這實在是你的國家呀！」起身就把君權交給了夏父。夏父接受了，並把國土一分為二，要將一半分給叔術，叔術說：「不能這樣做。」分出三分之一給叔術，叔術說：「不行。」分出四分之一，叔術說：「不行。」分出五分之一，然後叔術才接受了這份土地。公扈子這個人，是邾婁國君主的父兄輩，他熟知邾婁國的往事。他說：「哪裡有說人是國家的賢良，可是他做的事竟是這樣的呢！」誅殺顏公的時候，那位天子死了，叔術起身就把君權交給了夏父。在那個時候，邾婁國人常被周王軍隊攻伐，說：「為什麼在我們天子死後，違背他的命令而立夏父為君呢？」既然把濫看成國家，那為什麼《春秋》經文沒記寫邾婁國呢？因為天下並沒有濫國。既然天下沒有濫國，那為什麼說獻出濫逃到魯國呢？因為叔術是一位賢良的大夫。斷絕他和邾婁國的關係，他就是叔術；不想斷絕他和邾婁國的關係，那他就是世襲的大夫。按照做大夫的義理，是不能世代為大夫的，所以在這裡就通用大夫獻出邑地逃到別國的文辭，把濫看成國家，藉以避免叔術受到世代為大夫的譴責。

十二月辛亥初一這天，魯國發生日食。

昭公三十有二年

【說明】本年《春秋》記載四事，另書「秋，七月」表明時序，有傳者正月「取闞」一事。傳以闞為邾婁城邑。經書闞而不言邾婁闞者，是因為魯前年剛接受黑弓所獻的濫邑，今又取闞，避諱這事做得過於急切。

三十有二年，春，王正月，公在乾侯。

取闞❶。闞者何？邾婁之邑也。曷為不繫乎邾婁？諱亟❷也。

秋，七月。

冬，仲孫何忌❸會晉韓不信❹、齊高張、宋仲幾❺、衛世叔申❻、鄭國參❼、曹人、莒人、邾婁人、薛人、杞人、小邾婁人城成周。

十有二月己未，公薨于乾侯。

【注　釋】❶闞　《公羊傳》以為是邾婁邑。當為魯邑，這時昭公已失國，取闞以自封，即桓公十一年的闞。見該注。❷亟　《公羊傳》認為魯國在幾個月的時間內連取濫、闞二邑，所以說亟。❸仲孫何忌　魯宗族，卿。即孟懿子，亦稱孟孫，生於魯昭公十一年。十三、四歲，師事孔子，向孔子學禮。❹韓不信　晉大夫。即韓簡子，亦稱伯音。韓起的孫子，本年修築成周城，他擔任工程監督。❺仲幾　宋大夫，字子然。魯昭公二十二年代向甯為左師。❻世叔申　衛宗室。世叔儀的孫子，《春秋》僅一見。❼國參　鄭大夫，字子思，諡曰桓，故亦稱桓子思。子產的兒子。

【語　譯】三十二年，春天，周王正月，魯昭公住在乾侯。

魯國攻佔了闞邑。闞是什麼地方呢？是邾婁國的一個城邑。為什麼不連屬於邾婁呢？為的是避諱魯國攻佔得過於急切了。

秋天，七月。

冬天，魯國仲孫何忌會同晉國韓不信、齊國高張、宋國仲幾、衛國世叔申、鄭國國參、曹國人、莒國人、邾婁國人、薛國人、杞國人、小邾婁國人修築成周城邑。

十二月己未這天，魯昭公死在乾侯。

卷二五 定公上

定公元年

【說明】本年《春秋》首書「元年，春，王」，未記事而有傳釋其義；另書記七事，四事有傳。「元年，春，王」條，可與「夏六月癸亥，公之喪至自乾侯」以及「戊辰，公即位」條合看。按：《春秋》於魯十一公的元年，不論有事無事，都書正月，以表示各公的正式即位。只有定公元年不書正月，傳認為這是因為他在正月以後才即位的原故。定公所以要等到六月癸亥昭公的靈柩由乾侯運到都城六天後，才於戊辰這天即位者，是因為大權在季孫氏，昭公的靈柩能否進入魯都也不清楚，依禮一直要等到昭公的棺木擺放在殿堂兩楹之間，把昭公的殯事安頓好，才舉行即位儀式。傳還以「元年，春，王」條中「春王」二字為微辭，說定、哀之世多用微辭、隱語，時君看經文，詢問解釋，連自己都不明白是否有罪過。用微辭，是避禍的做法。至於「公即位」條，傳還提出即位例不書日，今書日者，是為了詳錄魯國事情的原故。「三月，晉人執宋仲幾于京師」條，傳以為仲幾被執是修築成周時沒能盡職盡責，並以「于京師」是表示伯者之討的文辭；書「晉人」而不稱韓簡子的名字，是貶責他，因為不贊成大夫有專執的權力。說到九月「立煬宮」和「冬，十月，霣霜殺菽」事，前者，傳以「立」字為義，認為書立是表示不應當立，因為立煬公之廟不合於禮。後者，傳以殺菽雖是災害，但在周曆十月間還不到霜降節氣就隕霜殺菽，更為奇異。異大於災，所以經以記異而書，並非書災。

元年，春，王。定❶何以無正月？正月者，正即位也。定無正月者，即位後也。即位何以後？昭公在外，得入不得入未可知也。曷為未可知？在季氏也。定、哀多微辭，主人習其讀而問其傳，則未知己之有罪焉爾。

三月，晉人執宋仲幾于京師。仲幾之罪何？不蓑❷城也。其言于京師何？伯討也。伯討則其稱人何？貶。曷為貶？不與大夫專執也。曷為不與？實與而文不與。文曷為不與？大夫之義，不得專執也。

夏，六月癸亥，公之喪至自乾侯。

戊辰，公即位。癸亥，公之喪至自乾侯，則曷為以戊辰之日，然後即位？正棺於兩楹之間，然後即位。子沈子❸曰：「定君乎國，然後即位。」即位不日，此何以日？錄乎內也。

秋，七月癸巳，葬我君昭公。

九月，大雩。

立煬宮❹。煬宮者何？煬公之宮也。立者何？立者不宜立也，立煬宮非禮也。

冬，十月，霣霜殺菽。何以書？記異也。此災菽也，曷為以異書？異大乎災也。

【注 釋】❶定 指魯定公。名宋，襄公的兒子，昭公的弟弟。何休認為定公是昭公的兒子。在位十五年。❷蓑 用草覆蓋。❸子沈子 傳公羊學的一位先師。❹煬宮 魯煬公的廟。煬公是伯禽的兒子，考公的弟弟，是第一個以小宗代大宗的魯君。

【語 譯】元年，春天，周王。魯定公元年為什麼不記寫正月呢？記寫正月，是表示正始即位。定公元年不記寫正月，是因為他是在正月以後才即位的。他即位為什麼在正月以後呢？因為昭公死在國外，他的靈柩能不能送入都城還不知道。為什麼不知道呢？因為大權在季孫氏。定公、哀公時期，《春秋》多用隱語，當時的君主讀看有關自己部份的經文而詢問解釋，連他自己也不知道是不是有罪過。

三月間，晉國人在周室京城捕捉了宋國仲幾。仲幾的罪狀是什麼呢？是他在修建成周城牆時，不用蓑草遮蓋它。這裡說在周室京城捕捉了仲幾是為什麼呢？這是表示一方諸侯之長討伐有罪的諸侯。既然是一方諸侯之長討伐有罪的諸侯，那麼稱晉國大夫為人是為什麼呢？是貶責。為什麼貶責呢？因為不贊成大夫有擅自捕捉別國大夫的權力。為什麼不贊成呢？實際上贊成而文辭上不說贊成。為什麼文辭上不說贊成呢？因為作大夫的，按理是不能擅自捕捉別國大夫的。

夏天，六月癸亥這天，魯昭公的靈柩從乾侯送回魯國都城。

戊辰這天，魯定公即位為君。既然癸亥這天，魯昭公的靈柩送回魯國都城，那為什麼要戊辰這天，昭公靈柩回國後才即位呢？因為按照殯禮要把人殮後的棺材擺放在殿堂的兩個柱子中間，然後才能舉行即位典禮。子沈子說：「先要把昭公的殯事安頓好，然後才能即位。」即位本有定例，不必記載日期，這裡為什麼記載日期呢？是為了詳盡的記錄魯國的事情。

秋天，七月癸巳這天，葬了我國君主昭公。

九月間，魯國舉行盛大的求雨祭祀。

魯國建立煬宮。煬宮是什麼？是煬公的廟。說立是什麼意思呢？說立是表示不應當立，建立煬公的廟是不符合禮制的。

冬天，十月間，天下了霜，凍死了大豆作物。為什麼記載這件事呢？這是記載災異。這裡是說大豆遭受災害，為什麼以災異來記載呢？因為災異比災害嚴重的原故。

定公二年

【說明】本年《春秋》首書「春，王正月」表明時序，未記事。全年書記三事，二事有傳。「夏，五月壬辰，雉門及兩觀災」條，傳以「及」字為義。認為經先說雉門，後說及兩觀，是因為雉門尊，兩觀微，並不是火由雉門延燒到兩觀，而是兩觀先起火延及雉門。經所以顛倒文字序列這樣書寫，是因為不願意以微及大。書此事者，是為記災。「冬，十月，新作雉門及兩觀」條。五月被焚，十月新作，傳以新作為修舊而擴大了原來規模。認為修舊依例不書，今書此事，義在譏責。譏季孫氏不重公室，延遲了五個月才動工修建。

二年，春，王正月。

夏，五月壬辰，雉門❶及兩觀❷災。其言雉門及兩觀災何？兩觀微也。然則曷為不言雉門災及兩觀？主災者兩觀也。時災者兩觀，則曷為後言之？不以微及大也。何以書？記災也。

秋，楚人伐吳。

冬，十月，新作雉門及兩觀。其言新作之何？修大也。修舊不書，此何以書？譏。何譏爾？不務乎公室也。

【注釋】❶雉門　宮門名，即天子的應門。魯用王禮，所以門制和王門相同。❷兩觀　宮門前兩邊的望樓。也是天子之制。

【語譯】二年，春天，周王正月。

夏天，五月壬辰這天，魯國宮門及兩邊的望樓發生火災。這裡說宮門及兩邊的望樓發生火災是為什麼呢？因為兩邊的望樓比起宮門來是低微次要的。那麼為什麼不說宮門發生火災延燒到兩邊的望樓呢？因為發生火災的主要是兩邊的望樓。既然當時火災發生在兩邊的望樓，那麼為什麼先說宮門後說望樓呢？為的是不先說低微次要的再說主要的。為什麼記載這件事呢？這是記載災害的事情。

秋天，楚國人討伐吳國。

冬天，十月間，重新修建宮門和兩邊的望樓。這裡說重新修建是什麼意思呢？是說重新修建後比原來的要大。修建舊有的建築物依例不作記載，這裡為什麼記載呢？是譏諷。為什麼譏諷？因為季孫氏不重視公室，五月火災，到十月才重新修建。

定公三年

三年，春，王正月，公如晉，至河乃復。

三月辛卯❶，邾婁子穿❷卒。

夏，四月。

秋，葬邾婁莊公。

【說　明】本年《春秋》記載四事，另書「夏，四月」表明時序，《公羊傳》均無說解。

冬，仲孫何忌及邾婁子盟于枝❸。

【注釋】❶三月辛卯　三月無辛卯，「三」字誤。當從《左傳》作「二」。❷邾婁子穿　邾婁莊公，名穿。因性情急躁，生氣掉在爐炭上，皮膚被灼燒，潰爛而死。用車子五輛和五個人殉葬。❸枝　枝字誤。當從《左傳》作「拔」。拔即郯，魯地，在今山東省兗州市西。

【語譯】三年，春天，周王正月間，魯定公到晉國去，到了黃河邊就回來了。

三月辛卯這天，邾婁國君穿死了。

夏天，四月。

秋天，葬了邾婁莊公。

冬天，魯國仲孫何忌和邾婁子在枝這個地方會盟。

定公四年

【說明】本年《春秋》記載十六事，四事有傳。七月「劉卷卒」和秋「葬劉文公」兩條，劉卷即三月間召陵之會的劉子，亦即劉文公。傳以劉為天子大夫，認為外大夫例不書卒，不書葬，今經前書其卒，是因為召陵之會魯定公是劉子的盟主，與後書其葬義同。其實，該會盟主是劉子並不是魯定公，因為《公羊傳》主張《春秋》王魯之說，所以不顧事實，說成「我主之也」、「錄我主也」。至於「冬，十有一月庚午，蔡侯以吳子及楚人戰于伯莒，楚師敗績」和「庚辰，吳入楚」，說的是十一月十八日伯莒之戰楚師慘敗，同月二十八日吳師侵入楚都之事。兩事先後相連，傳分別以經書吳子和吳人為義。認為前者稱吳子，是褒贊他雖然身為夷狄國君卻有憂中國的心而出兵救蔡，並對憂中國的事跡作了記敘。後者稱吳人，是貶責他入楚都後又恢復了夷狄人的本性，吳君住在楚君宮中，吳大夫住在楚大夫宮中，甚至有人還把楚昭公的母親做了自己的妻子。

四年，春，二月癸巳，陳侯吳❶卒。

三月，公會劉子❷、晉侯、宋公、蔡侯、衛侯、陳子、鄭伯、許男、曹伯、莒子、邾婁子、頓子、胡子、滕子、薛伯、杞伯、小邾婁子、齊國夏❸于召陵❹，侵楚。

夏，四月庚辰，蔡公孫歸姓❺帥師滅沈，以沈子嘉❻歸殺之。

五月，公及諸侯盟于浩油❼。

杞伯戊❽卒于會。

六月，葬陳惠公。

許遷于容城❾。

秋，七月，公至自會。

劉卷卒。劉卷者何？天子之大夫也。外大夫不卒，此何以卒？我主之❿也。

葬杞悼公。

楚人圍蔡。

晉士鞅、衛孔圄[11]帥師伐鮮虞[12]。

葬劉文公。外大夫不書葬，此何以書葬？錄我主也。

冬，十有一月庚午，蔡侯以[13]吳子及楚人戰于伯莒[14]，楚師敗績。吳何以稱子？夷狄也，而憂中國。其憂中國奈何？伍子胥[15]父誅乎楚，挾弓而去楚，以干[16]闔廬[17]。闔廬曰：「士之甚，勇之甚，將為之興師而復讎于楚。」伍子胥復曰：「諸侯不為匹夫興師，且臣聞之，事君猶事父也。虧君之義，復父之讎，臣不為也。」於是止。蔡昭公[18]朝乎楚，有美裘焉，囊瓦[19]求之，昭公不與，為是拘昭公於南郢[20]數年，然後歸之。於其歸焉，用事乎河。曰：「天下諸侯，苟有能伐楚者，寡人請為之前列。」楚人聞之怒。為是興師，使囊瓦將而伐蔡。蔡請救于吳，伍子胥復曰：「蔡非有罪也，楚人為無道，君如有憂中國之心，則若時可矣。」於是興師而救蔡。曰：「事君猶事父也。此其為可以復讎奈何？」曰：「父不受誅，子復讎可也。父受誅，子復讎，推刃[21]之道也，復讎不除害，朋友相衛，而不相迿[22]，古之道也。」

楚囊瓦出奔鄭。

庚辰，吳入楚。吳何以不稱子？反夷狄也。其反夷狄奈何？君舍于君室，大夫舍于大夫室，蓋妻楚王之母也。

【注釋】❶陳侯吳　陳惠公，名吳。繼哀公立為君，在位二十八年。❷劉子　指死於本年的劉卷，劉文公。見昭公二十二年注。❸國夏　齊臣，即國惠子。國佐的孫子。❹召陵　楚邑。見僖公四年注。❺公孫歸姓　即襄公二十七年的公孫歸生。❻沈子嘉　沈國君主，名嘉。《春秋》僅一見。當於魯昭公二十三年繼沈子楹為君。❼浩油　地名，在今河南省臨潁縣南。《左傳》、《穀梁傳》作「臯鼬」，聲系同，字通。❽杞伯戊　即杞悼公，名戊。平公的兒子，在位十二年。《左傳》、《穀梁傳》戊作「成」。❾容城　許男斯遷都於此。在今山東省魯山縣東南。❿我主之　謂魯國是盟主。按：本年三月間召陵之會，劉子是盟主，而《公羊傳》認為《春秋》王魯，所以反說魯為盟主，實與事實不符。⓫孔圄　衛卿，即孔文子。孔成子烝鉏的曾孫。《左傳》、《穀梁傳》圄作「圉」。⓬鮮虞　國名。見昭公十二年注。⓭以　因；仗著。⓮伯莒　楚邑。即《左傳》的柏舉，《穀梁傳》的伯舉。在今湖北省麻城市東北。⓯伍子胥　楚人，後為吳大夫。名員，子胥是字。父伍奢、兄伍尚同被楚平王殺害。⓰干　不待行禮而見面稱干。⓱闔廬　吳王闔廬，於魯昭公二十八年繼吳王僚為君。⓲蔡昭公　即蔡侯申，亦稱蔡昭侯，悼侯的弟弟，立於魯昭公二十四年。⓳囊瓦　楚臣，字子常。因官為令尹，故又稱令尹子常。⓴南郢　即郢，或作紀郢。楚文王定都於此。即今湖北省江陵縣西北的紀南城。㉑推刃　一來一往的循環復仇。㉒迿　爭先；為首。

【語譯】四年，春天，周王二月癸巳這天，陳國君主吳死了。

三月間，魯定公和劉子、晉侯、宋公、蔡侯、衛侯、陳子、鄭伯、許男、曹伯、莒子、邾婁子、頓子、胡子、滕子、薛伯、杞伯、小邾婁子、齊國國夏在召陵這個地方會合，入侵楚國。

夏天，四月庚辰這天，蔡國公孫歸姓率領軍隊滅掉沈國，把沈國君主嘉逮回蔡國殺掉了。

五月間，魯定公和各國諸侯在浩油這個地方會盟。

杞國君主戊死在會盟的地方。

六月間，葬了陳惠公。

許國把都城移遷到容城。

秋天，七月間，魯定公從會盟的地方回到魯國都城。

劉卷死了。劉卷是什麼人呢？是天子的大夫。魯國以外的大夫死了，依例不作記載，這裡為什麼記載呢？因為魯國是劉子的盟主。

葬了杞悼公。

楚國人包圍了蔡國都城。

晉國士鞅、衛國孔圉率領軍隊討伐鮮虞國。

葬了劉文公。魯國以外的大夫依例不記載其葬事，這裡為什麼記載呢？是為記錄魯國是他盟主的原故。

冬天，十一月庚午這天，蔡侯依仗吳子和楚國人在伯莒這個地方作戰。楚國軍隊潰敗。吳國君主為什麼稱子呢？因為他雖是夷狄人卻能為中原各國的事情擔憂。他擔憂中原各國的事情是怎樣的呢？伍子胥的父親被楚平王殺了，他帶著弓離開楚國，等不得行禮就面見吳王闔廬。闔廬說：「你是最好的賢士，最為勇敢，我準備出兵攻打楚國替你報殺父之讎。」伍子胥回答說：「諸侯不為一個平民出兵討伐，而且我聽說過，侍奉君主就像侍奉父親一樣。虧損您作為君主的義理，來報我的父讎，我不能做這樣的事。」於是就沒有出兵。蔡昭公到楚國去朝見，穿了件精美的皮衣服，楚國的令尹囊瓦想要，昭公不肯給他，為了這個原故就拘留昭公在楚國都城南郢，過了幾年，然後才放他回去。昭公在回國的時候，祭祀黃河，發誓說：「天下的諸侯，如果有人能夠討伐楚國的，我請求做他的先鋒打頭陣。」楚國人聽到後大怒，為了這個原故出兵派囊瓦為統帥去討伐蔡國。蔡國請求吳國出兵救援。伍子胥對吳王說：「蔡國並不是有罪過，是楚國人不講道義，君主您如果有擔憂中原各國事情的心思，那麼現在是可以出兵的時候了。」於是吳王就出兵救援蔡國。伍子胥說過侍奉君主就像侍奉父親一樣。這裡伍子胥又認為可以出兵報讎了是為什麼呢？回答說：「父親罪不當誅而被誅殺，兒子報讎是應當的。父親有罪當誅而被誅殺，如果兒子報讎，那就一來一往的循環殺戮沒有完結了。報讎時只懲處讎者本人，不能懲處認為有後患的讎人之子。朋友之間相互保護，不冒險爭先擊殺，這是符合古道的。」

楚國囊瓦出逃到鄭國。

庚辰這天，吳國人侵入楚國都城。吳國君主為什麼不稱子呢？因為他的行為又恢復了夷狄的原樣。吳王的行為又恢復了夷狄的原樣是怎樣的呢？吳君住在楚君的宮室中，吳大夫住在楚大夫的宮室中，恐怕還有把楚昭公的母親做自己妻子的人。

定公五年

五年，春，王正月辛亥朔，日有食之。

夏，歸粟于蔡。孰歸之？諸侯歸之。曷為不言諸侯歸之？離至，不可得而序，故言我也。

於越❶入吳。於越者何？越者何？於越者，未能以其名通也；越者，能以其名通也。

六月丙申，季孫隱如❷卒。

【說明】本年《春秋》記載六事，二事有傳。「夏，歸粟于蔡」條，傳認為粟是各國諸侯送的，因為大家先後送到，難分次序，所以說我國送的。夏「於越入吳」條，傳以於越和越是一國兩個名稱，於越是越人自稱，越是在各國通用的國名。按照何休的說解：如果越君治國有方，能與中原各國相通，就稱越；如果治國無方，不能與中原各國相通，就稱於越。意思是從不同的稱謂中，可以看出這個國家的善惡來。

秋，七月壬子，叔孫不敢❸卒。

冬，晉士鞅率師圍鮮虞。

【注釋】❶於越 即越國。春秋末年，常與吳國爭戰，此當越允常之世。於，杜預以為是發聲辭，與《公羊傳》說異。參見昭公八年注。❷季孫隱如 魯執政大夫。見昭公十年注。❸叔孫不敢 魯臣，即叔孫成子。叔孫婼的兒子。

【語譯】五年，春天，周王正月辛亥初一這天，魯國發生日食。

夏天，送糧食給蔡國。誰送的呢？是諸侯們送的。為什麼不說諸侯們送的呢？因為是先後陸續送到，無法分出次序，所以說我魯國送的。

於越侵入吳國。於越是什麼？越是什麼呢？於越，是越人自稱，沒有能在各國通用。越，是在各國通用的國名。

六月丙申這天，魯國季孫隱如死了。

秋天，七月壬子這天，魯國叔孫不敢死了。

冬天，晉國士鞅率領軍隊包圍了鮮虞國都城。

卷二六 定公下

定公六年

【說明】本年《春秋》記載七事，冬「季孫斯、仲孫忌帥師圍運」一事有傳。傳以仲孫忌就是今年夏季出使晉國的仲孫何忌，是一人有兩個字作名。經於前條書「何忌」，這裡省略「何」字而書「忌」，是譏諷二名不合於禮。

六年，春，王正月癸亥，鄭游遬❶帥師滅許，以許男斯❷歸。

二月，公侵鄭。

公至自侵鄭。

夏，季孫斯❸、仲孫何忌❹如晉。

秋，晉人執宋行人樂祁犁❺。

冬，城中城❻。

季孫斯、仲孫忌帥師圍運❼。此仲孫何忌也，曷為謂之仲孫忌？譏二名。二名，非禮也。

【注　釋】❶游遬　鄭大夫，字子寬，亦稱渾罕。游吉的兒子。《左傳》、《穀梁傳》作「速」，遬是古速字。❷許男斯　許國君主，名男。立於魯昭公二十年，在位十九年國滅。❸季孫斯　魯卿，即季桓子。從魯定公九年起執魯政十年，死於哀公三年。❹仲孫何忌　亦稱仲孫忌。見昭公三十二年注。❺樂祁犁　宋臣。見昭公二十七年注。❻中城　即成公九年的中城。魯都曲阜的內城。❼運　此為東運。見文公十二年注。

【語　譯】六年，春天，周王正月癸亥這天，鄭國游遬率領軍隊滅掉了許國，把許國君主斯帶回鄭國。

二月間，魯定公入侵鄭國。

魯定公從入侵鄭國的駐地回到魯國都城。

夏天，魯國季孫斯、仲孫何忌到晉國去。

秋天，晉國人捕捉了宋國行人官樂祁犁。

冬天，魯國修建中城城邑。

魯國季孫斯、仲孫忌率領軍隊包圍了運這個地方。這是仲孫何忌，為什麼稱為仲孫忌呢？這是譏諷他用兩個字為名。用兩個字作名，是不合禮數的。

定公七年

【說　明】本年《春秋》首書「春，王正月」，另書「夏，四月」、「冬，十月」表明時序，均未記事。《公羊傳》對所記六事，全無說解。

七年，春，王正月。

夏，四月。

秋，齊侯、鄭伯盟于鹹❶。

齊人執衛行人北宮結❷以侵衛。

齊侯、衛侯盟于沙澤❸。

大雩。

齊國夏帥師伐我西鄙。

九月，大雩。

冬，十月。

【注釋】❶鹹　衛邑。見僖公十三年注。❷北宮結　衛臣。此時為派往齊國的外交官。❸沙澤　即《左傳》、《穀梁傳》的沙。衛邑，在今河北省大名縣東南。

【語譯】七年，春天，周王正月。

夏天，四月。

秋天，齊侯和鄭伯在鹹這個地方會盟。

齊國人捕捉了衛國行人官北宮結，並依此入侵衛國。

齊侯和衛侯在沙澤這個地方會盟。

魯國舉行盛大的求雨祭祀。

齊國國夏率領軍隊攻擊我魯國西部邊境。

九月間，魯國舉行盛大的求雨祭祀。

冬天，十月。

定公八年

【說明】本年《春秋》記載十六事，二事有傳。冬「從祀先公」條，傳以從祀是順祀的意思，而順祀是相對文公躋僖公於閔公之上的逆祀而言的。一百二十多年前的文公逆祀，有三人因勸諫不從，棄官而去；這次定公恢復順祀，五人因勸諫不從，叛離而去。冬「盜竊寶玉、大弓」條，傳說盜指陽虎，陽虎是地位低微的季氏家臣。因為季氏專魯國，陽虎專季氏，所以有機會偷得國寶。隨即述說陽虎拘捕季氏，被臨南以及孟氏、叔孫氏所救，陽虎事敗後逃到晉國的經過，在敘事中顯示陽虎專季氏得偷國寶之義。同時還對寶玉、大弓作了解釋。

八年，春，王正月，公侵齊。

公至自侵齊。

二月，公侵齊。

三月，公至自侵齊。

曹伯露❶卒。

夏，齊國夏❷帥師伐我西鄙。

公會晉師于瓦❸。

公至自瓦。

秋，七月戊辰，陳侯柳❹卒。

晉趙鞅帥師侵鄭，遂侵衛。

葬曹靖公。

九月，葬陳懷公。

季孫斯、仲孫何忌帥師侵衛。

冬，衛侯、鄭伯盟于曲濮❺。

從祀❻先公。從祀者何？順祀也。文公逆祀，去者三人。定公順祀，叛者五人。

盜竊寶玉、大弓❼。盜者孰謂？謂陽虎❽也。陽虎者曷為者也？季氏之宰也。季氏之宰則微者也，惡乎得國寶而竊之？陽虎專季氏，季氏專魯國，陽虎拘季孫，孟氏與叔孫氏迭❾而食之。睋❿而鍥其板曰：「某月某日，將殺我于蒲圃⓫，力能救我則於是。」至乎日若時而出，臨南者，陽虎之出也，御之。於其乘焉，季孫謂臨南曰：「以季氏之世世有⑫子，子可以不免我死乎？」臨南曰：「有力不足，臣何敢不勉？」陽越者，陽虎之從弟也，為右。諸陽之從者，車數十乘，至于孟衢，臨南投策而墜之，陽越下取策，臨南駷馬⑬，而由乎孟氏，陽虎從而射之，矢著于莊門⑭。然而，甲起於琴如⑮。弒不成，卻反舍于郊，皆說然息。或曰：「弒千乘之主而不克，舍此可乎？」陽虎曰：「夫孺子得國而已，如丈夫何？」睋而曰：「彼哉！彼哉！趣駕⑯。」既駕，公斂處父⑰帥師而至，慬⑱然後得免，自是走之晉。寶者何？璋判白⑲，弓繡質⑳，龜青純㉑。

【注釋】❶曹伯露　曹靖公，名露。立於魯定公五年，在位四年。❷國夏　齊臣。見定公四年注。❸瓦　衛地，即今河南省滑縣南的瓦崗集。❹陳侯柳　陳懷公，名柳。惠公的兒子，立於魯定公五年，在位四年。❺曲濮　衛邑。在濮水曲折之處，已堙。當在今河南省滑縣與延津縣境。❻從祀　順祀。魯文公二年升僖公於閔公之上，稱為逆祀。這裡指恢復二公原來的位次，因稱從祀。❼寶玉大弓　《左傳》認為指夏后氏的璜玉和封父國的良弓。與《公羊傳》及何休說有異。《公羊》說見後「璋判白」等注。❽陽虎　魯季孫氏家臣，亦稱陽氏，即《論語》的陽貨。他挾持季桓子，掌握國政，權勢極大。❾迭　更迭；輪流。❿睋　通「俄」。不久。⓫蒲圃　魯場圃名，在魯都城東門外，地較寬大，各方有門。⓬有　相親有；相親善。⓭駷馬　掣動馬銜使馬跑動。⓮莊門　孟氏所入的門名。⓯琴如　地名，確址不詳。⓰趣駕　急忙駕車。⓱公斂處父　魯人，即公斂伯。孟氏的家臣。何休認為他是孟氏、叔孫氏統兵的將領。⓲慬　迫近。⓳璋判白　半白的玉器。璋，狀如半圭。判，半。判白，即半白。天子純白，諸侯純青，魯低於天子，異於諸侯，所以用半白的玉器。⓴弓繡質　有千斤之力的繡弓。質，柎。弓把兩側貼附的骨片，用以增強弓的彈性。㉑龜青純　邊緣為青色的龜甲。何休以此為千歲的寶龜，用於占卜可明吉凶。

【語　譯】八年，春天，周王正月間，魯定公入侵齊國。

魯定公從入侵齊國的駐地回到魯國都城。

二月間，魯定公入侵齊國。

三月間，魯定公從入侵齊國的駐地回到魯國都城。

曹國君主露死了。

夏天，齊國國夏率領軍隊攻擊我國西部邊境。

魯定公和晉國軍隊在瓦這個地方會見。

魯定公從瓦這個地方回到魯國都城。

秋天，七月戊辰這天，陳國君主柳死了。

晉國趙鞅率領軍隊入侵鄭國，隨即入侵衛國。

葬了曹靖公。

九月間，葬了陳懷公。

魯國季孫斯、仲孫何忌率領軍隊入侵衛國。

冬天，衛侯和鄭伯在曲濮這個地方會盟。

魯國從祀已故君主。從祀是什麼意思呢？意思是按照即位的順序依次祭祀。魯文公升僖公於閔公之上，以此為序舉行祭祀，有三個人因勸諫不從，棄官而去。魯定公改為仍按即位的順序依次祭祀，有五個人因勸諫不從，就叛離而去。

盜賊偷了魯國的寶玉和大弓。盜賊指的是誰呢？是陽虎。陽虎是幹什麼的呢？是季氏的家臣。季氏的家臣是地位低下的人，怎麼能夠得到國寶並偷走呢？因為陽虎獨專季氏家族的權，季氏獨專魯國的權。陽虎拘捕了季孫，孟氏和叔孫氏輪流給季孫送飯吃。不久季孫就用指甲在放食器的板子上刻下了：「某月某日，陽虎準備在蒲圃這個地方殺害我，如果有力量救我就按時到那裡去。」到了那天預定的時候，季孫被押了出來。臨南這個人，是陽虎的外甥，給季孫駕車。在乘車的時候，季孫對臨南說：「憑著季氏家族世代與您家族相親善，您不能免我一死嗎？」臨南說：「我有這個力量但還不夠，臣下我怎麼敢不勉力去做呢？」陽越這個人，是陽虎的堂弟，為車右。許多陽虎家族跟隨在車後，乘坐幾十輛車子，到了孟氏通達四方的大路上，臨南把馬鞭扔到地下，陽越下車去揀鞭子，臨南趁這機會掣動馬銜讓馬急跑，跑到了孟氏的住處，陽虎緊追在後並用箭射季孫，射中了孟氏的大門。就在這個時候，叔孫氏的軍隊已在琴如這個地方起兵趕到。陽虎率人追殺季孫沒有成功，返了回來，住在郊外，都輕鬆自得地在那裡休息。有人說：「弒殺擁有千輛兵車的主人而沒有成功，我們還住在這裡可以嗎？」陽虎說：「季孫這個孩子，只是能夠執掌魯國政事罷了，怎能奈何我？」不一會，又說：「這樣的人啊！這樣的人啊！趕快駕車走！」剛趕走車子，公斂處父率領軍隊就到了，幾乎追上，總算逃脫了，從這裡逃到晉國。寶物指的是什麼呢？是半白色的玉璋，千斤之力的繡弓，青色邊緣的龜甲。

定公九年

【說　明】本年《春秋》首書「春，王正月」表明時序，另書六事，四月「得寶玉、大弓」條有傳。認為上年經記陽虎盜寶物事，今復得寶物也記載者，因為這是國寶，無論得還是失，都要記載。

九年，春，王正月。

夏，四月戊申，鄭伯蠆[1]卒。

得寶玉、大弓。何以書？國寶也。喪之書，得之書。

六月，葬鄭獻公。

秋，齊侯、衛侯次于五氏❷。

秦伯❸卒。

冬，葬秦哀公。

【注釋】❶鄭伯囆　鄭獻公，名囆。定公的兒子，在位十三年。《左傳》、《穀梁傳》囆作「蠆」，字通。❷五氏　晉地，在今河北省邯鄲市西。❸秦伯　指秦哀公。景公的兒子，在位三十六年。

【語譯】九年，春天，周王正月。

夏天，四月戊申這天，鄭國君主囆死了。

魯國得到寶玉和大弓。為什麼記載這件事呢？因為是國寶。丟失要記載，得到也要記載。

六月間，葬了鄭獻公。

秋天，齊侯和衛侯停留在晉國五氏這個地方。

秦國君主死了。

冬天，葬了秦哀公。

定公十年

【說明】本年《春秋》記載十二事，夏「齊人來歸運、讙、龜陰田」一事有傳。認為齊人歸還魯國三邑的田地，是因為季孫氏奉行孔子的治國之道，三個月未曾違背的原故。

十年，春，王三月，及齊平。

夏，公會齊侯于頰谷❶。

公至自頰谷。

晉趙鞅❷帥師圍衛。

齊人來歸運❸、讙❹、龜陰❺田。齊人曷為來歸運、讙、龜陰田？孔子行乎季孫，三月不違，齊人為是來歸之。

叔孫州仇❻、仲孫何忌帥師圍郈❼。

秋，叔孫州仇、仲孫何忌帥師圍費❽。

宋樂世心❾出奔曹。

宋公子池❿出奔陳。

冬，齊侯、衛侯、鄭游遬⓫會于鞌⓬。

叔孫州仇如齊。

齊公⓭之弟辰暨宋仲佗⓮、石彄⓯出奔陳。

【注釋】❶頰谷　地名。在今山東省萊蕪市西南。《左傳》頰作「夾」，字通。❷趙鞅　晉卿。見昭公二十五年注。❸運　即《左傳》的「鄆」。此指魯的西運。見成公四年注。❹讙　魯地。見桓公三年注。❺龜陰　魯地，在今山東省新泰市西南。❻叔孫州仇　魯臣，即武叔懿子，亦稱子叔孫。叔孫不敢的兒子。❼郈　叔孫氏邑。在今山東省東平縣東南。❽費　魯邑。見襄公七年注。《左傳》、《穀梁傳》作「郈」，與《公羊傳》異。按：費邑屬季氏，如有事，率師者不當獨為叔孫。當以《左傳》、《穀梁傳》為正。❾樂世心　宋大夫。見昭公二十五年注。❿公子池　宋元公的兒子，景公的弟弟。《左傳》、《穀梁傳》池作「地」。兩字形近，易混。⓫游遬　鄭大夫。見定公六年注。⓬鞌　齊地。見成公二年注。《左傳》、《穀梁傳》作「安甫」。不詳何地。⓭齊公　《左傳》、《穀梁傳》作「宋公」，與《公羊傳》異。⓮仲佗　宋卿，仲幾的兒子。⓯石彄　宋卿，褚師段的兒子。

【語譯】十年，春天，周王三月間，魯國跟齊國媾和。

夏天，魯定公和齊侯在頰谷這個地方會見。

魯定公從頰谷回到魯國都城。

晉國趙鞅率領軍隊包圍了衛國都城。

齊國人來歸還西運、讙和龜陰三邑的田地。齊國人為什麼來歸還西運、讙和龜陰三邑的田地呢？因為孔子在魯國做官，他的治國之道行於季孫，三個月未曾違背，齊國人為了這個原故來歸還這三邑的田地。

魯國叔孫州仇、仲孫何忌率領軍隊包圍了郈這個地方。

秋天，叔孫州仇、仲孫何忌率領軍隊包圍了費這個地方。

宋國樂世心出逃到曹國。

宋國公子池出逃到陳國。

冬天，齊侯和衛侯、鄭國游遬在鞌這個地方會見。

魯國叔孫州仇到齊國去。

齊公的弟弟辰及宋國仲佗、石彄出逃到陳國。

定公十有一年

【說明】本年《春秋》記載四事，另書「夏，四月」表明時序，《公羊傳》均無說解。

十有一年，春，宋公之弟辰及仲佗、石彄、公子池自陳入于蕭❶以叛。

夏，四月。

秋，宋樂世心自曹入于蕭。

冬，及鄭平。

叔還❷如鄭莅盟。

【注釋】❶蕭 本為宋的附庸。魯宣公十二年楚滅蕭。此復為宋邑。在今安徽省蕭縣境。 ❷叔還 魯大夫。叔弓的曾孫，死於魯哀公十四年。

【語譯】十一年，春天，宋公的弟弟辰及仲佗、石彄、公子池從陳國進入蕭這個地方，據此反叛宋國。

夏天，四月。

秋天，宋國樂世心從曹國進入蕭邑。

冬天，魯國跟鄭國媾和。

魯國叔還到鄭國去參加盟誓。

定公十有二年

【說明】本年《春秋》記載十一事。《公羊傳》合夏「叔孫州仇帥師墮郈」、「季孫斯、仲孫何忌帥師墮費」兩條為釋。按：郈是叔孫氏私邑，費是季孫氏私邑，墮郈、費兩邑，是集權於公室的行動。傳認為由於季孫氏奉行孔子的治國之道，三個月未曾違背，這時又聽從了孔子的家不能藏甲、邑不能有超過百雉之城的話，於是就先後令人帥師毀掉了兩邑的城牆。傳還順便對雉與城的制度作了解說。

十有二年，春，薛伯定❶卒。

夏，葬薛襄公。

叔孫州仇帥師墮❷郈。

衛公孟彄❸帥師伐曹。

季孫斯、仲孫何忌帥師墮費。曷為帥師墮郈、帥師墮費？孔子行乎季孫，三月不違，曰：「家不藏甲，邑無百雉❹之城。」於是帥師墮郈，帥師墮費。雉者何？五板而堵，五堵而雉，百雉而城。

秋，大雩。

冬，十月癸亥，公會晉侯盟于黃❺。

十有一月丙寅朔，日有食之。

公至自黃。

十有二月，公圍成❻。

公至自圍成。

【注釋】❶薛伯定　薛襄公，名定。獻公的兒子，在位十三年。❷墮　通「隳」。毀壞。❸公孟彄　衛臣。衛靈公的兒子，為孟縶之後。❹雉　關於雉的高長多有異說，有的認為長、高各一丈為一堵，三堵為一雉，則雉高一丈、長三丈。與《公羊傳》的說法不同。❺黃　齊邑。見桓公十七年注。❻成　魯孟氏邑。見桓公六年注。

【語譯】十二年，春天，薛國君主定死了。

夏天，葬了薛襄公。

魯國叔孫州仇率領軍隊毀壞掉郈邑的城牆。

衛國公孟彄率領軍隊討伐曹國。

魯國季孫斯、仲孫何忌率領軍隊毀壞掉費邑的城牆。為什麼率領軍隊毀壞掉郈邑的城牆、率領軍隊毀壞掉費邑的城牆呢？因為孔子在魯國做官，季孫用了他的治國之道，三個月未曾違背，說：「家中不能收藏甲兵，城邑不能有超過百雉的城牆。」於是就率領軍隊毀壞掉郈邑的城牆，率領軍隊毀壞掉費邑的城牆。雉有多大呢？五板是一堵，五堵是一雉，百雉是城垣周圍的長度。

秋天，魯國舉行盛大的求雨祭祀。

冬天，十月癸亥這天，魯定公和晉侯會見，在黃這個地方結盟。

十一月丙寅初一這天，魯國發生日食。

魯定公從黃這個地方回到魯國都城。

十二月間，魯定公包圍了成這個地方。

魯定公從包圍成邑的駐地回到魯國都城。

定公十有三年

【說明】本年《春秋》記載八事，冬「晉趙鞅歸于晉」條有傳。認為上經既言「趙鞅入于晉陽以叛」，叛國是大惡事，而「歸」是表示出入均無惡的用辭，這裡書「歸」，是因為趙鞅以晉陽來安定晉國，說他是用晉陽的甲兵驅逐晉君身邊的壞人荀寅和士吉射。驅逐壞人而經說「叛」者，是因為趙鞅的行動沒有君主的命令。傳的意思是說叛，並不表示他有叛國罪，只是未受君命而已，所以又書其「歸」，以表示他的出入均無惡。

十有三年，春，齊侯、衛侯次于垂瑕❶。

夏，築蛇淵囿❷。

大蒐于比蒲❸。

衛公孟彄帥師伐曹。

秋，晉趙鞅入于晉陽❹以叛。

冬，晉荀寅❺及士吉射❻入于朝歌❼以叛。

晉趙鞅歸于晉。此叛也，其言歸何？以地正國也。其以地正國奈何？晉趙鞅取晉陽之甲以逐荀寅與士吉射。荀寅與士吉射者，曷為者也？君側之惡人也。此逐君側之惡人，曷為以叛言之？無君命也。

薛弒其君比❽。

【注釋】❶垂瑕　衛邑，在今山東省鉅野縣西南。《左傳》、《穀梁傳》瑕作「葭」，字通。❷蛇淵囿　蛇淵地方的苑囿。當在今山東省泰安市西南。❸大蒐于比蒲　昭公十一年與明年均大蒐於此地。❹晉陽　晉邑，在今山西省太原市西南古城營西古城。❺荀寅　晉卿。即中行文子，亦稱中行寅，荀吳的兒子。❻士吉射　晉大夫。即范昭子，亦稱范吉射，士鞅的兒子。他的女兒嫁給荀寅的兒子。❼朝歌　衛邑，在今河南省淇縣。❽比　薛君的名字。《春秋》僅一見。

【語譯】十三年，春天，齊侯和衛侯停留在衛地垂瑕這個地方。

夏天，魯國在蛇淵建造苑囿。

魯國在比蒲這個地方舉行軍事大檢閱。

衛國公孟彄率領軍隊討伐曹國。

秋天，晉國趙鞅進入晉陽並據以反叛晉國。

冬天，晉國荀寅和士吉射進入朝歌並據此反叛晉國。

晉國趙鞅回歸晉國。這是反叛，說回歸是為什麼呢？是趙鞅據晉陽安定國家。趙鞅據晉陽安定國家是怎樣的呢？晉國趙鞅用晉陽的甲兵，來驅逐荀寅和士吉射。荀寅和士吉射，是怎樣的人呢？他們是君主身邊的壞人。這是驅逐君主身邊的壞人，為什麼用反叛這樣的文辭呢？因為趙鞅的行動，沒有君主的命令。

薛國弒殺了它的君主比。

定公十有四年

【說明】本年《春秋》記載十六事，有傳者秋「天王使石尚來歸脤」一事。傳鑒於天子的大夫例不書名，今經稱石尚，因而認為他是天子的士。並就脤的辭義作了解釋，未及其他。

十有四年，春，衛公叔戍❶來奔。

晉趙陽❷出奔宋。

三月辛巳，楚公子結❸、陳公子佗人❹帥師滅頓，以頓子牄❺歸。

夏，衛北宮結❻來奔。

五月，於越敗吳于醉李❼。

吳子光❽卒。

公會齊侯、衛侯于堅❾。

公至自會。

秋，齊侯、宋公會于洮❿。

天王使石尚⓫來歸脤⓬。石尚者何？天子之士也。脤者何？俎實也。腥曰脤，孰曰熸。

衛世子蒯聵⑬出奔宋。

衛公孟彄出奔鄭。

宋公之弟辰⑭自蕭⑮來奔。

大蒐于比蒲。

邾婁子來會公。

城莒父及霄⑯。

【注釋】❶公叔戍　衛臣，公叔文子。公叔發的兒子。❷晉趙陽　趙陽是衛大夫。衛懿子（趙黶）的孫子，昭子的兒子。晉字誤，當從《左傳》作「衛」。❸公子結　字子期。楚昭王的哥哥，或以為是昭王的弟弟。❹公子佗人　《左傳》、《穀梁傳》公子作「公孫」。《春秋》僅一見。❺頓子牄　頓國君主，名牄。《春秋》僅一見。頓國滅於今年。❻北宮結　衛臣。見定公七年注。❼醉李　吳越的戰地。在今浙江省嘉興市南。《左傳》、《穀梁傳》醉作「檇」，字通。❽吳子光　吳王，名光。即闔廬。吳王夷昧的兒子。殺王僚自立，在位十九年。❾堅　衛邑，在今河南省浚縣北。《左傳》、《穀梁傳》作「牽」，音近，字通。❿洮　曹邑。見僖公八年注。⓫石尚　周王室臣。《春秋》僅一見。⓬脤　祭祀用的生肉。⓭蒯聵　衛靈公的太子。後繼出公輒為君，即衛莊公。在位僅二年就被晉逐廢。⓮宋公之弟辰　即定公十年的公子池。⓯蕭　見定公十一年注。⓰莒父及霄　皆魯邑。莒父，在今山東省莒縣西。霄，在莒縣境。

【語譯】十四年，春天，衛國公叔戍逃到魯國來。

衛國趙陽出逃到宋國。

三月辛巳這天，楚國公子結、陳國公子佗人率領軍隊滅掉了頓國，把頓國君主牄帶回楚國。

夏天，衛國北宮結逃到魯國來。

五月間，越國在醉李這個地方打敗吳國。

吳國君主光死了。

魯定公和齊侯、衛侯在堅這個地方會見。

魯定公從會見的地方回到魯國都城。

秋天，齊侯和宋公在洮這個地方會見。

周王派遣石尚到魯國來送脤。石尚是什麼人呢？是天子的士。脤是什麼呢？是盛在供祭用的禮器中的肉。祭祀用的肉，生肉叫脤，熟肉叫燔。

衛國太子蒯聵出逃到宋國。

衛國公孟彄出逃到鄭國。

宋公的弟弟辰從蕭邑逃到魯國來。

魯國在比蒲這個地方舉行軍事大檢閱。

邾婁子到魯國都城來和定公會見。

魯國修建莒父和霄這兩個邑地的城牆。

定公十有五年

【說　明】本年《春秋》記載十四事，有傳者五事。正月「鼷鼠食郊牛，牛死，改卜牛」條，傳以郊祭用的牛牲是被鼷鼠全身咬傷致死，是譏魯國的輕漫不敬，與《穀梁傳》的「不敬莫大焉」義略同。「夏，五月辛亥，郊」條，傳認為時至夏五月才舉行郊祭，是因郊祭要卜日，春天卜三正不吉，轉卜夏三月、周五月，得二吉，所以推延到今天。「邾婁子來奔喪」條，傳以奔喪禮適用於親喪，邾婁與魯為異姓國家，非親無服，今經寫邾婁子來奔定公之喪，是譏此舉的不合禮數。「秋，七月壬申，姒氏卒」和九月「辛巳，葬定姒」兩條，前者，傳以姒氏是哀公的母親，因為哀公尚未正式即位為君，所以經不稱她為夫人。如此說來，姒氏本非夫人，只是因為有子為君，要待正式即位改元後，才尊其為夫人。後者，傳意非夫人不得書葬，今經書「葬定姒」者，是因兒子做國君，母死就當入廟配享，入廟配享就當書記她的葬事。

十有五年，春，王正月，邾婁子來朝。

鼷鼠❶食郊牛，牛死，改卜牛。曷為不言其所食？漫也。

二月辛丑，楚子滅胡，以胡子豹❷歸。

夏，五月辛亥，郊。曷為以夏五月郊？三卜之運也。

壬申，公薨于高寢❸。

鄭軒達❹帥師伐宋。

齊侯、衛侯次于籧篨❺。

邾婁子來奔喪。其言來奔喪何？奔喪非禮也。

秋，七月壬申，姒氏❻卒。姒氏者何？哀公之母也。何以不稱夫人？哀未君也。

八月庚辰朔，日有食之。

九月，滕子來會葬。

丁巳，葬我君定公。雨不克葬，戊午日下昃，乃克葬。

辛巳，葬定姒。定姒何以書葬？未踰年之君也，有子則廟，廟則書葬。

冬，城漆。

【注釋】❶鼷鼠　見成公七年注。❷胡子豹　胡國君主，名豹。即魯定公四年經文中的胡子。❸高寢　何休說天子、諸侯有三寢，一叫高寢，二叫路寢，三叫小寢。❹軒達　鄭大夫，字子賸，謚為武，所以稱武子賸。《左傳》、《穀梁傳》軒作「罕」，音近，字通。❺籧篨　地名，確址不詳。或說在今河南省長垣縣北。❻姒氏　即定姒，魯定公的夫人，哀公的母親。

【語譯】十五年，春天，周王正月，邾婁子到魯國來朝見。

小老鼠咬吃郊祭用的牛，把牛咬死了，改占卜用另一條牛。為什麼不說小老鼠咬了牛的哪個部位呢？因為牛的全身都被咬傷了。

二月辛丑這天，楚子滅掉了胡國，把胡國君主豹帶回了楚國。

夏天，五月辛亥這天，魯國舉行郊祭。為什麼推遲到夏天五月裡舉行郊祭呢？因為春天接連占卜三次都不吉利，轉卜夏三月、周五月，得二吉，所以延遲到周曆五月。

壬申這天，魯定公死在高寢。

鄭國軒達率領軍隊討伐宋國。

齊侯和衛侯停留在籧篨這個地方。

邾婁子到魯國來奔喪。這裡記載邾婁子來奔喪是為什麼呢？表示奔喪是不合禮制的。

秋天，七月壬申這天，姒氏死了。姒氏是什麼人呢？她是魯哀公的母親。為什麼不稱她為夫人呢？因為哀公還沒有正式舉行即位典禮。

八月庚辰初一這天，魯國發生日食。

九月間，滕子到魯國來參加魯定公的葬禮。

丁巳這天，安葬我國君主定公。因為天落雨，沒能下葬。第二天，太陽西斜的時候，才得以下葬。

辛巳這天，葬了定姒。為什麼記載定姒的葬事呢？因為魯哀公做君主不滿一年，還沒有改元並舉行即位典禮。兒子做國君，母親死後，就能夠在廟中配享。能在廟中配享，就要記載她的葬事。

魯國修築漆邑城。

卷二七 哀公上

哀公元年

【說明】本年《春秋》記載六事，《公羊傳》均無說解。

元年，春，王正月，公❶即位。

楚子、陳侯、隨侯❷、許男圍蔡。

鼷鼠食郊牛，改卜牛。

夏，四月辛巳，郊。

秋，齊侯、衛侯伐晉。

冬，仲孫何忌帥師伐邾婁。

【注釋】❶公　指魯哀公。名蔣，定公的兒子，定姒所生。❷隨侯　隨國君主。名字不詳。隨，見僖公二十年注。

【語譯】元年，春天，周王正月，魯哀公即位為君。

楚子、陳侯、隨侯、許男包圍了蔡國都城。

小老鼠咬死了郊祭用的牛，改用占卜吉利的另一條牛。

夏天，四月辛巳這天，魯國舉行郊祭。

秋天，齊侯和衛侯討伐晉國。

冬天，魯國仲孫何忌率領軍隊討伐邾婁國。

哀公二年

【說明】本年《春秋》記載九事，夏「晉趙鞅帥師納衛世子蒯聵于戚」條有傳。傳以戚為衛邑。認為入戚就是入衛，經不說入衛，是因為靈公已經廢掉太子蒯聵，而靈公死後已立蒯聵的兒子輒為君，蒯聵就不能再擁有衛國，所以只能書戚，不能說衛。

二年，春，王二月，季孫斯❶、叔孫州仇、仲孫何忌帥師伐邾婁，取漷東田及沂西田❷。

癸巳，叔孫州仇、仲孫何忌及邾婁子盟于句繹❸。

夏，四月丙子，衛侯元❹卒。

滕子來朝。

晉趙鞅帥師納衛世子蒯聵❺于戚❻。戚者何？衛之邑也。曷為不言入于衛？父有子，子不得有父也。

秋，八月甲戌，晉趙鞅帥師及鄭軒達❼帥師戰于栗❽，鄭師敗績。

冬，十月，葬衛靈公。

十有一月，蔡遷于州來❾。

蔡殺其大夫公子駟❿。

【注　釋】❶季孫斯　魯執政卿。見定公六年注。❷漷東田及沂西田　漷水以東和沂水以西的田地。漷水，即南沙河，在今山東省滕州市南。沂水，此為邾婁之沂，上游流經曲阜市南入於泗水。❸句繹　當為邾婁國邑，在今山東省鄒城市東南。❹衛侯元　衛靈公，名元。衛襄公的兒子，妾所生，在位四十二年。❺世子蒯聵　衛靈公的太子。見定公十四年注。❻戚　衛邑，在今河南省濮陽市。❼軒達　《左傳》、《穀梁傳》作「罕達」。見定公十五年注。❽栗　衛地。在今河南省濮陽市，與戚相近。《左傳》、《穀梁傳》作「鐵」，字通。❾州來　蔡都由新蔡遷此。在今安徽省鳳臺縣。詳見成公七年注。❿公子駟　蔡公子。因不想遷都而被殺。

【語　譯】二年，春天，周王二月間，魯國季孫斯、叔孫州仇、仲孫何忌率領軍隊討伐邾婁國。佔領了漷水以東和沂水以西的田地。

癸巳這天，叔孫州仇、仲孫何忌和邾婁子在句繹這個地方會盟。

夏天，四月丙子這天，衛君元死了。

滕子到魯國來朝見。

晉國趙鞅率領軍隊接納衛國太子蒯聵在戚地。戚是什麼地方呢？是衛國的一個城邑。為什麼不說進入衛國呢？因為做國君的父親，可以擁有兒子並且廢掉他，兒子卻不能夠佔取父親的國家。

秋天，八月甲戌這天，晉國趙鞅率領軍隊和鄭國軒達率領的軍隊在栗這個地方作戰，鄭國軍隊潰敗。

冬天，十月間，葬了衛靈公。

十一月間，蔡國把都城遷移到州來這個地方。

蔡國殺了它的大夫公子駟。

哀公三年

【說　明】本年《春秋》記載九事，二事有傳。「春，齊國夏、衛石曼姑帥師圍戚」條，傳認為這次軍事行動是霸主的討伐。說石曼姑是受君命立輒的人，他本來就可以阻止蒯聵奪取君位。還說輒是蒯聵的兒子，因蒯聵無道，靈公就驅逐了蒯聵而立輒為衛君。在作傳者看來，輒既有可立為君的依據，也就有理由拒絕他父親回國為君，理由就是：「不以父命辭王父命，以王父命辭父命，是父之行乎子也。不以家事辭王事，以王事辭家事，是上之行乎下也。」「五月辛卯，桓宮、僖宮災」條，傳謂桓、僖兩廟早已被毀，今記它們遭受火災，是毀後又復立的原故。經沒有言復立者，是因為《春秋》例不重書已經記載過的事情。至於經在桓宮、僖宮之間不用「及」字，和前經「雉門及兩觀」用及字表示由尊到微的書法義相同，不用及是表示桓公和僖公不分尊卑，地位相當。

三年，春，齊國夏❶、衛石曼姑❷帥師圍戚。

齊國夏曷為與衛石曼姑帥師圍戚？伯討也。此其為伯討奈何？曼姑受命乎靈公而立輒❸，以曼姑之義為固可以距之也。輒者曷為者也？蒯聵之子也。然則曷為不立蒯聵而立輒？蒯聵為無道，靈公逐蒯聵而立輒。然則輒之義可以立乎？曰：「可。」其可奈何？不以父命辭王父命，以王父命辭父命，是父之行乎子也。不以家事辭王事，以王事辭家事，是上之行乎下也。

夏，四月甲午，地震。

五月辛卯，桓宮、僖宮災。此皆毀廟也，其宮災何？復立也。曷為不言其復立？《春秋》見者不復見也。何以不言及？敵也。何以書？記災也。

季孫斯、叔孫州仇帥師城開陽❹。

宋樂髡❺帥師伐曹。

秋，七月丙子，季孫斯卒。

蔡人放其大夫公孫獵❻于吳。

冬，十月癸卯，秦伯❼卒。

叔孫州仇、仲孫何忌帥師圍邾婁。

【注釋】❶國夏　齊臣。見定公四年注。❷石曼姑　衛臣。《春秋》僅一見。❸輒　即衛出公。衛靈公的孫子，蒯聵的兒子。立於今年，在位十二年。❹開陽　魯邑，在今山東省臨沂市北。《左傳》、《穀梁傳》開作「啟」。《公羊傳》因避漢景帝諱而改。❺樂髡　宋臣。《春秋》僅一見。❻公孫獵　蔡大夫。《春秋》僅一見。❼秦伯　指秦惠公。繼秦哀公而立，在位九年。

【語譯】三年，春天，齊國國夏、衛國石曼姑率領軍隊包圍了戚邑。齊國國夏為什麼和衛國石曼姑率領軍隊包圍戚邑呢？這是一方諸侯之長討伐有罪的國家。這裡說它是一方諸侯之長討伐有罪的國家是怎樣的呢？曼姑接受衛靈公的命令立衛出公輒為君主。按照曼姑做臣子的道理，他本來可以阻止蒯聵奪取君位。輒是什麼人呢？他是蒯聵的兒子。既然這樣，那為什麼不立蒯聵而立輒為衛君呢？因為蒯聵做事不顧道義，靈公遂驅逐蒯聵而立輒為衛君。那麼從道義上來說輒可以立為國君嗎？回答說：「可以。」說可以有什麼理由呢？因為不能用父王的命令辭絕祖父的命令。用祖父的命令辭絕父王的命令，就是把父王的命令實行在兒子的身上。不能用私事辭絕公事，以公事辭絕私事，就是將上邊的命令通行到下邊。

夏天，四月甲午這天，魯國發生地震。

五月辛卯這天，魯桓公、僖公的廟發生火災。這都是已經被毀壞了的廟，說發生火災是為什麼呢？因為廟又重新建立了。為什麼《春秋》沒有說又重新建立了呢？因為已經記載過的事情，依例就不再記載了。為什麼不說桓宮及僖宮，用及這個詞呢？因為桓公和僖公的地位相當。為什麼記載這件事呢？是為了記載災害。

魯國季孫斯、叔孫州仇率領軍隊修築開陽城。

宋國樂髡率領軍隊討伐曹國。

秋天，七月丙子這天，季孫斯死了。

蔡國人放逐他的大夫公孫獵到吳國去。

冬天，十月癸卯這天，秦惠公死了。

魯國叔孫州仇、仲孫何忌率領軍隊包圍了邾婁國都城。

哀公四年

【說明】本年《春秋》記載十一事，三事有傳。「春，王三月庚戌，盜殺蔡侯申」條，傳以賤者弒君依例稱「人」，這裡不稱「人」而稱「盜」，可以知道這個人是賤中之賤，指的是犯了罪的人。夏「晉人執戎曼子赤歸于楚」條，傳說赤是戎曼子的名字，經書記他的名字並說他歸於楚，不同於成公十五年「晉侯執曹伯歸之于京師」條的不書記曹伯的名字而言歸於京師的含義。成公十五年經義是以晉為霸主、以周室為宗主，這裡如此書寫，是迴避以晉為霸主、以楚國取代周室宗主國地位的嫌疑，含有譏責晉事楚如事天子的意思。「六月辛丑，蒲社災」條，蒲當為亳。亳為商都，商滅於周，所以傳以亳社為亡國之社。社是堆土而成的，不可能焚燒，今經記它遭火焚，是因為亡國之社不同於天子之社，它上有遮蓋，下面堆有木柴。傳還以為經是為記災而書記此事。

四年，春，王三月庚戌❶，盜殺蔡侯申❷。弒君賤者窮諸人，此其稱盜以弒何？賤乎賤者也。賤乎賤者孰謂？謂罪人也。

蔡公孫辰❸出奔吳。

葬秦惠公。

宋人執小邾婁子。

夏，蔡殺其大夫公孫歸姓❹、公孫霍❺。

晉人執戎曼子赤❻歸于楚。赤者何？戎曼子之名也。其言歸于楚何？子北宮子❼曰：「辟伯晉而京師楚也。」

城西郛。

六月辛丑，蒲社❽災。蒲社者何？亡國之社也。社者封也，其言災何？亡國之社蓋揜❾之，揜其上而柴其下。蒲社災何以書？記災也。

秋，八月甲寅，滕子結❿卒。

冬，十有二月，葬蔡昭公。

葬滕頃公。

【注釋】❶三月庚戌　今年三月無庚戌，當從《左傳》作「二月」。譯文改作二月。❷蔡侯申　蔡昭公，名申。悼侯的弟弟，本年被諸大夫射殺，在位二十八年。❸公孫辰　蔡宗室。據《左傳》，辰是殺蔡昭公的同黨，被昭公臣文之鍇驅逐而奔吳。❹公孫歸姓　即公孫歸生，見襄公二十七年注。❺公孫霍　蔡宗室。亦稱公孫盱。❻戎曼子赤　戎蠻部落首領，名赤。《左傳》、《穀梁傳》曼作「蠻」，字通。❼子北宮子　傳公羊學的一位先師。❽蒲社　即《左傳》、《穀梁傳》的「亳社」。魯國據有商奄之地，有商國遺民，所以立有「亳社」，乃殷商亡國之社。❾揜　掩蓋；遮蔽。❿滕子結　滕頃公，名結。滕悼公的兒子，在位二十三年。

【語譯】四年，春天，周王二月庚戌這天，盜賊殺了蔡國君主申。身份低賤的人弒殺君主，依例應當稱為人，這裡說盜賊弒殺了君主是為什麼呢？因為弒殺君主的人是賤者中的賤者。賤者中的賤者指的是什麼人？是犯了罪的人。

蔡國公孫辰出逃到吳國。

葬了秦惠公。

宋國人捕捉了小邾婁國君主。

夏天，蔡國殺了它的大夫公孫歸姓、公孫霍。

晉國人捕捉了戎曼子赤，把他送到楚國。赤是什麼呢？是戎曼子的名字。說把他送到楚國是為什麼呢？子北宮子說：「迴避以晉國為一方諸侯之長、以楚國取代周室地位的嫌疑。」

魯國修建都城西部的外城。

六月辛丑這天，魯國的蒲社發生火災。蒲社是什麼呢？是已被滅亡的商朝的社。社是用土堆成的，說發生火災是為什麼呢？因為已被滅亡的王朝的社要遮蓋住，上面要蓋住，下面要堆上木柴。蒲社發生火災為什麼要記載呢？是為了記載災害。

秋天，八月甲寅這天，滕君結死了。

冬天，十二月間，葬了蔡昭公。

葬了滕頃公。

哀公五年

【說　明】本年《春秋》記載六事，「閏月葬齊景公」一事有傳。傳以經有不書閏月的體例，此經書閏月，是因為給諸侯國君服喪服的期限計算閏月在內。理由是諸侯死後五個月下葬，喪服期以月計算，閏月也應計在內，與期年、三年之喪以年計、不數閏月不同。

五年，春，城比❶。

夏，齊侯伐宋。

晉趙鞅帥師伐衛。

秋，九月癸酉，齊侯處臼❷卒。

冬，叔還❸如齊。

閏月葬齊景公。閏不書，此何以書？喪以閏數也。喪曷為以閏數？喪數略也。

【注釋】❶比　魯地名，確址不詳。《左傳》、《穀梁傳》作「毗」，字通。❷齊侯處臼　齊景公，名處臼。齊莊公的異母弟，在位五十八年。《左傳》、《穀梁傳》處作「杵」，聲系同，字通。❸叔還　魯大夫。見定公十一年注。

【語譯】五年，春天，魯國修建比邑城。

夏天，齊侯討伐宋國。

晉國趙鞅率領軍隊討伐衛國。

秋天，九月癸酉這天，齊君處臼死了。

冬天，魯國叔還到齊國去。

閏月，葬了齊景公。依例閏月是不記載的，這裡為什麼記了呢？因為給諸侯服喪服的期限是把閏月計算在內的。給諸侯服喪服的期限為什麼把閏月計算在內呢？因為諸侯死後五個月下葬，喪服期以月計算，以月計算就應當把閏月計算在內而服喪相應減少。

哀公六年

【說明】本年《春秋》記載十事，秋「齊陳乞弒其君舍」條有傳。傳謂繼被弒的君王而立的人，依例不用圖謀奪取君位的文辭加以記載，今經稱「齊陽生」而不稱公子，用的是圖謀奪取君位的文辭。用這樣的文辭，是因為他行詐而得國。以下記述齊景公廢太子而立舍、陽生為自保而出走、後被陳乞迎回並用欺詐手段迫群臣奉為齊君的一段史事，以明行詐得國的原委。

六年，春，城❶邾婁葭❷。

晉趙鞅帥師伐鮮虞。

吳伐陳。

夏，齊國夏及高張❸來奔。

叔還會吳于柤❹。

秋七月庚寅，楚子軫❺卒。

齊陽生❻入于齊。

齊陳乞❼弒其君舍❽。弒而立者不以當國之辭言之，此其以當國之辭言之何？為諼也。此其為諼奈何？景公謂陳乞曰：「吾欲立舍何如？」陳乞曰：「所樂乎為君者，欲立之則立之，不欲立則不立。君如欲立之，則臣請立之。」陽生謂陳乞曰：「吾聞子蓋將不欲立我也。」陳乞曰：「夫千乘之主，將廢正而立不正，必殺正者。吾不立子者，所以生子者也。走矣！」與之玉節而走之。景公死而舍立。陳乞使人迎陽生于諸❾其家。除景公之喪，諸大夫皆在朝，陳乞曰：「常❿之母有魚菽之祭，願諸大夫之化⓫我也。」諸大夫皆曰：「諾。」於是皆之陳乞之家坐。陳乞曰：「吾有所為甲，請以示焉。」諸大夫皆曰：「諾。」於是使力士舉巨囊而至于中霤⓬，諸大夫見之皆色然而駭，開之，則闖然⓭公子陽生也。陳乞曰：「此君也已！」諸大夫不得已，皆逡巡北面，再拜稽首而君之爾，自是往弒舍。

冬，仲孫何忌帥師伐邾婁。

宋向巢⓮帥師伐曹。

【注　釋】❶城　這裡指佔取。因為魯國數次佔領邾婁國的城邑，所以諱言「取」而用「城」。❷葭　在今山東省濟寧市南。《左傳》、《穀梁傳》作「瑕」，疑不是邾婁邑。❸高張　齊臣。見昭公二十九年注。❹柤　吳邑。見襄公十年注。❺楚子軫　楚昭王，名軫。楚平王的兒子，在位二十七年。❻陽生　公子陽生，即齊悼公，景公的庶子。去年景公死，孺子舍即位，陽生奔魯。❼陳乞　齊大夫。即陳僖子，亦稱陳子。❽舍　即晏孺子。齊景公寵妾所生，立為太子。景公死即位，當年就被悼公殺掉。《左傳》、《穀梁傳》作「荼」。❾于諸　安置。齊人的方言口語。❿常　即陳恒，避漢文帝諱改「恒」為常。陳乞的兒子。⓫化　無禮；不成敬意。⓬中霤　房室的中央。⓭闖然　伸著頭的樣子。⓮向巢　宋臣。因官左師，所以又稱左師巢。向戌的曾孫，或說是向戌的孫子。

【語　譯】六年，春天，魯國佔領了邾婁國葭這個地方。

晉國趙鞅率領軍隊討伐鮮虞。

吳國討伐陳國。

夏天，齊國國夏和高張逃到魯國來。

魯國叔還和吳國在柤這個地方會見。

秋天，七月庚寅這天，楚君軫死了。

齊國陽生進入齊國。

齊國陳乞弒殺了他的君主舍。繼被弒殺的君主而立為君主的人，不用圖謀奪取君位的文辭加以記載，這裡用圖謀奪君位的文辭記載陽生是為什麼呢？是為了他欺詐。他是怎樣欺詐呢？齊景公對陳乞說：「我想立舍為國君你以為怎樣呢？」陳乞說：「完全看您喜歡誰當君主，您想立就立他，不想立就不立。您如果想立舍為國君，那麼臣就請求去立他。」陽生聽到這事後，就對陳乞說：「我聽說你大概不準備立我為君了。」陳乞說：「一個千乘之國的君主，如果準備廢掉正式君位的繼承人，而立非正式君位繼承人，必定會殺掉正式君位的繼承人。我不說立您為國君，是為了保全您的性命。快逃走吧！」就交給他用玉做的符節讓陽生逃走了。景公死了，舍立為國君。陳乞派人接回陽生，並把他安置在自己家中。等到換除景公喪服的時候，各位大夫都在朝中，陳乞說：「我兒子常的母親有薄陋的祭祀，想不拘禮節和各位大夫共同食用祭祀用過的魚豆。」眾大夫都說：「好。」於是都到陳乞家裡坐下。陳乞說：「我製作了一副鎧甲，請讓我拿來給大家看看。」眾大夫都說：「好。」於是陳乞就讓大力士高舉著一個大口袋走到房子的中央。眾大夫看到這種情形，都大驚失色。打開袋口，露出了一個人頭，竟然是公子陽生。陳乞說：「這就是我們的國君！」眾大夫迫不得已，都紛紛退後，面向北兩次跪拜磕頭，尊奉陽生為君主。於是就去弒殺了君主舍。

冬天，魯國仲孫何忌率領軍隊討伐邾婁國。

宋國向巢率領軍隊討伐曹國。

【說 明】本年《春秋》記載七事，《公羊傳》合「秋，公伐邾婁」和「八月己酉，入邾婁，以邾婁子益來」二事立義。認為伐人之國事輕，侵人之國事重，言入自可包括伐，所以經書入例不書伐，今書伐又言入，是為魯國避諱的文辭，好像魯公只是討伐並未入侵，侵入邾婁並捕獲其國君的事是別人幹的。至於經書邾婁子的名字，是因他不能死社稷而被敵人生獲，所以記上他名字以示絕。不書獲，是為魯國幹的大壞事避諱的原故。

哀公七年

七年，春，宋皇瑗❶帥師侵鄭。

晉魏曼多❷帥師侵衛。

夏，公會吳于鄫❸。

秋，公伐邾婁。八月己酉，入邾婁，以邾婁子益❹來。入不言伐，此其言伐何？內辭也，若使他人然。邾婁子益何以名？絕。曷為絕之？獲也。曷為不言其獲？內大惡諱也。

宋人圍曹。

冬，鄭駟弘❺帥師救曹。

【注　釋】❶皇瑗　宋右師。皇父充石的八世孫。❷魏曼多　晉臣。即魏襄子，魏舒的孫子。❸鄫　鄭邑。見襄公元年「合」注。❹邾婁子益　邾婁隱公，名益。即定公十五年「邾婁子來朝」、「來奔喪」的邾婁君。❺騆弘　鄭臣，字子般，騆歂的兒子。

【語　譯】七年，春天，宋國皇瑗率領軍隊入侵鄭國。

晉國魏曼多率領軍隊入侵衛國。

夏天，魯哀公和吳國在鄫這個地方會見。

秋天，魯哀公伐邾婁國。八月己酉這天，侵入邾婁國都城，把邾婁國君主益帶回魯國來。依照《春秋》書例，說侵入就不說「伐」，這裡說伐是為什麼呢？這是為魯國避諱的文辭，好像是別人侵入邾婁國並把邾婁國君主捉到魯國來的。邾婁國君益為什麼稱他的名字呢？是表示他應當被廢黜。為什麼要被廢黜呢？因為他不能為社稷死而被俘虜了。為什麼不說他被俘虜了呢？是為了給魯國做的大壞事避諱。

宋國人包圍了曹國都城。

冬天，鄭國騆弘率領軍隊救助曹國。

哀公八年

【說　明】本年《春秋》記載六事，另書「秋，七月」，未記事，二事有傳。「春，王正月，宋公入曹，以曹伯陽歸」條，傳以經書曹伯陽，義與上年書邾婁子益同。此經的廢絕陽，是因曹被宋滅。曹、魯同姓，經不書滅曹而書入，是避諱同姓國被滅，魯國有力量救援卻不去救援。「夏，齊人取讙及僤」條，傳謂外取邑例不記載，這裡書齊人取，是因為上年魯哀公伐邾婁並以邾婁子益來，而給予齊國的賄賂。

八年，春，王正月，宋公入曹，以曹伯陽❶歸。曹伯陽何以名？絕。曷為絕之？滅也。曷為不言其滅？諱同姓之滅也。何諱乎同姓之滅？力能救之而不救也。

吳伐我。

夏，齊人取讙❷及僤❸。外取邑不書，此何以書？所以賂齊也。曷為賂齊？為以邾婁子益來也。

歸邾婁子益于邾婁。

秋，七月。

冬，十有二月癸亥，杞伯過❹卒。

齊人歸讙及僤。

【注釋】❶曹伯陽　曹君，名陽。魯定公九年即位，今年國被滅，在位十五年。❷讙　魯地。見桓公三年注。❸僤　魯地，在今山東省寧陽縣東北。《左傳》、《穀梁傳》作「闡」，字通。❹杞伯過　杞僖公，名過。杞悼公的兒子，在位十九年。

【語譯】八年，春天，周王正月間，宋公侵入曹國都城，把曹國君主陽帶回宋國。曹國君主陽為什麼稱他的名字呢？是表示他應當被廢黜。為什麼廢黜他呢？因為曹國被滅亡了。為什麼不說曹被滅亡了呢？為了避諱與魯國同姓的諸侯國被滅亡了。為什麼避諱與魯國同姓的諸侯國被滅亡了呢？因為魯國有力量救助卻不去救助。

吳國攻擊我國。

夏天，齊國人佔領了魯國的讙和僤這兩個地方。魯國以外的國家佔領城邑，依例不作記載，這裡為什麼記載呢？因為這是用來賄賂齊國的。為什麼要賄賂齊國呢？是為了把邾婁國君益帶來魯國的原故。

魯國送邾婁國君主回到邾婁國。

秋天，七月。

冬天，十二月癸亥這天，杞國君主過死了。

齊國人歸還魯國的讙和僤這兩個地方。

哀公九年

【說　明】本年《春秋》記載四事，另書「冬，十月」表明時序，有傳的「宋皇瑗帥師取鄭師于雍丘」一事。認為經以「取」字為義，說取是表示輕易。宋所以能輕易取勝，是因為用了欺詐的手段。依傳意，經書「取」字，是隱含譏諷的意思。

九年，春，王二月，葬杞僖公。

宋皇瑗❶帥師取鄭師于雍丘❷。其言取之何？易也。其易奈何？詐之也。

夏，楚人伐陳。

秋，宋公伐鄭。

冬，十月。

【注釋】❶皇瑗 見哀公七年注。❷雍丘 宋地，在今河南省杞縣境。

【語譯】九年，春天，周王二月間，葬了杞僖公。

宋國皇瑗率領軍隊取鄭國軍隊在雍丘這個地方。這裡說「取」是什麼意思呢？是表示輕而易舉。為什麼說輕而易舉呢？因為是用欺詐的手段獲勝的。

夏天，楚國人討伐陳國。

秋天，宋公討伐鄭國。

冬天，十月。

哀公十年

【說明】本年《春秋》記載十一事，《公羊傳》均無說解。

十年，春，王二月，邾婁子益來奔。

公會吳伐齊。

三月戊戌，齊侯陽生❶卒。

夏，宋人伐鄭。

晉趙鞅帥師侵齊。

五月，公至自伐齊。

葬齊悼公。

衛公孟彄❷自齊歸于衛。

薛伯寅❸卒。

秋，葬薛惠公。

冬，楚公子結帥師伐陳。吳救陳。

【注釋】❶齊侯陽生　即齊悼公。見哀公六年注。❷公孟彄　見定公十二年注。❸薛伯寅　薛惠公，名寅。在位十二年。

《左傳》、《穀梁傳》寅作「夷」，聲系同，字通。

【語譯】十年，春天，周王二月間，邾婁國君主益逃到魯國來。

魯哀公會同吳國討伐齊國。

三月戊戌這天，齊國君主陽生死了。

夏天，宋國人討伐鄭國。

晉國趙鞅率領軍隊入侵齊國。

五月間，魯哀公從討伐齊國的駐地回到魯國都城。

葬了齊悼公。

衛國公孟彄從齊國回到衛國。

薛國君主寅死了。

秋天，葬了薛惠公。

冬天，楚國公子結率領軍隊討伐陳國。吳國救助陳國。

卷二八 哀公下

哀公十有一年

【說明】本年《春秋》記載六事，《公羊傳》均無說解。

十有一年，春，齊國書❶帥師伐我。

夏，陳袁頗❷出奔鄭。

五月，公會吳伐齊。甲戌，齊國書帥師及吳戰于艾陵❸，齊師敗績，獲齊國書。

秋，七月辛酉，滕子虞母❹卒。

冬，十有一月，葬滕隱公。

衛世叔齊❺出奔宋。

【注釋】❶國書　齊臣，國夏的兒子。此時為齊中軍元帥。❷袁頗　陳臣。曾為司徒。❸艾陵　齊地，在今山東省萊蕪市東。❹滕子虞母　滕隱公，名虞母。滕頃公的兒子，在位七年。❺世叔齊　衛臣，即悼子，亦稱大叔疾。大叔懿子的兒子。

【語譯】十一年，春，齊國國書率領軍隊攻擊我國。

夏，陳國袁頗出逃到鄭國。

五月間，魯哀公會同吳國討伐齊國。甲戌這天，齊國國書率領軍隊和吳國在艾陵這個地方作戰，齊國軍隊潰敗，俘虜了齊國國書。

秋天，七月辛酉這天，滕國君主虞母死了。

冬天，十一月間，葬了滕隱公。

衛國世叔齊出逃到宋國。

哀公十有二年

【說明】本年《春秋》記載六事，三事有傳。「春，用田賦」條，按：周初田用助法，官收什一之稅，《公羊傳》贊稱為「天下之中正也」。入春秋後，魯宣公十五年初稅畝、成公元年作丘甲，不斷加重賦稅，今又「用田賦」，聚斂益重。傳認為這條經文，義在譏季孫氏始用田賦的重斂擾民。與《左傳》、《穀梁傳》義同。「夏，五月甲辰，孟子卒」條，傳以孟子為昭公夫人。說她是吳女，經不寫吳孟子而稱孟子，是避諱魯昭公娶同姓之女為夫人。「冬，十有二月，蟓」條，傳認為周曆十二月不是蝗蟲出現的時節，經是為記異而書。

十有二年，春，用田賦。何以書？譏。何譏爾？譏始用田賦也。

夏，五月甲辰，孟子卒。孟子者何？昭公之夫人也。其稱孟子何？諱娶同姓，蓋吳女也。

公會吳于橐皐❶。

秋，公會衛侯、宋皇瑗于運❷。

宋向巢❸帥師伐鄭。

冬，十有二月，螺。何以書？記異也。何異爾？不時也。

【注釋】❶橐皐　吳邑，在今安徽省巢湖市西北。❷運　即《左傳》、《穀梁傳》的「鄖」。當在今山東省莒縣南。❸向巢　宋臣。見哀公六年注。

【語譯】十二年，春天，魯國使用按田畝徵稅的稅制。為什麼記載這件事呢？是譏諷。譏諷什麼呢？譏諷開始使用按田畝徵稅的制度。

夏天，五月甲辰這天，孟子死了。孟子是什麼人呢？是魯昭公的夫人。稱她為孟子是為什麼呢？是避諱魯昭公娶同姓的人為妻子。她是吳國的女子。

魯哀公和吳子在橐皐這個地方會見。

秋天，魯哀公和衛侯、宋國皇瑗在運這個地方會見。

宋國向巢率領軍隊討伐鄭國。

冬天，十二月間，魯國發生蝗害。為什麼記載這件事呢？這是記載奇異的事情。有什麼奇異呢？因為蝗蟲的出現不合時節。

哀公十有三年

【說 明】本年《春秋》記載十二事，四事有傳。「春，鄭軒達帥師取宋師于嵒」，傳認為這條經文與哀公九年「宋皇瑗帥師取鄭師」，均以「取」字為義，前者宋詐鄭而輕易獲勝，今則鄭同樣用欺詐的手段報復了宋國而輕易獲勝。夏「公會晉侯及吳子于黃池」條，傳說經稱吳子，是因為他主持會盟的原故。吳子既是盟主，理應先書，今經先言晉者，因為吳乃夷狄之邦，不贊成夷狄人入主中國。至於經言「及吳子」，是表示黃池之會有晉、吳兩個盟主，這樣書記，為的是推重吳子，原因是只要吳子與會，天下諸侯沒有敢不來的。秋「晉魏多帥師侵衛」，按：《左傳》和《穀梁傳》經均作「魏曼多」，惟《公羊》經作「魏多」。傳以魏多即魏曼多，與前定公六年仲孫忌即仲孫何忌，同為一人用二字作名二名，這裡也是譏責二名的不合於禮。「冬，十有一月，有星孛于東方」條，傳一釋孛為彗星，二以于東方為晨見，三以經為記異而書。

十有三年，春，鄭軒達帥師取宋師于嵒❶。其言取之何？易也。其易奈何？詐反❷也。

夏，許男戌❸卒。

公會晉侯及吳子于黃池❹。吳何以稱子？吳主會也。吳主會則曷為先言晉侯？不與夷狄之主中國也。其言及吳子何？會兩伯之辭也。不與夷狄之主中國，則曷為以會兩伯之辭言之？重吳也。曷為重吳？吳在是則天下諸侯莫敢不至也。

楚公子申❺帥師伐陳。

於越入吳。

秋，公至自會。

晉魏多❻帥師侵衛。此晉魏曼多也，曷為謂之晉魏多？譏二名，二名非禮也。

葬許元公。

九月，螺。

冬，十有一月，有星孛于東方。孛者何？彗星也。其言于東方何？見于旦也。何以書？記異也。

盜殺陳夏彄夫❼。

十有二月，螺。

【注　釋】❶嵒　宋、鄭之間地名。在今河南省杞縣、通許縣與陳留縣一帶。❷反　報；報復。❸許男戌　許元公，名戌。《左傳》、《穀梁傳》戌作「成」，兩字形近易譌。❹黃池　地名。在今河南省封丘縣西南。❺公子申　楚宗室。字子西，楚昭王的哥哥，或說是昭王的弟弟。❻魏多　即哀公七年的魏曼多。見該注。❼夏彄夫　陳臣。《春秋》僅一見。《左傳》、《穀梁傳》彄作「區」，字可通。

【語　譯】十三年，春天，鄭國軒達率領軍隊取宋國軍隊在嵒這個地方。這裡說取是什麼意思呢？是表示輕而易舉。為什麼說輕而易舉呢？因為是用欺詐的手段獲勝，報復了四年前宋國用同樣手段打勝了鄭國。

夏天，許國君主戌死了。

魯哀公和晉侯及吳子在黃池這個地方會見。依例吳稱國而不稱子，這裡為什麼稱吳子呢？因為是吳子主持會盟。既然是吳子主持會盟，那為什麼把晉侯排列在前面呢？因為不贊成夷狄人為中原諸侯國的盟主。這裡說及吳子是什麼意思呢？是表示會盟有兩個盟主的文辭。既然不贊成夷狄人為中原諸侯國的盟主，那為什麼用表示會盟有兩個盟主的文辭呢？因為推重吳子。為什麼要推重吳子呢？只要吳子在這裡，天下各國諸侯沒有人敢不來參加的。

楚國公子申率領軍隊討伐陳國。

越國攻入吳國。

秋天，魯哀公從會盟的地方回到魯國都城。

晉國魏多率領軍隊入侵衛國。這人是晉國的魏曼多，為什麼稱他為晉國魏多呢？這是譏諷他用曼多兩個字為名。用兩個字為名，是不合於禮的。

葬了許元公。

九月裡，魯國發生蝗害。

冬天，十一月間，星孛出現在東方。孛是什麼呢？是彗星。說它出現在東方是什麼意思呢？是說出現在早晨。為什麼記載這件事？這是記載奇異的事情。

盜賊殺了陳國的夏彄夫。

十二月間，魯國發生蝗害。

哀公十有四年

【說　明】本年《公羊傳》經記載「春，西狩獲麟」而全書終了。《穀梁傳》經亦同。《左傳》經本年還有「小邾射以句繹來奔」、「夏四月，齊陳恆執其君，寘于舒州」等十六事。此後《左傳》經的記事止於哀公二十七年，多出《公羊傳》十三年。傳解釋經「西狩獲麟」義，首先指出這是為記異而書。說異，是因為麟不是中國的獸類。謂獲麟的人是身份微賤的樵夫，賤人獵獲獸類不能說狩，鑒於麟是仁獸，有王者在世牠才出現，所以《春秋》為推重這件事而書「狩」。孔子慨嘆他的教化之道今已窮盡，所以修《春秋》絕筆於獲麟。其次，解釋《春秋》始、終之義，認為始於隱公，是記「祖之所逮聞」；止於哀公十四年，是至此孔子撥亂之功成，王道已經完備。說明孔子作《春秋》的用意，是為了撥亂反正。至於文末「末不亦樂乎堯舜之知君子也」云云，是說孔子繼承堯舜之道，喜歡堯舜前已預知後世會有孔子出現，如今孔子作《春秋》正是為後聖（漢朝）立義法，這是他衷心樂意做的。其實，孔子怎能預知三百多年後有漢朝的興立呢？這完全是因為作傳者生當漢世，有意諂媚漢室以取榮的說法。

十有四年，春，西狩獲麟❶。何以書？記異也。何異爾？非中國之獸也。然則孰狩之？薪采者也。薪采者則微者也，曷為以狩言之？大之也。曷為大之？為獲麟大之也。曷為獲麟大之？麟者仁獸也。有王者則至，無王者則不至。有以告者曰：「有麕❷而角者。」孔子曰：「孰為來哉！孰為來哉！」反袂拭面涕沾袍。顏淵❸死，子曰：「噫！天喪予！」子路死，子曰：「噫！天祝❹予！」西狩獲麟，孔子曰：「吾道窮矣！」《春秋》何以始乎隱？祖之所逮聞也。所見異辭，所聞異辭，所傳聞異辭❺。何以終乎哀十四年？曰：「備矣！」君子曷為為

《春秋》？撥亂世，反諸正，莫近諸《春秋》。則未知其為是與，其諸君子樂道堯舜之道與？末不亦樂乎堯舜之知君子也？制《春秋》之義以俟後聖❻，以君子之為亦有樂乎此也。

【注　釋】❶麟　麒麟。古代傳說中的一種仁獸、瑞獸。形狀像鹿，頭上有角，全身有鱗甲，尾像牛尾。❷麕　獐子。形狀像鹿而小，頭上無角。❸顏淵　與下面子路均是孔子的重要弟子，先孔子而死。❹祝　斷絕。❺所見異辭三句　見隱公元年注。❻後聖　指漢代帝王。這是《公羊傳》的作者諂媚漢室的說法。

【語　譯】十四年，春天，在魯國西部打獵，打到一隻麒麟。為什麼記載這件事呢？這是記載奇異的事情。有什麼奇異呢？奇在麒麟不是中原地域的獸類。那麼是什麼人捕捉到的呢？是砍柴人捕捉到的。砍柴人是地位微賤的人，為什麼用天子、諸侯打獵時的稱呼「狩」，來記載砍柴人打到一隻麒麟呢？是為了看重這件事。為什麼看重這件事呢？因為捕捉到麒麟而看重這件事。為什麼捕捉到麒麟就看重這件事呢？因為麒麟是通靈性的一種仁獸。天下有了聖明的天子牠就出現，沒有聖明的天子牠就不出現。有位把這件事告訴孔子的人說：「這隻獸像獐子，可是頭上長著角。」孔子說：「如今天下沒有聖明的天子，牠是為誰來的啊！為誰來的啊！」趕忙反過衣袖擦眼淚，淚水沾濕了他的前衣襟。聽到顏淵死了，孔子感嘆說：「唉！這是上天喪亡我啊！」聽到子路死了，孔子感嘆說：「唉！這是上天斷絕我啊！」在魯國西部打獵打到一隻麒麟，孔子感嘆說：「我的道已經窮盡了！」《春秋》記事為什麼從隱公開始呢？因為是孔子的祖先能夠聽到的事情。在孔子時代，人們眼見的事說法不同；在孔子以前幾代，人們聽說到的事說法不同；比這更久遠的幾代，人們聽到的傳說說法不同。為什麼《春秋》終於哀公十四年呢？回答是：「到此已經完備了。」孔子為什麼要作《春秋》呢？因為治理混亂的社會，使它恢復正常，能夠使社會這樣的，沒有比得上《春秋》的了。就是不知道孔子是為治理混亂的社會、使它恢復正常呢，還是孔子喜歡稱說堯舜之道，不是也喜歡堯舜早已預知後世會有孔子出現嗎？如今孔子作《春秋》以等待後世的聖賢，他這樣的行動，也表明孔子心裡是樂意做的。

古籍今注新譯叢書

書種最齊全
注譯最精當

【哲學類】

新譯四書讀本　謝冰瑩等編譯
新譯學庸讀本　王澤應注譯
新譯孝經讀本　賴炎元等注譯
新譯論語新編解義　胡楚生編著
新譯易經讀本　郭建勳注譯
新譯周易六十四卦經傳通釋　黃慶萱注譯
新譯乾坤經傳通釋　黃慶萱注譯
新譯易經繫辭傳解義　吳　怡著
新譯禮記讀本　姜義華注譯
新譯儀禮讀本　顧寶田等注譯
新譯孔子家語　羊春秋注譯

新譯老子讀本　余培林注譯
新譯帛書老子　趙　鋒注譯
新譯老子解義　吳　怡著
新譯莊子讀本　黃錦鋐注譯
新譯莊子讀本　張松輝注譯
新譯莊子本義　水渭松注譯
新譯莊子內篇解義　吳　怡著
新譯列子讀本　莊萬壽注譯
新譯管子讀本　湯孝純注譯
新譯墨子讀本　李生龍注譯
新譯公孫龍子　丁成泉注譯
新譯晏子春秋　陶梅生注譯
新譯鄧析子　徐忠良注譯
新譯荀子讀本　王忠林注譯

新譯尹文子　徐忠良注譯
新譯尸子讀本　水渭松注譯
新譯鶡冠子　趙鵬團注譯
新譯鬼谷子　王德華等注譯
新譯韓非子　傅武光等注譯
新譯呂氏春秋　朱永嘉等注譯
新譯韓詩外傳　孫立堯注譯
新譯淮南子　熊禮匯注譯
新譯春秋繁露　朱永嘉等注譯
新譯新書讀本　饒東原注譯
新譯新語讀本　王　毅注譯
新譯潛夫論　彭丙成注譯
新譯論衡讀本　蔡鎮楚注譯
新譯申鑒讀本　林家驪等注譯

新譯人物志　吳家駒注譯
新譯張載文選　張金泉注譯
新譯近思錄　張京華注譯
新譯傳習錄　李生龍注譯
新譯呻吟語摘　鄧子勉注譯
新譯明夷待訪錄　李廣柏注譯

【文學類】

新譯詩經讀本　滕志賢注譯
新譯楚辭讀本　林家驪注譯
新譯楚辭讀本　傅錫壬注譯
新譯文心雕龍　羅立乾注譯
新譯六朝文絜　蔣遠橋注譯
新譯世說新語　劉正浩等注譯
新譯昭明文選　周啟成等注譯
新譯古文觀止　謝冰瑩等注譯
新譯古文辭類纂　黃鈞等注譯
新譯樂府詩選　溫洪隆注譯
新譯古詩源　馮保善注譯
新譯千家詩　邱燮友等注譯
新譯詩品讀本　成林等注譯
新譯花間集　朱恒夫注譯
新譯南唐詞　劉慶雲注譯

新譯絕妙好詞　聶安福注譯
新譯唐詩三百首　邱燮友注譯
新譯宋詩三百首　陶文鵬注譯
新譯宋詞三百首　汪中注譯
新譯宋詞三百首　劉慶雲注譯
新譯元曲三百首　賴橋本等注譯
新譯明詩三百首　趙伯陶注譯
新譯清詩三百首　王英志注譯
新譯清詞三百首　陳水雲等注譯
新譯唐人絕句選　卞孝萱等注譯
新譯唐才子傳　戴揚本注譯
新譯拾遺記　石磊注譯
新譯搜神記　黃鈞注譯
新譯唐傳奇選　束忱等注譯
新譯宋傳奇小說選　束忱注譯
新譯明傳奇小說選　陳美林等注譯
新譯容齋隨筆選　朱永嘉等注譯
新譯明散文選　周明初注譯
新譯明清小品文選　鄭婷注譯
新譯人間詞話　馬自毅注譯
新譯白香詞譜　劉慶雲注譯
新譯幽夢影　馮保善注譯
新譯菜根譚　吳家駒注譯

新譯小窗幽記　馬美信注譯
新譯圍爐夜話　馬美信注譯
新譯郁離子　吳家駒注譯
新譯歷代寓言選　黃瑞雲注譯
新譯賈長沙集　林家驪注譯
新譯揚子雲集　葉幼明注譯
新譯曹子建集　曹海東注譯
新譯建安七子詩文集　韓格平注譯
新譯阮籍詩文集　林家驪注譯
新譯嵇中散集　崔富章注譯
新譯陸機詩文集　王德華注譯
新譯陶淵明集　溫洪隆注譯
新譯江淹集　羅立乾等注譯
新譯庾信詩文選　歸青注譯
新譯初唐四傑詩集　李福標注譯
新譯駱賓王文集　黃清泉注譯
新譯王維詩文集　陳鐵民注譯
新譯孟浩然詩集　楊軍注譯
新譯李白詩全集　郁賢皓注譯
新譯李白文集　郁賢皓注譯
新譯杜甫詩選　張忠綱等注譯
新譯杜詩菁華　林繼中注譯
新譯高適岑參詩選　孫欽善等注譯

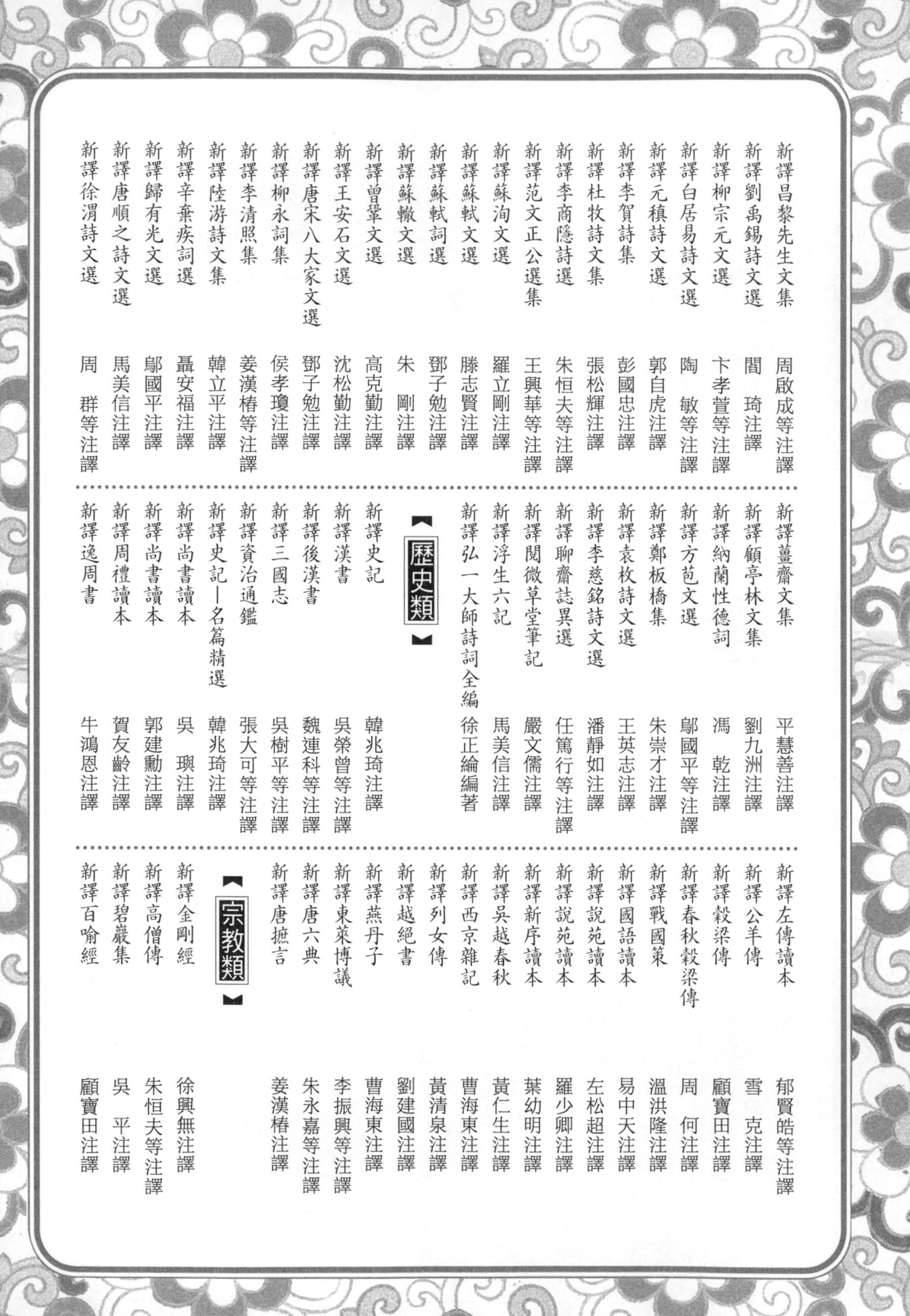

新譯昌黎先生文集　周啟成等注譯
新譯劉禹錫詩文選　閻　琦注譯
新譯柳宗元文選　卞孝萱等注譯
新譯白居易詩文選　陶　敏等注譯
新譯元稹詩文選　郭自虎注譯
新譯李賀詩集　彭國忠注譯
新譯杜牧詩文集　張松輝注譯
新譯李商隱詩選　朱恒夫等注譯
新譯范文正公選集　王興華等注譯
新譯蘇洵文選　羅立剛注譯
新譯蘇軾文選　滕志賢注譯
新譯蘇軾詞選　鄧子勉注譯
新譯蘇轍文選　朱　剛注譯
新譯曾鞏文選　高克勤注譯
新譯王安石文選　沈松勤注譯
新譯唐宋八大家文選　鄧子勉注譯
新譯柳永詞集　侯孝瓊注譯
新譯李清照集　姜漢椿等注譯
新譯陸游詩文集　韓立平注譯
新譯辛棄疾詞選　聶安福注譯
新譯歸有光文選　鄔國平注譯
新譯唐順之詩文選　馬美信注譯
新譯徐渭詩文選　周　群等注譯
新譯薑齋文集　平慧善注譯
新譯顧亭林文集　劉九洲注譯
新譯納蘭性德詞　馮　乾注譯
新譯方苞文選　鄔國平等注譯
新譯鄭板橋集　朱崇才注譯
新譯袁枚詩文選　王英志注譯
新譯李慈銘詩文選　潘靜如注譯
新譯聊齋誌異選　任篤行等注譯
新譯閱微草堂筆記　嚴文儒注譯
新譯浮生六記　馬美信注譯
新譯弘一大師詩詞全編　徐正綸編著

歷史類

新譯史記　韓兆琦注譯
新譯漢書　吳榮曾等注譯
新譯後漢書　魏連科等注譯
新譯三國志　吳樹平等注譯
新譯資治通鑑　張大可等注譯
新譯史記—名篇精選　韓兆琦注譯
新譯尚書讀本　吳　璵注譯
新譯尚書讀本　郭建勳注譯
新譯周禮讀本　賀友齡注譯
新譯逸周書　牛鴻恩注譯
新譯左傳讀本　郁賢皓等注譯
新譯公羊傳　雪　克注譯
新譯穀梁傳　顧寶田注譯
新譯春秋穀梁傳　周　何注譯
新譯戰國策　溫洪隆注譯
新譯國語讀本　易中天注譯
新譯說苑讀本　左松超注譯
新譯說苑讀本　羅少卿注譯
新譯新序讀本　葉幼明注譯
新譯吳越春秋　黃仁生注譯
新譯西京雜記　曹海東注譯
新譯列女傳　黃清泉注譯
新譯越絕書　劉建國注譯
新譯燕丹子　曹海東注譯
新譯東萊博議　李振興等注譯
新譯唐六典　朱永嘉等注譯
新譯唐摭言　姜漢椿注譯

宗教類

新譯金剛經　徐興無注譯
新譯高僧傳　朱恒夫等注譯
新譯碧巖集　吳　平注譯
新譯百喻經　顧寶田注譯

新譯楞嚴經　賴永海等注譯
新譯梵網經　王建光注譯
新譯圓覺經　商海鋒注譯
新譯法句經　劉學軍注譯
新譯六祖壇經　李中華注譯
新譯禪林寶訓　李中華注譯
新譯維摩詰經　陳引馳等注譯
新譯經律異相　顏洽茂注譯
新譯阿彌陀經　蘇樹華注譯
新譯無量壽經　邱高興注譯
新譯無量壽經　蘇樹華注譯
新譯妙法蓮華經　張松輝注譯
新譯景德傳燈錄　顧宏義注譯
新譯大乘起信論　韓廷傑注譯
新譯釋禪波羅蜜　蘇樹華注譯
新譯八識規矩頌　倪梁康注譯
新譯永嘉大師證道歌　蔣九愚注譯
新譯華嚴經入法界品　楊維中注譯
新譯地藏菩薩本願經　李承貴注譯
新譯悟真篇　劉國樑等注譯
新譯无能子　張松輝注譯
新譯坐忘論　張松輝注譯
新譯列仙傳　張金嶺注譯

新譯抱朴子　李中華注譯
新譯神仙傳　周啟成注譯
新譯性命圭旨　傅鳳英注譯
新譯老子想爾注　顧寶田等注譯
新譯周易參同契　劉國樑注譯
新譯道門觀心經　王　卡注譯
新譯養性延命錄　曾召南注譯
新譯樂育堂語錄　戈國龍注譯
新譯沖虛至德真經　張松輝注譯
新譯長春真人西遊記　顧寶田等注譯
新譯黃庭經・陰符經　劉連朋等注譯

軍事類

新譯司馬法　王雲路注譯
新譯尉繚子　張金泉注譯
新譯三略讀本　傅　傑注譯
新譯六韜讀本　鄔錫非注譯
新譯吳子讀本　王雲路注譯
新譯孫子讀本　吳仁傑注譯
新譯李衛公問對　鄔錫非注譯

教育類

新譯爾雅讀本　陳建初等注譯
新譯顏氏家訓　李振興等注譯
新譯聰訓齋語　馮保善注譯
新譯曾文正公家書　湯孝純注譯
新譯三字經　黃沛榮注譯
新譯百家姓　馬自毅等注譯
新譯幼學瓊林　馬自毅注譯
新譯增廣賢文・千字文　馬自毅注譯
新譯格言聯璧　馬自毅注譯

政事類

新譯商君書　貝遠辰注譯
新譯鹽鐵論　盧烈紅注譯
新譯貞觀政要　許道勳注譯

地志類

新譯山海經　楊錫彭注譯
新譯水經注　陳橋驛等注譯
新譯佛國記　楊維中注譯
新譯大唐西域記　陳　飛等注譯
新譯洛陽伽藍記　劉九洲注譯
新譯徐霞客遊記　黃　珅注譯
新譯東京夢華錄　嚴文儒注譯

◎新譯東萊博議

李振興、簡宗梧／注譯

《東萊博議》是宋人呂祖謙為指導諸生課試之文，「思有以佐其筆端」而寫的史論著作。它除了有助開拓讀史傳之視野外，於謀篇立意、行文技巧等更足資借鑑，今日仍是指導議論文作法的絕佳教材。本書各篇有題解說明歷史背景與主要篇旨，注釋以隱文僻句的出處說明，及語譯未能詳明者為重點。而研析部分則重在文章脈絡的分析和變巧手法的深究，以提供讀者欣賞與分析的參考。